普通高等教育"十一五"国家级规划教材

教育部人文社会科学重点研究基地基金资助

高等学校管理类专业主干课程教材

QUALITY MANAGEMENT

质量管理学

（第四版）

主 编 孙 静

高等教育出版社·北京

内容简介

本书是普通高等教育“十一五”国家级规划教材，高等学校管理类专业主干课程教材。

本书上篇介绍质量管理与模式。首先介绍质量的概念和质量管理的发展历程，进而从大质量的视角，对组织经营质量进行深入探讨，明确指出为客户创造价值是企业生存与发展的根本。考虑到企业内控和服务的重要性，本书阐述了质量成本与经济性分析、服务质量管理等内容。介绍了三种质量模式——质量管理体系与 ISO 9000 族标准、六西格玛和卓越绩效模式。下篇介绍质量工具与方法。沿着质量检验、质量控制、质量设计的基本脉络，介绍了质量检验和抽样检验、统计过程控制、测量系统分析、潜在失效模式与后果分析、精益生产、实验设计、质量功能展开、可靠性工程 8 种重要的质量工具与方法。

本书可作为高等学校管理类专业的本科生教材，也可作为质量工作者、管理人员的参考用书。

图书在版编目（CIP）数据

质量管理学 / 孙静主编．--4 版．--北京：高等教育出版社，2018.4（2023.2 重印）

ISBN 978-7-04-049392-4

Ⅰ．①质… Ⅱ．①孙… Ⅲ．①质量管理学-高等学校-教材 Ⅳ．①F273.2

中国版本图书馆 CIP 数据核字（2018）第 019056 号

Zhiliang Guanlixue

策划编辑 曾飞华　责任编辑 曾飞华　封面设计 李小璐　版式设计 于 婕
插图绘制 杜晓丹　责任校对 吕红颖　责任印制 高 峰

出版发行 高等教育出版社
社 址 北京市西城区德外大街 4 号
邮政编码 100120
印 刷 天津文林印务有限公司
开 本 787mm×1092mm 1/16
印 张 23
字 数 460 千字
购书热线 010-58581118
咨询电话 400-810-0598
网 址 http://www.hep.edu.cn
http://www.hep.com.cn
网上订购 http://www.hepmall.com.cn
http://www.hepmall.com
http://www.hepmall.cn
版 次 1998 年 7 月第 1 版
2018 年 4 月第 4 版
印 次 2023 年 2 月第 6 次印刷
定 价 49.80 元

物 料 号 49392-00

第四版前言

从 2016 年 3 月 AlphaGo 以 4∶1 的成绩击败李世石，到 2016 年年末至 2017 年年初与中日韩数十位围棋高手快棋对决 60 局无一败绩，再到 2017 年 5 月乌镇 3∶0 战胜柯洁，AlphaGo 在 14 个月间进步了多少？显然，人类的学习速度在 AlphaGo 的机器学习（Machine Learning）面前相形见绌。然而，人类不会认输。持续不断地积累、不断地进步、不断地自我完善，人类已经成功地面对过诸多挑战。相信在与人类自己创造的机器学习的竞赛中，人类会创造出更多的惊喜，惊艳于世！在这样的环境与氛围里，《质量管理学》第四版悄然面世了。

1. 与时俱进。GB/T 19580—2012《卓越绩效评价准则》国家标准和 GB/Z 19579—2012《卓越绩效评价准则实施指南》2012 年发布。2013 年年底“全国质量奖”改由国家质量监督检验检疫总局负责，每两年评选一次，更名为“中国质量奖”。国务院 2014 年 8 月 12 日发布的《国务院关于取消和调整一批行政审批项目等事项的决定》（国发〔2014〕27 号）取消了质量专业技术人员职业资格许可和认定。ISO 9000 族国际标准改版，随后对 GB/T 19000 系列国家标准陆续进行修订，GB/T 19000—2016《质量管理体系　基础和术语》已于 2017 年 7 月 1 日实施。全国六西格玛大会截至 2017 年已成功举办十四届。《质量管理学》第四版根据最新的国际标准、国家标准、行业规定等对第三版的内容进行了全面修订与完善。

2. 借鉴国际最新研究成果。参考《测量过程分析》（*Measurement Process Qualification*）和《设备与过程的统计分析》（*Statistical Procedures for Machine and Process Qualification*）的最新德文版本，对测量系统分析中一些困扰学术界和企业工作者多年的基本概念进行了澄清。《质量管理学》第四版关于测量系统分析的部分内容，已经与 ISO/TC69/SC4 组织撰写的 ISO 22514 系列国际标准最新版本的内容保持一致。

3. 增加阅读文献。考虑到组织的成长离不开国内外环境与形势的变迁，而概念的形成与演变、理论的提出与完善，往往都是在应对组织发展所遇到的挑战。故而，《质量管理学》第四版以参考资料的方式提供了制造强国发展的主要经验与启示的研究成果，供大家参考。

4. 增添了思考题。《质量管理学》第四版为每章内容添加了思考题。考虑到学习本书的学生们其专业背景的差异和知识结构的差别，所提供的思考题侧重于对基本概念和基本知识掌握情况的测试。对于那些需要较深的数理基础、需要先行学习概率论与数理统计等课程的工具与方法，没有给出相应的习题，请主讲老师根据听课学生的具体情况予以把握。

《质量管理学》第四版的面世时机确实无心插柳。然而，桩桩件件的事实无不在预示着质量管理的春风到来了。习近平同志在中国共产党第十九次全国代表大会上所作的报告《决胜全面建成小康社会 夺取新时代中国特色社会主义伟大胜利》中，16 次提到了质量，其涉及的范围之广是历史之最，而力度之深震人发聩。报告里所涉及的质量覆盖了发展质量、经济质量、供给体系质量、教育质量、就业质量、生态系统质量、军事建设质量、党建质量，报告明确指出“我国经济已由高速增长阶段转向高质量发展阶段”，特别强调“必须坚持质量第一、效益优先”，要“推动经济发展质量变革”，“质量强国”成为中国强国梦的重要途径。这些论述发人深省、令人振奋，尤其是对于广大的质量工作者、质量研究人员和莘莘学子来说，一条通过发展质量报效祖国的康庄大道正期待着我们不忘初心、牢记使命、勇敢前行。

孙　静

2017 年 12 月 15 日

于清华园

第三版前言

1994年，当时90岁高龄的美国著名质量管理专家朱兰（J. M. Juran，出生于1904年12月24日，逝世于2008年2月28日）在美国质量管理年会上指出："20世纪以生产力的世纪载入史册，21世纪是质量的世纪。"言犹在耳。

站在2010年——21世纪第一个十年的终点回首，不得不感慨百岁老人朱兰的慧眼独具。如今，质量已深入人心。只是，遗憾得很，最终让中国人知道质量、重视质量的众多事件，并不愉快。伴随着三聚氰胺等原本陌生、现在却耳熟能详的一系列化学名词的，是大家痛心的三鹿婴幼儿奶粉、红心鸭蛋、多宝鱼、地沟油等恶性事件。虽然，中国政府对这些事件绝不姑息的态度和强有力的举措，为中国人民的生命、生活提供了基本保障，然而，防微杜渐，要彻底根除这些恶性事件发生的源头，只靠事后处理是不够的。明确企业的社会责任，创造良好有序的企业生存环境，形成严肃高效、惩罚有力的法律监管体系，进而更好地约束企业的行为，为顾客创造价值才是企业生存和发展的根本。同时，提高企业员工素质和民众的质量知识水平并增强民众的自我保护的意识，才是提升中国质量水平的根本。根据国家统计局的资料显示，2008年我国普通高等教育的招生人数已经达到607.66万人，在高等教育中普及质量教育，强化质量意识，对全面提升中国人的质量素养至关重要，刻不容缓。

近年来，质量管理的理论与实践都有了长足的发展。质量专业技术人员职业资格考试已历十年，截至2009年年底，全国累计报名人数达48.7万多人，已有近9万人获得了质量专业职业资格证书，成为质量专业队伍的合格人才和骨干力量。2001年，中国质量协会启动了"全国质量管理奖"（2006年更名为"全国质量奖"），截至2009年年底，先后有宝钢股份公司、海尔集团等72家国内优秀企业获得该奖。2002年，全国六西格玛管理推进工作委员会成立，中国质量协会开始在全国范围内推行六西格玛管理，并于2004年召开了第一届全国六西格玛大会，至今已成功举办七届。2009年，受国家工信部委托，中国质量协会在通用设备制造和食品制造两个行业的产值500万元以上规模的企业中，进行了全国质量管理现状调查。数据显示，被调查企业中开始推进六西格玛管理的企业占11.6%。随着质量实践的深入，质量早已突破产品符合要求的狭义质量观。今天在谈到质量时，质量所涉及的不仅是产品、服务、解决方案、流程、体系等，还包括组织经营的质量和企业管理的质量。

本书作为高等教育出版社推出的一本质量领域的教材，其历史渊源可追溯到1992

年。18 年光阴如梭，《质量管理学》几经改版、更名。这里请让我们一起回顾一下《质量管理学》的辉煌历史：

1992 年，张公绪教授编写了《质量管理学》，于 1995 年获得国家教委优秀教材一等奖。

1998 年，张公绪教授考虑到教材内容变化颇大，将书名更改为《新编质量管理学》。该教材获得 2001 年国家级教学成果二等奖和北京市教学成果一等奖。

2003 年，张公绪、孙静主编了《新编质量管理学》（第二版），其修订内容达到第一版的 80%。

2004 年，张公绪、孙静主编了《新编质量管理学》（第二版）的教学辅导书：《新编质量管理学辅导与案例》。

遗憾的是，张公绪教授已经于 2008 年 10 月 13 日永远地离开了我们，世界质量界、中国质量界都为之扼腕叹息。如今，站在巨人的肩膀上，编者再次以《质量管理学》的书名完成了本书的编写，以全新的框架结构，系统介绍了质量管理的理论、模式、工具和方法，较《新编质量管理学》（第二版），本书的修订内容达到 80%以上。

本书具有下列特点：

（1）从组织经营的角度，全面阐述质量的内涵与外延。组织的一线员工、主管经理、高层管理者所谈到的质量是不一样的。作为一线员工，质量就是符合要求，提供符合要求的产品和服务，这也是其职责所在。作为主管经理，质量是基于流程的全套管理规范和体系，是流程的持续改进，是管理体系的不断完善，是对流程、体系执行情况的监督。作为高层管理者，质量是为客户创造价值，是企业的社会责任。历史的经验和教训告诉我们，质量最优先是实现企业腾飞的必由之路。

（2）结构框架清晰。本书分为上下两篇：质量管理与模式篇和质量工具与方法篇。

上篇质量管理与模式，包括 7 章内容，进一步可以细分为三部分：

第一部分，质量观与经营质量，即第 1 章和第 2 章。第一章从对三鹿婴幼儿奶粉事件的深入剖析开始，引出对质量提升的思考，对比日本制造、三星制造的成长之路，提出质量最优先。通过对质量概念发展历程的剖析，探讨质量发展的内部驱动力。借助对质量管理发展阶段的分析，引出质量检验、质量控制、质量设计甚至质量文化的发展脉络，为下篇诸多质量工具与方法的排列顺序埋下伏笔。第 2 章给出了编者对组织经营质量的思考，指出为客户创造价值是企业生存与发展的基础，是企业经营的根本。随后，围绕客户，依次从设计、采购、生产、销售角度进行分析。最后，从战略执行、员工管理、质量经济性分析以及数据库、知识库的信息系统建设等方面进行全面阐述。

第二部分，质量经济分析与服务质量，即第 3 章和第 4 章。考虑到当前企业内控的重要性，本书对质量成本与经济性分析进行了专门介绍。服务作为未来十年中国经济的重要增长点和助推器，正确认识服务、管理服务对于企业管理者至关重要。而且，当前制造与服务的界限越来越模糊，制造业借助服务提升产品附加值，进而打造企业的核心价值。因此，对服务质量的管理已成为企业管理者关注的焦点。

第三部分，三种质量模式，即第 5、6、7 章。在组织成长壮大的过程中，必然需要建立自己的质量管理体系，而 ISO 9000 族标准提供了一套质量管理体系的模板。六西格玛管理是组织实施突破性变革的利器。卓越绩效则为不断提升、不断改进的组织，提供了衡量其各部门、各环节之间合作协调能力的途径，为组织提供了卓越经营的范本。

下篇质量工具与方法，沿着质量检验、质量控制、质量设计的基本脉络，介绍了 8 种重要的质量工具与方法，这里就不再一一赘述。

（3）强调质量工具与方法的应用，弱化数学公式的推导、证明与计算。如今，各种各样的统计软件，诸如 SAS、SPSS、Minitab、Q-DAS 等，大行其道。而且，这些统计软件可以非常方便甚至很便宜地获得，这样就极大地推动了各种基于统计的质量工具与方法的应用。实际上，Microsoft Excel 就可以完成相当多的统计分析。同时，现在的统计软件操作越来越便捷，各种辅助手段、案例可以指导使用者照猫画虎地使用很多非常复杂的、以前需要专家指导才能应用的质量工具与方法。因此，顺应时代的发展，本书期望能够更多地关注各种质量工具与方法的应用范围和假设前提，以便读者在未来的工作中灵活应用。

本书由清华大学经济管理学院管理科学与工程系孙静组织编写，同时得到了质量管理行业同仁的大力支持。中国质量学会副秘书长段一泓女士撰写了第 5 章和第 7 章。硕士生高荣振、楼健在第 3、4、8、10、11、12、13、14、15 章的起草过程中，做了大量的文献整理与搜集工作。孙静撰写了第 1、2、6、9 章，并对本书的全部章节进行了修改和定稿。此外，本书的编写也得到了高等教育出版社的大力支持与帮助，在此一并表示感谢。

由于编者的水平有限，难免对某些事物的认识存在偏颇和错误，敬请读者批评指正。

孙　静

2010 年 7 月 8 日

目　录

上篇　质量管理与模式

下篇　质量工具与方法

上　篇　质量管理与模式

第1章　质量与质量管理

本章从三鹿婴幼儿奶粉事件的剖析开始，探讨了提升产品质量的复杂性与艰巨性。日本制造的发展历程、三星制造的崛起都说明跨越质量峡谷没有捷径，三星的质量最优先值得借鉴。随后，本章介绍了质量概念的演变和质量管理的发展，对戴明、克劳士比、朱兰三位质量大师的生平和观点进行了简单介绍。本章最后探讨了制造强国发展的主要经验与启示。

1.1　三鹿婴幼儿奶粉事件的剖析①

2008年9月12日，新闻披露三鹿婴幼儿奶粉的部分批次受到化工原料三聚氰胺的污染，可导致婴幼儿泌尿系统产生结石。

2008年9月16日，婴幼儿配方奶粉三聚氰胺专项检查阶段性检查结果公布，一批知名品牌纷纷“榜上有名”。

2008年9月18日，全国液态奶三聚氰胺专项监督检查结果发布，蒙牛、伊利、光明等知名品牌的部分批次液态奶均查出三聚氰胺。

2008年9月21日，新加坡农业粮食与兽医局发布，一批产自上海的大白兔奶糖受到三聚氰胺污染，新加坡当局警告务必召回所有来自中国的牛奶和奶制品。

2008年9月30日，许多消费者喜爱的吉百利巧克力和怡口莲因成分存在“疑问”而被列入召回名单。奥立奥饼干在超市下架。

一石激起千层浪，短短20天，由三鹿婴幼儿奶粉事件引起的事态急剧恶化。继2007年国际对中国食品、中国制造的质疑以来，这次质量问题以很惨痛的方式呈现在世人的面前。令人拍手称快的是，中国政府迅速做出反应：

2008年9月16日，三鹿集团党委书记、董事长兼总经理田文华被解职。

2008年9月16日，石家庄分管农业生产的副市长因三鹿事件被免职，同时免去职务的还有：石家庄市畜牧水产局局长、石家庄食品药品监督管理局局长党组书记、石家庄质量技术监督局局长党组书记。

① 孙静：研究报告《北京现代制造业的质量现状及对策研究》，2008。

2008 年 9 月 17 日，河北省决定免去冀纯堂同志石家庄市委副书记、党委委员、市长等职务。

然而，痛定思痛，婴幼儿奶粉事件背后隐藏的诸多深层次的系统性、结构性原因逐渐浮出水面，发人深省。

1.1.1　质量标准：产品是否合格?

三鹿集团在说明检测出三聚氰胺的过程时，曾提到："三月中旬，接到消费者投诉，说孩子尿液发红，有结晶现象。公司立刻派人到消费者家了解情况，根据引发的产品批次，请求地方有关部门对产品进行检测，同时到国家有关部门检测，结果显示产品符合国家标准。"同时，在前文中也看到这样的字样，诸如"婴幼儿配方奶粉三聚氰胺专项检查"、"全国液态奶三聚氰胺专项监督检查"。换言之，这些检查并非常规的依据国家标准的检查。

关于大白兔奶糖曾有这样一则新闻："2007 年 7 月 16 日，菲律宾宣布，抽查市面多款中国食品样本后，发现其中四款食品含甲醛等有害物质，其中竟然包括中国知名糖果品牌——上海冠生园生产的大白兔奶糖。随后，中国冠生园公司和国家质检总局皆否认大白兔奶糖含有甲醛。"随后，大白兔奶糖被送到上海市权威检测机构（国际公认的）进行标准检测，声称问题大白兔奶糖很可能是假货。然而，当时权威检测机构进行的标准检测，却没有检测三聚氰胺。

合格是质量的根本，合格的评判依据是标准、规范，这些标准、规范包括：国际标准、国家标准、行业标准、企业标准、顾客要求等。市场经济要求标准体系能够有效地抑制不法行为，防范不法行为于未然，而不能只是被动地在惨痛事件发生之后进行补救。标准体系的建设要真正达到这样的要求，任重而道远。

1.1.2　企业的质量观：谁该为消费者负责?

三鹿集团在说明检测出三聚氰胺的过程时，曾提到："通过对产品大量深入检测排查，在 8 月 1 日，得出结论：是不法奶农向鲜牛奶中掺入三聚氰胺造成婴幼儿患肾结石，不法奶农才是事件真凶。"无独有偶，中国冠生园公司也曾声称问题大白兔奶糖很可能是假货。那么，这是否意味着既然"不法奶农是事件真凶"，从奶农手中收购鲜牛奶原料的奶制品企业也是受害者？既然"奶糖是假货"，拥有大白兔奶糖品牌的中国冠生园公司也是受害者？那么归根结底，谁该为消费者负责？

目前，供应商管理早已不是新名词。向供应商派驻企业代表，进行供应商的产品监控早已不是新鲜事，甚至已成为某些行业的管理惯例。而且，随着信息技术、网络技术的发展，更加科学有效的供应链管理的工具方法不断涌现。今天，掌控整条产业链已成为企业发展壮大的制胜法宝。

知名品牌之所以成为名牌，是因为顾客的信赖。顾客愿意为知名品牌支付相对更高的费用，这些费用中已经包含了企业为维护品牌所应做的诸如打击假冒产品这样的商业行为的成本。这里就涉及了企业应该如何看待质量的问题，即企业的质量观问题。

1.1.3　质量管理：质量是被检测出来的吗?

中国政府对婴幼儿奶粉事件采取了迅速而有效的果断措施，令全国的父母安心；随后对奶制品采取的专项检查和严格管理，令消费者放心。但是，检测出来的问题奶粉、液态奶、大白兔奶糖、吉百利、怡口莲、饼干等食品下架封存以后，怎么办？只有销毁。对于企业，这是损失，它使得绝大多数员工的辛勤劳动付之东流；对于广大消费者，同样是损失，它消融了人民的财富。但无论如何都不能让有毒的奶制品再流入食品的产业链。然而，再严格的检查，也只能是事后补救。

质量不是被检测出来的，依赖检测来保障质量，这是最无奈、最昂贵且治标不治本的下下策。这就涉及质量应该如何管理、如何保障的问题。

1.1.4　企业行为的约束：行业“潜规则”

三鹿婴幼儿奶粉事件因其影响到婴幼儿的身体健康，引起全社会的广泛关注。而随后的婴幼儿配方奶粉三聚氰胺专项检查结果和全国液态奶三聚氰胺专项监督检查结果，则令消费者对中国的整个奶制品行业产生怀疑。随着事态迅速波及奶糖、巧克力、饼干等相关食品，行业的“潜规则”就这样清晰地呈现在世人面前。为什么损害消费者利益的行为在行业中会畅行无阻？为什么企业对其熟视无睹并巧加利用？仅是奶制品行业存在这样的“潜规则”吗？记忆犹新的多宝鱼事件、红心鸭蛋事件，虽然不如三鹿婴幼儿奶粉事件影响深远，但是，性质却如此相似。

亡羊补牢为时不晚，关键在于从惨痛的事件中吸取教训。不妨自问，亡命之徒在抢银行时也会三思而行，而为何某些行业却敢于对向食品中投毒（如添加三聚氰胺等）这样的行为“睁一只眼，闭一只眼”？显然，政府需要规范企业的商业行为，设置明确的行为边界，从严质量惩罚制度，健全问责机制，迫使行业自律的形成。同时，帮助企业向科学管理要效益，在为广大消费者保障质量的同时，实现消费者与企业的共赢。

1.1.5　困境带来的挑战：20 元与 200 元?

在市场上，好点的进口奶粉 200 多元一桶，而有的国产奶粉价格却不到 20 元。所有中国企业都面临着原材料价格上涨而产品价格不能提升太快的双重压力。如果把价格提上去，又如何打开市场，尤其是广阔的农村市场？三鹿的问题是中国很多企业正在面临的共同问题。即使是占据中国乳制品行业头把交椅、有过百亿元销售收入的伊利，2006 年上半年的净利润率也仅有2.54%。伊利财报显示，2003 年以来，伊利的净利润率一直徘徊在 2%～3%之间。有的企业甚至不到 1%，整个行业也不超过 4%，远远低于国际同行 6%左右的平均水平。激烈的竞争使得中国奶制品企业如履薄冰，一不小心就可能走进亏损的阴影。

然而，这样的困境不是中国奶制品行业的特例，当年日本制造曾经历过，三星制造也曾经历过。如今，在这样的发展环境中如何建立竞争优势，需要中国制造、中国企业交出答卷了。

1.2　质量峡谷

1.2.1　质量峡谷理论

质量峡谷理论阐述了一条简单通俗却容易被企业忽视的客观规律。企业销售的产品或服务的质量和价格对投资回报率的影响如图 1-1 所示。廉价销售低质量产品或服务的企业，其平均投资回报率为 15%；高价销售高质量产品或服务的企业，投资回报率可高达 30%以上；产品或服务的质量不高也不低、价格居中，而销售这类产品服务的企业，其投资回报率只有 2%。

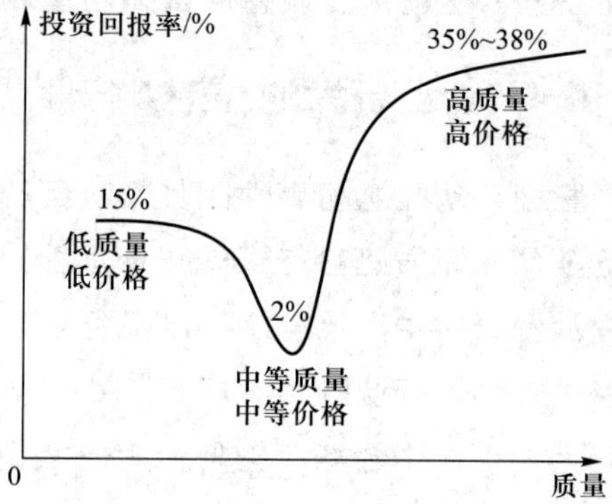

图 1-1　质量和价格对投资回报率的影响

资料来源：朴永宅，孙静，郑泽震. CEO 的六西格玛——变革的成功之路. 北京：清华大学出版社，2007.

在提升质量的过程中，提高员工素质、严格过程控制、基于顾客需求的设计、尊重顾客体验的服务等都需要大量的投入，而顾客感受的变化是需要时间来验证的，投入与回报之间存在着时间差。因此，企业需要做好准备，在提升质量之初，有一段艰苦的、利润下滑的时期，只有持之以恒，坚持不懈，最终才能赢得顾客的认可与信任，才会有丰厚的经济回报。达到目标的道路是曲折的，甚至需要组织最高管理者做好背水一战的准备。

然而，质量峡谷理论往往被企业界所忽视。企业总会一厢情愿地认为，随着质量水平的提升，价格理所当然可得到提高，投资回报率也会随之上升，而对质量峡谷却没有清醒的认识和充足的准备。不能成功跨越质量峡谷的企业，终究会从市场上消失。

1.2.2　日本制造（Made in Japan）的成长历程

第二次世界大战以后的日本制造曾经是劣质品、残次品的代名词，然而，仅仅几十年，日本制造不仅摆脱了其不佳的市场声誉，而且变身成为高质量、高可靠的代名词。

日本制造走过的成长历程发人深省。

1. 检验决定质量

第二次世界大战以后，为了发展经济，日本需要大量的外汇来购买原料、设备、技术等。于是，通过严格的检验，好的产品出口换得外汇，差的产品供应国内，由出口转内销。但是，无论多么严格的检验，都不能改变产品自身的缺陷，都属于事后补救。为了提高生产合格品的能力，日本开始向美国人学习过程控制的技术。

2. 过程控制决定质量

20 世纪 50 年代初，日本企业将美国专家戴明博士请到日本，为日本的工艺技术人员讲授统计过程控制理论。为了纪念戴明对日本制造的贡献，日本质量奖被命名为“戴明奖”。然而，工艺技术人员在应用所掌握技术的过程中，需要管理层的理解和支持。于是，日本企业将美国专家朱兰博士请到日本，为通产省官员和企业管理者讲授为何要进行统计过程控制。20 世纪 60 年代，诞生于美国的统计过程控制理论在日本生根发芽，并得到日本企业界的广泛推崇。

同时，日本结合自己的国情和文化，不断强化现场管理，提出了诸如 5S、防差错等非常简单有效的方法，日本丰田汽车的丰田制造系统（Toyota Production System，TPS）更是享誉世界，被美国人誉为“改变世界的机器”。日本制造的质量之路从未停止，最早意识到要为顾客的需要而设计的就是日本制造。

3. 设计决定质量

20 世纪 70 年代，针对顾客需求进行设计的质量功能展开（Quality Fuction Deployment，QFD）理论在日本三菱重工诞生，随后在日本许多企业中应用并取得巨大成功。同时代的日本田口玄一教授提出了稳健设计。通过对零部件或元器件的参数进行优选，以减少各种内、外因素对产品功能稳定性的影响，从而达到提高产品质量的目的。

20 世纪 70 年代末至 80 年代初，以汽车、电子产品为代表，以价廉物美、优质低耗为标志的日本制造快速侵占了美国制造的市场份额，标志着日本经济的崛起。如今，日本制造以高质量、高可靠性称雄世界。

1.2.3　三星制造（Made in Samsung）的崛起

1993 年美国《顾客声音》杂志发表文章，比较了家用 VCD 在美国市场上的销售价格和质量水平，如图 1-2 所示。索尼（SONY）以最佳的质量和最高的价格进行销售，质量相对较差的夏普（SHARP）产品在以低廉的价格销售。然而，三星产品的质量高，却以最低廉的价格在销售。三星经过多年的努力，质量水平已经提高，但却始终抹不去顾客脑海里三星制造是廉价商品的印象。虽然质量已经达到世界一流水平，但如果不能得到顾客的认可，三星将失去立足之地。

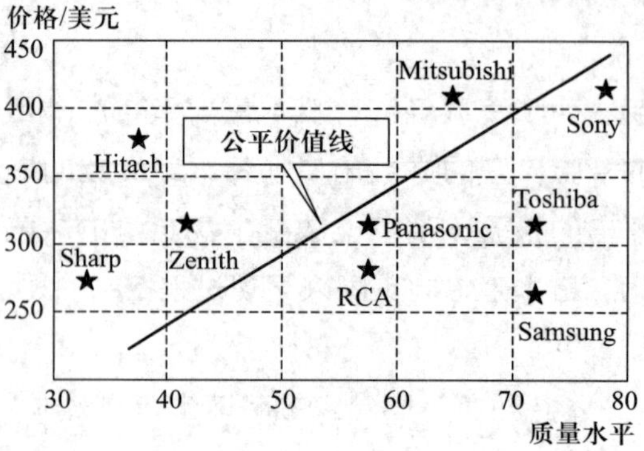

图 1-2　家用 VCD 在美国市场上销售价格与质量比较（1993 年）

1993 年 6 月 7 日，韩国三星集团的高层经营团队聚集在德国法兰克福。经过 20 多小时马拉松式的会议，三星集团李健熙会长为促进经营方式的根本变化，提出如下宣言：从以数量为主的经营模式转变到质量最优先的经营模式。该宣言被称为“法兰克福宣言”。“质量最优先”的新经营宣言被广为流传，不仅影响了三星 18 万员工的经营理念，甚至对整个韩国社会都产生了深刻的影响。

三星电子的无线事业部在推出自主开发的模拟手机之后，曾因与摩托罗拉的竞争失利导致亏损，随后该事业部又推出了三星 Anycall 手机。当“质量最优先”的新经营宣言提出以后，三星 Anycall 手机之父李基泰当着该事业部全体员工的面焚毁了 15 万部存在质量问题的手机，以激励员工下定决心制造出最高质量的产品。

2003 年，三星电子的手机年销售量从 10 年前的不足 100 万部发展到 1 亿多部，而且价格还高于诺基亚、摩托罗拉等竞争对手，广销世界各地。2004 年，三星电子的净利润达到 100 亿美元。而净利润超过 100 亿美元的制造企业，全世界只曾经有过三星电子和丰田汽车两家。据《日本经济新闻》报道，该年三星电子的净利润是日本十大电子企业（包括松下、索尼、日立、NEC、东芝等）净利润总额的两倍多。可见，三星集团的“质量最优先”卓有成效。

1.2.4　质量最优先

日本制造、三星制造的发展历程告诉我们，跨越质量峡谷没有捷径。要想彻底摘掉劣质品、残次品的帽子，从根本上改变顾客对自身的印象，只有为顾客持续不断地提供最高质量水平的产品或服务，除此以外别无他法。需要注意的是，即使已经达到世界一流质量水平，企业也需要锲而不舍地为了远期目标而不懈努力。因为顾客在购买产品或服务的同时，也在付出信任。如果不能得到顾客的信任，也就无法获得忠诚的顾客，而信任的建立是漫长的，是需要经得住顾客不断验证的，甚至需要企业在初期经历一段低利润率的苦日子。

同时，跨越质量峡谷需要背水一战、破釜沉舟的勇气。发布“质量最优先”的新经营宣言时，李健熙会长觉得自己好像被卷入变化的漩涡，独自一人面对着巨大的责任，在深感绝对孤独的同时，也对这种危机四伏的情况产生了强烈的责任感。为获得成功，他在三星全体员工面前郑重地承诺，为了信守这一诺言他不惜付出自己的名誉和生命，并承诺自己会走在改革最前沿。

1.3　质量概念的发展

人们对质量概念的认识经历了一个不断发展和深化的历史过程。质量概念所描述的对象在早期大多仅限于产品，后来逐渐延伸到服务，而如今则不仅包括产品和服务，还扩展到过程、活动、组织、体系以及它们的组合。

1.3.1　符合性质量

早期的一种颇有影响的观点认为，质量就意味着对于规格或要求的符合（Conformance to Requirement），即符合性质量。美国质量管理专家克劳士比是主要代表人物之一。他认为质量不意味着好、卓越、优秀等，谈论质量只有相对于特定的规格和要求才有意义，合乎规格即意味着具有了质量，而不合格自然就是缺乏质量。这里的规格或要求，涉及国际标准、国家标准、行业标准、企业标准、明示的顾客要求等。

毋庸置疑，质量的基础必须是对规格或要求的符合。但质量的规格或要求不能一成不变，必须随着科技水平、管理水平的进步，随着顾客期许的变化，而不断地调整更新、与时俱进。譬如，近年来我国家电行业的国家标准在不断丰富，制定了关于家电耗电、空调安装等国家标准。我国国家现有标准的修订工作步伐也在不断加快，而且很多优秀企业的内部标准都要比国家标准、行业标准严格得多。我国要杜绝像三鹿婴幼儿奶粉这样恶性事件的发生，一个重要且根本的措施就是要不断制定、修订一些具有国际先进性的、能够起到行业指导作用的标准，来规范和引导行业行为。显然，对规格或要求本身的管理和系统性的完善，对企业的经营管理至关重要。

虽然这种“合格即质量”的认识对于质量检验、质量控制的具体工作很有效、实用，但也有其局限性。只一味强调规格、强调合格，难免会弱化对顾客需求变化的关注，忽略企业存在的真正目的和使命，在当今这样一个充满竞争的时代，这样的质量观对企业管理者来说是致命的。

1.3.2　适用性质量

美国质量管理专家朱兰博士从顾客的角度出发，提出了著名的适用性（Fitness of Use）观点。他指出适用性就是产品使用过程、服务提供过程中成功地满足顾客要求的程度。适用性概念普遍适用于一切产品或服务。对顾客来说，质量就是适用性，而不是"符合规格"。毕竟顾客很少知道"规格"是什么，质量对顾客而言就意味着产品在交货和使用过程中的适用性。适用性观念对于重视顾客、明确企业存在的根本目的和使命无疑具有极为深远的影响。

适用性质量清楚地表明，真正拥有评判质量话语权的是顾客。所以，企业经营要围绕顾客展开，为顾客创造价值是企业生存与发展的根本所在。

适用性质量明确指出质量工作的核心是在产品使用全过程、服务提供全过程中满足顾客的要求，然而，适用性质量没能清晰地说明应如何满足顾客的要求。对此，ISO 9000：2000 给出了明确的答案。同时，ISO 9000：2000 对要求进行了拓展，不仅关注顾客的要求，还全面考虑了相关方，诸如股东、雇员、供应商、银行、工会、合作伙伴或社会等所提出的要求。

1.3.3　大质量

在上述观点的基础上，形成了 2000 版 ISO 9000 族标准中得到普遍认可的质量定义。国际标准化组织在 ISO 9000：2000《质量管理体系 基础和术语》这一国际标准中，将质量定义为：一组固有特性满足要求的程度。这一定义看上去高度抽象而概括，但只要把握了"特性"和"要求"这两个关键词就很容易理解。该定义是从"特性"和"要求"这两者之间关系的角度来描述质量，亦即某种事物的"特性"满足某个群体"要求"的程度，满足的程度越高，可以说这种事物的质量就越高或越好，反之则认为该事物的质量低或差。

1. 特性

这里"特性"指的是"可区分的特征"，ISO 9000：2000 的质量定义中特别强调了用于描述事物质量的特性是"固有特性"，就是指某事或某物中本来就有的，尤其是那种永久的特性。通常，质量特性可以区分为以下几类：

（1）技术性或理化性的特性。这些特性可以用理化检测仪器精确测定。例如，机械零件的刚性、弹性、耐磨性；汽车的速度、牵引力、耗油量、废气排放量；手表的防水、防震、防磁性能等。科学技术的进步使得许多过去无法测定的特性可以进行精确的测定，从而使得人们对质量进行更加客观的判断成为可能。

（2）心理方面的特性。例如服装的式样、食品的味道、汽车象征的地位等。这些特性反映了顾客的心理感觉和审美价值，一般很难用准确的技术指标来加以衡量。

（3）时间方面的特性。例如耐用品的可靠性、可维修性、精度保持性、电力供应的及时性等。产品使用过程中的及时性、可靠性、可维修性以及使用费用等都极大地影响着顾客对质量的评价。

（4）安全方面的特性。产品的使用不仅要可靠、及时，更为重要的是不能给顾客造成伤害和事故，因此，产品必须有保证条款，有各种安全措施。

（5）社会方面的特性。仅仅考虑满足顾客要求是不充分的，还必须考虑法律、法规、环保以及社会伦理等有关社会整体利益方面的要求。

2. 要求

上述质量定义中的“要求”是由各种不同的相关方，亦即与组织的业绩或成就有利益关系的个人或团体，如顾客、股东、雇员、供应商、银行、工会、合作伙伴或社会等所提出的。“要求”反映了人们对于质量概念所描述的对象的需要或期望。这些“要求”有时是明确规定的，如产品购销合同中对于产品性能的规定；也可以是隐含的或不言而喻的，如银行对客户存款的保密性，即使人们没有特别地提出，也是必须保证的；还可以是由法律、法规等强制规定的，如食品的卫生、电器的安全等。

3. 档次

与质量概念密切相关而又常常引起混淆的一个概念是“档次”。当人们在习惯上用质量这一术语来表述卓越程度时，如将五星级酒店同小旅馆相比较时，有时会引起分歧。在这种场合下，使用“档次”这一概念将有助于避免分歧。“档次”反映了同一用途或功能的事物为了满足不同层次的需要而对质量要求所做的有意识的区分。不同的档次意味着不同的购买能力或消费层次。质量的比较只有针对同一档次时才是有意义的。从这个意义上而言，五星级酒店并不等同于服务质量的卓越，小旅馆同样也可以提供非常优质的服务。

要为顾客创造价值，实现顾客满意，增强组织的核心竞争力，高层管理者必须突破“合格即质量”的局限，以大质量观统领产品和服务的质量管理，提升产品和服务的吸引力。然而，没有具体而细微的符合性质量，没有标准规范，质量就无从谈起。标准规范本身亦需要不断调整、充实和完善，以适应顾客要求的不断变化。

随着人类社会的进步，对质量的认知会不断发生变化，越来越丰富、越来越深刻的质量内涵会逐渐形成，并被企业、社会所接受。对质量的认知过程是永无止境的。

1.4 质量管理的发展

质量是一个永恒的概念。人类社会的质量活动可以追溯到远古时代，但现代意义上的质量管理活动是从 20 世纪初开始的。一般将现代质量管理分为三个阶段。第二次世界大战以前可以看作是第一阶段，人们通常称之为质量检验阶段。第二阶段是从第二次世界大战开始到 20 世纪 50 年代的统计质量控制阶段。第三阶段是从 20 世纪 60 年代开始的全面质量管理阶段。

1.4.1　质量检验阶段

质量检验阶段主要是通过检验的方式来控制和保证产出或转入下道工序的产品的质量。手工业时代，产品大多是以作坊式的方式生产出来的。产品质量主要取决于工匠个人的经验和技能。从18世纪末工业革命结束到20世纪初期，伴随着机器和机器体系的广泛采用，工厂制度开始逐步确立，但工厂仍然依靠经验来进行生产和管理。在质量控制方面，主要依靠手工操作者的手艺和经验进行把关。进入20世纪以后，泰罗（F. W. Taylor）提出科学管理理论，要求按照职能的不同进行合理的分工，首次将质量检验作为一项管理职能从生产过程中分离出来，建立了专门的质量检验制度。随着企业规模的扩大，随着分工与专业化程度的提高，企业中大量设立检验人员的职位，专职负责产品检验，以大批量生产条件下的互换性理论和规格公差的概念为质量检验的理论基础，规定了产品的技术标准和适宜的加工精度。质量检验人员根据技术标准，利用各种测试手段，对零部件和成品进行检查，做出合格与否的判断，不允许不合格品进入下道工序或出厂，起到了把关的作用。质量检验的专业化及其重要性至今仍不可忽视。只是早期的质量检验主要是在产品制造出来后才进行的，即事后把关。在大批量生产的情况下，由于事后检验信息的反馈不及时造成了巨大的生产损失，因而萌发了“预防”的思想，促进了质量控制理论的应用。

这一时期，统计科学有了长足的发展。20世纪20年代英国数学家费希尔（R. A. Fisher）结合农业试验提出方差分析与实验设计等理论，为近代数理统计学奠定了基础。同时，美国贝尔（Bell）电话实验室成立了两个课题研究小组：产品控制组和过程控制组。产品控制组的学术负责人是道奇（H. F. Dodge），道奇与罗米格（H. G. Romig）于20世纪30年代提出抽样检验理论，构成了质量检验理论的重要内容。过程控制组的学术负责人是休哈特（W. A. Shewhart），他提出了统计过程控制（SPC）理论和监控过程的工具——控制图，为统计质量控制阶段的到来奠定了理论基础。

1.4.2　统计质量控制阶段

这一阶段从单纯依靠质量检验进行事后把关，发展到对工序的质量控制，突出了质量的预防性控制与事后检验相结合的管理方式。20世纪30年代，提出统计质量控制理论与抽样检验理论之际，恰逢西方发达国家处于经济衰退时期，这些新理论无人问津。直至第二次世界大战期间，由于美国政府迫切需要保证军火质量，这些理论才得以广泛应用且效果显著。战争结束后，统计质量控制理论风行全世界，其中最值得称道的是日本。

第二次世界大战以后，日本经济处于百废待兴的状况，为了有效推行统计质量控制的理论与工具方法，戴明被邀请到日本讲授统计质量控制，此举对日本制造业产生巨大的影响。1951 年，日本设立了著名的“戴明奖”，以奖励国内在质量管理方面取得重大成就的企业。戴明在日本工作期间，朱兰也活跃于日本质量界，为日本的通产省官员和企业管理者讲解统计质量控制的必要性，这就为统计质量控制的理论方法能够在日本得到顺利推广和应用起到了重要作用。

这一阶段的质量管理强调“用数据说话”，强调应用统计方法进行科学管理。统计质量控制阶段是质量管理发展史上的一个重要阶段。在管理科学中率先引入统计学的就是质量管理。在定性分析的基础上强调定量分析，这是质量管理科学开始走向成熟的一个标志。应该指出，正是统计质量控制阶段为严格的科学管理和全面质量管理奠定了基础。1993 年日本第 31 次高层经营者质量管理大会明确指出：“全面质量管理（Total Quality Management，TQM）的基础是统计质量控制（Statistical Quality Control，SQC），SQC 与 TQM 二者不能偏离，专业技术与管理技术同等重要。”

统计方法的应用减少了不合格品，降低了生产费用。但是现代化大规模生产十分复杂，影响产品质量的因素多种多样，单纯依靠统计方法不可能解决一切质量管理问题。因而，随着大规模复杂系统的涌现与系统科学的发展，质量管理也走上了系统工程的道路。朱兰明确提出，为了对质量进行有效控制，除了 SQC 以外，尚有许多其他重要的质量职能必须予以关注。1956 年，当时在美国通用电气公司工作的质量管理专家费根堡姆首先提出了“全面质量管理”的概念。费根堡姆认为，解决质量问题不能只局限于制造过程，解决问题的手段也不能局限于统计方法。这样，质量管理由制造过程的统计质量控制，逐渐发展到为了满足顾客要求所必须关注的各个方面。

1.4.3 全面质量管理阶段

全面质量管理早期称为全面质量控制（Total Quality Control，TQC），以后随着逐渐发展而演化成为 TQM（Total Quality Management）。费根堡姆于 1961 年在其《全面质量管理》一书中给出了全面质量管理的概念：“全面质量管理是为了能够在最经济的水平上，并考虑到充分满足用户要求的条件下进行市场研究、设计、生产和服务，把企业内各部门研制质量、维持质量和提高质量的活动构成为一体的一种有效体系。”该定义强调了三个方面：① 这里的“全面”一词首先是相对于统计质量控制中的“统计”而言。也就是说，要生产出满足顾客要求的产品，提供顾客满意的服务，单靠统计方法控制生产过程是很不够的，必须综合运用各种管理方法和手段，充分发挥组织中每个成员的作用，从而更全面地解决质量问题。② “全面”还相对于制造过程而言。产品质量存在着产生、形成和实现的过程，这一过程包括市场研究、研制、设计、制定工艺、采购、配置设备与工装、加工制造、工序控制、检验、销售、售后服务等多个环节，它们互相制约、共同作用的结果决定了最终的质量水准。仅仅局限于只对制造过程实行控制是远远不够的。③ 质量应当是“最经济的水平”与“充分满足顾客要求”的完美统一，离开经济效益和质量成本去谈质量是没有实际意义的。费根堡姆的全面质量管理观点在世界范围得到了广泛的接受，但各个国家在实践中都结合自己的实际进行了创新。

日本人在质量设计上走在了世界的前列。田口玄一提出了稳健性设计（Robust Design）方法（国际上通常称为“田口方法”），提升了日本产品质量以及日本产品的研发设计能力。该方法可以在相当广泛的领域中应用，如电机、汽车、光电、化工及电子等产品的设计开发，因此，其推广应用非常迅速。现今，若要设计制造低成本、高质量的产品往往都应用田口方法。质量功能展开（Quality Function Deployment，QFD）理论诞生于日本三菱重工。QFD 是以质量屋（Quality House）为分析工具、以优化分析技术为指导的产品设计方法。QFD 不仅在日本，而且在欧美、南美、澳大利亚以及亚洲的一些国家和地区得到了广泛的应用，并收到了显著效果。譬如，丹麦食品工业十分发达，他们的著名点心曲奇（Cookie）就采用了 QFD 进行设计。

然而，美国人在质量文化的建设上却为世人作了典范。质量文化是指企业在生产经营活动中所形成的质量意识、质量精神、质量行为、质量价值观和质量形象以及企业所提供的产品或服务质量等的总和。1995 年，通用电气（GE）公司当时的总裁韦尔奇决心在全公司范围内推行六西格玛。为了实施六西格玛战略，韦尔奇着手建立通用电气的质量文化。他提出高层经理年终奖金（高达 100 万美元）的 40%取决于当年质量计划的执行程度；他告诫年轻的经理，除非他们被选做六西格玛的黑带员工，否则在通用电气不会有太大的前途；他要求通用电气的每个员工都要对质量高度敏感，他把这称为“质量精神病”。正是在这样的质量文化影响之下，六西格玛在通用电气取得了令人瞩目的成就。《商业周刊》认为，通用电气的六西格玛实施是一个令人诧异的成功，它的实施取得了比韦尔奇最初预想的要多得多的成就。

显然，质量管理理论还会进一步发展，对于未来的质量管理阶段，我们拭目以待。

1.4.4　质量管理在中国的发展

中国是世界文明古国之一，早在夏、商时代的手工业中就有了控制产品质量的活动。在我国的各种古代典籍中记载有大量的有关产品质量的规定、要求等。严格的质量控制最初是在那些用于祭祀和战争的产品上开始应用的。商朝和周朝所制造的青铜器、编钟和剑的高质量举世闻名，这也是当时对质量重视的具体例证。但是，在我国将质量管理作为一门科学来推行，是在 20 世纪 70 年代末才开始的。

1978 年，我国开始从日本和欧美国家学习全面质量管理的理论和实践，在少数企业试点并取得成功的基础上，全面质量管理以相当快的速度、相当大的规模在全国推广开来。为了普及全面质量管理知识，政府有关部门和中国质量管理协会举办了大规模的“全面质量管理电视讲座”，收看人数达到了 3 000 万人次。

1988 年，我国等效采用了 ISO 9000 系列国际标准，1994 年、2000 年又等同采用了该标准的修订版，定名为国家标准 GB/T 19000 系列国家标准。随后对 GB/T 19000 系列国家标准陆续进行修订、《GB/T 19000—2016 质量管理体系　基础与术语》于 2017 年 7 月 1 日实施。1993 年全国人大通过了《中华人民共和国产品质量法》，标志着我国质量工作进一步走上了法制化的道路。1996 年 12 月国务院发布了《质量振兴纲要》，明确了我国质量工作的方针，提出了到 2000 年和 2010 年两个阶段的产品质量、工程质量、服务质量振兴的目标、任务和措施，特别强调了振兴质量的根本出路在于建立质量振兴的市场保证机制。

2001 年我国启动了全国质量专业技术人员职业资格考试，截至 2009 年年底已有近 9 万人获得了质量专业职业资格证书。根据国务院 2014 年 8 月 12 日发布的《国务院关于取消和调整一批行政审批项目等事项的决定》(国发〔2014〕27 号)，取消了质量专业技术人员的职业资格许可和认定。2001 年启动了“全国质量管理奖”(2006 年更名为“全国质量奖”)，截至 2009 年年底先后有宝钢股份公司、海尔集团等 72 家国内优秀企业获得该奖。2013 年年底改由国家质量监督检验检疫总局负责，每两年评选一次，更名为“中国质量奖”。2004 年 8 月 30 日，我国发布了 GB/T 19580《卓越绩效评价准则》国家标准和 GB/Z 19579《卓越绩效评价准则实施指南》指导性技术文件。2012 年新版 GB/T 19580—2012《卓越绩效评价准则》国家标准和 GB/Z 19579—2012《卓越绩效评价准则实施指南》发布。

2002 年全国六西格玛管理推进工作委员会成立，我国开始在全国范围内推行六西格玛，并于 2004 年召开了全国六西格玛大会，截至 2018 年已成功举办 15 届。2009 年受国家工信部委托，中国质量协会在通用设备制造和食品制造两个行业的产值 500 万元以上规模的企业中，进行了全国质量管理现状调查，数据显示，被调查企业中开始推进六西格玛的企业占 11.6%。

纵观中华人民共和国成立以来我国质量管理的发展历程，大致可以将之划分为两个阶段。20 世纪 80 年代中期以前，我国的经济处于计划经济时期，我国的质量管理也基本上是在政府主导下推行的，企业则基本上处于一种被动和从属的地位。自 20 世纪 80 年代中后期以来，随着改革开放的深入，我国逐渐确立了建立社会主义市场经济体制的目标，企业开始成为市场经济的主体。政府的职能也发生了根本性的转变，从对企业的直接管理逐渐转变为间接管理和宏观指导。尤其是在我国加入世界贸易组织之后，市场竞争变得前所未有的激烈和残酷，质量日益成为企业生存和发展的必要条件。这种转变使得质量管理真正成了企业不可或缺的竞争手段。一大批先进企业通过质量管理使得产品质量赶上或超过了发达国家产品的水准，树立了我国的民族品牌，确立和巩固了企业的竞争地位。随着我国经济的发展与经济全球化进程的加快，有效的质量管理必将成为我国企业求生存、图发展和在竞争中取胜的强大武器。

1.5　三位质量管理大师简介①

1. 戴明（Edwards W. Deming）

1900年10月4日，戴明（见图1-3）生于美国艾奥瓦州。父亲是个农场主，但是收入微薄，戴明的家境比较贫寒。穷人的孩子早当家，还是少年的他就一直外出打工，贴补家用。后来，年仅14岁的戴明报名参加支援墨西哥边境一场小规模战争的志愿军，全然不顾他的年龄并不符合当兵的要求。结果，已经搭乘上赶赴战场军车的少年戴明终究露馅，被遣送回家。那一次，戴明错过了为国打仗的机会，却也因此选择了另外一条与众不同的人生之路。

图1-3　戴明（Edwards W. Deming）

1925年，戴明在得到数学与物理的硕士双学位之后继续深造，三年后获得了耶鲁大学的物理博士学位。戴明博士在学校期间曾经在芝加哥的西电公司做兼职。当时他就已经意识到统计在管理过程中的重要性。第二次世界大战时期，他开始给美国军方的工程师和有关人员讲授质量控制的课程，但是他明白这样小范围的传播质量管理知识永远无法解决美国整个制造行业根本的质量问题。戴明做了很多努力，结果却不尽如人意，他的理念在美国不为人知。

第二次世界大战结束，戴明被邀请到日本讲授统计质量管理，对日本的制造行业产生了巨大的影响。正如NEC前总裁说过的一句话——“没有哪一天我不在想戴明博士对我们的意义”。1951年，日本设立了著名的“戴明奖”，以奖励国内在质量管理方面取得重大成就的组织和个人。

戴明回国后居住在华盛顿，在美国国内仍旧默默无闻。直到1980年，NBC作了一期名为“如果日本能做到，我们为什么不能？！”的节目，人们才得知美国有这样一位被日本人誉为“日本质量管理之父”的人物。之后，福特、GM、P&G等公司开始纷纷邀请戴明来提高企业的产品质量。令他们吃惊的是，当时已经年迈的戴明的工作目标是从根本上改变管理的全貌，而不只是改善企业某一方面的状况。80多岁的他一如既往地努力工作，将全部精力与热情投入到人生最后的事业中……

质量管理十四点是戴明的理论基础，简单介绍如下：

第一点：企业要有一个改善产品和服务的长期目标，不能只顾眼前。

第二点：要有新的管理思想，不允许出现交货延迟或差错和有缺陷的产品。

① 汪之婴，孙静. 质量管理三巨头——戴明、克劳士比、朱兰——写在朱兰大师诞辰百年之际. 中国质量，2005（3）：36-38.

第三点：正确理解检验的意义。从一开始就要把质量考虑到产品的生产过程当中去，而不是依靠检验去保证产品质量。

第四点：成本不是决策时要考虑的唯一因素。例如，在原材料、标准件和零部件的采购上不要只以价格高低来做出决定。

第五点：持续改进到永远。要有识别体系和非体系原因的措施，85%的质量问题和浪费现象是由于体系原因造成的，15%是由于岗位原因造成的。

第六点：学会培训雇员。设计一个全面高效的岗位培训，不只是培训现场操作者怎样干，还要告诉他们为什么要这样干。

第七点：学会领导。不只是管，更重要的是帮。

第八点：消除员工的恐惧心理，形成提问题、提建议的良好氛围和风气。

第九点：团队协作。

第十点：停止训诫，教导员工提高质量、生产率的好方法，而不只是下命令。

第十一点：摒弃数字化的配额要求，实施目标管理。

第十二点：消除可能引起员工自卑心理的因素。

第十三点：鼓励自我提高与教育。

第十四点：采取行动。

以上十四点，成了戴明质量管理理论的精髓。

事实上，也有不少人批评戴明的理论，觉得它们只是单纯的理论，而不能直接运用到实际的管理工作中。戴明的理论不会告诉企业具体应该怎么做，他本人总觉得企业应该根据自身的情况制定出相应的方案。

戴明的质量管理理论被美国国内企业知晓得太晚，恐怕是他享年 93 岁的一生中最大的遗憾。毕竟，戴明从小就全心热爱着自己的祖国，是典型的爱国主义者。如果这一遗憾不曾发生，也许美国企业会走得更快、更好。在戴明博士的晚年，曾经有人问过他这样一个问题，那就是他希望以何种方式被人们所纪念。“或许我根本就不会被人们记住。”他说道，然而，沉默了很久，他终于说了这样一句话：“嗯，也许人们会把我看成阻止美国自杀的人吧！”的确，当年灰溜溜从军车上被遣回的少年戴明，最终靠着自己提出的质量管理理论用另一种方式“拯救”了自己所深深热爱的祖国。

2. 克劳士比（Philip B. Crosby）

另一位生于美国、被称为“管理三教父”之一的是克劳士比（见图 1-4）。他被《时代》杂志称为“质量福音的传道者，本世纪伟大的管理思想家”。1926 年 6 月 18 日，克劳士比生于西弗吉尼亚惠灵市的一个医学世家。一开始，克劳士比也以为自己会步入医学界。1949 年他毕业于俄亥俄大学，并获得了足外科

图 1-4　克劳士比（Philip B. Crosby）

学位。然而，此后不久，他有了从戎的理想。与戴明参军“未遂”的经历不同，克劳士比在第二次世界大战与朝鲜战争期间，成功地成为海军陆战队和海军的战地军医。戴明是一位典型的学者，而克劳士比却是一位商界传奇人物。退役后，1952 年至 1955 年，克劳士比在生产车间工作了三年。这段时间，他第一次接触到质量，并加入美国质量协会。后来，他成为马丁-玛瑞埃塔公司的质量经理，将自己创造发展的质量理论在现实世界中进行锤炼、检验。正是在马丁公司，他提出了闻名于世的“零缺陷”的概念。1965 年，克劳士比出任国际电话电报公司（ITT）的质量副总裁，一干就是 15 年。1979 年，他当选为美国质量协会的总裁…… 正如克劳士比自己所说：“我是从商界的底层起步的，一步步晋升，几乎做过每一种工作。检查员、测试员、助理领班、初级工程师、总工程师、部门负责人、经理、总监、集团公司副总裁……所有这些我都做过。”

不同的经历造就了同样伟大的管理大师。克劳士比的一生中写了 15 部畅销书，涉及质量与管理的丰富主题，被翻译成 16 种语言，销量超过 250 万册。在克劳士比的众多文集中，最著名的莫过于《质量免费》（*Quality is Free*）。他认为，只要在第一次把事情做对，那么产品的质量就是免费的，不需要企业再花钱来提高。

克劳士比提出了质量管理四项基本原则：

原则一：质量就是符合要求，而不是好。“好、卓越、美丽、独特”等描述都是主观和含糊的。

原则二：真正意义上的质量问题不存在。质量问题应归结到生产、设计等一系列问题上。如果能够预防，那么就不会出现质量问题，质量不是检验出来的。

原则三：对于工作表现的唯一衡量指标就是质量成本，即当要求没有符合时而产生的额外费用。

原则四：对于工作表现的唯一标准就是“零缺陷”。它意味着要满足整个工作过程的全部要求。

克劳士比的理论注重行为实践。他强调用管理和组织过程而不是用统计学科的方法来改善企业的状况。正如美国《商业周刊》杂志评论说：“所有质量宗师中，没有谁能像克劳士比那样激起人们对质量的狂热……”

遗憾的是，2001 年 8 月 18 日，75 岁的克劳士比离开了我们。全球的质量界过早地失去这样一位伟大的领袖，不禁让我们扼腕叹息。

3. 朱兰（Joseph M. Juran）

图 1-5　朱兰（Joseph M. Juran）

朱兰（见图 1-5）是罗马尼亚籍的犹太人，出生于 1904 年 12 月 24 日。8 岁的时候，为了摆脱贫穷、躲避对犹太人的暴力侵害，朱兰跟随家人来到了美国的明尼苏达州明尼阿波利斯市。在他 12 岁时，肺结核夺走了母亲的生命。经受了幼年丧母悲痛的朱兰，生活变得尤为艰难。在明尼阿波利斯的 12 年中，朱兰做过 16 份不同的工作——从报童到杂货店小伙计、从簿记员到仓库搬运工、从门卫到打字员……旁人看来，这段颠沛流离的生活会在少年朱兰的心中蒙上阴影，但是朱兰却相信正是这样的磨难帮助了他。他说："我们成长于艰难的工作环境中，它让我们无所畏惧……"

朱兰的人生经历与戴明博士有不少相似之处。20 岁时，他也在芝加哥的西电公司工作，但由于不在同一个部门，所以两人直到 20 世纪 40 年代才得以相见。戴明在日本工作期间，朱兰也活跃于日本质量界。日本曾考虑设立以朱兰的名字命名的质量奖，但这一建议被朱兰婉言拒绝了。为了感谢朱兰对日本质量的巨大贡献，日本政府授予他二等瑞宝奖章，这是外国人所能得到的最高级别的勋章，由日本首相授予。

1951 年，朱兰撰写了被称为当代世界质量控制科学名著的《质量控制手册》。朱兰的质量管理理论基础是他的"朱兰三部曲"——质量计划、质量控制、质量改进，如图 1-6 所示。"朱兰三部曲"被提出的时候，大部分的企业都还未对质量计划和质量改进加以重视。朱兰大师为推进质量管理的思想进步做出了卓越的贡献，为全面质量管理奠定了理论基础。

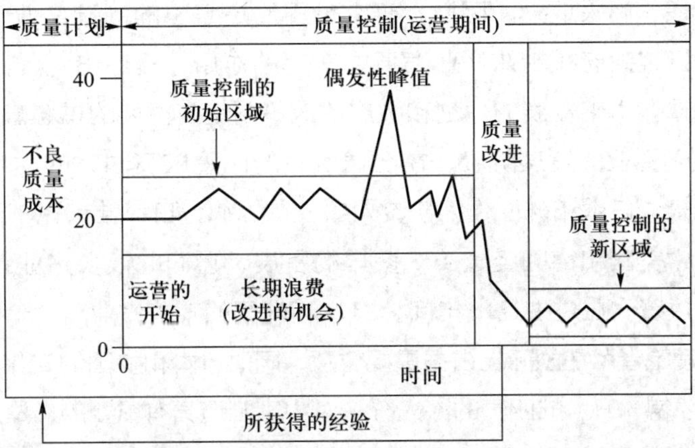

图 1-6　朱兰质量三部曲示意图

朱兰的工作经历与克劳士比相比同样丰富多彩。自 1924 年以来，朱兰就一直在管理领域中从事各种不同的职业，先后担任过工程师、总经理、政府官员、大学教授、社团董事和管理顾问。他获得的荣誉包括 12 个国家的专业协会和名誉团体所授予的 30 余枚勋章、会员资格和名誉会员资格等。

和戴明的主要观点相同，朱兰认为：美国产品的质量危机源于产品质量差所导致的庞大附加成本，同时外来产品的入侵也削减了美国产品的竞争力。两位大师都认为上层管理人员急需培训，这样才能从根本上解决大部分质量问题，只有上层领导对质量有了更新的想法，企业才能安然渡过这场危机。质量问题的"80/20"原则就是朱兰针对上述观点提出来的。他依据大量的实际调查和统计分析认为，只有 20%的质量问题是由劳工造成的，其余 80%的质量问题都来自管理层。朱兰与戴明也有观点截然相反的地方。戴明“十四点”中的第八点：消除员工的恐惧，要鼓励员工在企业中处处大胆地工作。对此，朱兰则极为反对。

朱兰这位犹太老人一生中经受了少年失去亲人的伤痛，承受了贫穷和反犹太种族的歧视，见证了两次世界大战，艰难度过了大萧条时期，目睹了人类第一次登月，认识了17位美国总统……种种坎坷的经历，也许真的让朱兰在恐惧中体味到了生命的真谛，使他变成了明视一切的智者。2008年2月28日，这位睿智的百岁老人无疾而终。

1.6 制造强国发展的主要经验与启示①

改革开放30多年来，中国制造业虽然取得了巨大的成绩，但也面临着诸多亟待解决的问题，例如比较优势逐步丧失、环境污染问题突出、自主研发能力薄弱和高水平人力资本匮乏等，中国迫切需要实现从“制造大国”向“制造强国”的转变，完成制造业产业升级。与当今国际制造强国相比，中国的制造业虽然有些领域已经处于世界领先地位，但整体仍旧处于发展追赶阶段，尚未成熟，因此，研究世界制造强国的制造产业，回顾它们的发展历程并总结经验，探究政府在制造产业发展中发挥的作用，提炼出对中国制造业发展的启示，将会对中国制造业未来发展的规划和政府的政策制定有重要的借鉴意义。

考虑不同国家制造业的发展阶段、在全球所占的比重以及国家的文化背景等因素，此处选择了美国、德国、日本和韩国作为研究对象。美、德、日、韩都在不同的制造领域处于世界领先地位，其中美国和德国经过100多年的发展，它们的很多产业都曾处于或正处于全球的“领跑者”位置。在过去几十年间，日本和韩国的某些产业从“追赶者”成长起来，甚至超越曾经的“领跑者”在国际上占据重要位置，同时日本和韩国的文化和中国的文化有诸多相似之处。对美、德、日、韩四国的深入分析对中国制造具有重要的借鉴意义。

通过梳理美、德、日、韩整体的发展历程，发现不同国家的制造业中不同行业的发展情况不同，各个国家的许多战略计划或政策只是针对特定行业，而不是宏观的制造产业。为了更加充分、准确地把握各国制造产业的发展脉络以及政府在其中起到的作用，本书采取典型行业分析的方法，对每个国家，考虑行业的国际地位、在该国制造业所占比重以及政府在不同历史阶段的影响，选择2~4个典型行业深入分析，以便深入了解不同国家优势制造产业的发展历程，更为细致地分析政府是如何采取具体的政策来调节产业的发展的，使得结论更加具有指导意义。

基于美、德、日、韩的发展经验，本书还采用对比研究的方法，分别对制造产业的不同历史发展阶段、对同一国家的不同行业、对同一个行业的不同国家进行对比，发现政府对制造产业有着重要的促进作用。最后，通过归纳总结，提出制造强国的政府为促

① 清华大学现代管理研究中心. 制造强国发展的主要经验与启示. 2017.

进行业发展所制定的政策的特点。从时间维度，政策的制定需考虑连贯性与前瞻些；从截面维度，政策的制定需兼顾系统性和针对性。而政策的制定应具体问题具体分析，具有灵活性。政策的系统性、连贯性、前瞻性、灵活性和针对性，为进一步指导中国制造业发展的实践，以及中国制定未来的制造业发展规划提供借鉴。

1.6.1　制造强国制造业的体制演进与政策作用

当前中国处于改革开放的新阶段，中国凭借着巨大的制造业总量成为名副其实的“世界工厂”，“中国制造”在国际市场的竞争力正在不断上升。但是，与工业高度发达的美国、德国、日本和韩国相比，中国的制造业还存在较大的差距。本书通过梳理美、德、日、韩制造业的总体发展历程，从宏观上叙述四个国家从小到大、由弱到强的过程。以时间和技术进步为主线，结合不同国家国内的历史变革和当时的国际形势，深入细致地探究政府在制造业发展中的作用，尤其是在制造业发展的不同历史阶段，国家政策对具体行业甚至重点企业的影响。特别地，根据行业占该国整个制造业的比重以及在国际上的竞争地位，对不同国家选择了相应的典型行业，具体包括美国的航空航天工业、计算机产业和制造业，德国的汽车制造业、机械制造业和化工制造业，日本的钢铁工业、汽车工业和船舶工业，韩国的汽车制造业和数字电视业。针对每个典型行业，梳理行业的发展历史以及政府政策的影响，然后总结制造强国的产业发展规律，从系统层面、宏观角度，总结制造强国发展中政府的强大作用。

为了深入探究制造强国发展的主要经验与启示，尤其是制造强国制造业发展政策的演进与特征，以制造业发展相关的政府作用为切入点，考虑产业战略计划、政府机构设置、非政府机构组织和关键政策（包括公平竞争政策、财税政策等）四个方面，以历史上发生的事实为基础，深入剖析美、德、日、韩的政府对制造业发展起到的重要推动作用。具体内容见表 1-1、表 1-2、表 1-3 和表 1-4。

表 1-1　美国政府对制造业发展的作用

政府作用	具体措施举例
战略计划	第一次世界大战爆发后，美国提出了发展航空工业的“应急计划”
政府机构	（1）美国独立战争期间，林肯总统任命化学家 Charles M. Wetherill 在新的农业部任职，这便是美国食品药品管理局（FDA）的前身——化学局； （2）1931 年，美国成立食品药品管理局（FDA）； （3）第二次世界大战爆发后，将陆军航空兵独立成空军，并成立航空科研机构； （4）1941 年 7 月，罗斯福总统建立“科学研究与开发办公室”（OSRD）； （5）1958 年，美国国家航空咨询委员会（NACA）改组成美国国家航空航天局（NASA），由国防部负责军事航天的管理，而美国航空航天局（NASA）负责民用航天管理

续表

政府作用		具体措施举例
非政府机构		（1）1852 年，美国成立了药剂师协会； （2）1910 年，美国第一个医药生产商协会——医药化学家协会成立
关键政策	公平竞争政策	（1）1906 年，美国通过首部《食品和药品法》，该法禁止冒牌和掺假的药在各州间贸易； （2）1929 年，美国政府加强了《反垄断法》的实施力度； （3）1949 年的《联邦政府行政服务和财产法》鼓励小企业参与政府采购； （4）20 世纪 80 年代，颁布《贝赫—多尔法案》和《斯蒂文森—魏德勒法案》，提升高技术企业的市场竞争力； （5）1996 年，通过政府采购等措施促成波音公司兼并麦道公司
	财税政策	（1）1939 年，美国政府指示各军种为航空工业公司扩建提供资助； （2）第二次世界大战结束时，为了保持和提高航空工业生产能力，国防部以“投资分期偿还”的方式为私营企业添置某些新设备； （3）政府在科研上的支出从 1940 年的 8 320 万美元急剧增加至 1945 年的 131 360 万美元并达到了顶峰（以 1930 年价格计）； （4）在 20 世纪 50 年代，IBM 超过半数的收入都来自于其为政府项目提供的电子数据处理服务； （5）1960 年，48%的半导体产量被军工采购
	科技创新政策	（1）1946 年，和宾夕法尼亚大学合作研制第一代现代计算机 ENIAC； （2）1986 年，里根总统签署了《联邦技术转让法》，培养和强化科研人员的技术转让； （3）1996 年 10 月，美国总统克林顿宣布使用 1 亿美元联邦资金启动新一代 Internet 五年计划
	进出口政策	（1）1848 年，美国国会通过了《药品进口法》，要求美国海关通过检查防止海外掺假药物入境； （2）第一次世界大战时，美国宣布德国许多产品专利无效； （3）20 世纪 60 年代末期，进一步完善国防部采购条例和联邦航空条例
	规章制度	（1）1820 年，美国第一部标准药品的法典《美国药典》制定； （2）1953 年，艾森豪威尔总统上台，扩大私人商业医疗保险的覆盖面； （3）肯尼迪当选美国总统后，美国医疗保障制度得到继续发展

表 1-2　德国政府对制造业发展的作用

<table>
<tr><th colspan="2">政府作用</th><th>具体措施举例</th></tr>
<tr><td colspan="2">战略计划</td><td>（1）1995 年，德国政府出台了名为“生产 2000”的制造业战略计划；
（2）21 世纪初，颁布了“IT2006 研究计划”和“光学技术—德国制造”计划；
（3）2009 年 8 月，颁布实施了“国家电动汽车发展计划”；
（4）2010 年 7 月 14 日，通过了“2020 高科技战略”</td></tr>
<tr><td colspan="2">政府机构</td><td>（1）1834 年，在普鲁士的长期努力下，德意志关税同盟宣告成立；
（2）1955 年，德国成立联邦原子部，1962 年改名为联邦科学研究部，1969 年再改名为联邦教育及科学部，1994 年与联邦研究及科技部合并后才改为联邦教育及研究部；
（3）1961 年，成立联邦经济合作及发展部，旨在刺激德国国内及其他国家的经济发展，并与许多国际组织进行合作；
（4）1998 年，成立联邦经济及科技部（1998 年以前称为“经济部”）</td></tr>
<tr><td colspan="2">非政府机构</td><td>（1）1901 年成立德国汽车工业协会，在经济、环境政策、技术立法、标准化和质量保证等方面支持德国汽车工业的发展；
（2）1907 年，穆特西乌斯等人发起成立了德国第一个旨在主张标准化和批量化生产的设计组织——德意志制造联盟；
（3）1917 年，德国标准化协会成立，并初步确定 DIN 产品标准；
（4）由欧盟委员会、欧盟成员国、汽车行业和相关行业代表组成 Cars 21</td></tr>
<tr><td rowspan="5">关键政策</td><td>公平竞争政策</td><td>（1）1957 年，德国联邦议院通过了《反对限制竞争法》，明确反对垄断；
（2）2010 年 10 月，德国联邦政府通过了原材料战略，以减少不公平的贸易和竞争</td></tr>
<tr><td>金融政策</td><td>20 世纪 60 年代，对造船业提供生产成本补贴和银行贷款利息补贴</td></tr>
<tr><td>财税政策</td><td>（1）20 世纪 30 年代，德国宣布降低并取消汽车消费税；
（2）2009 年 1 月，施行“旧车换新车”的政策，由政府财政出资补贴；
（3）2011 年 5 月，1 500 家德国机械设备制造业企业通过 2 000 个计划，获得了 2.25 亿欧元的资助</td></tr>
<tr><td>科技创新政策</td><td>（1）从 20 世纪 80 年代开始，德国政府就很重视汽车排放性能的提高，亲自推动了清洁排放轿车在欧洲的畅销；
（2）2004 年，工业共性研究平台获得 9 000 万欧元的资金支持，2010 年就已经接近 1.3 亿欧元</td></tr>
<tr><td>进出口政策</td><td>同时与印度、韩国、中国、日本和美国等国开展双边自由贸易谈判，推动消除进口关税，解除非关税壁垒</td></tr>
</table>

续表

政府作用		具体措施举例
关键政策	空间布局政策	2006年起，德国巴伐利亚州开始实施产业集群政策
	规章制度	（1）1877年，德国颁布了正式的专利法； （2）1884年，德国政府颁布《工伤事故保险法》； （3）1911年，德国《遗嘱保险法》和《雇员保险法》颁布，为德国制造业的发展奠定了良好的社会保障基础； （4）1969年，颁布了《劳动促进法》； （5）制定本地产品标准，形成技术壁垒排斥外来竞争者

表1-3　日本政府对制造业发展的作用

政府作用		具体措施举例
战略计划		（1）1951年和1956年，日本通产省两次进行生产设备换新与合理化计划，促进特殊钢进入转换时期； （2）1951年，发表“战后第一次（三年期间）合理化计划”，提升产业素质和企业管理水平； （3）1955年，政府颁布《国民车扶植大纲法案》和《经济自立五年计划》； （4）1963年，日本政府发表了《关于产业结构的长期展望》； （5）1986年5月，发表了《面向21世纪产业社会长期设想》； （6）1995年10月，日本产业结构审议会基本问题分委会提出了《面向21世纪的日本经济结构改革思路》的报告
政府机构		（1）1946年8月，成立“经济安定本部”； （2）1929年，商工省成立了“国产振兴委员会”，1931年，该委员会又成立了“汽车工业调查委员会”，旨在扶持国民汽车产业； （3）1962年，通产省在产业构造调查会增设汽车小委员会，组建汽车自由化的机制； （4）2001年中央省厅再编后，通产省改组为经济产业省，负责提高民间经济活力
关键政策	公平竞争政策	（1）1961年，通产省《关于汽车工业方针》提出将汽车资本自由化； （2）1964年，日本加入IMF和OECD，开放了自由进口（但有数量限制）和资本自由化，走向国际自由竞争

续表

政府作用		具体措施举例
关键政策	金融政策	（1）1945 年，发行复兴金融债来增资，集中发行于煤炭、钢铁、肥料、电力、海运和纤维六部门产业； （2）1949 年 12 月，颁布《外汇及外贸管理法》；1950 年 5 月颁布《关于外资的法律》； （3）1952 年 10 月，日本开发银行拿出 10 亿日元给川崎制铁融资；翌年第一银行编成协调融资团，自任干事，完成资金计划
	财税政策	（1）1947 年，实行了基础生产物质的补贴金制度，达 166 亿日元； （2）1952 年，通产省颁布“国民车培养要纲案”，资助汽车制造厂生产“国民车”
	科技创新政策	（1）1947 年进行教育改革，实行九年义务教育； （2）1962 年日本政府提出了“造就人才”、“建设国家”的战略思想
	进出口政策	（1）1918 年日本政府颁布《军用汽车补助法》，保护了造船业、电气业与汽车制造业； （2）1931 年，商工省的国产振兴委员会成立“汽车工业调查委员会”，提高汽车及部件进口税； （3）1936 年，日本政府颁布《汽车制造事业法》以保护国产、限制进口； （4）1937 年，颁布《进出口物品临时处理法》、《临时进出口许可规则》，对外国汽车制造厂进一步打压； （5）1951 年，通产省提出汽车产业保护方案

表 1-4　韩国政府对制造业发展的作用

政府作用	具体措施举例
战略计划	（1）1962 年韩国开始了第一个 5 年计划，政府把汽车产业列为重要骨干产业之一； （2）1969 年 12 月，韩国制定了《发展汽车工业基本计划》； （3）1970 年，政府发布了《钢铁工业培育法》，为钢铁工业发展创造有利条件； （4）1973 年年初，韩国总统朴正熙发表《重化学工业化宣言》，列出十大战略产业
政府机构	1988 年，成立了高清电视联合发展委员会

续表

<table>
<tr><th colspan="2">政府作用</th><th>具体措施举例</th></tr>
<tr><td rowspan="5">关键政策</td><td>公平竞争政策</td><td>（1）1980年，提出汽车工业合并措施，把30多个汽车公司合并为两大集团；
（2）从1987年起，韩国政府逐渐取消了过去扶植、保护汽车工业的一系列优惠政策，宣布放开汽车市场，鼓励企业竞争</td></tr>
<tr><td>金融政策</td><td>从1964年年底至1965年，制定出新的汇率和利率，促进出口</td></tr>
<tr><td>财税政策</td><td>从1989年起，政府降低特别消费税，免除“国民车”特别消费税</td></tr>
<tr><td>科技创新政策</td><td>（1）1990—1994年，政府资助推动了针对高清电视的研究；
（2）1999年成立数字有线电视研究组，研究在韩国应用和推广数字有线电视的问题</td></tr>
<tr><td>进出口政策</td><td>（1）1962年5月制定《汽车工业保护法》，限制进口，保护国内市场；
（2）从20世纪60年代起，将出口确立为国家经济发展的第一优先项目，官方设立许多奖项、仪式，公开肯定企业的出口表现；
（3）20世纪60年代至70年代，韩国政府对一些产业给予补助、贷款，保护国内市场、避免外国产品和外商进入；
（4）1980年韩国把汽车工业列为正式出口产品，并推出《汽车工业大联合》决议；
（5）1987年整车进口关税为50%，1993年才降为10%，此后又设置许多非关税壁垒，阻挡进口车进入国内市场</td></tr>
</table>

1.6.2　制造强国发展的基本启示

1. 政府对产业发展战略的把握和规划

发展战略关系到整个制造业在未来较长时间内的发展方向。在成为制造强国的过程中，各国政府都结合国际经济形势和国内产业的发展状况，有预见性、有方向性地提出了本国制造业的发展战略，这些战略对各国制造业的持续发展、保持国际领先地位起到了举足轻重的作用。

在制造产业发展战略的把握和规划方面表现最为突出的是日本。在日本制造业高速增长时期（1960—1973年），日本政府于1963年发表了《关于产业结构的长期展望》，把发展重化学工业、提高产业的竞争能力作为实施产业政策的重要目标，以适应现代市场经济发展趋势。同年，日本制定了《中小企业现代化促进法》。在稳定增长时期

（1973—1985 年），日本提出了“知识密集型”的产业政策，将产业结构由当前的重化学工业结构转换为知识密集型工业结构。而在经济结构调整时期（1985—1990 年），日本政府于 1986 年 5 月发表了《面向 21 世纪产业社会长期设想》，提出以对外实现“国际水平分工”和对内实现“知识融合化”作为产业结构的新发展方向。20 世纪 90 年代之后，日本进一步调整产业结构，从战略层面规划制造业未来发展，于 1995 年 10 月，日本产业结构审议会基本问题分委会提出了《面向 21 世纪的日本经济结构改革思路》的报告，指出日本应开发新的产业领域，现有产业应向高附加值产业转移。

政府从宏观的高度，长远地分析制造业的发展趋势，有针对性地制定合适的战略方针，不仅可以为制造业持续发展提供方向性的指导，还可以突出制造业发展的重点领域，优化资源配置，对整个制造业未来的发展具有长期的促进作用。

2. 政府对基础研究和人才教育的直接支持

制造业的可持续发展离不开对基础科学研究和高水平人才资源的支持，在制造强国的制造产业的不同发展阶段，为了保持或提高本国制造业在全球的竞争优势，各国都对基础研究和人才教育进行了直接的支持。在基础研究方面，以德国为例，21 世纪初，德国政府提出并实施了“IT2006 研究计划”，为研究机构提供 15 亿欧元的配套资助资金，目的是推进科研机构改革，提升重点领域的研究水平；为了开拓新的研究领域，增强光学技术领域的研究实力，在 2002 年 2 月，德国政府出台新资助计划“光学技术—德国制造”。计划实施期限为 5 年，投入经费为 2. 8 亿欧元。基础研究的投入为德国制造业在全球关键领域保持技术优势提供了保障。在人才教育支持的方面，德国的双轨制教育就是典型例子，参与这个制度正常运行的有国家教育行政部门（联邦教育部和各联邦州教育部以及联邦劳工总署和各地区劳工局）、经济界（行会）、工会、学校、企业。从职业学校层面来说，德国每个州都有自己的教育体系，为使职业教育培养出的人才国家通用，培训项目须由国家订立，学校培养国家认可的职业人才，但学校本身不能另立项目。完善的职业教育和培训制度为“德国制造”培养出了世界上最好的技术工人队伍，为德国制造业的发展起到了关键性的作用。

在当今，各国制造业在国际舞台上的竞争是科技水平的竞争，而推动科技水平的不断提升依靠一大批高水平的人才队伍，这就体现出国家推动教育人才的培养对制造业发展的重要作用。

3. 政府对重点企业和中小企业的扶持和引导

为了提升并维持本国制造业在全球的竞争力水平，制造强国都在各个制造领域优先扶持重点企业的发展，保证重点企业在该领域的世界领先地位。但中小企业是制造业长期持续发展的后备力量，也是保证整个市场良性竞争的重要力量。可以看到，四个制造强国不仅对大型企业给予了大力的扶持，也对中小企业的发展给予了鼓励和引导。

在重点企业的支持方面，纵观韩国汽车产业和数字电视业的发展，大型企业在起步阶段得到了政府的大力扶持，包括限制国外其他价格更低的产品进口、采取关税政策保护国内市场等，在开发探索阶段中，政府还为不同企业制定不同的标准，给予不同分工。但是，当大型企业的技术到达成熟阶段后，政府则由扶持变为促进企业在市场中的开放竞争，包括宣布开放本国市场、鼓励企业竞争，进而打造本国制造业企业的国际品牌。

在中小企业的鼓励和引导方面，以德国制造业为例。作为德国重要的经济支柱，中小企业在德国工业产值创造中发挥着不可忽视的作用。德国政府也高度重视中小企业的发展，采取一系列措施提高中小企业在创新方面的竞争力，包括鼓励企业间或企业与科研机构之间的合作、改善企业科研项目融资条件、鼓励企业接受专业创新咨询服务等。通过计划和实施促进中小企业发展的核心项目，德国政府提升了企业的创新水平、增强了企业的经济实力，使得制造业整体的发展有了更坚实的基础。

4. 政府对竞争环境的构建和维护

制造业的竞争环境包括国内市场和国际市场两部分，良好的国内市场竞争环境有助于本国企业提升自主创新能力，打造核心竞争实力；而宽松自由的国际贸易环境有助于拓宽制造业的发展市场，为制造业企业的发展提供更丰富的资源。

在国内公平竞争环境中，政府适当地对市场加以引导，能够减少因为市场失灵给整个行业带来的损失。例如美国采取反托拉斯政策来构建大中小企业齐发展的良好生态。美国政府的反托拉斯政策由来已久，这一政策的实施为中小企业留出生存空间，各种规模的企业在产业链上占据不同的位置，可以避免其在同一市场进行恶性竞争，同时反托拉斯政策也促进了技术的扩散，使得在产业发展早期迅速形成技术集群。需要特别指出的是，在全球化背景下，对于一个大型企业是否采取反垄断策略，则要从全球竞争而不仅仅是国内市场竞争着眼，需要考虑最终是否可能损害国家利益。

对于国际的自由贸易环境，虽然美国、德国、日本和韩国是世界一流的发达国家，但是当本国的制造业产业处于起步阶段、尚未成熟时，各国政府会采取一定的贸易保护政策为行业的初步发展创造良好的环境。而一旦本国制造业具备参与国际竞争的核心优势时，政府则会努力主导贸易谈判，促进本国商品的自由贸易。在日本制造业发展初期，日本的“贸易保护”政策对日本成功实现赶超欧美起到了重要作用。虽然日本汽车产业相较于欧美国家起步较晚，而且起步的初期还曾经受到欧美汽车企业的打击，但是日本政府通过颁布相关政策、法令等，成功地保护了本国的汽车产业，甚至在其成为世界第一汽车生产大国后，仍然保持了一段时间的高关税。即使是美国，也不是一味地坚持“自由贸易”。以美国制药工业为例。在第一次世界大战前，美国的药品生产企业并没有多少创新和技术开发，一些高端药品依赖从德国和瑞士进口。在第一次世界大战期间，由于当时美国并没有药品的专利保护限制，美国政府强势宣布德国的许多医药产品，比如撒尔弗散、普鲁卡因和巴比妥等药品的专利失效，大量的德国药品被给予专利并在美国许可生产。美国政府这种强势的没收和专利行为为美国制药工业之后的发展提供了重要的技术积累，之后大量的制药公司开始进行研发，陆续开发出了新的产品。对于德国而言，以汽车制造业为例，德国是世界主要的汽车出口国，其贸易政策以行业为导向，旨在基于当前的行业状况（包括基础设施、成本结构、人力资源和原材料供应等），为德国和欧洲始终保持汽车出口国地位提供良好的条件。德国政府的贸易政策以促进贸易协议谈判和消除贸易壁垒为主要目的，努力开放全球市场并推动贸易，例如德国与印度、韩国、中国、日本和美国等国开展双边自由贸易谈判，推动消除进口关税、解除非关税壁垒，尽可能开放市场。

目前中国的制造业仍处于发展阶段，诸多领域尚未成熟，中国也需要借鉴制造强国的经验，一方面保护国内部分制造产业，另一方面，根据主导产业的薄弱环节，有针对性地引进国外的先进技术并强化国际竞争力。

5．政府对产业集群的打造和推动

在制造业领域中存在着相互关联的其他产业，它们彼此之间相互依赖、相互促进。伴随着各国工业化过程，存在一个普遍现象——产业集群。在各个制造强国的制造业发展历程中，可以看到产业集群对区域乃至国家竞争力的提升的重要影响。以德国为例，自 20 世纪 90 年代以来，通过扶持重点行业和高新技术产业发展，德国的巴伐利亚州一跃成为德国最具经济活力的地区之一。2006 年中期，巴州开始实施产业集群政策，从而更好地推动产学研合作，促进相关产业集群化发展，继续保持现有竞争优势。在产业集群发展过程中，德国政府的作用是间接参与、实施有效监督，履行中间人、促进者和组织者的职能，不干预企业的经营活动，而是为其创新发展提供支持与鼓励，促进有关行业通过自身努力实现良性发展。借鉴德国成功的集群发展经验，中国的汽车产业也可以改变原本粗放式的增长模式，学习成功企业的管理手段与管理技术，迈向更集群式的发展道路，充分发挥集群经济效应。

6．政府对非政府组织的引导和合作

虽然政府机构对制造业的发展有着主导作用，但非政府组织，例如各个行业协会，对制造业的发展也起着不可忽视的作用。非政府组织可以建立起政府和各个企业之间的桥梁，一方面可以为企业传递政府的决策，在运营决策中提供支持，另一方面也可以加强政府和企业的密切合作，使得政府的政策制定更加有针对性。例如在日本主导产业发展的过程中，采取"官民协调机制"，实施代替价格机制，在产业界、金融界、专家学者和政府之间建立协调意见的场所，通过官民协调对产业活动进行人为的调节。不仅如此，日本还以日本开发银行为主，加强民间金融机构的合作，改革政府与企业的关系。除了日本，德国也积极发挥非政府组织尤其是行业协会的作用。在第二次世界大战结束后，德国在法律上确立了市场经济的地位，随着经济自由度的提高，行业也不断发挥其在传递不同政治、经济观点和利益中的作用，扮演企业和政府间桥梁的角色。以德国工业联合会为例，它既要与其会员企业保持密切的联系，还需要和政府保持密切合作，其工作在很大程度上促进和保证了框架条件的制定，而这些框架条件也将会对工业企业的发展有积极的促进作用。

1.6.3　制造强国发展的政策特点

1. 政策的系统性

制造业产业政策的制定是一个系统性工程，政策本身就是以系统的形式存在，包括了社会公共组织、社会成员、政策环境和政策实体等部分，它们有机联系在一起，缺一不可。这里所指的政策系统性，不仅仅强调政策是以系统的形式存在，更重要的是，政策的制定、执行、载体和环境构成了一个系统。在这个系统中，任何一个环节、层次或部分的缺失或失灵都将导致政策的失效或失去价值。因此，在国家制定制造业产业政策时，需要综合考虑制造业本身的特点和与之相关的其他因素，将政策涉及的各种利益群体纳入政策的制定系统中，从系统控制的角度进行政府的政策制定，为产业的提升提供相应的配套措施。

在政策的系统性方面，美国是典型的代表。美国对三大产业的支持是比较系统和全方位的，在研究上，政府投入大量的资金进行研究支持。基础性研究的创新是一项系统的研究活动，它涉及多部门、多层次要素，在这一过程中，美国政府积极制定科技政策进行有效的协调，突出基础性研究在保持核心竞争力方面的重要性。在制造商方面，政府鼓励并帮助建造厂房，以第二次世界大战时期的飞机制造为典型代表。第二次世界大战的爆发大大刺激了美国航空工业的发展。美国政府指示各军种资助航空工业公司进行扩建，并将其他行业的工厂转产飞机，兴建新工厂，实施转包和许可证生产等。在市场方面，通过政府采购分担企业的市场压力。第二次世界大战后，美国政府通过制度环境建设加大了对企业直接的财政支持力度。政府的研究基金对一些主要企业进行直接的补贴，从而降低了它们在创新过程中的不确定性。由此看出，从基础性研究的投入到制造商的扶持再到市场的拓展，美国政府提供了系统性政策支持，促进相关领域的整体发展。日本政府也有系统地对工业发展进行扶持，并落实到政策当中。以日本汽车工业为例，1962 年，通产省在产业构造调查会增设汽车小委员会，下设量产化、零部件、市场销售、环境改善、需求预测 5 个分会。且日本更注重行业技术标准的制定、新型设备投资和技术的引进、国外专利的购买，财政税收的规定也较倾向于保护国产车、限制进口车等，以全方位地促进日本汽车工业的发展。

2. 政策的连贯性

制造业企业商业活动的正常运行很多是在政府的监督和保障下得以实现的，企业的战略制定和运营决策都和当时的政策紧密联系，因此，政策的连贯性对整个制造业商业环境发展有着显著的影响。尤其是在复杂多变的国内外经济环境的背景下，如果政策缺乏连贯性，将会削弱宏观政策调控的效果，增加政策调控的成本，甚至会加剧制造业整个产业的波动。因此，在适时适度进行产业政策调整的同时，保证一定程度的政策连贯性，对于确保整个制造业的平稳增长有着十分重要的作用。

以日本和美国为例。第二次世界大战结束后，日本在长达 30 多年里都是由自民党执政，政党的稳定性有利于执行连续性的政策。通过制定相关的法律法规，政府加强对阶段性主导产业的扶持与引导，同时，政府采取其他措施保证政策的持续贯彻。例如，在钢铁工业方面，战后政府通过倾斜生产、设备近代化、产业合理化等一系列政策促进发展。而在汽车工业方面，在产业起步阶段通过军需拉动，到了发展阶段，政府对进口车进行限制，鼓励引进先进技术、设备，促进国产车自主研发与发展，并 5 次渐进放开资本自由化，造就汽车产业的国际竞争力。和日本有所不同，美国则是通过构建专门的组织保证政策的连续性。比如美国的 NASA，是一个具有总体规划和执行能力的国家航空航天科研领导机构；又如美国的 NIH（美国国家卫生研究院），是世界上最大的科研资助机构，同时是十分有影响力的医学研究和管理机构，对美国医学领域的研究和发展有十分重要的作用，NIH 的建立有力保证了美国医学领域科技政策的连续性。

综合制造强国的发展历程可以发现，保持政策的连贯性虽然不是推动各国制造业走向强大的根本原因，但却一定是促进制造业发展的积极因素。我国政府在规划未来制造业发展蓝图时，也需要把长时间内保持产业政策的连贯性作为一项基本原则，为我国制造业发展创造一个健康积极的环境。

3. 政策的前瞻性

一项政策的出台涉及国家的发展、改革与稳定，这就要求公共事务的管理者在制定产业政策时，不但要有合法性、合理性、及时性，同时还必须具有前瞻性。前瞻性不仅是指可以预见行业未来，更包括政府能够未雨绸缪制定相关的法律法规，提前落实政策措施以引导行业的发展方向。

以美国为例，在第二次世界大战末期，美国科学家万尼瓦尔·布什等发布了《科学：无尽的前沿》（*Science*：*The Endless Frontier*）报告，这一报告成功预见了个人计算机和数字化图书馆的无限前景，同时指出科学研究的重要性，最后，这一报告也得到了时任总统罗斯福的大力支持。此外，美国政府的前瞻性还表现为其对技术多元化的鼓励，如战后美国政府对飞机技术多样性的支持和鼓励。除了美国，德国制造业的发展历程也充分体现了政策的前瞻性。例如在 20 世纪 90 年代，受到国际制造业竞争加剧的影响，德国制造业出现了一定程度的衰退。在此背景下，于 1995 年，德国政府出台了名为“生产 2000”的制造业战略计划，以促进制造业的发展。“生产 2000”制造业战略计划的核心是“清洁制造、确保就业、提高竞争力”，旨在推动信息技术、促进制造业的现代化和提高制造领域的研究水平。在此计划的执行下，德国制造业出现了较好的复苏趋势，并加快了德国从传统制造业向先进制造业的转变。该计划中强调的利用信息和通信技术以促进制造业的现代化、实施清洁制造以改善对环境的负面影响，在后期成为各国发展制造业的重要目标，充分体现了该战略计划的前瞻性。

在制造业发展的过程中，政策总是制定在前，随着社会的飞速发展，国际环境的深刻变化，随时都会出现新的问题、新的情况，所以政策会有一定的滞后性，为了适应和解决这些新问题、新情况，政策会出现一定的调整。因此，发挥政策的前瞻性作用，有助于产业规避风险，提升制造业整体解决新问题的能力。

4. 政策的灵活性

政策的灵活性是指在贯彻政策法规时，需要根据不同的时间、地点和条件，灵活地采取不同的措施，来实现政策的目的。同时，政策的制定需要兼备一定的“艺术性”，避免政策的实施带来的负面影响。

日本在产业发展中制定相关政策时就充分考虑了政策的灵活性。日本的发展被认为是政府主导的发展，严谨的制度安排（经济领导机构及经济官员）、密切的政商关系奠定了政府实行经济干预的政治基础。但是，在此基础上，日本执行产业政策时，会努力协调不同产业间的关系，为满足日本产业在世界经济竞争中的需要而采取相应的产业结构政策。值得一提的是日本在制定贸易政策中体现出的灵活性。日本的制造业发展表现出“二重构造”的特点，即在政策上采用“对内促进竞争，对外限制竞争”的二重构造。例如，战后的日本汽车产业是在限制进口与高额关税的保护政策下扶植起来的。在1964年前，日本并不是推行完全的国际自由贸易政策，直到日本加入国际货币基金组织（IMF）和经济合作与发展组织（OECD），才开放了自由进口，走向国际自由竞争，但仍有一定的数量限制。关于资本自由化，在1965年，美国便要求日本汽车资本自由化，但直到1971年日本政府才实施。如此渐进放开的战略，为增强日本本国的汽车产业的国际竞争力提供了充足的发展空间。另外，在20世纪60年代，经济处于赶超期的日本，对外资的引进采用“间接资金引进为主，直接资金引进为辅”的政策，这不仅帮助日本借助外资，也防止了外资直接控制日本经济。因此，保持产业政策的灵活性，可使得政策留有余地兼顾不确定性，更重要的是在保证政策得以顺利实施的同时，能够巧妙地避开政策的不利影响。

5. 政策的针对性

政府制定的政策需要有一定的针对性，应该对现实中存在的问题有直接的作用力。在制造业发展的战略政策的框架下，应实事求是地根据问题的不同背景和不同的相关因素，出台一些更富有针对性的区域规划和区域政策。德国在这方面是比较典型的例子。当前，德国企业、协会以及政府都面临着严重的人才短缺问题。机械设备制造业专业人才缺乏的原因一方面是大学生对MINT（数学、信息技术、自然科学与技术）专业的兴致不高；另外一方面是该领域中途放弃专业的学生比例很大。为应对专业人才短缺的现象，解决高质量人力资源储备不足的问题，德国联邦经济和技术部于2011年6月22日发布的新的人才方案规定，将来在雇用机械制造、汽车制造、电气工程师时，包括国内的求职者，不再需要先进行测试，而是通过现代职业技术培训，使双元制教育得到加强。最终将出台一个可行性方案，以填补专业人才方面的空缺。

不仅如此，面对制造业众多领域，各个制造强国在发展历程中表现出的特点是：有针对性地扶持关键行业，并对重点企业提供政策支持。以韩国为例，从 20 世纪 60 年代开始，韩国着手建立自给自足的经济，建立了一批基础性的产业，并在这个时期确定了制造业作为火车头产业的政策。此时，韩国政府选择将少量资本集中，发展经济中最迫切的产业，并选择有实力的企业家向其提供美元外汇。而在 20 世纪 60 年代中后期，韩国把重心放在建立工业外向型的产业结构上。计划重点发展劳动密集型的出口产业。进入 90 年代，韩国政府在防止出现垄断的同时，主张由企业自己在竞争中选择“优势产业”。由政府审批，确定“主导产业”，政府给予重点扶持，最终实现产业结构的升级和资源的有效配置。因此，从制造强国发展历程可以看到，有针对性地制定产业政策，进一步细化制造业发展的战略规划，能够更好地解决战略实施过程中遇到的问题，保证宏观政策得到进一步落实，也对制造业沿着正确的方向发展起到积极的推动作用。

思考题

1. 请解释你对质量峡谷的理解，并用实例加以说明。
2. 什么是符合性质量？符合性质量的管理要点是什么？
3. 什么是适用性质量？结合实例解释适用性质量。
4. 解释 ISO 9000：2000 给出的质量定义，并就“特性”和“要求”进行详细说明。
5. 请分析质量管理的发展历程。
6. 请分别阐述戴明、克劳士比、朱兰各自的重要质量管理观点。

阅读文献

[1] 汪之婴，孙静．质量管理三巨头——戴明、克劳士比、朱兰——写在朱兰大师诞辰百年之际．中国质量，2005（3）：36-38.

[2] 彼得·F. 德鲁克．管理——任务、责任、实践．孙耀君，等，译．北京：中国社会科学出版社，1987.

[3] 朱兰，戈弗雷．朱兰质量手册．焦叔斌，等，译．北京：中国人民大学出版社，2003.

[4] 孙静：研究报告《北京现代制造业的质量现状及对策研究》，2008。

[5] 清华大学现代管理研究中心：研究报告《制造强国发展的主要经验与启示》，2017。

第 2 章　关注顾客的组织[①]

网络经济的出现以及高新技术的应用和发展，都给质量管理提出了新的挑战，而经济全球化和竞争方式的改变——由过去资本、资源、人力的竞争转向领先科技进步和技术创新、管理创新的竞争，也必将推动质量管理的创新。

未来质量模式应具有以下特点：一是建立一个完整有效的质量体系，这个体系不仅包括供方对产品的质量检测体系和供方为加强管理而建立的质量管理体系，还包括社会质量监督的法制体系和商品市场质量活动的规范化体系；二是质量战略观念的普及；三是质量管理的社会化，也就是社会、顾客、企业员工、企业股东共同关心并从不同程度参与的质量管理；四是大质量的形成，在产品本身的固有特性满足要求的程度的基础上，还要考虑成本、价格、服务以及社会、环境保护和有限资源的有效利用。未来的质量竞争，将是对顾客潜在需求的认识以及把握质量发展趋势的竞争，企业把握能力的高低将决定企业未来的命运。

2.1　为顾客创造价值是企业生存与发展的根本

2.1.1　企业生存不等式

根据麦肯锡的调查资料，企业的平均寿命在过去一个世纪里以惊人的速度缩减。1935 年企业的平均寿命为 90 年，1955 年为 45 年，1975 年为 30 年，1995 年则降至 22 年，而如今则不到 20 年。中国注册中小企业 4 000 万家，但平均寿命仅 2.9 年。企业所处的环境正在以超快的速度发生着变化。

根据日本《日经商业》周刊的调查结果显示，明治维新以后的 100 多年，日本 100 大企业的平均寿命在 30 年左右。韩国上市公司的平均寿命是 24 年。财富 500 强企业的平均寿命，也只有 50 年。当然，也有像 GE、3M 这样超过 100 年的企业，以及像杜邦这样长达 200 年的企业。

企业只有创造收益才能生存。企业的收益就是总收入与总成本的差值，这里简单地

① 孙静：研究报告《北京现代制造业的质量现状及对策研究》，2008。

记为：

不等式（1）：价格 > 成本

要能卖出商品，就要使顾客感受到的商品价值大于商品的销售价格。因此销售商品的条件是：

不等式（2）：价值 > 价格

因此，企业为了能够生存和发展，就要同时满足这两个不等式。企业生存不等式如图 2-1 所示。虽然这是非常简单的概念，但给我们莫大的启示。短期内厂家有可能赔本销售产品，消费者也有可能一时受骗上当购买某产品，但这些情况都不可能长久。因此，企业要生存与发展，就要稳定地满足这两个不等式。换言之，企业在得到利润的同时，也必须为顾客创造价值。

图 2-1　企业生存不等式

2.1.2　企业路径

英国历史学家阿诺德 · 汤因比，曾利用挑战和响应的关系来说明历史的兴衰。在一个国家生存期间，总会不断地遇到时代的变迁及各种问题。汤因比把应克服的问题视为一种挑战，把对此挑战的应对方式称作响应。如果能够成功地对挑战做出响应，国家就可以生存，这就是汤因比的假设。这样的历史学假设也同样适用于企业的兴衰。企业生存不等式即使一时可以得到满足，但随着企业环境的变化，随时都存在着被打破的可能。把破坏企业生存不等式两个不等号的环境变化视为挑战，把维持生存不等式中两个不等号所做的努力视为响应。为维持生存不等式，企业应做的响应可分成两类。一是为满足不等式（1）而降低成本的活动，另外一种是为满足不等式（2）而为顾客提升价值的活动。

审视企业的发展史，与先行者相比，更多的时候是敏捷的追随者成了掌控市场的领导者。众所周知，英国 EMI 公司的汉斯菲尔德研制成功了第一台医疗诊断仪器 CT 扫描仪，并因此获得了诺贝尔生理学或医学奖，随后他们将此发明商业化。然而，后来者 GE 却抢占了市场的领导地位。同样地，美国纽约州立大学的达玛蒂安教授研发成功了比 CT 扫描仪性能更优秀的核磁共振成像仪，并为了生产销售此产品而成立了公司 Fonar。但如今美国的 GE、德国的西门子、荷兰的飞利浦等公司为争夺这块市场而展开激烈的竞争。先行者会在市场竞争中败给追随者，其原因往往就是因为败在不等式（1）的竞争上。

然而，市场的支配者也经常因为在不等式（2）的竞争中失败，而出现被挤出市场的情况。美国的乔治·伊斯特曼，1884 年研发了卷式胶卷，4 年后发明了能够使用这种胶卷的可携带式相机。然而，伊斯特曼放弃可携带式相机的发展，而专注于胶卷，并于 1892 年成立了柯达（Kodak）公司，柯达随后发展成为世界级大企业。但是，由于柯达没能很好地对数码时代做出响应，以至于面临着巨大危机。他们虽然已经预计到不需胶卷的数码相机会代替使用胶卷的相机，但为了延长作为主要收入来源的胶卷的寿命周期，他们做了开发全新的 APS 相机等一系列努力，然而一切都付之东流。2005 年，柯达 64 000 名员工被解雇了近一半，柯达进入了危机经营时期。同时，有着 140 年历史的德国爱克发胶片公司，于 2005 年 5 月宣告破产。2012 年年初，柯达也申请破产保护。可见，在很多情况下，过去成功的基础会成为新环境的绊脚石，成功是失败之母的悖论却得以成立。

尹锡喆教授主张，为满足不等式（1）而进行的活动是以生产力为中心的活动，为满足不等式（2）而进行的活动是以创造性为中心的活动。采用新产品或新流程，就应通过以生产力为中心的活动提高企业活动的效率，然而一旦进入成熟期，就应通过以创造性为中心的活动提供全新的顾客价值。因此，为了实现企业的持续成长和繁荣，以生产力为中心的活动和以创造性为中心的活动，应以交替的方式反复进行。这就是如图 2-2 所示的企业路径。

企业路径的两个焦点就是生产力和创造性。企业路径的椭圆曲线是由所有到这两个焦点的距离之和为某常值的点构成的，企业活动应按照这一椭圆轨道来进行。如果企业活动不能按照这一轨道正常循环，就会破坏企业生存不等式。管理者的职责就是迅速认识到随时间的流逝所面临的挑战，并对此做出正确的响应，以稳定维持企业生存不等式。为了使企业长期持续地发展，不能只追求一次性、“一阵风”式的变革，美国麻省理工学院（MIT）的司马正次（Shiba Shoji）教授认为企业要形成如图 2-3 所示的变革循环，只有能持续推动变革循环的企业才能得以繁荣。

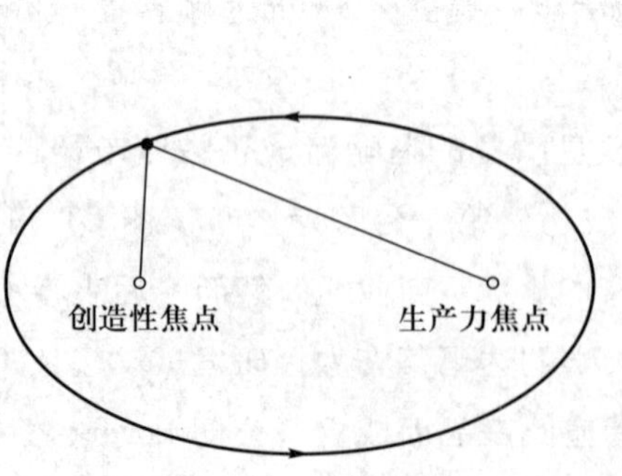

图 2-2　企业路径

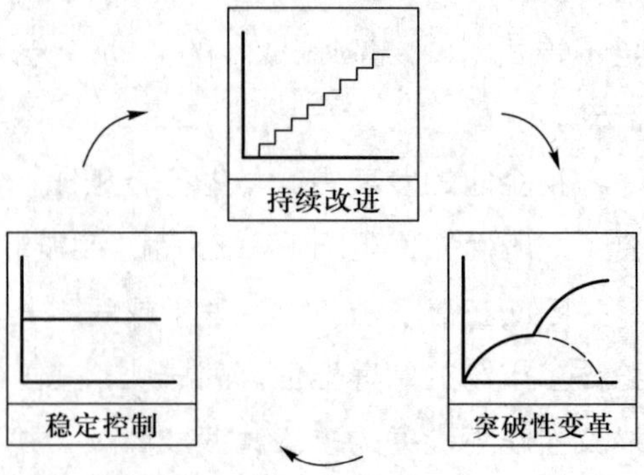

图 2-3　变革的循环

2.2　面向顾客的设计

在制造业，丰田汽车可谓首屈一指。2008 年，丰田汽车成为制造业排名前列的企业，位列第五，获得净利润 150 亿美元。2009 年，丰田汽车尽管遭遇了脚踏板事件，受到严重的冲击，然而仍然盈利 20 多亿美元。在全美汽车市场上，丰田的雷克萨斯系列是再购买率最高的汽车。无独有偶，日本的本田汽车、日产汽车同样盈利状态颇佳。那么，日本制造是如何在设计中考虑顾客的要求，进而提供顾客需要的产品且赢得顾客认可的呢？

面向顾客的设计，是以组织战略为核心，进行顾客细分；针对战略所明确的目标顾客，确定企业的价值主张；基于对不同细分顾客的要求的捕捉，在设计阶段就将顾客要求加以考虑，以实现产品质量、成本和可靠性的多元设计。

2.2.1　质量功能展开

质量功能展开是 20 世纪 70 年代由日本三菱重工的 Kobe 造船厂提出的一种分析方法，在日本许多公司中应用并取得巨大的成功。20 世纪 80 年代，QFD 引入美国，进而引起世界各国的兴趣和关注。

质量功能展开是一种思想，是一种产品开发和质量保证的方法论，它要求在产品开发中直接面向顾客需求，在产品设计阶段就考虑工艺和制造问题。质量功能展开的核心内容是需求转换，质量屋是一种直观的矩阵框架表达形式，它提供了在产品开发中具体实现这种需求转换的工具，图 2-4 给出了 QFD 分解流程图。

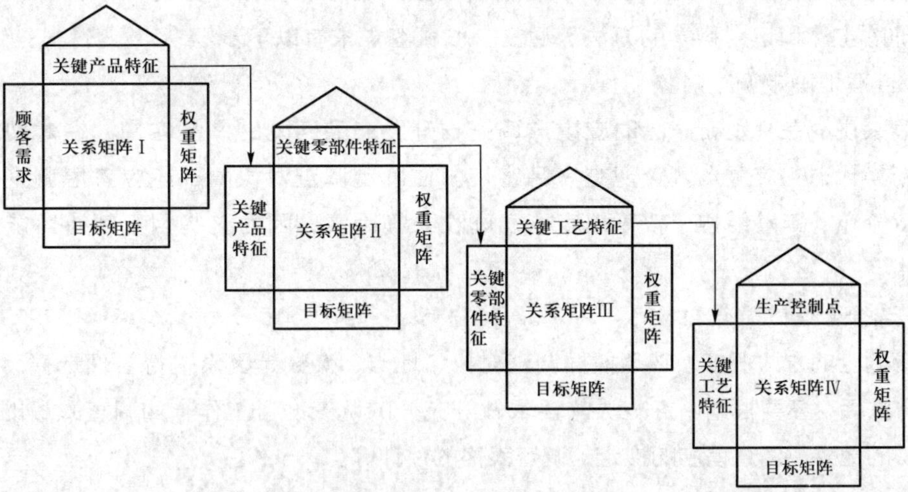

图 2-4　QFD 分解流程图

质量功能展开将新产品开发至批量生产各步骤和技法具体化，同时兼顾产品质量、成本和可靠性的多元设计手段。质量屋将顾客需求转换成产品和零部件特征并配置到制造过程，是质量功能展开的工具。图 2-5 给出了从顾客需求转换到关键产品质量特征的质量屋，本书第 14 章将对质量功能展开进行详细介绍。

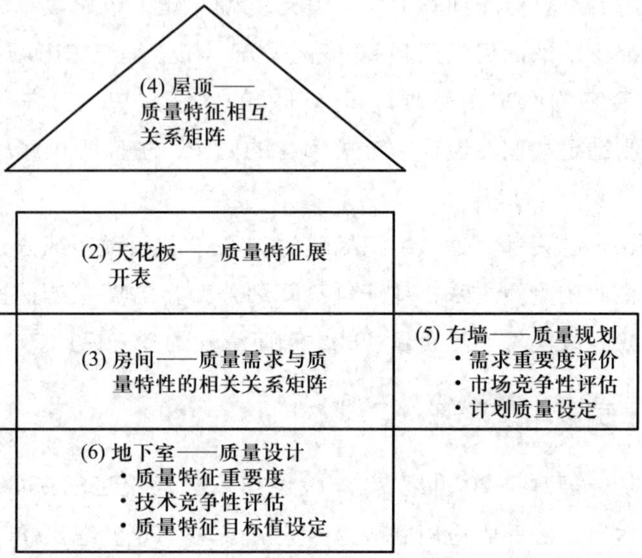

图 2-5　实现顾客需求到关键产品特征转换的质量屋

2.2.2　顾客需求

顾客需求的获取是质量功能展开过程中最为关键也是最难的一步。对象商品无论是既存改良型还是全新开发型，都必须充分地把握市场顾客要求。顾客需求的获取，必须按照正确的步骤和运用科学的方法。通常获取顾客需求有以下步骤：

1. 合理地确定调查对象

一般来说，在开发新产品时应重点调查与开发产品匹配的产品客户，在对现有产品进行更新换代时，应重点调查现有产品客户。在确定调查对象时，还应考虑调查对象的地理位置分布、年龄结构、教育程度、家庭收入等因素，因为这些因素都有可能会影响顾客需求。

2. 选择合适的调查方法

市场调查的方法很多，必须根据调查对象、地点、人数等因素进行合理选择。在选择好调查方法后，还要根据调查方法的要求做好充分的调查准备工作，如调查人员的选择、调查组织的建立、调查程序的拟定、调查表格的设计等。

3. 实施市场调查

按照选择的调查方法及设计的调查表格实施市场调查，获取第一手的顾客需求信息。

4. 整理、分析顾客需求

对调查所取得的所有信息资料，要进行“去粗取精，去伪存真”和整理、分析工作，以求全面地、真实地反映顾客需求。

2.2.3 顾客细分

显而易见的是，不可能有一款产品满足所有顾客的需要，选择一套行动方案使企业善于在市场上创造持续性差异，就是客户细分战略。持续性差异能够向顾客传递的价值超越竞争者，或者在相同价值下提供更低的成本。差异化源于行动方案及其实现方式的选择。

战略应确定特殊的细分顾客，即为企业带来增长和盈利的目标顾客。一旦企业确定了目标顾客，企业将明确具体的目标和指标，以反映企业期望为目标顾客提供的价值主张。价值主张向企业的目标顾客传递着这样的信息：企业期望比竞争对手做得更好或更加与众不同。因此，企业为目标顾客提供的价值主张亦是对企业战略的诠释。图 2-6 给出了不同价值主张的顾客目标。

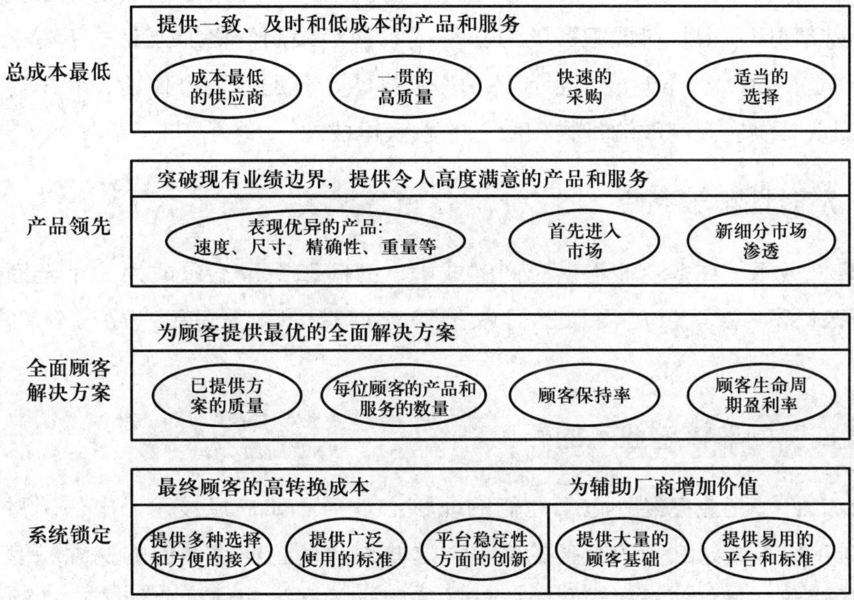

图 2-6　不同价值主张的顾客目标

资料来源：罗伯特·卡普兰，大卫·诺顿. 战略地图——化无形资产为有形成果. 刘俊勇，孙薇，译. 广州：广东经济出版社，2005.

2.2.4 稳健设计

稳健设计是建立在实验设计基础上的一种在新产品开发设计过程中使用的设计方法。稳健设计以实验设计为基本工具，在产品设计上采取措施，系统地考虑问题，通过对零部件或元器件的参数进行优选，减少各种内、外因素对产品功能稳定性的影响，从而达到提高产品质量的目的。稳健设计可以在相当广泛的领域中应用，要设计制造低成本、高质量的产品往往都采用田口方法。本书在第 13 章专门介绍稳健设计。

2.3 面向顾客的采购

2.3.1 降低总获得成本

建立高效供应商关系的目标之一是降低总获得成本。这个目标反映了获得货物、材料和服务的总成本。除了采购价格外，当企业获得货物时，要承担完成下列作业的成本：订购材料、接收材料、检查材料、退回材料、搬运材料、储存材料、报废过时的材料、报废或返工有缺陷的材料、因送货迟到而延迟生产、迅速处理材料以避免因材料迟到而引起的停工等。

最好的供应商是低成本的，并非只是低价格。采购价格只是总获得成本的一部分。从一个供应商那里获得材料或服务的总获得成本包括采购价格加上完成所有上述与供应商有关的作业的成本。作业成本会计（ABC）将成本分配给各个作业，利用这些作业成本可以得到从某供应商获取的货物和服务的总获得成本。

2.3.2 及时性和一致性

除了降低成本，许多企业将供应商的成本、时间和质量汇总成为一个全面的供应商计分卡指标体系，甚至供应商自己可以上网查询其交付时间和产品一致性等业绩的排名。

2.3.3 成熟的非核心业务的外包

近年来，许多企业已经外包了他们的非核心业务，如信息技术、电信、财务交易处理、工厂维护以及成熟产品和服务的生产。这些外包使企业将他们的资源和管理时间集中在提供差异化、具有独特性和竞争优势的流程上。当外包成为企业不可或缺的一部分时，提高外包服务的业绩（成本、反应时间和质量）就成为重要的管理要素。

2.3.4 供应商的产品革新与设计

将成熟的非核心业务实施外包，企业得以节省内部技术资源用于产品开发和系统集成。企业将自身与供应商的产品和服务集成，增强了提供给客户的价值主张。但同时，也自然而然加大了企业对供应商的产品革新与设计能力的依赖程度。因此，供应商的产品革新与设计能力日益成为供应商选择的重要影响因素。

2.3.5　供应商的伙伴关系

一旦建立强有力的供应商伙伴关系，企业将降低从供应商获得材料和服务所需的成本和时间，并减少误差。

采购作为产品和服务形成的必要环节，直接影响着最终产品的成本构成、质量、创新程度等问题，是影响顾客要求满足程度的重要因素。又因为供应商是独立的商业组织，对其提供的产品服务进行全面系统地分析与监控，就显得尤为重要。对供应商的严格管理，就是对顾客负责的表现。

2.4　面向顾客的精益生产

以以顾客为中心的价值观审视企业的产品设计、制造过程、服务项目就会发现有太多的浪费，诸如：不满足顾客需求、过分的功能和多余的非增值消耗等。当然，消灭这些浪费的直接受益者既是顾客也是生产方。

精益生产源于日本丰田汽车公司所创造的丰田生产方式，是继单件小批量和大批量流水线生产方式之后诞生的生产方式。它的基本理念是在产品设计、制造、销售以及零部件库存等各个环节消除一切不必要的浪费。它提出的准时化（JIT）生产和自働化①等思想改变了日本企业的经营方式，极大地促进了日本制造业的飞速发展，被称为“改变世界的机器”。

2.4.1　减少库存，消除浪费

精益生产和浪费直接对立。浪费包括很多类型，如闲置的库存、不必要的工序、不必要的运输、超过需求的生产、人员的不必要动作、各种等待等，所有这些日常生产中很少为人们所注意但却大量存在的情况（在很多制造流程中甚至超过了 90%），不仅不能为企业创造价值，反而增加了成本，都是精益生产反对而努力消除的。从企业获取订单到生产过程，再到最后的销售，消除浪费的思想贯穿始终。

2.4.2　暴露问题，解决问题

精益生产也是一个企业实现业务流程持续改进的过程，与六西格玛实现持续改进类似，这个过程也需要发现企业在流程中存在的问题。在发现问题方面，精益思想特别强调暴露问题，找到引起该问题的根本原因，然后才能彻底解决问题。如在很多企业里，过多的库存量非常普遍，究其原因，可能是由于供应商供货不及时或时间不确定、机器

① 働，音同“动”，是一个日本汉字，在丰田的 TPS 哲学里，解释为把人的智慧赋予机器。

需要较长时间的换模或换线、某台设备经常出故障等。为了保证整个生产表面上看起来顺畅，企业不得不增加大量的库存以备不测，即使采用统计分析或经济批量模型求得最佳的批量从而控制库存，也是治标而非治本。从精益思想的角度看，库存是万恶之源，库存不仅占用了资金，消耗了库存管理成本，更重要的是，库存掩盖了问题，使这些问题成为企业的顽疾。因此，精益生产要求尽量减少库存，暴露问题，然后调动团队，确定改进项目，找到根本原因，解决问题，持续改进。

2.4.3 精益生产的技术体系

企业追求精益的过程实质上就是一个持续改进的过程，这是一个长期的过程，一场没有终点的比赛。改善过程需要综合应用现场管理、设施布置与优化、人因工程、作业研究、质量控制与保证、流程管理与控制、现代制造技术等一系列方法与工具，因此精益生产是一个包含了多种制造技术和管理技术的综合技术体系。实际上，精益生产就是工业工程技术在企业中的具体应用。图 2-7 给出了精益生产的技术体系，同时表明了该体系的目标以及实现目标的各种技术、手段和方法及其相互间的关系。

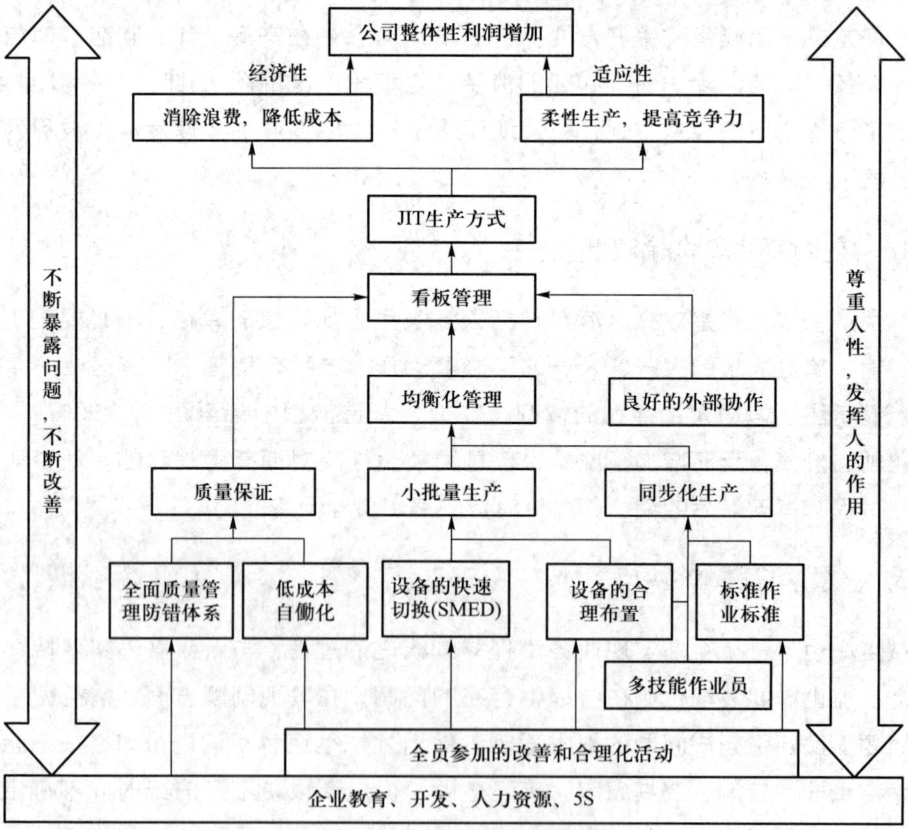

图 2-7 精益生产的技术体系

要实现“消除浪费，增加利润”这一基本目标，就必须杜绝过量生产以及由此产生的在制品过量和人员过剩等各种直接浪费和间接浪费。如果生产系统能够具有足够的柔性，能够适应市场需求的不断变化，即实行准时化生产，在正确的时刻生产正确数量的产品或零部件，创造出能够灵活地适应市场需求变化的生产系统，这种生产系统就能够从经济性和适应性两个方面来保证企业整体利润的不断提高。此外，这种生产系统具有一种内在的动态自我完善机制，即在准时化生产的激发下，通过不断缩小加工批量和减少在制品储备，使生产系统中的问题不断暴露出来，使生产系统本身得到不断完善，从而保证精益生产的顺利进行。

本书第 12 章将详细介绍精益生产。

2.5　面向顾客的销售

2.5.1　销售与分销

典型的销售与分销业绩目标包括降低企业的服务成本、交货的快速反应、提高质量等，具体衡量指标有：

（1）向顾客交付和储存的作业成本。

（2）通过服务成本较低的渠道吸引到的顾客比例。

（3）从订货到交付的提前期。

（4）从产品/服务完成到可供顾客使用的时间。

（5）准时交付率。

（6）无缺陷交付的比例。

（7）顾客投诉的数量和频率。

2.5.2　顾客管理

顾客管理需要优秀的组织氛围，其特征之一就是建立以顾客为中心的文化。顾客管理关注基本的顾客价值主张和形象维度。品牌形象有助于选择顾客和获得顾客，顾客保留和顾客增长的目的是与目标顾客建立长期稳定的关系。

赚钱的秘诀其实很简单。使光顾一次的顾客再次光顾，使他们成为忠诚顾客即可。招揽顾客的首次光顾，需要投入大量的营销费用。但努力使这些顾客满意，争取顾客自愿光顾第二次、第三次及继续光顾，则不再需要其他的促销费用。而且这些再次光顾的顾客，不仅会通过购买其他商品或服务来扩大购买范围，同时还有可能向别人进行推荐（即口碑相传）。所以，如果能够建立和维持与顾客的长期关系，那企业的利益将以等比级数增加。图 2-8 象征性地展示了被称为"顾客忠诚"的效果的企业利润创造原理。

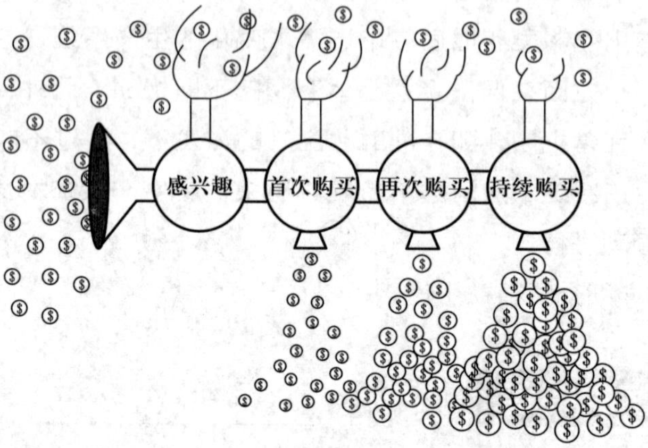

图 2-8　顾客忠诚的价值

资料来源：朴永宅，孙静，郑泽震. CEO 的六西格玛——变革的成功之路. 北京：清华大学出版社，2007.

2.5.3　顾客体验

顾客忠诚是指顾客在满意的基础上，对某品牌或企业做出长期购买的承诺，是顾客的一种意识与行为的结合。而顾客满意一般是一次性的。顾客对某品牌或企业由满意发展到忠诚后，他会再次购买同一品牌的产品。据美国有关机构调查得知，随着顾客忠诚度的提高，企业 3/4 的销售成本会相应下降，而且顾客忠诚度提高 5%，企业利润可增加25%~85%。

质量的适用性就是产品使用全过程中成功地满足顾客要求的程度。由于顾客与企业存在着信息的不对称，使得顾客对产品/服务的感受往往是笼统、感性和模糊的。因此，要全面了解顾客使用全过程中的感受，提高顾客忠诚度，必须强调顾客体验。

2.5.4　品牌管理

质量高不等于就能实现高价销售，获得高利润。当年的三星制造（Made in Samsung）就曾经历过如此尴尬的局面。由此可见，不仅质量要好，还必须要得到顾客对质量的信赖与认可。商品的知名度和实际质量都充分发挥其价值的可称为名品，名品是拥有高品牌价值的商品。如果商品的品牌价值高，即使是同等质量的商品，也可以以更高的价格销售。这就是品牌的效果，具备品牌竞争力是企业生存的基本条件。

然而，品牌价值并不是一朝一夕可以形成的，必须通过划时代的质量变革，展现与过去截然不同的面貌，通过顾客长时间的验证，积累顾客对质量的信任，才能成为定位于高品牌价值的名牌。

2.6　面向顾客的企业战略

2.6.1　关注顾客的绩效考核

关键绩效指标（Key Performance Indicators，KPI）是指用于考核组织业绩的指标体系。KPI 的设计可以参考平衡计分卡，尤其是每年应该重点关注的重要 KPI 指标。

平衡计分卡之所以称为平衡计分卡，主要因为它从财务、顾客、流程、学习与成长四个维度，通过财务指标与非财务指标考核方法之间的相互补充，实现了四个平衡：财务指标和非财务指标的平衡、内部评价和市场评价的平衡、结果指标和动因指标的平衡、短期目标和长期目标的平衡。

1. 财务指标和非财务指标的平衡

平衡计分卡的业绩评价指标体系，既包括了过去企业经常使用的财务指标，如收入增长指标、生产率提高或成本减少指标、资本利用率或投资收益率指标，也包含了市场份额、顾客保持率、员工满意程度等非财务指标，体现了二者之间的平衡。

2. 内部评价和市场评价的平衡

平衡计分卡由过去的只注重企业内部评价，扩大到企业外部，包括股东、顾客等外部市场因素，如通过企业调查获得的顾客满意度指标就表明了顾客对企业的评价。

3. 结果指标和动因指标的平衡

企业应该在清楚其所追求的经营活动结果的同时，如利润、市场占有率等，了解产生这些结果的动因，如新产品开发投资、员工训练、信息更新。只有正确地找到这些动因，企业才可能有效地获得所要的成果。平衡计分卡正是按照因果关系构建的，同时结合了指标间的相关性。

4. 短期目标和长期目标的平衡

在整个平衡计分卡的评价指标体系中，既有利润、成本、投资回报率等短期目标，也有市场份额、顾客保持率、员工满意率等长期目标，充分展示了二者的平衡。

2.6.2　围绕顾客价值主张的战略地图

战略地图是平衡计分卡的发展和升华，它是以平衡计分卡的四个层面的目标为核心，通过分析其相互关系而绘制的企业战略因果关系图。战略地图与平衡计分卡的定位如图2-9 所示。与平衡计分卡相比，战略地图增加了一个细节层，用以说明战略的时间动态性；还增加了颗粒层，用以改善战略的清晰性和重点环节。战略地图提供了一个描述战略的统一方法，便于目标和指标的建立和管理，为战略制定和战略执行之间搭建了一座桥梁。战略地图是描述组织战略要素之间逻辑关系的可视化表示方法，如图 2-10 所示。

图 2-9　平衡计分卡与战略地图的定位

资料来源：罗伯特·卡普兰，大卫·诺顿. 战略地图——化无形资产为有形结果. 刘俊勇，孙薇，译. 广州：广东经济出版社，2005.

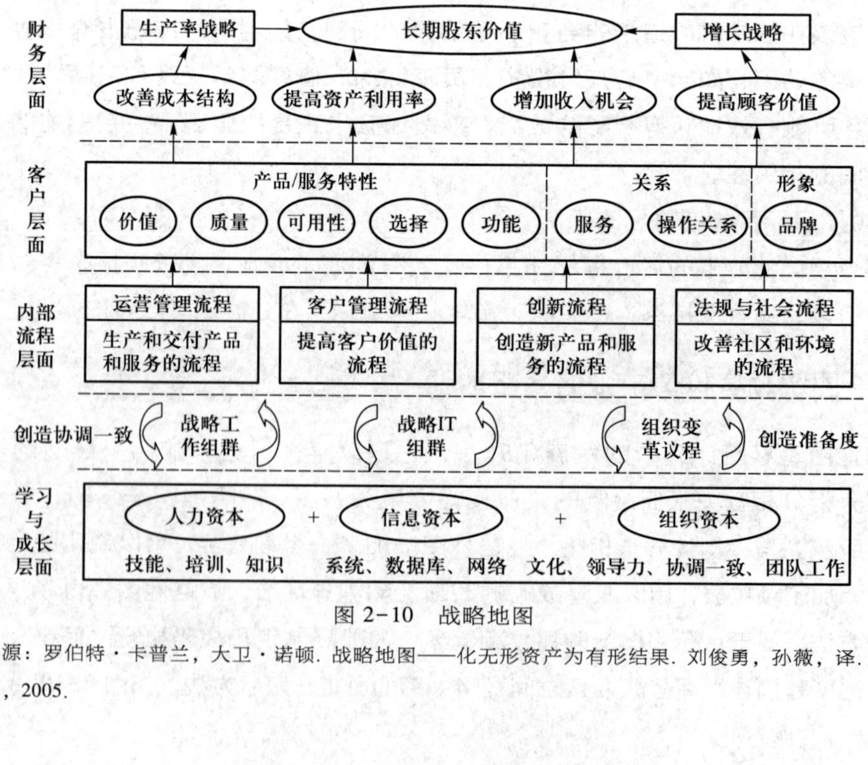

图 2-10　战略地图

资料来源：罗伯特·卡普兰，大卫·诺顿. 战略地图——化无形资产为有形结果. 刘俊勇，孙薇，译. 广州：广东经济出版社，2005.

战略地图建立在以下几个原则之上：

（1）战略平衡各种力量的矛盾。投资于无形资产是为了长期的收入增长，降低成本的目的在于取得良好的短期财务业绩，二者之间存在着矛盾；企业的长期目标是持续增长的股东价值，而短期业绩的改善也是必要的，但是，它往往以牺牲长期投资为代价。战略的描述以平衡和连接企业的短期财务目标和长期目标为起点，力图解决这些矛盾。

（2）战略以差异化的顾客价值主张为基础。顾客满意是企业持续价值不断创造的源泉，战略要求在目标细分顾客和令其满意的价值主张之间建立清晰的联系。

（3）价值通过内部业务流程来创造。战略地图和平衡计分卡的财务和顾客层面描述了结果，即企业希望实现什么——通过收入增长和生产率提高来增加股东价值，通过顾客获得率、满意度、保持率、忠诚度和成长性增加顾客消费量。而高效协调的内部业务流程决定了企业价值的创造和持续，传递了差异化的价值主张，对提高生产率至关重要。

（4）战略包括并存的、相互补充的主题。每一类内部流程主题在不同的时点带来收益。运营流程的改善常常通过节约成本和提高质量带来短期成果；来自于顾客关系增强的收益，会在最初对顾客管理流程改善后的短期内显现出来；创新流程通常花费较长的时间提高顾客消费量和企业经营利润；改进法规和社会流程的益处可能要表现在更远的将来。战略应该是平衡的，在以上四个流程中，每类要至少包含一个战略主题，企业将逐步认识到这样做的好处。

（5）战略的协调一致决定无形资产的价值。平衡计分卡的学习与成长层面描述了企业的无形资产以及在企业中的作用，其价值在于帮助企业战略的实施。

2.7　面向顾客的员工管理

2.7.1　员工行为造就了企业形象

在产品服务的提供过程中，与顾客直接接触的往往只是企业的部分员工而不是全部，但是这部分人员是以企业的名义与顾客进行接触的。他们所代表的是整个企业。顾客接触到的人员不论是企业的正式员工还是非正式员工，甚至是业务外包出去后其他企业的员工，顾客都不会特意加以分辨，而被统统看成是企业的代表，他们的行为都关系着企业的形象。因此，企业的员工管理应该打破狭隘的门户之分，从顾客的视角，审视所有可能与顾客发生接触的员工的行为，进而约束和培养全体员工良好的行为习惯，提高员工行为的一致性。员工的行为造就了企业形象。

2.7.2　员工授权

心理学的研究成果告诉我们，抱怨投诉的顾客是好顾客，他们愿意把自己的不快体验与产品服务的提供者分享，说明对企业还有基本的信任，相信企业愿意改进。故而，企业务必对投诉抱怨的顾客给予回应。然而，顾客投诉、抱怨时是不会考虑到投诉抱怨的对象是否合适，是否有权限解决问题的。故而，所有的员工都应被授权来解决问题。在员工不能解决问题的情况下，他有义务把顾客的投诉和抱怨通过恰当的渠道传递给具体负责的部门。同时，每位员工都需要在工作中持续关注并且提供顾客需求变化的信息，每位员工都有关注顾客的权利与义务。

2.7.3　团队合作

协调一致的工作要求、围绕顾客展开的工作方式，决定了对深层次团队合作精神的需要。

组织的员工有着共同的服务于顾客的工作目标，为完成这一共同目标而彼此合作；心理上大家相互依赖；行为上相互影响，具有互补性；强烈的群体意识，明确归属感，使得员工在团队合作的过程中，满足了顾客的要求，同时得到自身的满足。

2.7.4　员工满意

为顾客提供产品和服务的是企业的员工，员工满意决定着顾客满意。没有精神饱满、对企业充满感情的员工，也不会有认同企业的顾客。企业怎样对待员工（内部顾客），员工就会怎样对待顾客。

企业错误对待内部顾客会带来极为消极的影响。员工的合理期望得不到满足，就极有可能引起他们的不满。而且这种不满态度还具有传递效应，不满和牢骚会通过层层关系而得到扩散，致使内部顾客满意度降低，直接影响对外部顾客的服务质量。

企业正确对待内部顾客也会带来非常积极的影响。员工满意度达到80%的公司，平均利润率增长要高出同行业其他公司20%左右。故而，企业不仅要充分满足外部顾客的需求，更必须尽力满足内部顾客的要求。因为没有满意的员工，就没有满意的顾客。

2.8　服务于顾客的质量经济性分析

2.8.1　质量成本

企业为了确保质量，必须遵守的三个基本原则：

第一，无论是提供产品还是服务，一开始就不要生产会引起顾客不满的不良品。

第二，因为未能遵守第一条原则而造成了不良品，不要让不良品卖到顾客手中。

第三，如果第二条原则也未能遵守，出现了不良品且卖到顾客手中，必须迅速采取措施。

然而，不论这三条原则多么重要，人们往往只当耳旁风。为了更加通俗易懂地传达这三条原则的重要性，金钱被选择成为衡量的尺度。将企业为确保质量所支付的所有费用称为质量成本，显然，质量成本是为遵守这三条质量的基本原则所投入费用的总和。

为遵守一开始就不生产不良品的第一条原则所投入的费用叫做预防成本。万一造出不良品，而为了防止卖到顾客手中，投入检查的费用为鉴定成本。若检查发现问题，加以处理的费用为内部故障成本；不良品卖到顾客手里，进行善后处理所投入的费用为外部故障成本。这几笔费用相加得到的质量成本，一般占到企业营业额的 15%~25%，通常为企业利润的 3~5 倍，如图 2-11 所示。因此，企业创造利润的捷径，就是通过质量变革而削减质量成本。

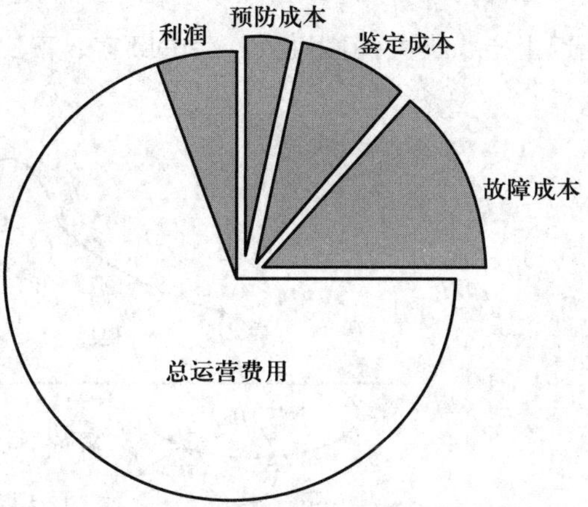

图 2-11　企业支出费用的结构比

进行质量成本统计的企业，实际统计的质量成本可能只占企业总营业额的 5%~7%，所以，会产生疑惑，为什么研究人员认为是 15%~25%？因为一般情况下，企业进行质量成本统计，往往只统计了显见成本，有相当一部分企业漏掉了应包含到质量成本里的隐含成本，所以会有低估质量成本的情况出现。

2. 8. 2　1 : 10 : 100 法则

企业为解决质量问题所支出的质量成本，可达到企业利润的 3~5 倍。因此，既能降低质量成本又能解决质量问题的措施，就可大幅增加企业的利润。如果将遵守第一条原则所投入的费用看做 1，那么，未遵守第一条原则而努力执行第二条原则所投入的费用将会是 10。若第二条原则也未能遵守，那么，为达成第三条原则需投入的费用为 100。这就是 1 : 10 : 100 法则。

正如水质管理，把最初防止水源污染所需的费用看做 1，那么，未做到防止水源的污染，需要通过净水处理后再使用的所需费用则为 10。若净水处理也未做好，被污染的水直接排放，那么为此进行的善后处理所需投入的费用则高达 100。

近年来频频发生的质量事件也在不断验证 1 : 10 : 100 法则，如记忆犹新的三鹿婴幼儿奶粉事件、多宝鱼事件、红心鸭蛋事件和前几年的南京冠生园月饼事件等。顾客的巨大反弹可以给企业甚至整个行业带来灭顶之灾。

所以，若想既降低费用，又解决质量问题，就应彻底遵守第一次把事情做对（Do it Right the First Time）这条原则，即进行源头管理。

2.8.3　隐含质量成本

质量成本本身就是巨大的收益来源，但是还存在着未包含在其中的其他损失。质量成本就像冰山，能看到的部分（即公开核算的部分）往往只占到整体质量成本的 20%，如图 2-12 所示。而隐藏在水平面下方的是巨大的隐含质量成本，如交货期延误、新产品延迟上市、丧失销售机会、丢失顾客、不良评价等。

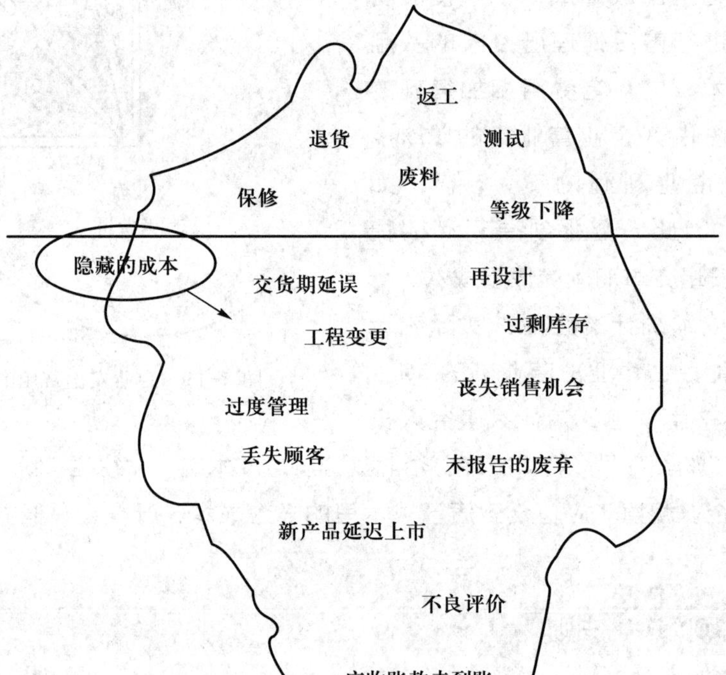

图 2-12　质量成本的结构：冰山一角

2.8.4　质量经济性管理

质量经济性强调产品不仅要满足顾客的适用性要求，还应该讲求经济性，要考虑成本，要研究产品质量同成本之间的关系。质量与费用的最佳选择，受到许多内部和外部因素的影响：一方面要保证产品的质量好，使顾客满意；另一方面要保证企业支付的费用尽可能低。这就是质量与经济的协调，是质量经济性的表现。在计算和考虑成本时，不能只考虑企业的制造成本，还要考虑产品的使用成本，即从满足整个社会需要出发，用最少的社会劳动消耗，取得最好的社会经济效益。

提高企业的经济效益可从增加收入和降低成本两方面入手。改进质量经济性的基本原则是：从企业方面考虑，降低经营性资源成本，实施质量成本管理；从顾客方面考虑，提高顾客满意度，增强市场竞争能力。质量经济性管理的核心是综合考虑顾客满意和企业的过程成本，综合考虑顾客和企业的利益，从中寻找最佳结合点。

本书第 3 章将详细介绍质量成本与经济性分析。

2.9　数据库、知识库的建设与完善

2.9.1　顾客满意的关键是顾客的数据信息

顾客满意是指顾客在接触过程中对于产品和服务特性满足要求程度的一种瞬间形成且持续验证的主观感受。仔细剖析可发现：

（1）顾客的总感觉是由边际感觉而不是由平均感觉决定的。后来形成的主观感受可能在顾客心理上对以前形成的主观感受产生某种肯定或否定的边际作用。

（2）顾客满意的瞬间性使企业不可能仅仅用最终检验的方法对产品或服务的提供进行过程控制。但是顾客满意的持续性又使企业有可能把适当的补救措施作为过程控制的种有效方法。

（3）顾客满意的根本是产品和服务特性满足要求的程度。然而，顾客要求很难清晰地予以界定，就是直接进行顾客访谈、市场调查，研究人员也会发现，顾客声音往往是笼统、模糊、感性的。因此，顾客的数据信息就成为捕捉顾客要求的关键。

顾客以往的交易信息中蕴含着丰富的资料，其中具有普适性的规律可成为未来管理决策的依据。例如，eBay 的 CEO 玛格丽特·惠特曼曾亲自管理公司与竞争公司的综合浏览量，发现 6 月份的星期一是最闲的、11 月份的星期五是最忙碌的，于是明确指示在 6 月份的每个星期一集中发放宣传品。

同时，通过顾客的交易行为，分析顾客的潜在偏好、对顾客细分和顾客价值主张的确认都会有直接的帮助，这也会成为企业设计产品与服务、开展市场营销的基础。当然，顾客偏好很难被直接观察到，尤其是大规模客户市场，因此，往往先从相对容易观察的特征进行分析。例如，人口统计指标、地理因素、生活方式等。但是，只有在可观察特征与顾客潜在偏好之间存在相关性时，才可以根据可观察特征进行顾客细分。

2.9.2　信息技术为客户管理提供了巨大的机遇

信息技术和相关分析技术，比如：数据挖掘和客户关系管理（CRM），使得拥有数以百万计客户的组织可以进行个性化服务。许多新技术被集成在客户关系管理系统中。客户数据库和相关分析技术，使得通过人口统计数据进行聚类分析和客户营利性分析成为可能，以实现更好的客户选择。基于数据库的电话营销流程，提高了获取顾客的能力。通过销售自动化和客户线索管理，改善了销售效率。客户服务中心和自助能力增加了留住客户的砝码。与客户的网络联系，强化了客户教育，提供了与客户深度合作的可能。

2.9.3　经验库、知识库的建设

中国传统的“师傅教徒弟”的知识传递方式，决定了知识和经验为个人所拥有。在现代商品经济中，这样的格局所带来的风险显而易见。随着人员的流失，同时流失的是宝贵的知识和经验。故而，将个人经验转为组织知识的进程，就显得尤为重要。当然这是个缓慢的过程，欲速则不达。企业若要不断积累知识，就务必要建设和完善知识管理体系。

客户数据库的不断丰富和完善，为基于数据的管理提供了可能和突破口。理性分析与决策就需要对个人经验进行升华和凝练，逐渐形成完善流程、制定规范的途径，这就是组织知识不断积累的过程。与此同时，要开展经验库、知识库的建设，将形成的新流程、新规范纳入知识库、经验库，并促使员工养成依照流程、规范办事的工作习惯。

2.9.4　基于数据、信息与知识的管理与决策

西方人的思维逻辑是：如果不能用数字表达某事，说明对其知之甚少；如果对其知之甚少，就不能控制它；如果不能控制它，就只能靠运气。所以，西方人会自觉地应用各种数学模型来描述所面对的各种问题，进而参照分析的结果，做出决策。

中国人的思维逻辑显然是另辟蹊径的。我们更擅长发挥对事态发展的感性认识，并据此做出决策。事实证明，中国式的思维与管理确有独到之处，而且欧美国家也开始关注这种方式的巨大能量。然而，30 多年的改革开放，商品经济的巨大繁荣，国际跨国公司的纷至沓来，决定着中国企业越来越需要了解西方人的思维方式，取长补短。因此，基于数据、信息与知识的管理，基于理性分析的科学决策，开始成为中国企业实现跨越式发展的起跳板。六西格玛首先强调的也恰是让数据说话。对于企业面临的各种质量经营与经营质量的问题，加强企业基于数据、信息与知识的科学管理与决策能力，实现向质量要效益，尽全力减少消耗与浪费，努力提供满足顾客需要的产品与服务，才是解决问题的根本途径。

思考题

1. 请解释你对“变革的循环”的理解。
2. 什么是顾客满意？如何理解顾客满意？
3. 什么是顾客忠诚？顾客忠诚的价值何在？
4. 平衡计分卡有哪几个维度？要实现几类平衡？并加以解释。
5. 战略地图的原则是什么？请加以解释。
6. 何为隐含质量成本？包括哪些内容（请列举至少三项）？

阅读文献

[1] 孙静：研究报告《北京现代制造业的质量现状及对策研究》，2008。

[2] 朴永宅，孙静，郑泽震. CEO 的六西格玛——变革的成功之路. 北京：清华大学出版社，2007.

[3] 罗伯特 · 卡普兰，大卫 · 诺顿. 战略地图——化无形资产为有形结果. 刘俊勇，孙薇，译. 广州：广东经济出版社，2005.

[4] 马林，何桢，等. 六西格玛管理. 北京：中国人民大学出版社，2005.

第3章 质量成本与经济性分析

过去大多数企业都是用投资回报率、每股收益率等财务指标来衡量企业业绩。然而，这些指标却有着诸多的缺陷。比如，它们反映的只是企业过去的业绩，对企业当前的业绩反映得不够灵敏，更无法预测企业未来的业绩。而且，对那些无法量化的指标往往无法准确地反映。在传统的制造和服务领域，特别是那些竞争激烈的行业，通常是以成本来衡量业绩的。而现在，质量已成为组织战略决策的重要决定因素，这就需要对组织业绩包括成本进行更加有效的测评。

3.1 质量成本

质量成本是全面质量管理活动的经济性表现，是衡量质量管理体系有效性的一个重要因素。通过质量成本进行统计、核算、分析和控制，可以找到降低生产成本的途径，促进经济效益的提高，进而监督和指导质量管理活动的正常进行。因此，若要深入进行全面质量管理和财务成本管理，必须研究质量成本的问题。

3.1.1 质量成本概述

1. 质量成本的基本概念

质量管理在企业中已具有越来越重要的地位，已发展成一个完整、独立的管理体系。企业为了提高产品的质量就要开展质量管理活动，因此也就必然产生各种相关费用。很明显，为了达到更高的质量就要付出更多的努力，花费一般也会更多。那么，这些费用到底如何衡量？所花的费用和产品的质量之间到底是怎样的关系？为解决这些问题，就需要对与质量相关的费用进行单独的核算与控制。

质量成本的概念是20世纪50年代由美国质量管理大师朱兰和费根堡姆等人提出的。质量成本又称为质量费用，是指为了确保和保证合格的质量而发生的费用以及没有达到合格的质量所造成的损失。

对质量成本概念的理解，应注意以下几点：

（1）质量成本是客观存在的，在实际生产过程中总是要产生的。

（2）质量成本只是针对产品生产过程中的符合性质量而言的。

（3） 质量成本是生产过程中那些与不合格品的出现有着密切联系的费用。

（4） 质量成本并不是制造过程中与质量有关的全部费用，而只是其中的一部分。

2. 质量成本的构成

质量成本一般可分为四大类：预防成本、鉴定成本、内部故障成本和外部故障成本。其结构如图 3-1 所示。

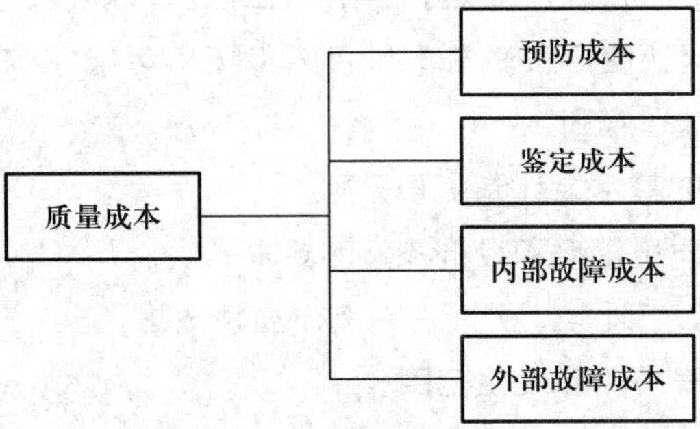

图 3-1　质量成本构成

（1） 预防成本。预防成本是指为预防缺陷和故障发生而支付的费用。其主要包括以下具体项目：质量策划费用、新产品评审费用、工序能力控制及研究费用、质量管理体系的研究和管理费用、供应商评价费用、顾客调查费用以及质量管理人员的费用。

（2） 鉴定成本。鉴定成本是指为评定产品的质量是否达到规定的要求而进行的测量、试验、检验以及数据分析等鉴定活动所耗费的费用。其目的主要是发现并纠正问题，确保中间产品、产成品符合质量标准并减少废次品流向市场。其主要包括以下具体项目：外购材料及外协件的试验和检验费、计量仪器和仪表的校准和维护费、工序检验费、产品检验和试验费、质量审核费用以及其他鉴定费用。

（3） 内部故障成本。内部故障成本又称为内部损失成本，指产品出厂之前由于质量不符合要求而造成的损失，以及为处理故障所发生的费用。其主要包括以下几项：报废损失、返工返修损失、降级使用损失、停工损失、质量事故分析及处理费以及其他费用。

（4） 外部故障成本。外部故障成本又称为外部损失成本，是指产品交付使用后因不能满足质量要求而造成的各种损失。其主要包括以下几项：顾客投诉处理费、退货损失、赔偿损失、产品售后服务费以及其他相关费用。

在质量成本的定义中，确保合格的质量而导致的费用是指质量控制和内部质量保证成本，也就是预防成本；保证合格的质量而导致的费用是指顾客提出外部质量保证要求时，组织为提供证据所花费的费用，也就是鉴定成本；没有达到合格的质量而导致的损失，包括内部故障成本和外部故障成本。

3.1.2　质量成本的核算

1. 质量成本科目的设置

质量成本科目的设置是核算的基础，只有在设置了规范的质量成本科目以后，质量成本的核算才能更科学、规范和易于操作。但是，在我国，质量成本的核算还没有正式纳入会计体系，没有统一的强制性规定。各组织在性质、规模、产品类型以及成本核算制度上都存在差异性，这就使得质量成本科目的设置不可能完全相同。但是，质量成本科目的设置应遵循以下基本原则：

（1）符合国家现行的基本会计制度和原则。

（2）能够具体反映质量管理和经济核算的要求。

（3）便于统计、核算、比较、分析，有利于质量改进。

（4）要依据实际质量费用和发生范围。

质量成本一般分为三级科目。一级科目为质量成本；二级科目为预防成本、鉴定成本、内部故障成本和外部故障成本；三级科目为质量成本细目。我国原国家标准GB/T 13339—1991《质量成本管理导则》中推荐了21个三级科目，可作为各企业在设置各自的质量成本科目时的参考，企业可根据实际情况进行增删。这21个科目的名称、归集内容、费用支出范围以及费用来源详见表3-1。

表3-1　质量成本费用范围归集明细表

二级科目	三级科目	归集内容	费用支出范围	费用来源
预防成本	质量培训费	为达到质量要求或改进质量的目的，提高职工的质量意识和质量管理的业务水平进行培训所支付的费用	授课人员和培训人员的有关书籍、文具费、资料费及授课补助费	组织管理费
	质量管理活动费	为推行质量管理所支付的费用和为制定质量政策、计划、目标、编制质量手册及有关文件等一系列活动所支付的费用以及质量管理部门的办公费	质量管理咨询诊断费、质量奖励费、QC小组活动费、质量审核费、质量情报费、印刷费、办公费、差旅费及有关的行政费	组织管理费

续表

二级科目	三级科目	归集内容	费用支出范围	费用来源
预防成本	质量改进费	为保证或改进质量所支付的费用	有关的购置设备、工艺研究、检测手段改进费，包括产品创优、整顿质量的措施费	组织管理费
	质量评审费	本部门、本组织的产品质量审核和质量管理体系进行评审所支付的费用及新产品评审前进行评审所支付的费用	资料费、会务费、办公费及有关的费用	组织管理费
	工资及福利基金	从事质量管理人员的工资总额及提取的职工福利基金	工资及提取的职工福利基金	组织管理费
鉴定成本	试验检验费	对外购原材料、零部件、元器件和外协件以及生产过程中的在制品、半成品、产成品，按质量要求进行实验、检验所支付的费用	委托外部检验和鉴定支付的费用、送检人员的差旅费、材料费、能源费、劳保费、破坏性试验费及有关费用	组织管理费
	质量检验部门办公费	质量检验部门为开展日常检验工作所支付的办公费	办公费	组织管理费
	工资及福利基金	从事质量实验、检验工作人员的工资总额及提取的职工福利基金	工资及提取的职工福利基金	组织管理费
	检测设备维修折旧费	检测设备的维护、校准、修理和折旧费	大修折旧费，中、小修理费，维护校准费	组织管理费

续表

二级科目	三级科目	归集内容	费用支出范围	费用来源
内部故障成本	报废损失费	因产成品、半成品、在制品达不到质量要求且无法修复或在经济上不值得修复造成报废所损失的费用，以及外购元器件、零部件、原材料在采购、运输、仓储、筛选等过程中因质量问题所损失的费用	在生产过程中以及在采购、运输、仓储、筛选等过程中报废的产成品、半成品、元器件、零部件、在制品、原材料费用和能源动力等消耗	基本生产、辅助生产
	返修费	为修复不合格品并使之达到质量要求所支付的费用	人工费及所更换零部件、原材料的费用	基本生产
	降级损失费	因质量达不到规定的质量等级而降级所损失的费用	合格品价格与降级品价格之间的差额降级损失	基本生产
	停工损失费	因质量问题造成停工所损失的费用	停工期间损失的净产值	基本生产、辅助生产
	产品质量达不到标准的处理费	因处理内部质量事故所损失的费用	重复检验费用、重新筛选费用等	组织管理费
外部故障成本	索赔费	因质量未达到标准，对顾客提出的申述进行赔偿、处理所损失的费用	支付用户的赔偿金（包括罚金）、索赔处理费及差旅费	组织管理费
	退货损失费	因质量未达到标准造成顾客退货、换货所损失的费用	产品包装损失费、运输费和退回产品净损失等	组织管理费
	折价损失费	因质量未达到标准而折价销售所损失的费用	销售价格与折价后价格的差价损失	销售费用
	损失费	根据保修规定，为用户提供修理服务所支付的费用和保修服务人员的工资总额及提取的职工福利基金	差旅费、办公费、劳保费、更换零部件成本、所需器件、工具、运输费用，以及工资总额和提取的职工福利基金	组织管理费

2. 质量成本核算方法

在设置了质量成本科目后，就可以进行质量成本的核算了。在具体核算时，需要考虑质量成本的存在形式，根据不同的存在形式，可采取不同的核算方法。根据存在形式的不同，可将质量成本分为显见质量成本和隐含质量成本。

显见质量成本是指根据国家现行成本核算制度规定列入成本开支范围的质量费用，以及有专用基金开支的费用。这类成本可通过会计成本系统，依据原始凭证和报表采用会计核算方法进行核算。

隐含质量成本是指未列入国家现行成本核算制度规定的成本开支范围，也未列入专用基金，通常不是实际支出的费用，其反映实际收益的减少，如产品降级、降价、停工损失等。这类质量成本需根据实际情况采用统计核算方法进行核算。

质量成本核算方法通常有以下两种：

（1）统计核算法。采用货币、实物量、工时等多种计量单位，运用一系列的统计指标和统计图表，以及统计调查取得的资料，并通过对统计数据进行分组、整理，获得所要求的各种信息，揭示质量经济性的基本规律。该方法不注重质量成本数据的完整性及准确性。

（2）会计核算法。采用货币作为统一度量；采用设置账户、复式记账、填制凭证、登记账簿、成本计算和分析、编制会计报表等一系列专门方法，对质量管理全过程进行连续、系统、全面和综合的记录和反映；严格地以审核无误的凭证为依据，质量成本资料必须准确、完整，整个核算过程与现行成本核算相类似。

因质量成本本身的特殊性，企业在实际核算的过程中，一般应采用以会计核算为主，统计核算为辅的核算方法。也就是以货币计量为主，以实物和工时计量为辅，对显见质量成本主要采取会计核算法进行核算，对那些隐含质量成本则主要采取统计核算法进行核算。

3.1.3 质量成本的构成

所谓质量成本的构成，指的是预防成本、鉴定成本、内部故障成本和外部故障成本在质量总成本中所占的比例。一般来说，预防成本和鉴定成本越高，质量就会越高；而质量越高，质量损失成本就越低。

图 3-2 给出了质量成本特性曲线。图中，横坐标代表用产品合格率表示的质量水平，从左到右，质量水平逐渐提高；纵坐标表示为达到相应的质量水平所需支付的质量成本，自下而上，逐渐增加。图中的三条曲线分别表示了预防和鉴定成本、损失成本以及质量成本总额的变化。

当预防和鉴定成本为零时，表示企业对质量不加任何控制，此时的质量水平显然是最低的，于是质量损失成本也就最高，总质量成本也就会最高。随着预防和鉴定成本的增加，质量水平逐渐提高，质量损失成本逐渐降低。而且，质量损失成本降低的速度超过了预防和鉴定成本增加的速度，质量成本总额逐渐降低，质量成本总额曲线呈下降趋势。

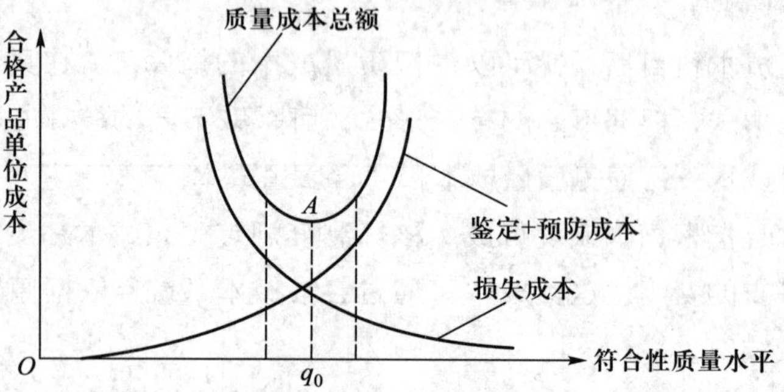

图 3-2　质量成本与质量水平之间的关系曲线

但是，随着质量水平的提高，对质量的改进变得越来越难，所付出的代价也就越来越大。在图 3-2 中，表现为预防和鉴定成本曲线越来越陡。此时，预防和鉴定成本之和增加的速度超过了质量损失成本降低的速度，质量成本之和越来越大，质量成本总额曲线呈上升趋势。

所以，质量成本总额在图上表现为一条抛物线，它存在一个最低点 A，在这一点质量成本总额最小，相应的质量水平 q_0 称为最经济的符合性质量水平。如果企业能把质量水平控制在 A 点，那么就可以获得最低的质量成本。当然，这只是一个理论上的最低点，在实际中往往很难做到。所以，通常用 A 点附近的区间表示最经济的质量水平区间，只要能把质量水平控制在该区间内，就可以获得较为经济的质量水平。

为了便于对质量成本总额进行研究和改进，可以把总额曲线划分为三个区域，如图 3-3 所示。

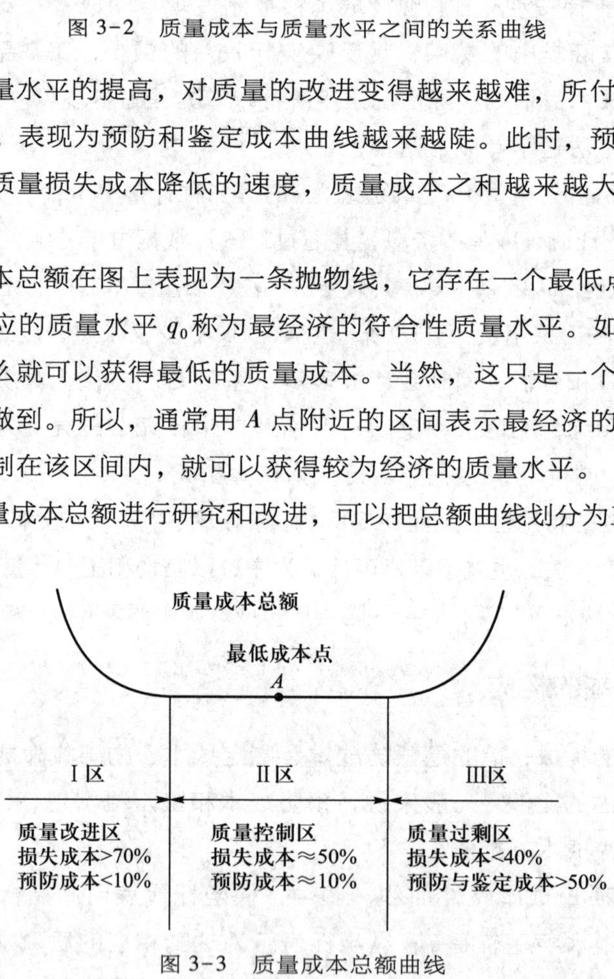

图 3-3　质量成本总额曲线

Ⅰ区为质量改进区。当企业的质量水平处于这个区域时，损失成本的比重过大，可以达到 70%，而预防成本的比重过小，有时甚至达不到 5%。这样，企业的质量成本总额就过高。此时，应该加强质量管理中的预防工作，提高产品质量。这样就可以用较低的预防成本的增加换取较多的损失成本的降低，从而可以使质量成本总额大幅降低。

Ⅱ区为质量控制区。在此区域内，损失成本大约占 50%，预防成本占 10%左右，质量成本总额较低，是较为理想的状态。这时，企业质量工作的重点应该是维持现有的质量水平。

Ⅲ区为质量过剩区。此时预防和鉴定成本之和占总成本的比重超过了 50%，这使得企业的质量水平很高。但是这种高质量水平往往超过客户的需求，所以称为质量过剩。这时就应适当放宽质量标准，使质量水平回到质量控制区，获得较低的质量成本和合适的质量水平。

本节所讲述的传统质量成本观确实曾经对质量管理起到促进作用。但是，当代信息技术的发达、社交网络的渗透，使得某些行业的损失成本已经成为企业不可承受之重，当年南京冠生园的月饼事件就给全行业的月饼销售带来灭顶之灾。同时，预防鉴定作为质量管理的基础手段，早已成为企业的常规做法，故而，当今许多行业的质量成本总额已由抛物线变成随质量提升单边下降的曲线，对此 3.1.5 节进行了阐述。

3.1.4　质量成本的分析

质量成本的分析是质量成本管理的重点环节之一。通过质量成本核算的数据，经过分析，找出质量存在的问题和管理上的薄弱环节，提出需要改进的措施并向各级领导提供资料信息和建议，以便对质量中的问题做出正确的决策。

企业对核算后的质量成本进行分析时要注意两点：一是围绕质量成本指标体系进行分析以反映质量管理的有效性和规律性；二是应用正确的分析方法找出产生质量损失的主要原因，围绕重点问题找出改进点，制定措施进行解决。

1. 质量成本指标体系

为了进行质量成本分析，一般应建立质量成本指标体系。企业内部的质量成本指标一般可分为基数比例指标、结构比例指标和质量效益指标。

（1）基数比例指标。基数比例指标反映质量成本占各种基数的比例关系，其基数主要有总产值、产品销售收入、产品销售利润、产品总成本等。常见的指标分析如下：

质量成本率（每 100 元产品成本的质量成本含量），其计算公式为：

$$质量成本率=\frac{质量总成本}{商品产品总成本}\times 100\%$$

销售质量成本率（每 100 元销售额中的质量成本含量），其计算公式为：

$$销售质量成本率=\frac{质量总成本}{销售额}\times 100\%$$

产值质量成本率（每 100 元总产值中的质量成本含量），其计算公式为：

$$产值质量成本率=\frac{质量总成本}{总产值}\times 100\%$$

销售外部损失成本率（每 100 元销售额中的外部损失含量），其计算公式为：

$$销售外部损失成本率 = \frac{外部损失成本}{销售总额} \times 100\%$$

（2）结构比例指标。结构比例指标用来反映质量成本内各主要项目占质量总成本的比例。常见的指标及计算公式如下：

$$预防成本占质量总成本的比例 = \frac{预防成本}{质量总成本} \times 100\%$$

$$鉴定成本占质量总成本的比例 = \frac{鉴定成本}{质量总成本} \times 100\%$$

$$内部损失成本占质量总成本的比例 = \frac{内部损失成本}{质量总成本} \times 100\%$$

$$外部损失成本占质量总成本的比例 = \frac{外部损失成本}{质量总成本} \times 100\%$$

通过结构比例的分析，可以大致看出各质量管理点接近最佳点的程度。

（3）质量效益指标。质量效益指标用来反映可控成本增加而使结果成本降低的情况，常用灵敏度分析法进行分析。

灵敏度分析法指把质量成本四大项目（预防、鉴定、内部损失及外部损失）的投入与在一定时间内产生的变化效果或特定的质量改进效果加以比较，用灵敏度加以表示，其公式如下：

$$\alpha = \frac{报告期内外损失成本与基准期相应值差值}{报告期预防与鉴定成本之和与基准期相应值差值}$$

此外，还可采用质量成本趋势分析法，以了解质量成本在一定时间内的变动趋势；也可以用质量成本特性曲线分析，找出产品不合格率的适宜水平或质量成本的适宜区域。

2. 质量成本报告

质量成本报告是质量管理部门和财务部门对上一期质量成本管理活动或某一典型事件进行调查、分析、建议的书面材料，它是一定时期质量成本管理活动的总结性文件。其目的是为企业领导和各有关职能部门提供质量成本信息，以便评价质量成本管理效果以及质量管理体系的适用性和有效性，确定目前的质量工作重点以及质量和成本的目标。

质量成本报告一般应包括如下内容：

（1）质量成本、质量成本二级科目以及质量成本三级科目的统计、核算。

（2）质量成本计划的执行情况以及与基期或前期的对比分析。

（3）质量成本趋势分析结果。

（4）质量成本指标分析结果。

（5）分析并找出影响质量成本的关键因素，提出相应的改进措施。

（6） 提出对典型事件的分析结果。

（7） 对质量成本管理中存在的问题及取得的成果做出文字说明。

（8） 对质量管理和质量保证体系的有效性作出评价。

企业在编写质量成本报告时，应依报送对象、报告形式以及要达到的目的等，确定相应的质量成本报告内容，其详略程度也应有所不同。

3.1.5 劣质成本

1. 劣质成本的概念

如前所述，传统的质量成本观认为，质量成本存在一个最佳点，质量水平不能过低也不宜过高。但是，质量管理大师克劳士比提出，质量水平越高越好。质量水平越高，总的质量成本不是增加而是降低，其变化过程如图 3-4 所示。

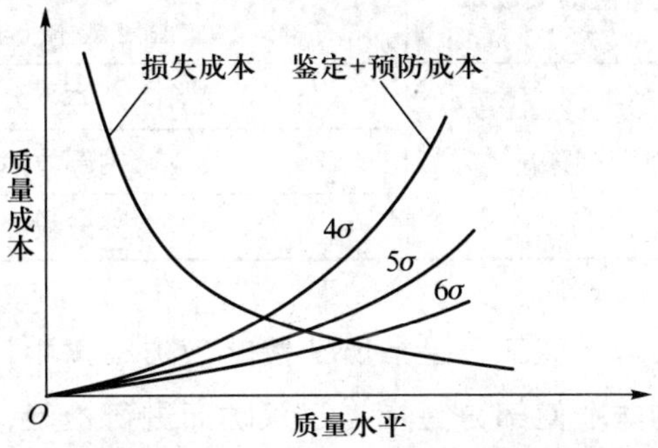

图 3-4　不同质量水平的质量成本

从图 3-4 中可以看出，随着质量水平的不断提高，从 4σ 水平到 6σ 水平，损失成本不断降低，鉴定成本与预防成本曲线也不断下移。所以，交点处的所有类别的成本都在不断降低，质量成本总额也就不断降低。使质量成本降低的最好办法就是降低劣质成本。

劣质成本就是指由于质量不良而造成的成本损失，或者说是由于没有第一次就把事情做对而额外付出的成本，包括显见成本和隐含成本两大类。在实际管理中，核算的往往只是那些显见成本，如浪费、报废、返工/返修、测试、检验、顾客投诉和退货等。然而，这些显见成本只是冰山的一角，这些能看到的部分（即公开核算的部分）往往只占到整体质量成本的 20%，而隐藏在水平面下方的是巨大的隐含质量成本。这些成本包括加班过多、上门服务支出过多、文件延迟、对现状缺少跟踪、报价或结账错误、未正确完成销售订单、不必要的快递、人员流动过于频繁、顾客赔偿备用金等，以及隐藏更深的成本诸如交货期延误、新品延迟上市、丧失销售机会、丢失顾客、不良评价等。

通过对劣质成本的不断研究，人们发现：

（1） 劣质成本要远大于财务报表上显示的数字。

（2）不仅在产品的实现过程中会产生劣质成本，在支持过程中同样会产生。

（3）这些成本大多是可以降低、甚至消除的。

所以，要研究劣质成本的构成和识别方法。如果能够准确识别劣质成本，尤其是那些隐含劣质成本，不仅可以降低产品成本，还能找出问题的原因所在，真正地消除产生劣质成本的因素。

2. 劣质成本的构成

劣质成本按其构成可分为非增值损失成本和故障损失成本。所谓非增值损失成本是指由现行过程中存在的非增值过程造成的损失，而故障损失成本是指由现行过程中的故障造成的损失，其结构如表 3-2 所示。

表 3-2　劣质成本分类

劣质成本	非增值损失成本	预防成本（非增值部分）
		鉴定成本（非增值部分）
	故障损失成本	鉴定成本（分析故障原因）
		内部故障损失成本
		外部故障损失成本

其中，预防成本中的非增值部分是指所花费的预防成本中，没有达到预期目的的那部分成本。鉴定成本中的非增值部分是指为了预防而进行检验，但是却未达到预防目的的那部分成本。鉴定成本中的分析故障原因部分指为了分析质量低劣的原因而进行的试验、检验和检查所发生的费用。

3. 劣质成本的分析

劣质成本是由工作上的错误和缺陷造成的，而这些工作遍及组织系统中的各个部门，渗透于不同过程中的各个环节。因此，分析劣质成本要从组织系统和过程网络两方面入手，通过相应的路径，由表及里，由此及彼，层层深入，使劣质成本信息得到充分的识别，为质量改进项目提供界定的依据。

通过劣质成本的识别、收集和分析，建立劣质成本报表，从而确定改进的需要并选择改进过程，在优化所选改进过程的基础上识别改进机会。

3.1.6　质量成本管理

质量成本是企业管理的经济表现，是衡量体系是否有效的重要因素。对质量成本的管理有利于控制和降低企业的经营成本，能够寻求提高产品质量的途径和掌握质量管理中存在的问题，拓宽成本管理的道路。在 ISO 9004：2000 第 8.2.1.4 财务测量中规定：管理者应当考虑将过程有关的数据转换为财务方面的信息，以便提供对过程的可比较的测量并促进组织有效性和效率的提高。财务测量可包括：预防和鉴定成本的分析、不合格成本的分析、内部和外部故障成本的分析、寿命周期成本的分析。

建立质量成本管理体系的一般程序包括以下几个方面：

1. 加强质量成本宣传与教育培训工作

质量成本对大多数员工来说，是一个新课题，而在推行时涉及很多部门与人员，因此，必须加强对公司所有员工包括各级管理者和最高管理者的宣传、教育和培训，并考核培训的效果。

2. 建立质量成本管理体系

（1）组织结构的设立与各职能部门的质量成本职责。

（2）质量成本归集的内容，应具体落实到各成本与费用。

（3）质量成本管理的程序与方法，应遵循 PDCA 的方法。

（4）实施质量成本管理所需的记录表格及统计表、报告等。

3. 编制质量成本计划和质量成本目标

质量成本计划是指为达成适宜的质量成本而策划的各种措施与方法。质量成本目标应与企业的质量目标一致，并分解到各相关职能部门与层次。质量成本目标应包括质量成本项目内容、目标值、所采取的具体措施、考核人及考核频率等内容。

4. 质量成本管理具体措施的实施

各部门包括最高管理层及技术工艺部应严格按照质量计划与质量目标提高企业的鉴定成本和预防成本，尽可能降低内部损失和外部损失成本，加强对质量成本的控制。

5. 质量成本检查与考核

在质量成本管理体系运行过程中，应加强对各部门与层次的检查与考核，不仅仅是在月末进行考核，在日常工作中应及时发现问题并采取纠正措施，这样才能有效地对质量成本进行测量与监视。

6. 质量成本的记录、统计及核算

企业应规定月度为质量成本的核算期，各部门或质管部每月月末对本月的质量成本进行统计、核算。

7. 编制质量成本报告，进行质量成本分析

采用报表式、图表式、陈述式或综合式等形式编写质量成本报告，并通过对质量成本总额、质量成本构成和质量成本科目与其他基数比较分析等方法进行质量成本趋势分析，并上报企业的最高领导者。

8. 质量成本改进

管理者应根据质量成本报告和分析，对没有达到质量成本管理目标的采取措施，对已达到质量成本管理目标的进行归纳总结，并形成文件化的工作规范或管理模式。对涉及质量成本管理体系的文件进行及时更改与完善。

3.2　质量经济性

3.2.1　质量经济性的内涵

质量问题实际上是一个经济问题，质量经济分析和管理是企业质量经营追求成功的重要环节，也是衡量企业质量有效性的重要标志。在利益方面：对顾客而言，必须考虑减少费用，改进适用性；对企业而言，则需考虑提高利润和市场占有率。在成本方面：对顾客而言，必须考虑安全性、购置费、运行费、保养费、停机损失和修理费以及可能的处置费用；对企业而言，必须考虑由识别顾客需要和设计的缺陷，包括不满意产品返工、返修、重新加工、生产损失、担保和现场修理等发生的费用，以及承担产品责任和赔偿风险等。

质量管理以质量为中心，努力开发和提供顾客满意的产品和服务。质量管理的趋势从消除不满意向追求满意的方向发展。质量经济性逐渐成为质量管理中的一个重要课题。产品质量的经济性，就是追求产品在整个生命周期内，给生产者、消费者以及整个社会带来的总损失最小。

质量波动有其内在的原因和规律，制造过程的质量波动会带来质量损失。质量损失函数为质量的技术分析提供了方便而易于操作的工具，具有良好的实用价值。

设 A、B 两个工厂，按同一标准设计、制造同种产品，由于生产条件及控制程序不同，所以 A 厂和 B 厂生产出来的产品质量特性值的分布不同，如图 3-5 所示。图中实线表示 A 厂的质量特性值的分布，其形状基本上服从以目标值 m_0 为中心的正态分布，其标准差为 $\sigma_A = 10/6$。由概率分析，可知 A 厂产品的质量特性值落在 $m_0 \pm 5$ 范围内的概率为 99.73%。虚线表示 B 厂的产品质量特性值分布，可以看出，此分布为均匀分布。根据数理统计学原理，其分布的标准差约为 $10/\sqrt{12}$，其产品不合格率几乎等于零。

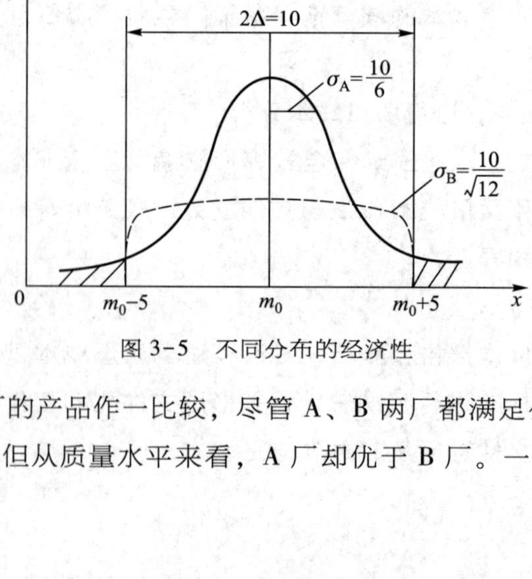

图 3-5　不同分布的经济性

如果将 A 厂和 B 厂的产品作一比较，尽管 A、B 两厂都满足公差要求，甚至 B 厂的不合格率比 A 厂要小，但从质量水平来看，A 厂却优于 B 厂。一个内行的购买者，如果想购买一批产品，一定会购买 A 厂的产品，其原因在于 A、B 两厂的质量特性值分布性质有着本质的不同。A 厂的产品测量值是正态分布，因此有更大比例的产品接近理想的目标值 m_0，在使用中其损失较小。

质量经济性强调产品不仅要满足适用性要求，还应该讲求经济性，也就是说要讲求成本低，要研究产品质量同成本变化的关系。质量与费用的最佳选择，受到许多内部和外部因素的影响，一方面要保证产品的质量好，使用户满意；另一方面要保证支付的费用尽可能低。这就是质量与经济的协调，是质量经济性的表现。在计算和考虑成本时，不能只讲企业的制造成本，还要考虑产品的使用成本。即从满足整个社会需要出发，用最少的社会劳动消耗，取得最好的社会经济效益。

3.2.2　产品寿命周期全过程的经济性

产品的寿命周期包括三个时期：开发设计过程、生产制造过程和使用过程。

1. 提高产品开发设计过程的质量经济性

在产品的开发设计中，不仅要注意技术问题，而且要注意它的经济性，做到技术和经济的统一。

（1）做好市场需求的预测。由于产品的质量水平与市场需求有紧密的关系，因此从进入市场到最后退出市场，都是一个发展的过程，可以分为试销、旺销、饱和及衰退四个阶段，如图 3-6 所示。客户关心的是产品的适用性及使用过程产生的费用，因此在产品的设计开发阶段就必须考虑到产品的使用费用。

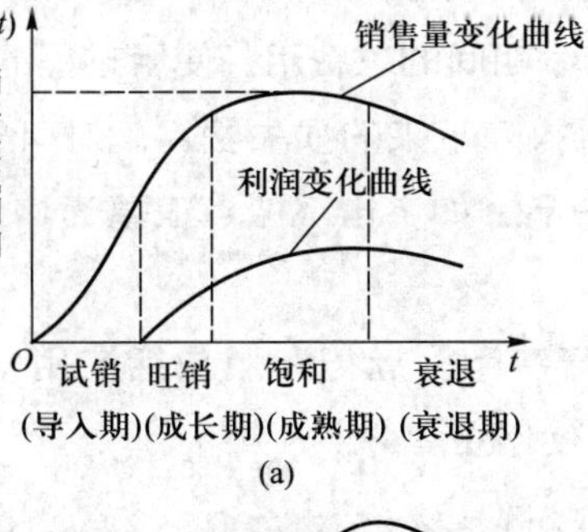

(a)

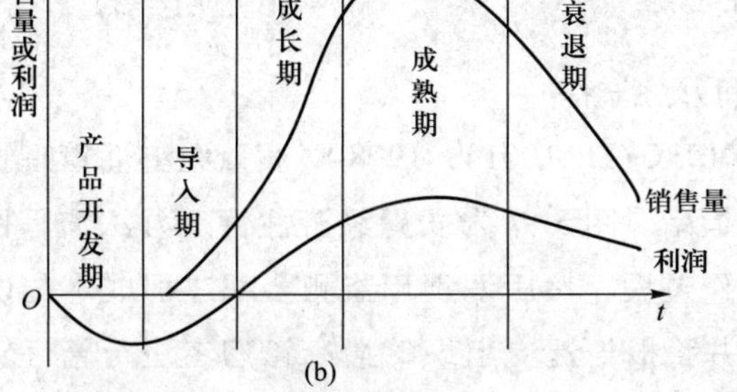

(b)

图 3-6　产品的生命周期

（2）设计中要有完善的技术经济指标，要对总体方案进行可行性分析，做到设计上先进、经济上合理、生产上可行，综合考虑质量的社会经济效益。此外，还要运用可靠性工程、价值工程、正交试验设计、鲁棒性设计等先进技术，实现产品各组件质量特征参数指标的优化设计。

（3）注意质价匹配。质量和价格有时是矛盾的，要提高质量往往就会增加质量成本，成本增加又会引起价格的提高。如果质量成本不恰当地增加，导致价格过高，超过社会的一般购买力，产品就会滞销。反之，产品质量低劣，然而价格低，也会有人购买。质价匹配是一个十分重要的问题。不能盲目追求先进性，忽视经济性，否则，生产出来的产品只能成为样品、展品，而不能变为商品。这种教训在企业中并不少见。

（4）重视功能匹配。如果产品的某个零部件无法替换，尽管其他部件运行正常，最后也不得不整机丢弃或销毁，给消费者或用户带来了经济上的损失。真正做到功能匹配并不容易，例如汽车把一些易损零件的寿命设计成与汽车的寿命或修理周期成整数倍的关系，并尽量与汽车的大修周期吻合。

2. 提高生产制造过程的质量经济性

质量损失函数的研究告诉我们，制造过程严格采取措施控制质量特征值 m 的稳定性以及减小质量特征的分散程度 σ，就可以减小质量损失。可以运用后续讲述的各种过程控制方法，对过程质量状况进行分析、诊断、控制和改善。

3. 提高使用过程的质量经济性

产品寿命周期费用不仅与设计和制造成本有关，还与使用成本有关。产品使用过程的经济性，是指在产品的使用寿命期间的总费用。使用过程的费用主要包括两部分：

（1）产品使用中，由于质量故障带来的损失费用。对可修复性产品，一般是指停工带来的损失，而对不可修复的产品，如宇宙飞船、卫星通信、海底电缆、火箭导弹等，则会带来重大的经济损失。

（2）产品在使用期间的运行费用。运行费用包括使用中的人员管理费、维修服务费、运转动力费、零配件及原料使用费等。

3.2.3 质量经济性管理

1. 质量经济性管理办法流程

GB/Z 19024—2000（ISO/TR 10014：1998）《质量经济性管理指南》提供了从质量管理的应用中获取效益的指南。图 3-7 为质量经济性管理办法流程图。此方法首先识别和评审一个企业的所有运作过程，然后识别和监测全部过程成本与识别和监测顾客满意的情况，各自形成报告，并将报告提交组织的最高管理者进行管理评审。通过评审，评价过程成本、顾客满意度和企业的整体经济效益，从中寻找改进的机会，包括不合格的纠正和预防、持续改进和新产品过程。在寻找和确定了需改进或持续改进的项目之后，应对此及相关的活动进行详细的成本和利益的分析。通过分析、比较，确定并提出具体的质量改进活动方法和计划并付诸实施。通过实施并重复上述的过程，同时识别和监测改进活动过程的实际成本和改进后顾客满意的程度。

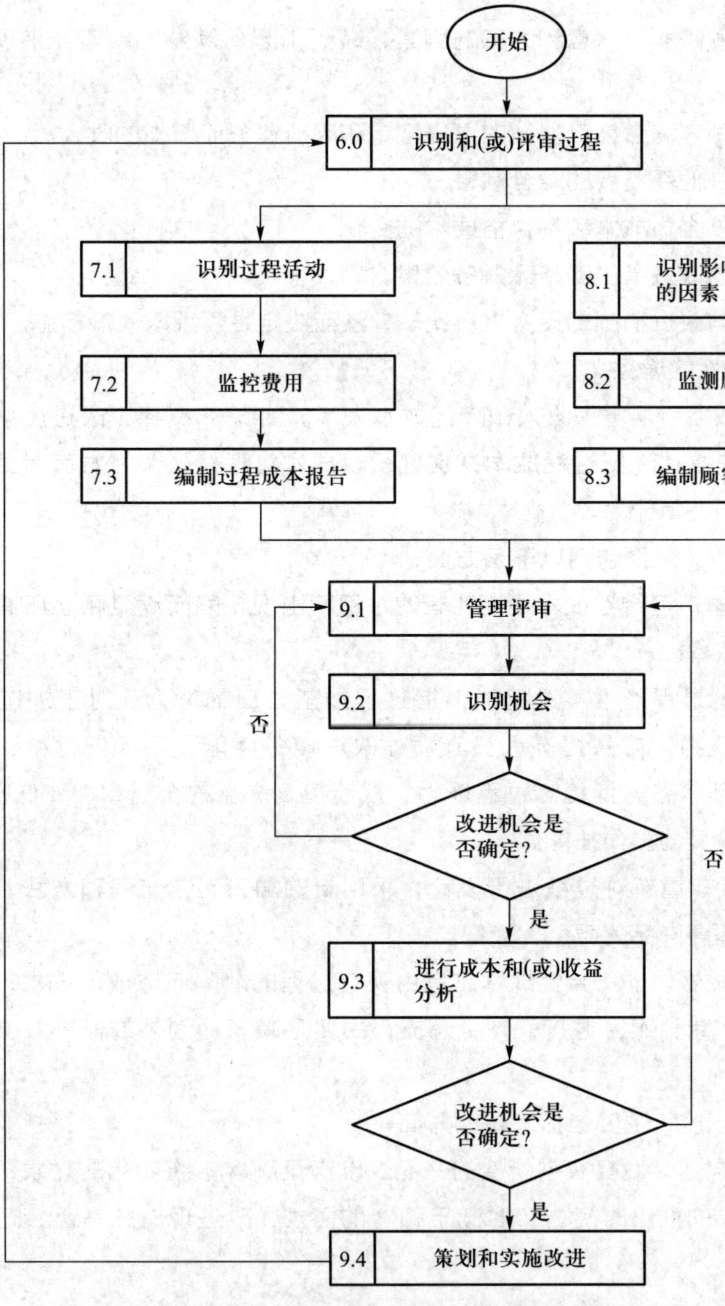

图 3-7　质量经济性管理办法流程图

质量经济性管理的核心是综合考虑顾客满意和组织的过程成本、综合考虑顾客和组织的利益，从中寻找最佳结合点。

为了进行成本和收益分析，组织可采取如下步骤：

（1）确保对所建议的改进措施做出与组织的基本目的相一致的明确规定、计划安排和成本估算。

（2）通过增加使顾客非常满意和满意的因素，减少引起不满意的因素，来预测对顾客满意度的影响。

（3）估计因提高顾客满意度而得到的重复订单和因新业务而增加的收入。

（4）识别顾客和其他受益者的隐含利益。

（5）估计过程内外合格成本和不合格成本的变化。

（6）检查所建议的改进措施的整体财务效果。

（7）将整体效益与改进措施的投资进行比较，从而决定是否采取改进措施。

2. 改进质量经济性的途径

提高企业的经济效益可从增加收入和降低成本入手。图 3-8 概括了改进质量经济性的途径。从企业方面考虑：降低过程成本，实施质量成本管理；从顾客方面考虑：提高顾客满意度，增强市场竞争能力。

（1）降低过程成本，主要包括以下两方面：

① 降低符合性成本。符合性成本是指现有的过程不出现缺陷而满足顾客所有明示的和隐含的需要所花的成本。

第一，提高现有的过程能力。过程能力指过程加工方面的能力。对于加工过程而言，过程能力即工序能力。应从提高人员素质、改进设备性能、采用新材料、改进加工方法和改善环境条件等各方面提高过程能力，从而提高产品的合格率、降低损失。

第二，提高操作人员的操作技能。

第三，过程再设计。重新对过程进行设计，采用新的加工工艺流程和方法，设计全新的服务过程，从而提高产品的质量、降低损失。

② 降低非符合性成本。非符合性成本是指由现有过程的缺陷而造成的成本，包括减少停工所造成的损失；减少顾客退货；减少超支，主要是减少计划外的额外开支；降低能耗和污染。

（2）提高顾客满意度，主要包括以下两方面：

① 开发新产品，包括开发具有创新性的产品，以满足顾客不断变化的需求；开发独特的产品；缩短新产品的推出时间。及时满足顾客的需求，改进现有的产品，适应不同顾客群的需要。

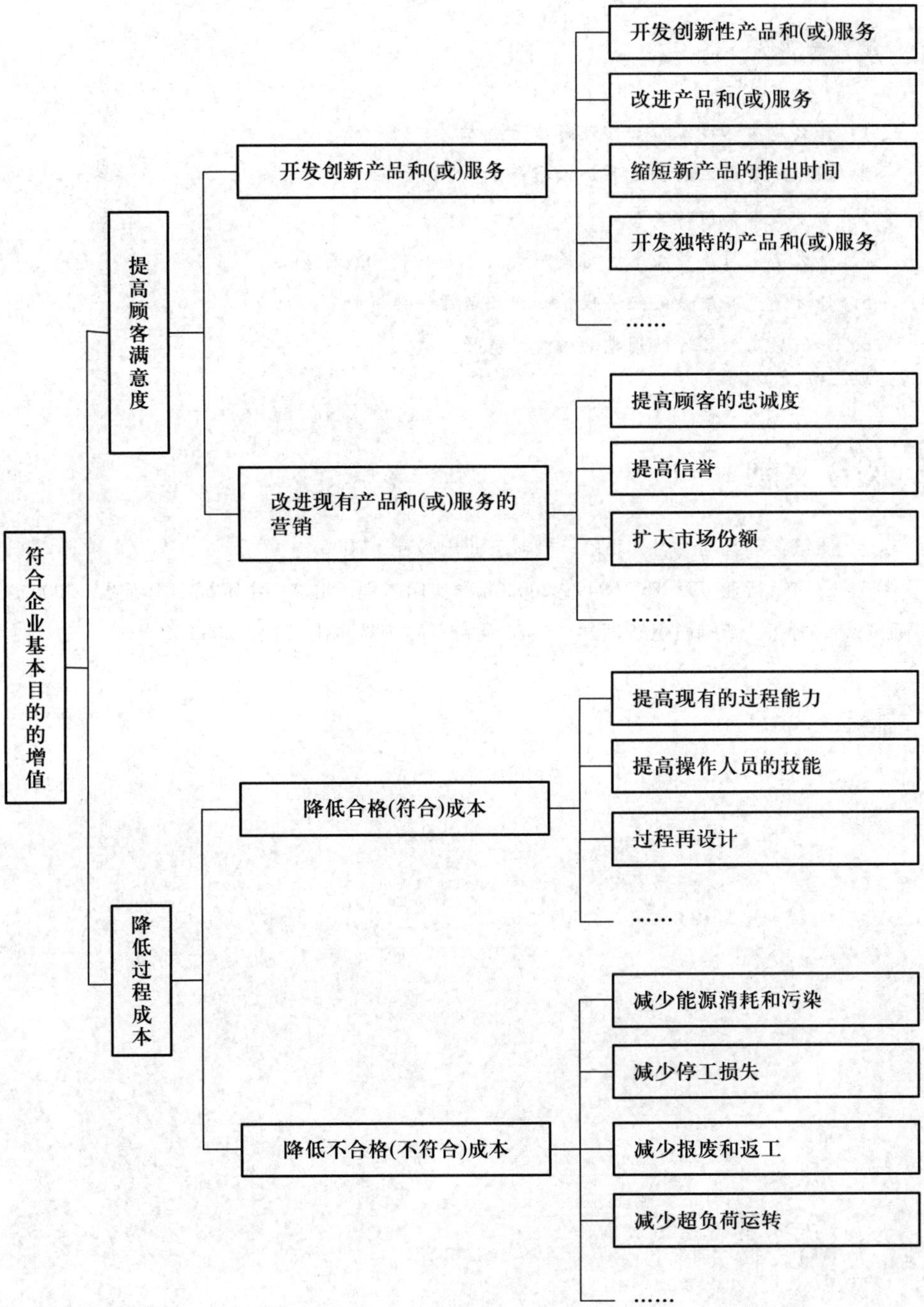

图 3-8　改进质量经济性的途径

② 改进现有产品的市场营销，包括提高信誉；增强顾客忠诚度；认真考虑顾客的愿望；扩大市场份额；加强营销策略的研究，加强营销网络的建设，采用先进的营销手段，努力扩大市场占有量，为更多的顾客服务。

思考题

1. 什么是质量成本？如何理解质量成本？
2. 阐述质量成本的构成并加以解释。
3. 质量成本如何核算？
4. 什么是劣质质量成本？劣质质量成本是如何构成的？
5. 什么是产品质量的经济性？如何理解质量经济性？
6. 如何提高产品寿命周期的质量经济性？

阅读文献

[1] 苏秦. 质量管理与可靠性. 北京：机械工业出版社，2006.
[2] 魏万鹏. 汽车行业 ISO/TS 16949：2002 标准实用教程. 北京：中国标准出版社，2006.
[3] 张公绪，孙静. 新编质量管理学. 2 版. 北京：高等教育出版社，2003.

第4章　服务质量管理

20世纪80年代末到90年代中期，IBM出现了一场史无前例的危机。当时IBM的市场占有率下跌了12个百分点，股票价值由178美元跌至50美元，年亏损额达80多亿美元，公司裁员10万人。这一危机把IBM推向了崩溃的边缘，也向利润中心论敲响了警钟。管理专家对此的看法是："过分强调外在形象和企业利润，而忽略了顾客的需求。" IBM这一典型事例使得众多企业重新审视自己的管理思想，并将顾客需求的地位提升到了前所未有的高度，唤醒了人们对服务质量的重视。

4.1　服务与服务质量管理概述

4.1.1　服务的定义及特性

服务是一种复杂的现象，这个词有许多含义，涵盖面从个人服务到产品服务，甚至还可以更广一些。如果销售者努力去寻找一种特定的方法去满足消费者最细微的要求，那么一台机器或其他任何一种产品都可以转变成对顾客的一种服务。当然，一台机器是实物商品，而一旦加进了顾客要求的设计，它就成为一种服务。正如英国帝国化学公司（ICI）前主席哈维·琼斯在提到化学工业中一些成功的公司时谈道："这些企业形成了向顾客提供化学方面服务的能力，而不再粗暴地把产品塞给顾客。" 除此之外，还有许多行政管理方面的服务，如账单寄送、投诉处理等，以及范围更为广阔的内部服务，如上一道工序为下一道工序服务、后勤为一线服务等。

1. 服务的定义

有关服务的概念最初源于经济学领域，由亚当·斯密提出。20世纪70年代初，服务业的发展迫使学术界开始注重对服务的研究。许多学者和机构均对服务提出了自己的定义。但由于服务是一种看不见、摸不着的经济活动，难以为人们所感知，因此无法准确地进行研究。随着服务在国民经济生活中的地位越来越重要，其范围也越来越宽广，使得研究人员无法简单地从整体上予以概括。因此，迄今为止也未形成一个权威的、被普遍接受的定义。这里介绍ISO 9000族标准对服务的定义：为满足顾客的需要，供方和顾客之间接触的活动以及供方内部所产生的结果。

在 ISO 9000：2000《质量管理体系　基础与术语》中提到：产品是过程的结果，包括四大类：硬件、服务、软件和流程性材料。服务通常是无形的，并且是在供方和顾客接触面上至少需要完成一项活动的结果。服务的提供可涉及：

（1）在顾客提供的有形产品（如维修的汽车）上所完成的活动。

（2）在顾客提供的无形产品（如为准备税款申报所需的收益表）上完成的活动。

（3）无形产品的支付（如知识传授方面的信息提供）。

（4）为顾客创造氛围（如在宾馆和饭店）。

从上述服务的定义中，可以看出以下几层意思：

第一，服务的目的是为了满足顾客的需要。顾客是指接受服务产品的个人或组织，顾客可以是提供服务组织内部或外部的。服务的中心是顾客，服务要针对顾客的需求，这是服务的基本内涵。服务的需要是指顾客的社会需要，这种需要通常包含在服务的技术标准中，或是服务的规范中，有时也指顾客的具体需要。顾客的需要包含在组织内的有关规定中，也包含在服务提供过程中。

第二，服务的条件是必须与顾客接触。这种供方与顾客之间的接触可以是人员的接触，也可以是通过物的接触。

第三，服务的内容是供方的一种活动。服务产生于人、机器、设备与顾客之间互动关系的有机联系，并由此形成一定的活动过程。如营业员与顾客之间买卖货物的过程，是由迎客、接待、成交、送客各个环节组成的，这样的活动即体现了服务。

2. 服务的分类

对于服务的分类，西方许多学者作了相当深入的研究，取得了较丰富的成果。以下是其中的四种分类方案：

（1）按服务体系的接触程度分类，可分为以下几种：

① 高度接触性的服务，主要是指顾客在服务推广的过程中参与其中全部或大部分的活动，如电影院、娱乐场所、公共交通、餐馆、学校等部门所提供的服务。

② 中度接触性的服务，主要是指顾客只是部分或在部分时间内参与其中的活动，如银行、律师、房地产经纪人等所提供的服务。

③ 低度接触性的服务，主要是指在服务推广的过程中顾客与服务的提供者接触甚少，他们的交往大都是通过仪器设备进行的，如信息中心、邮电业等所提供的服务。

（2）按服务的对象特征分类，可分为以下几种：

① 经销服务，如运输和仓储、批发和零售贸易等服务。

② 生产者服务，如银行、财务、保险、通信、不动产、工程建筑、会计和法律等服务。

③ 社会服务，如医疗、教育、福利和宗教服务、邮政服务和政府服务等。

④ 个人服务，如家庭服务、理发美容服务、宾馆饭店服务、旅游服务和娱乐业服

务等。

（3） 按服务存在的形式分类，可分为以下几种：

① 以商品形式存在的服务，如电影、书籍、数据传递装置等。

② 对商品实务具有补充功能的服务，如运输、仓储、会计、广告等服务。

③ 对商品实务具有替代功能的服务，如特许经营、租赁和维修等服务。

④ 与其他商品不发生联系的服务，如数据处理、旅游、宾馆和饭店等服务。

（4） 按服务供方的性质分类，可分为以下几种：

① 基本上以设备提供为主，如洗车、影院、航班等。

② 基本上以提供服务为主，如园丁、修理工、律师、医师等。

除了上述四种分类方法之外，其他的分类方法还有很多。从这些研究中不难看出，由于研究的出发点不同，某个特定的服务可能会被划归不同的类别，这不仅说明了服务内涵的复杂性，而且说明了在特定的场合仔细地分析服务活动特点的重要性。但是，这并非意味着可以以服务活动内涵的复杂性与独特性为借口而否定服务的共同特性。

3．服务的特性

服务与有形产品是有区别的，归纳起来，对大多数服务而言主要具有以下几方面的共同特性：

（1） 无形性。无形性是服务最主要的特征。服务或多或少都具有无形性。首先，服务及组成服务的要素大都具有无形的性质，让人不能触摸或无法用肉眼看见；其次，服务不仅本身是无形的，甚至消费服务获得的利益也可能很难觉察到或仅能抽象地表达出消费服务的感受。但是，一方面，真正纯粹的无形服务是极其罕见的，大部分服务都包含有形的成分，很多有形产品附加在服务之中一并出售，如餐饮服务中的食物、客运服务中的汽车、维修服务中的配件等。对顾客而言，重要的是这些有形的载体所包含的服务或效用。另一方面，提供服务也离不开有形的过程或程序，如餐饮服务离不开厨师加工菜肴，绿化服务需要园艺设计、裁剪花草等。

（2） 同时性。同时性即服务的生产和消费是同时进行的。与有形产品从设计、生产到流通、消费的环节具有非常明显的时间间隔和空间间隔不同，服务的生产和消费具有不可分离的特征。服务的生产和服务的消费是同时进行的，服务人员在提供服务给顾客的同时，也是顾客消费服务的过程，两者在时空上具有不可分割性。例如，在教育服务中的教师和学生，医疗服务中的医生和病人，只有两者相遇，服务才有可能成立。即使是如网上贸易、远距离电视教学等，服务生产者和消费者也是通过互联网或电视传播等媒介发生接触，其服务的生产（提供）过程和消费过程也是不可分离的。

（3） 非存储性。由于服务的无形性以及服务的生产和消费的同时性，使得服务不可能像有形产品那样可以被储存起来，以备未来销售；或者顾客能够一次购买较多数量的服务回去，以备未来需要时消费。因此，服务企业必须研究如何充分利用现有资源包括人员、设备等，提高人员、设备等的工作效率，解决服务企业的供需矛盾。如在公共交通客运中，上下班高峰期乘客数量远远超过低峰期，旅游区淡季游客数量很少而节假日则过于拥挤。服务企业应尽量增加服务弹性，以适应变化的服务需求。

（4）差异性。服务的构成成分及其质量水平经常变化，很难统一界定。一方面，由于服务提供人员自身因素的影响，即使由同一服务人员在不同时间提供的服务也很有可能有不同的质量水平，而在同样的环境下，不同服务人员提供的同一种服务的服务质量也有一定的差别。另一方面，由于顾客直接参与服务的生产和消费过程，不同顾客在学识、素养、经验、兴趣、爱好等方面的差异客观存在，直接影响到服务的质量和效果，同一顾客在不同时间消费相同质量的服务也会有不同的消费感受。因此，对服务企业的质量保证能力要有较高的要求，否则容易使顾客对服务企业产生不好的印象，并损害服务企业的形象和声誉。

（5）服务并非实物，是一系列的活动或过程。服务不是有形产品，即不是实物。服务是服务供方通过一系列的活动或过程将服务提供给服务买方，是服务供方生产和服务买方消费的一系列活动或过程。服务供方不可能按传统的方式来控制服务的质量，也无法按传统的方式对服务进行营销。当然，服务的种类繁多，个性千差万别，也不可能一概而论。但一般而言，服务的生产过程的大部分是不可见的，顾客可见的生产过程只是整个服务生产过程的一小部分。因此，顾客必须十分注意自己看得见的那部分服务的生产过程，对所看见的活动或过程进行仔细的体验和评估。

（6）服务是一种不包括服务所有权转让的特殊形式的交易活动。与有形产品交易不同，服务是一种经济契约或社会契约的承诺与实施活动，而不是有形产品所有权的交易。在大多数服务的生产和消费过程中，不涉及任何东西的所有权转移。服务是无形的，又是不可储存的，服务在交易完成以后就消失了，顾客并没有“实质性”地拥有服务。例如，乘客乘汽车从一个地方到达另一个地方，乘客除了拥有车票以外，就没有再拥有任何其他东西，同时，客运公司也没有把任何东西的所有权转让给乘客。

4.1.2　服务质量的概念及内容

1. 服务质量的概念

服务质量是指服务能够满足明确或隐含需要能力的特性总和。一般可以从六个方面来归结服务质量的特性：

（1）功能性。这是指服务效能上满足顾客需要的程度，如餐馆服务要满足顾客吃、喝等的要求。

（2） 安全性。这是指在服务过程中对顾客的生命健康及其财产安全的保障程度，如航空、铁路和汽车运输服务中，安全性是第一位的服务质量特征；酒店、餐厅提供的住宿、餐饮服务中，卫生要求是安全性的重要内容。

（3） 经济性。这是指顾客获得服务所需要的费用的合理程度，通常与服务等级相联系，如不同的星级宾馆收费标准也不相同。

（4） 时间性。这是指顾客在获取服务时在时间上满足要求的程度，包括及时、准确和省事等方面的要求。

（5） 文明性。这是指在服务提供过程中，服务人员的文明程度，如亲切友好的态度、清洁优美的环境、和谐的气氛等方面的要求。

（6） 舒适性。这是在服务过程中，顾客感官上感受到的舒适程度，包括服务设施的适用舒适、服务方式的方便有序等方面的要求。

服务质量反映了企业服务工作能够满足被服务者需求的程度，是企业为使目标顾客满意而提供的最低服务水平，是企业保持这一预定服务水平的连贯性程度。服务企业在建立服务质量体系时，应根据上述定义的内涵来理解和运用其他质量术语，通过质量改进和质量管理提升满足顾客需要的能力。

2. 服务质量的内容

从顾客的角度来说，顾客购买服务并进行消费，他对服务质量的认识可以归纳为两个方面：一方面是顾客通过消费服务究竟得到了什么，即服务的结果，通常称为服务的技术质量，用 Q_T 表示；另一方面是顾客是如何消费服务的，即服务的过程，通常称为服务的功能质量，用 Q_F 表示。服务质量既是服务的技术和功能的统一，也是服务的过程和结果的统一。

（1） 服务的技术质量。服务的技术质量主要是指某项服务带给顾客的价值，包括所使用的设备和作业等技术层面的内容。可以通过许多例子来说明服务的技术质量，例如：① 餐馆为客人提供色、香、味俱佳的菜肴。② 旅店为客人提供干净卫生的床上用品。③ 银行为客人提供准确快速的汇兑业务。④ 医院给病人提供适当的医疗手段。⑤ 学校给学生提供适合发展的素质教育内容。⑥ 律师为当事人提供有理有据的辩护。⑦ 货运代理公司及时地为客人租到所需要的运输工具。

技术质量是服务质量的一个方面，它的高低很大程度上决定了服务质量的高低。一般来说，可以通过某种形式来度量服务的技术质量，如客运服务可以利用运行的时间作为衡量服务质量的依据，教育服务可以利用教学成果，如考试、竞赛成绩或升学率作为衡量服务质量的依据。一般来说，顾客对通过消费服务所获得的结果是非常关心的，这在顾客评价企业的服务质量中占有相当重要的地位。但如果把服务的技术方面看做是顾客评价服务质量的全部，就不完全正确了。

（2） 服务的功能质量。服务的功能质量主要是指顾客接受服务时的感觉，即顾客对服务的认知程度。例如：① 饭店服务人员上菜时的动作。② 旅馆服务人员结账时的态度。③ 银行办理业务的环境。④ 商场接受质量投诉时的方式。

对顾客来说，消费服务除感受到服务的结果即技术质量以外，还对服务的消费过程即功能质量非常敏感，实践也证明了顾客明显受到所接受服务的技术质量的方式以及服务过程的影响。虽然消费服务的目的可能仅仅是为了获得该项服务的技术质量，但如果顾客在得到技术质量的过程中，由于发生了不愉快的事情，留下了不佳的印象，这样即使服务的结果即技术质量是完全相同的，顾客对服务质量的总体评价也会存在较大差异。

可见，技术质量是客观存在的，而功能质量则是主观的，是顾客对过程的主观感觉和认识。顾客评价服务质量的好坏，是根据顾客所获得的服务效果和所经历的服务感受，两者综合在一起才形成完整的感受。由于各种服务千差万别，虽然都提供了附加价值，但功能性的活动在不同的服务中的比重不相同，因此，各种服务的技术质量和功能质量在整个服务质量中的比重会有显著的差异。而且，即使同一种服务，如果服务过程有差异，技术质量可能不变，但功能质量也会有差异。

4.1.3　服务质量管理的结构和流程

1. 服务质量管理的一般结构

由于服务质量的特殊性和复杂性，企业服务质量管理的内容和方式与一般产品的质量不尽相同。被称为北欧服务管理学派奠基人之一的服务营销学教授克里斯丁·格兰鲁斯提出了服务质量管理的一般架构，如图 4-1 所示。

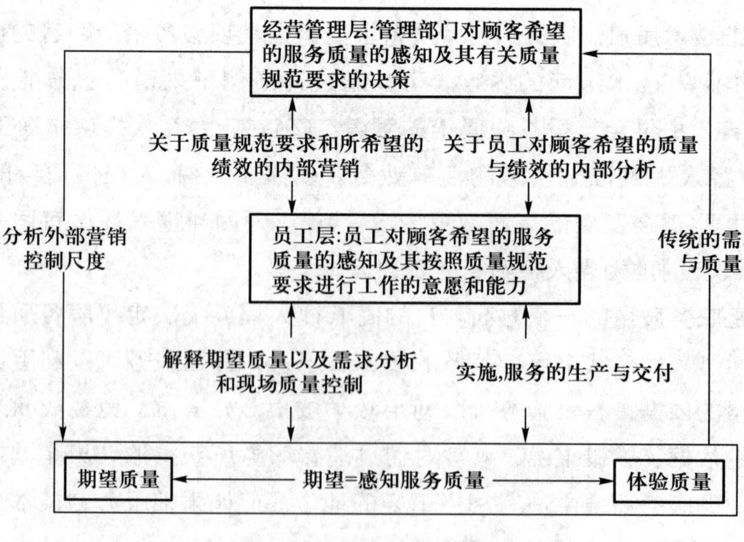

图 4-1　服务质量管理架构

从图 4-1 不难看出，服务质量管理是由管理部门、员工和顾客共同进行的。最先进行的是对市场需求和质量要求的分析，以及在员工中进行的质量水平与业绩的内部感知过程。管理部门根据所获得的这些信息，制定出质量规范要求。接着，在企业内部开展内部营销，使这些质量规范要求和需要达到的绩效被企业员工认识和接受。同时，制定外部营销规划和企业内部的质量控制方案。企业各部门的员工要对这些质量规范进行感知，愿意并能够按要求去做，那些与顾客接触的员工可以看到市场中的一些信号，迅速、灵活地使自己适应环境和顾客的要求。在买卖双方的相互作用中，当初始需求发生变化以及出现质量问题时，他们既能追踪顾客需求，又能及时对服务质量进行控制，同时，他们也参与服务的生产和交付过程。企业的服务业绩当然会影响服务质量，但还要考虑到企业的外部营销规划（如广告活动）等会对顾客期望产生影响，从而影响整体感知质量。

2. 服务质量管理的原则

贝里通过对零售领域的研究，提出了服务质量管理的七项原则，它们可以指导服务提供者改进服务。

（1）质量由顾客确定。顾客决定什么质量好，服务生产过程中什么重要，什么不重要。

（2）质量是长期的任务。一劳永逸地把质量固定下来的方法并不存在，要经常不断地追求良好的质量，不论是在利润上升时还是经营业不景气时。

（3）质量是每个人的工作。每个人都有顾客，不论是内部顾客还是外部顾客。不能把生产控制质量的责任落在一个人身上，人人都应把生产和交付良好的质量视为自己的责任。

（4）质量不能没有领导和沟通。人们要生产好的质量，需要具备知识、信息反馈和来自上级管理者的支持和鼓励。管理者在管理下级时要表现出真正的领导才能。

（5）质量离不开整体性。好的质量离不开组织中的注重整体性的质量文化和管理者平等地对待顾客和员工的理念。

（6）质量是策划、设计问题，质量要事先策划、设计。组织应当预先计划好如何利用技术和人员乃至顾客参与生产经营系统，否则就会对生产良好的质量准备不足。

（7）质量是信守服务承诺。顾客把服务提供者信守承诺看得比其他一切都重要。如果做出了承诺却不遵守或不完全遵守，服务质量就会大大降低。

3. 服务质量管理流程

在整个服务质量管理的流程中有三个群体，即企业管理层、企业员工、企业的顾客。他们相互作用，构成服务质量管理系统中的三个角。最常见的服务质量管理框架，或者说是服务质量管理的系统流程，如图 4-2 所示。

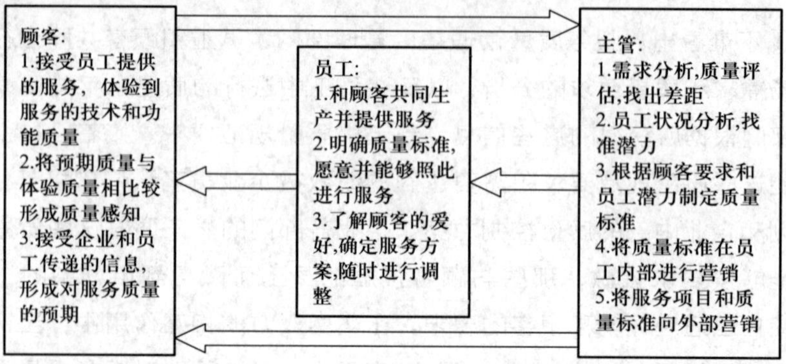

图 4-2　服务质量管理系统流程

从图 4-2 中可以看出，在服务质量管理系统中，三部分人需要各司其职。从企业管理层看，需要制定企业的经营方针，借助制造业中广泛运用的质量控制成效测算方法，测算出狠抓服务质量后在各项具体要求方面有多大起色。因为成效测算和市场调研具有同步性，故同时列入企业服务质量管理系统流程的第一步骤。作为处于经营管理层和顾客之间的企业员工，根本任务在于实施狠抓服务质量的行动方案。至于顾客，他的任务是判断购买和消费的服务是否可以接受。

4. 服务质量效益管理

同时提高生产率和改善服务质量是提高服务质量效益的主要方法。目前，已有大量研究结果显示，现代质量评估和监控方法能同时做到既提高生产率又增加顾客的满意度。所有致力于提高生产率和质量的措施都应建立在如下三点的基础上：

（1）透彻了解在企业所选定的细分目标市场上，顾客的良好服务质量感知是由哪些因素构成的。

（2）综合分析符合顾客质量感知要求的服务需要哪些资源，其中包括哪些人力资源、物质资源，分析哪些资源企业尚不具备、不充足或不必要。

（3）仔细研究现有的管理体制和规章制度中，哪些能够发挥作用，哪些成为束缚，哪些形同虚设，同时区别出相应的良性成本与不良成本。

这三点是企业同时提高生产率和服务质量管理战略的基础。在做好这三点的前提下，就可以考虑运用下述管理方法：提高员工的服务技能；强化员工的服务观念；提高技术系统的适用性；提高服务活动的自动化；增强对顾客的服务程度，包括让顾客采用更多的自助服务，以及提高顾客参与和配合的技能；缓解供求结构失调状况。

4.2 服务质量的评估

服务质量对一个企业的成功起着关键作用，它影响到顾客是否对企业提供的服务感到满意，是否愿意与企业建立持久的业务关系。但由于服务产品的无形性、非存储性以及差异性等特征，使企业对服务质量的评价和控制有了一定的难度，但也不是不可度量的。一般来说，服务质量的好坏可以由企业自己决定，但更多的是依靠顾客评价。顾客评价是度量服务质量的重要方式。

4.2.1 SERVQUAL 方法

1. SERVQUAL 方法的提出

迄今为止，应用最普遍的服务质量评价方法是由美国的服务质量管理专家 Parasuraman、Zeithaml 与 Berry（简称为 PZB）于 1985 年共同提出的 SERVQUAL 方法。SERVQUAL 是一项衡量顾客对服务质量感知的标准，用五个指标表示顾客感受到的服务质量状况，如表 4-1 所示。

表 4-1　SERVQUAL 方法评价的五个指标

有形性	有形设施、员工和沟通材料，是服务人员对顾客照顾和关心的有形表现
可靠性	准确可靠地履行所承诺服务的能力
响应性	对顾客给予帮助且迅速地提供服务的意愿
保证性	员工所具备的知识、礼仪以及表现出自信与可信的能力
移情性	设身处地地为顾客着想和对顾客给予特别的关注

SERVQUAL 方法还设计了一份评价服务质量的标准问卷来测量以上五个指标。第一部分评价顾客对某类服务的期望，第二部分反映顾客对某个服务企业的感知。PZB 认为，通过 SERVQUAL 量表（见表 4-2）的数据采集和分析，可以较好地测量出顾客感知服务质量的水平。据三人的测算，SERVQUAL 的五个指标与顾客感知服务质量相关系数高达 0.92。

表 4-2　SERVQUAL 量表

指标	组成项目
有形性	1. 有现代化的服务设施 2. 服务设施具有吸引力 3. 员工有整洁的服装和外表 4. 公司的设施与他们所提供的服务相匹配
可靠性	5. 公司对顾客所承诺的事情都能及时地完成 6. 顾客遇到困难时，能表现出关心并提供帮助 7. 公司是可靠的 8. 能准时地提供所承诺的服务 9. 正确记录相关的服务

续表

指标	组 成 项 目
响应性	10. 不能指望他们告诉顾客提供服务的准确时间※ 11. 期望他们提供及时的服务是不现实的※ 12. 员工并不总是愿意帮助顾客※ 13. 员工因为太忙以至于无法立即提供服务，满足顾客的需求※
保证性	14. 员工是值得信赖的 15. 在进行交易时顾客会感到放心 16. 员工是有礼貌的 17. 员工可从公司得到适当的支持，以提供更好的服务
移情性	18. 公司不会针对不同的顾客提供个别的服务※ 19. 员工不会给予顾客个别的关怀※ 20. 不能期望员工会了解顾客的需求※ 21. 公司没有优先考虑顾客的利益※ 22. 公司提供的服务时间不能符合所有顾客的需求※

资料来源：Parasuraman A，Zeithaml V A，Berry L L. SERVQUAL：A Multiple-Item Scale for Measuring Consumer Perceptions of Service Quality. Journal of Retailing，1988，(64) 1：12-40.

注：① 问卷采用 7 分制，7 表示完全同意，1 表示完全不同意。中间分数表示不同的程度。问卷中的问题随机排列。

② ※表示对这些问题的评分是反向的，在数据分析前应转为正向得分。

SERVQUAL 评价方法完全建立在顾客感知的基础之上，即以顾客的主观意识为衡量的重点，首先度量顾客对服务的期望，然后度量顾客对服务的感知，由此而计算出两者之间的差异，并将其作为判断服务质量水平的依据。

2. SERVQUAL 方法的应用

在企业服务质量管理中，SERVQUAL 方法可应用于：

(1) 更好地了解顾客的期望与质量感知过程，从而达到提高服务质量的目的。当然，在应用于不同的行业时，服务质量的五个指标可能会发生变化，从而要求根据行业的特性进行“微调”。

(2) 对同一行业中不同企业的服务水平进行比较分析。利用 SERVQUAL 评价方法，结合其他评价手段，可以计算出本企业现在的服务水平以及同其他企业之间的质量差距，从而更好地做出质量改进决策。特别是它可以分别计算出各服务质量指标的水平，也可以寻找到在服务质量指标中，对顾客感知服务质量影响较大的指标，从而使企业可以寻找到影响服务质量的关键问题，以利于采取措施，对其加以提升。

(3) 定期利用 SERVQUAL 评价方法，并将其与其他评价方法相互结合，可以较为准确地预测企业服务质量发展趋势。例如，对于一个零售商来说，利用 SERVQUAL，同时配合使用员工对服务质量看法的调查、收集及顾客建议和抱怨分析等方法，就可以更有效地改进服务质量。SERVQUAL 是基于顾客的服务质量评价方法，而按照 PZB 的观点，他们所说的顾客也包括内部顾客，即员工。通过这种对员工的调查，企业可以寻找到良好服务传递的障碍之所在。

（4）把一个公司的顾客，以他们的单独 SERVQUAL 分数为基础，对其进行分类，从而寻找企业的目标顾客。例如，经过对参与调查顾客评分情况的分析和分类，以及顾客对各指标重要性的认识，可以对顾客作出许多有益的分类。考察评分高的顾客接受服务的次数，如果评分高，同时又接受过企业的服务，那么，这些顾客成为企业忠诚顾客的可能性就比其他类型的顾客要大得多，等等。

（5）通过对不同顾客群对服务质量指标重要性的认知的调查，寻找到在不同文化背景下，顾客感知服务质量方面存在的差异。不同文化背景的顾客，对质量的要求是存在差异的。经过对不同文化顾客的抽样调查，企业可以排列出这些顾客对服务质量五个指标的感知情况，从而决定企业服务质量改进的重点所在。

4.2.2　服务质量差距分析模型

SERVQUAL 方法把服务质量定义为顾客期望与对其服务表现的感知之间的差距，并建立了差距分析模型（见图 4-3），专门用来分析服务质量问题的根源，从而协助企业管理者采取措施，改善服务质量。

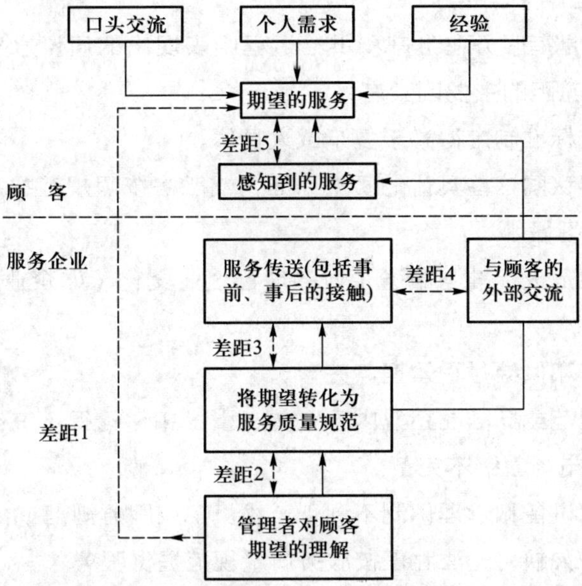

图 4-3　服务质量差距分析模型

资料来源：Parasuraman A，Zeithaml V A，Berry L L. A Conceptual model of service quality and its implications for future research. Journal of Marketing，1985，49：41-50.

1. 管理层认识差距（差距 1）

管理层认识差距是指企业管理层错误理解了顾客对服务质量的预期。这种差距主要由下列因素引起：

（1）管理层从市场调研和需求分析中得到的信息不准确。

（2）管理层从市场调研和需求分析中得到的信息准确，但理解不准确。

（3）企业对顾客的需求缺乏正确分析。

（4）企业与顾客接触的一线员工向上传递给管理层的信息不准确或没有信息传递。

（5）企业内部机构重叠，组织层次过多，影响或歪曲了与顾客直接接触的一线员工向管理层的信息传递。

2. 服务质量规范的差距（差距 2）

服务质量规范的差距是指企业制定的服务质量规范与管理层对顾客的质量预期的认识不一致。产生这种差距的因素有：

（1）企业对服务质量规划不善或规划过程不完善。

（2）管理层对企业的规划管理不善。

（3）服务企业缺乏清晰的目标。

（4）最高管理层对服务质量的规划缺乏支持力度。

（5）企业对员工承担的任务的标准化不够。

（6）对顾客期望的可行性认识不足。

3. 服务传送的差距（差距 3）

服务传送的差距是指服务在生产和供给过程中表现出的质量水平未达到企业制定的服务规范。造成这种差距的主要因素有：

（1）质量规范或标准制定得过于复杂或太具体。

（2）一线员工不认同这些具体的质量标准，或严格按照规范执行时，员工可能会觉得要改变自己的行为习惯。

（3）新的质量规范或标准与服务企业的现行企业文化（如企业的价值观）、规章制度或习惯做法不一致。

（4）服务的生产和供给过程管理不完善。

（5）新的服务规范或标准在企业内部宣传、引导和讨论得不充分，使员工对规范的认识不一致，即内部市场营销不完备。

（6）企业的技术设备和管理体制不利于一线员工按服务规范或标准来操作。

（7）员工的能力欠缺，无法胜任按服务质量规范提供服务。

（8）企业的监督控制系统不科学，对员工依据其服务表现而非服务数量进行评价的程度不足。

（9）一线员工与顾客和上级管理层之间缺乏协作。

4. 市场信息传播的差距（差距 4）

市场信息传播的差距是指企业在市场传播中宣传的关于服务质量的信息与企业实际提供的服务质量不一致的程度。造成这种差距的因素有：

（1）企业的市场营销规划与营运系统之间未能有效地协调。

（2）企业向市场和顾客传播信息与实际提供的服务活动之间缺乏协调。

（3）企业向市场和顾客传播了自己的质量标准，但在实际提供服务时，企业未能按标准进行。

（4）企业在宣传时夸大了服务质量，顾客实际体验的服务与宣传的质量有一定的距离。

5. 服务质量感知差距（差距 5）

服务质量感知差距是指顾客体验和感觉到的服务质量与自己对服务质量的预期不一致，多数情况是顾客体验和感觉到的服务质量较预期的服务质量差。服务质量感知差距会导致以下结果：

（1）顾客认为体验和感觉到的服务质量太差，比不上预期的服务质量，因此，对企业提供的服务持否定态度。

（2）顾客将自身的体验和感觉向亲友等诉说，使服务具有较差的口碑。

（3）顾客的负面口头传播破坏企业形象并损害企业声誉。

（4）服务企业将失去老顾客并对潜在的顾客失去吸引力。

利用服务质量的差距分析模型，可以将引起服务质量问题的根源和症结找出来，从而可以根据造成服务质量问题的原因对症下药，制定正确的发展战略，并通过合适的处理措施来缩小差距，提高顾客的满意度和服务质量。

思考题

1. 服务有哪些特性？
2. 什么是服务质量？请对服务质量的特性加以解释。
3. 什么是服务的技术质量与功能质量？请对它们的关系加以解释。
4. 服务质量管理涉及哪几类人员？服务质量管理的原则是什么？
5. SERVQUAL 方法涉及哪几方面的指标？请分别加以解释。
6. 请对服务质量差距分析模型中的五类差距进行分析。

阅读文献

[1] 应可福．质量管理．北京：机械工业出版社，2005.

［2］韦福祥. 服务质量评价与管理. 北京：人民邮电出版社，2005.

［3］崔立新. 服务质量评价模型. 北京：经济日报出版社，2003.

［4］马克·戴维斯，贾内尔·海内克. 服务管理——利用技术创造价值. 王成慧，郑红，译. 北京：人民邮电出版社，2006.

［5］张宁俊. 服务管理——基于质量与能力的竞争研究. 北京：经济管理出版社，2006.

第 5 章　质量管理体系与 ISO 9000 族标准

在激烈的市场竞争环境下，企业的质量管理涉及的问题很多，包含的范围也越来越广，为了实现企业的目标，就需要建立一个协调一致的系统，对所有关键活动进行持续的管理、控制和改进，即建立质量管理体系。本章将介绍质量管理体系的有关知识。

5.1　质量管理体系的基本知识

5.1.1　过程方法概述

1. 过程

要理解质量管理体系，首先要了解过程和过程方法。根据国际标准的定义，过程就是“一组将输入转化为输出的相互关联或相互作用的活动”。组织中的所有活动，营销、设计、生产、检验、交付产品……都可以看成是过程；制作一份报表、处理一个顾客投诉、举办一次会议，工作中的每一个任务也都可视为一个过程。理解“过程”和运用过程方法，是掌握现代质量管理方法的基础。

图 5-1 是过程的图示。每一个过程都是为了获得一定的最终结果，过程的结果称为输出。产品的生产过程输出的是产品，服务提供过程输出的就是服务。接受产品或服务的是顾客，可能是外部顾客，也可能是内部顾客。过程的输出不能完全由过程本身产生，一般须给予一定的前提条件，提供必要的资源，这就是过程的输入。输入可以是具体和有形的，如产品、说明或书面的要求，也可以是抽象和无形的，如顾客期望或口头指示，输入由外部或内部的供方提供。过程运行需要一定的程序，为了保证过程的质量，获得预期的输出，还必须对过程进行监视和测量。

每个过程都有三个重要的角色：顾客、操作者和供方。一个人相对于不同的过程，角色也会转变。例如，某个人接受关于某项任务的文件时，是文件提供者（供方）的顾客，执行任务时这个人是操作者，当工作完成，将输出交付给顾客时，这个人又成了供方。图 5-2 显示了这种关系。

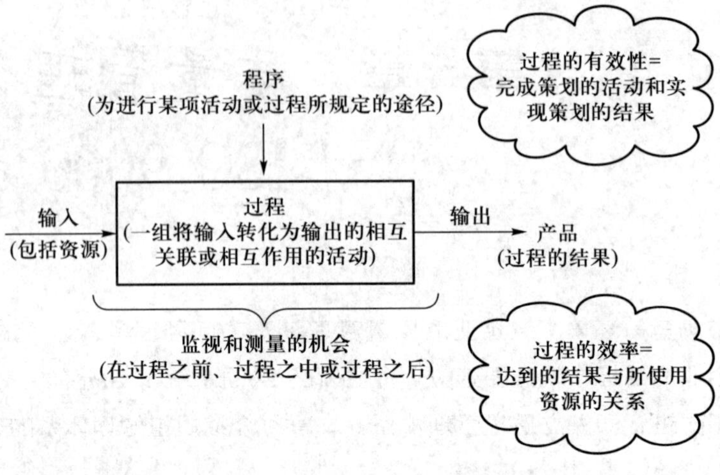

图 5-1 过程的示意图

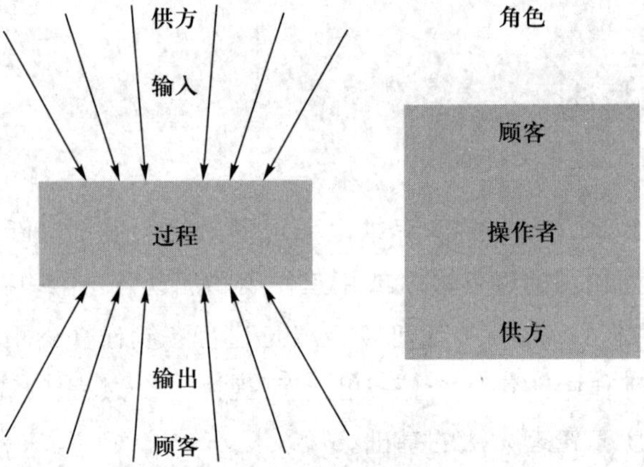

图 5-2 过程中的三个角色

衡量过程的质量有三个主要的尺度，即效果、效率和适应性。所谓效果，是指过程输出满足顾客需求或达到预期目标的程度，对应的是过程的有效性；所谓效率，是指过程达到的结果与所使用的资源之间的关系；适应性则是指随着时间的流逝，过程面对各种变化仍能保持效果和效率的程度。过程应该是增值的，一个过程若对顾客或组织没有任何价值，这个过程就没有存在的必要。

2. 过程方法

从一定意义上说，组织是由诸多过程构成的一个过程的网络。如图 5-3 所示，过程之间相互联系，相互作用，通常，一个过程的输出将直接成为下一个过程的输入。过程之间的链接既包括串联连接，也包括并联连接（如两个过程同时进行，其输出均为后一过程的输入），一个过程可能会有多个输入，同时又会产生多个输出。

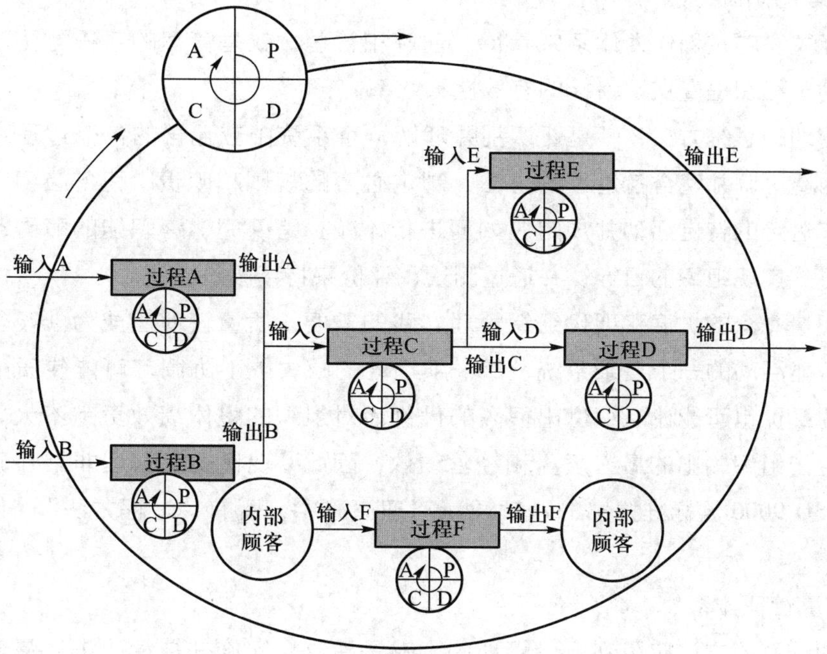

图 5-3　典型相互作用的过程网络

系统地识别和管理组织所应用的过程，特别是这些过程之间的相互作用，称为“过程方法”。面对复杂的外部环境和不断变化的顾客需求，组织可采用过程方法去识别和管理众多相互关联和相互作用的过程，对过程和过程之间的联系、组合和相互作用进行系统地策划、连续地控制和持续地改进。过程管理可按计划、实施、测量和改进四个步骤，即遵循 PDCA 循环进行。必要时，还可进行业务流程再造（BPR），对现有过程进行变革，使过程的效果更好、效率更高、适应性更强，以保持有竞争力的绩效水平。

ISO 9001、ISO 9004 标准提供的质量管理体系模式，以及以各国质量奖为依托的卓越绩效模式，均是以过程方法为基础所构建的。

5. 1. 2　管理的系统方法和质量管理体系

所谓系统，就是组织内一系列必须通过合作来达成组织目的的功能或活动。系统的活动都可以作为过程来理解，因此每一个系统也就是一个由诸多过程构成的过程的网络。在一个组织内存在各种各样的系统，既有整体的经营管理系统，也有各职能活动系统，如生产管理系统、质量管理系统等。每一个组织都有自己的使命、愿景，每一个系统也都要完成特定的任务，达到一定的目标，因此必须把所有的活动整合起来，使系统中的各过程相互协调，目标一致，才能顺利地实现组织所希望的结果。

1. 管理的系统方法

将相互关联的过程作为体系来看待、理解和管理，就是管理的系统方法。管理的系统方法有助于组织提高实现目标的有效性和效率。

运用管理的系统方法，就是要识别并理解一个系统中应包含的各个过程及其相互依存关系，构造协调并整合各过程的方法，制定必要的规则和职责，配备必要的资源，确定系统应该进行的特定活动并规定应如何进行，减少跨部门、跨职能的障碍，使之能以最有效的方式实现组织的目标，并通过测量和评价来持续改进系统。

随着质量概念的扩展和现代组织管理实践的需要，质量管理已成为涉及全组织、各层次、多职能活动的一个复杂系统，每一项活动的缺失或不协调都可能使质量的链条断裂，局部的最优也可能让组织付出很高的代价而对组织的整体绩效贡献不大。系统的整体能力决定了组织输出的最终质量和经营绩效，因此，现代质量管理非常强调应用系统方法。在 ISO 9000 族标准提出的八项质量管理原则中，既有“过程方法”，也有“管理的系统方法”。

2. 质量管理体系

将管理的系统方法应用到质量管理中，就是建立、实施并持续改进质量管理体系。与管理体系有关的主要术语包括：

（1）体系：相互关联或相互作用的一组要素。

（2）管理体系：建立方针和目标并实现这些目标的体系。

（3）质量管理体系：在质量方面指挥、控制和组织的管理体系。

（4）质量方针：组织的最高管理者正式发布的关于质量方面的全部意图和方向。

（5）质量目标：在质量方面所追求的目的。

（6）有效性：完成策划的活动并得到策划结果的程度。

（7）效率：得到的结果与所使用的资源之间的关系。

质量方针和质量目标规定了组织在质量方面的方向和目标，质量管理体系是组织为实现质量方针和质量目标而建立的管理工作系统。有效性和效率是衡量质量管理体系能力的重要指标。建立和实施质量管理体系的基本步骤如下：

第一，确定顾客和其他相关方的需求和期望。

第二，建立组织的质量方针和质量目标。

第三，确定实现质量目标必需的过程和职责。

第四，确定和提供实现质量目标必需的资源。

第五，规定测量每个过程有效性和效率的方法。

第六，应用这些方法测量每个过程的有效性和效率。

第七，确定防止不合格并消除产生原因的措施。

第八，建立和应用持续改进质量管理体系的过程。

建立质量管理体系是为了有效和高效地实施质量管理，实现质量方针，达到质量目标。质量、成本和生产率，以及相关的经营绩效是结果，而体系及其所包含过程的运行目的就是获得预期的结果。好的质量、好的经营结果，应该通过好的过程、好的系统来实现。

根据确定的目标不同，可建立适用于不同目的、不同范围的质量管理体系。目前质量界广为认可的有两大类质量管理体系模式，即 ISO 9000 族标准所代表的质量管理体系模式，以及各国质量奖标准所代表的卓越绩效管理模式，其中 ISO 9000 族中又分为 ISO 9001 模式和 ISO 9004 模式。

5.2 ISO 9000 族国际标准的发展及构成

ISO 9000 族标准是由国际标准化组织发布的一组关于质量管理体系的国际标准，也是目前在国际贸易和各类组织质量管理中应用最为广泛的质量管理标准。

5.2.1 ISO 9000 族标准产生的历史背景

ISO 9000 族标准是质量管理发展到一定阶段的产物，也是现代科学技术和生产力发展的必然结果和国际贸易发展到一定时期的必然要求。

1. ISO 9000 族标准是质量管理发展到一定阶段的产物

质量管理经过“质量检验阶段”进入“统计质量控制阶段”，到了 20 世纪 50 年代以后，出现了一大批高安全性、高可靠性的技术密集型产品和大型复杂产品。在这种情况下，仅在制造过程实施质量控制，已不足以保证产品质量，必须对产品质量形成的全过程进行管理。20 世纪 60 年代，美国的费根堡姆提出了“全面质量管理”、“质量体系”的概念，他指出：“全面质量管理是为了能够在最经济的水平上并考虑到充分满足顾客要求的条件下进行市场研究、生产和服务，把企业各部门的研制质量、维持质量和改进质量的活动构成一体的有效体系。”全面质量管理理念和方法，很快被世界各国所接受，并先后在日本、美国等国家和地区取得成功，在实践中不断完善全面质量管理理论和实践，为各国的质量管理和质量保证标准的相继产生提供了充分的理论依据和坚实的实践基础。

2. ISO 9000 族标准是科学技术和生产力发展的必然结果

20 世纪后半叶，由于科学技术迅速发展，新产品不断出现，其中相当一部分是具有高安全性、高可靠性、高价值的产品。这些产品一旦出现质量缺陷，不仅给生产企业和顾客造成巨大的损失，还有可能对顾客、社会甚至国家安全造成严重后果，破坏人类的生存环境。例如，核电站、飞机、火车、锅炉、桥梁、隧道、汽车、火箭等产品，不但在生产时要耗费大量人力、物力和财力，而且由于这些产品都是多环节的产物，一旦某些环节失控，不能保证质量，在使用过程中发生质量事故，其影响范围之大、损失之巨是难以估计的。因此，社会和顾客都要求生产企业能建立一套质量体系，对产品质量形成全过程的每一环节的技术、管理和人员等方面的因素进行控制，长期稳定地生产满足顾客需要的产品。

3．ISO 9000 族标准是国际贸易发展的必然要求

20 世纪 60 年代以后，世界贸易有了长足的发展，越来越多的产品走出国界，产品国际化，贸易全球化，必然出现产品责任国际化的问题。为了有效开展国际贸易、界定产品责任，解决因产品质量问题造成的争端，不仅要求对产品质量有共同的衡量标准，也迫切需要产品生产企业的质量管理在国际有一个统一的标准，使各国有一个共同的语言，能对企业的技术、管理和人员能力进行评价。许多国家和地区性组织陆续发布了一系列质量保证标准，作为贸易往来中供需双方认证的依据和评价的规范，但由于缺乏国际统一的标准，给不同国家企业之间的技术合作、质量认证和贸易往来带来困难。在这样的背景下，制定质量管理和质量保证方面的国际标准，保证国际贸易的顺利开展，已势在必行。

5.2.2　ISO 9000 族标准的制定

1．国际标准化组织

国际标准化组织的全称是 International Organization for Standards，简称 ISO。ISO 来源于希腊语“ISOS”，即平等之意。ISO 是由 131 个国家标准化机构参加的世界性非政府组织，ISO 的宗旨是：“在全世界范围内促进标准化工作的开展，以便于产品和服务的国际交往，并扩大在知识、科学、技术和经济方面的合作。”

ISO 的主要活动是制定国际标准，协调世界范围内标准化工作，组织各成员国和各技术委员会进行情报交流，以及与其他国际机构进行合作，共同研究标准化问题。ISO 的技术工作成果是正式出版的国际标准，即 ISO 标准。ISO 的工作是通过约 2 800 个技术机构来进行的，每年约有 3 万名专家参加 ISO 标准的制定工作，每年制定约 1 000 份标准化文件。

根据 ISO 章程规定，ISO 成员国分正式成员和通信成员。ISO 正式成员（P 成员）必须是本国最有代表性的全国性标准机构，并且每个国家只能有一个团体被接纳为 ISO 正式成员。作为 ISO 正式会员，可参加 ISO 任何技术委员会的活动，并有投票权。未建立全国性标准化机构的发展中国家，可作为通信成员（O 成员）参加 ISO 工作。通信成员与ISO 保持联系而不参加 ISO 技术工作，但他们可以及时得到有关领域工作的一切技术情报。通信成员可以以观察员身份出席 ISO 全体大会。中国是 ISO 的正式成员，代表中国的组织是中国国家标准化管理委员会（Standardization Administration of China，SAC）。

2. ISO 9000 族标准的制定和发布

（1）ISO 9000 质量管理和质量保证系列标准的制定和发布。ISO 专门负责制定质量管理和质量保证标准的委员会 TC 176 在总结各国质量管理经验的基础上，经过各国质量管理专家的努力工作，数易其稿，通过广泛协商，于 1986 年 6 月 15 日正式发布了 ISO 8402《质量——术语》。TC 176/SC 2 于 1987 年 3 月正式发布了 ISO 9000 至 9004 质量管理和质量保证标准。至此，ISO 9000 系列标准共由以下六个标准组成：

① ISO 8402：1986《质量——词汇》。

② ISO 9000：1987《质量管理和质量保证标准——选择和使用指南》。

③ ISO 9001：1987《质量体系——设计/开发、生产、安装和服务质量保证模式》。

④ ISO 9002：1987《质量体系——生产和安装质量保证模式》。

⑤ ISO 9003：1987《质量体系——最终检验和试验的质量保证模式》。

⑥ ISO 9004：1987《质量管理和质量体系要素——指南》。

其中，ISO 9000 是为该标准的选择和使用提供原则指导；ISO 9001、ISO 9002、ISO 9003 是一组质量保证模式；ISO 9004 是指导企业内部建立质量体系的指南。

（2）ISO 9000 族国际标准的制定和发布。ISO 9000 系列标准和 ISO 8402 标准的发布在国际范围内达成广泛一致，ISO 9000 被许多国家、地区、组织所采用，提高了 ISO 9000 在经济活动中的影响。在 ISO 9000 系列标准发布之后，TC 176 又继续开展了大量工作，在产品分类、术语制定、保证要求的实施、体系支持技术的完善等方面都做了大量工作。从 1986 年颁布 ISO 8402《质量——术语》开始，到 1994 年 7 月 1 日颁布 ISO 9000 系列标准第一次修订版，在这期间共制定和修订了 16 个标准，形成 ISO 9000 族标准，包括以下标准：

① ISO 8402：1994《质量管理和质量保证术语》。

② ISO 9000—1：1994《质量管理和质量保证标准第 1 部分：选择和使用指南》。

③ ISO 9000—2：1993《质量管理和质量保证标准第 2 部分：ISO 9001、ISO 9002和 ISO 9003 实施通用指南》。

④ ISO 9000—3：1993《质量管理和质量保证标准第 3 部分：ISO 9001 在软件开发、供应和维护中的使用指南》。

⑤ ISO 9000—4：1993《质量管理和质量保证标准第 4 部分：可信性大纲管理指南》。

⑥ ISO 9001：1994《质量体系设计、开发、生产、安装和服务的质量保证模式》。

⑦ ISO 9003：1994《质量体系生产、安装和服务的质量保证模式》。

⑧ ISO 9003：1994《质量体系最终检验和试验的质量保证模式》。

⑨ ISO 9004—1：1994《质量管理和质量体系要素第 1 部分：指南》。

⑩ ISO 2004—2：1991《质量管理和质量体系要素第 2 部分：服务指南》。

⑪ ISO 9004—3：1993《质量管理和质量体系要素第 3 部分：流程性材料指南》。

⑫ ISO 9004—4：1993《质量管理和质量体系要素第 4 部分：质量改进指南》。

⑬ ISO 10011—1：1990《质量体系审核指南审核》。

⑭ ISO 10011—2：1991《质量体系审核指南质量体系审核员的评定准则》。

⑮ ISO 10011—3：1991《质量体系审核指南审核工作管理》。

⑯ ISO 10012—1：1992《测量设备的质量保证要求第 1 部分：测量设备的计量确认体系》。

随后，TC 176 为适应质量管理工作的需要，陆续地颁布了一些标准和技术文件，如 ISO 10005《质量管理质量计划指南》、ISO 10006《质量管理项目管理指南》、ISO 10007《质量管理技术状态管理指南》、ISO 10012—2《测量设备的质量保证要求第 2 部分：测量过程控制指南》、ISO 10013《质量手册编写指南》、ISO 10014《质量经济性管理指南》、ISO 10015《质量管理培训指南》、《N376 质量管理原则及其应用指南》以及《小型企业 ISO 9000 的应用》等。

5.2.3　ISO 9000 族标准的修订

ISO 9000 族标准必须适用所有的不同规模的组织和所有的产品。ISO/TC 176 在 1990 年发布的“90 年代有关质量方面国际标准的实施战略”中，就提出了 ISO 9000 族标准的远景修订规划以及标准修订应遵循的四个战略目标：全世界通用性、当前一致性、未来一致性、未来适用性。在这四个目标中，最主要的是全世界通用性，即在全世界范围内，在不同规模组织和不同产品之间可得到广泛采用，否则就失掉管理标准的生命力。因此，实现“全世界通用性”这个目标，就成为 2000 版修改关注的焦点。到目前为止，ISO 9000 族标准已经历四次换版修订，分别是 1994 版、2000 版、2008 版和 2015 版。

1994 年前后，在保持结构框架和总体内容基本不变的情况下，TC 176 对质量保证要求（ISO 9001—ISO 9003）和质量管理指南（ISO 9004）技术内容作了局部修订，并正式发布 1994 版 ISO 9000 族标准。2000 年前后，ISO 着手对标准进行全面修改，其结构和内容都发生了较大的变化，原以 20 个要素为基础的三个质量保证模式被以过程方法为基础的统一的质量管理体系要求所替代，同时，ISO 发布了八项质量管理原则和十二项质量管理基础，增加并更新了很多术语，将 ISO 9004 与 ISO 9001 设计成协调成对的标准，为企业有效建立和运行质量管理体系提供了理论依据和科学指导。2008 年，ISO 再次对 ISO 9000 族标准进行局部修订，一个最重要的变化是 ISO 9004 标准由《质量管理体系　业绩改进指南》演变成了《组织持续成功的管理——一种质量管理方法》（*Managing for the sustained success of an organization——A quality management approach*），于 2009 年 11 月正式发布。它立足于市场竞争和变化的环境，以组织的可持续发展为目标，从战略方针、计划及展开、过程管理、资源管理、监视、测量、分析和评价、改进、创新和学习几个方面，全面地描述了一个完善的质量管理体系所包含的过程。2015 版标准更具有普适性且易于被服务业采纳。

5. 2. 4　ISO 9000 族标准的应用

ISO 9000 族标准自发布后，即被各国和各工业和经济部门所接受并相继采用。标准发布的当年（1986 年），即有 21 个国家采用。随着经济的日趋全球化，国际经济交流和贸易往来日趋频繁，顾客对产品的要求也越来越严。ISO 9000 族标准以及采用该标准所通过的第三方认证，越来越成为需方对供方提出质量体系要求和供方证实自己能力的依据，也成为实现合格评定结果相互承认的主要手段。20 世纪 90 年代初，当时的欧洲共同体（现为欧盟）为统一市场，要求各生产企业按 EN 29000/ISO 9000 完善质量体系，并把质量体系的认证和注册作为 1992 年的质量战略要素之一。在市场的推动下，各国相继采用了该标准。由于各国的广泛采用，也使 ISO 9000 族标准成为国际标准化组织发布的标准中发行量最大的标准。同时由于市场的推动，质量体系认证逐渐成为贸易中的重要因素。不少国家或地区的政府或行政当局，或引导或规定有关组织要获得质量体系认证。例如，日本工业标准调查会（JISC）在 1990 年向通产省提出了建议，为适应国际贸易潮流，日本应采取措施推进 ISO 9000 的审核和注册；我国也有很多行业，将 ISO 9000 认证作为企业投标或评定合格供应商的必备条件。在这样的环境下，质量体系认证发展很快，第一个国际多边承认协议和区域多边承认协议也于 1998 年 1 月 22 日和 1998 年 1 月 24 日先后在中国广州签署。

据 ISO 统计，截至 2008 年年底，全世界已有 176 个国家和地区采用了 ISO 9000 国际标准，全球通过 ISO 9001 标准认证的企业数达 982 832 家，其中我国认证企业数达到 224 616 家。

5. 2. 5　ISO 9000 族国际标准的构成

ISO 将现行质量管理体系有关标准分为三类。

A 类：管理体系要求标准。向市场提供有关组织的管理体系的相关规范，通过内部和外部各方予以评定，证明组织的管理体系是否符合内部和外部的要求。例如：质量管理体系要求标准（规范）、其他专业管理体系要求标准。

B 类：管理体系指导标准。通过对管理体系要求标准各要素提供附加指导或提供不同于管理体系要求标准的独立指导，帮助组织实施和（或）完善管理体系的标准。例如：关于使用管理体系要求标准的指导、关于建立管理体系的指导、关于改进和完善管理体系的指导、专业管理体系指导标准。

C 类：管理体系相关标准。就管理体系的特定部分提供详细信息或就管理体系的相关支持技术提供指导的标准。例如：管理体系术语文件评审，文件提供，培训、监督、测量绩效评价标准，标记和生命周期评定标准等。

思考题

- 1. 请给出你对过程的理解。
- 2. 为什么 ISO 9000 族国际标准会诞生？
- 3. 至今 ISO 9000 族国际标准已经有几次换版修订？
- 4. ISO 9000 族国际标准的 1994 版与 2000 版的主要差别是什么？
- 5. 最新版 ISO 9000 族标准的主要特色是什么？
- 6. 质量管理体系有关的国际标准分为哪几类？

阅读文献

[1] 马林. 全面质量管理. 2 版. 北京：中国科学技术出版社，2007.
[2] 国家标准 GB/T 19000—2016《质量管理体系　基础和术语》。
[3] 国家标准 GB/T 19001—2016《质量管理体系　要求》。
[4] 国家标准 GB/T 19004—2000《质量管理体系　业绩改进指南》。

第6章　六西格玛

六西格玛作为突破性改进的重要途径，为组织的不断提升与变革提供了可能。本章从六西格玛的诞生与发展谈起，介绍了六西格玛的含义，明确了西格玛水平，指出六西格玛人才的培养与认证，介绍了六西格玛项目的路径图 DMAIC，最后，明确了六西格玛变革的成效。

6.1　六西格玛的诞生与发展

六西格玛，又称 6σ，是用来衡量一个总体里标准差的统计单位。其含义引申后是指：一般企业产品的质量水平是 3~4 个西格玛水平，如果企业不断追求品质改进，达到 6 西格玛的水平，它就近乎完美地达到了顾客要求。

6.1.1　六西格玛的诞生

在戴明、朱兰的帮助以及费根堡姆 TQC 概念和理论的引导下，日本人结合其国情对质量管理进行了大量的实践和创新。20 世纪 70 年代到 80 年代，经过 20 多年的持续改进，日本产品的质量显著提高，占领了大部分美国市场，而美国企业的产品则逐步失去自己的市场，许多美国企业面临生死存亡的问题。

摩托罗拉（Motorola）公司面临着同样的考验。20 世纪 70 年代初期，摩托罗拉已经成为全球无线通信产品的领导者，并与德州仪器公司以及英特尔公司一起争夺半导体产品的最大销售商的位置。1974 年，8 个最大的半导体厂商有 5 个来自美国，3 个来自欧洲。但很快半导体市场的竞争变得异常激烈，仅仅在 5 年后的 1979 年，8 个最大的芯片生产商中就有 2 个来自日本。摩托罗拉在 1974 年将电视机业务卖给了日本松下，1980 年在日本竞争者面前又失去了音响市场。日本人也对摩托罗拉在美国的寻呼机市场的领导地位构成了威胁。于是，摩托罗拉公司开始反思自己，认识到提高产品质量实质上会降低成本，并不是当时绝大部分美国公司所认为的提高质量会多花美元。摩托罗拉公司决定认真采取质量战略，开始了其质量改进之路。在首席执行官鲍勃·高尔文（Bob Galvin）的领导下，一个特别工作组开始为摩托罗拉的创新和业务增长制定计划。这项工作因阿特·萨恩德赖（Art Sundry）而得到加速发展，因为他得到了摩托罗拉通信产品顾客和用户的意见反馈，并大声疾呼“我们的质量糟糕透了”。高尔文的工作组和萨恩德赖的研究使一个四点计划产生并于 1980 年实施，其目的在于确保摩托罗拉在全球的领导地位。四点计划的内容如下：

（1）全球竞争力。通过与竞争对手进行水平对比，设计面向全球市场的产品，确保优胜地位。

（2）参与式管理。吸取全面质量管理之精华，将 TQC 的原则和方法引入摩托罗拉的企业文化，在全公司广泛推进顾客完全满意（Total Customer Satisfaction，TCS）活动。

（3）质量改进。将改进目标定为 5 年内改进 10 倍，将质量改进目标与所有管理人员的奖励计划挂钩——这个创意播下了六西格玛理念的火种。

（4）摩托罗拉培训与教育中心。这是摩托罗拉大学的雏形，主要任务是通过培训使员工的能力满足质量流程与管理方式巨大变化的需求。

经过几年的实践和酝酿，摩托罗拉在 1987 年全面推行六西格玛，点燃了六西格玛管理的火种。迈克尔·哈瑞（Mikel Harry）、比尔·史密斯（Bill Smith）和理查德·施罗德（Richard Schroeder）等是六西格玛方法最重要的创始人。在当时的首席执行官鲍勃·高尔文的大力支持下，六西格玛在全公司范围内得到了广泛施行、推广。六西格玛产生的强大动力使得摩托罗拉制定了以前看上去几乎不可能实现的目标：20 世纪 80 年代早期的目标是每 5 年改进 10 倍，后来改为每 2 年改进 10 倍，到 1992 年产品和服务质量达到六西格玛质量水平。由于实施六西格玛，公司于 1988 年获得美国波多里奇国家质量奖，在开始实施的 1987—1997 年的 10 年间，销售额增长了 5 倍，利润每年增加 20%，实施六西格玛管理所带来的收益累计达 140 亿美元，股票价格平均每年上涨 21.3%，效果十分显著。

6.1.2 六西格玛的发展

不论走到哪里，高尔文总要提到六西格玛的目标和成功的故事。在他的听众中就有拉里·博西迪（Larry Bossidy），通用电气公司原副总裁，通用电气首席执行官杰克·韦尔奇（Jack Welch）的助手与最要好的朋友。1991 年，博西迪结束了他在通用电气的任职，接手了刚刚由若干公司合并而成的联合信号公司（Allied Signal），出任 CEO。从通用电气这样一个“言出必践”的公司来到联合信号，博西迪吃惊地发现，表面上看起来，联合信号和通用电气有着相似的核心业务和管理流程，但在联合信号，这些流程大都只是一些空洞的形式，没有实际效果或效率很低。人们很少关注“提高生产力、扩大市场份额、提高产品质量”等具体问题。尽管有着很多聪明和勤奋的员工，但是在计划和行动之间存在很大的差距。更糟糕的是，企业的人员、战略和运行都采用了各自为政的方式，每个业务部门都强调自己的文化，不肯融入联合信号之中。博西迪面临的最重要的问题是如何将联合信号真正集结成一个整体，并且快速地改变公司的“执行”能力和“执行”文化。听了摩托罗拉的故事，他马上意识到，六西格玛正是他想要的可以将联合信号塑造成他心目中企业的方法。

1992 年，博西迪将六西格玛引入联合信号公司。“我们不但要给人们提出目标，还要提供合适的工具和方法”，联合信号的管理层这样说。人们从各地赶来，学习六西格玛方法。然后回到自己的岗位，将所学用于解决实际问题。事实上，对联合信号来说，不仅需要改进质量，更需要变革人们做事的方式。不论人们来自哪个公司，具有什么样的企业文化背景，在联合信号就要形成统一的语言和文化。为了使六西格玛更适合联合信号的目的，在博西迪的带领下，许多被称为“软工具”的内容补充到六西格玛方法中。其中包括大量的关于组织变革、领导力提升和变革企业文化方面的内容。

博西迪成功了。六西格玛改变了联合信号的经营与运作方式，公司的业绩出现了快速增长的势头，销售额和利润持续实现每年两位数的增长。公司的收益从 1991 年的 3. 42 亿美元增长到 1997 年的 11. 7 亿美元，在短短的 6 年内几乎翻了两番，而且连续 31 个季度保持每股利润 13%以上的增长，公司的股价增长了 8 倍。正是因为博西迪和联合信号，华尔街第一次听说了六西格玛。此后，德州仪器等一批公司相继引入了六西格玛，同样取得了成功。

美国通用电气公司在 20 世纪 70 年代到 90 年代制定的战略计划取得了成功，这使得通用电气适应了公司规模和经营多样化的发展，因而公司获得了巨大利益。在这个时期，通用电气重点关注的是业务的高速增长、提高效率，而质量问题排在后面，产品质量为 3~4 个西格玛水平。随着业务的高速增长，质量问题越来越不容乐观，杰克·韦尔奇在其自传中回忆说：“1995 年 4 月在通用电气内部员工调查中发现，质量问题已经为许多员工所担忧。”

1995 年夏，杰克·韦尔奇见到了他的朋友博西迪，他们谈到了联合信号成功的原因。这次谈话给韦尔奇留下了深刻的印象。自上任以来，韦尔奇已经对通用电气进行了一系列大刀阔斧的变革，使通用电气在其所有业务领域几乎都是“数一数二”的。但韦尔奇希望通用电气这个“百年老店”能够永远成功。韦尔奇意识到，把通用电气公司打造成为六西格玛企业，将是他 2001 年退休时给通用电气留下的最宝贵的遗产。

在韦尔奇的带领下，通用电气公司开始了它的六西格玛之旅。但是，在韦尔奇眼中，此时的六西格玛已经不是彼时的六西格玛。它已不仅仅是关于统计学的，尽管它需要统计技术；它也不仅仅是关于改进质量的，尽管它最终使质量大幅度提升。韦尔奇要将六西格玛提升到打造通用电气公司核心竞争力的战略层次。在 1996 年 1 月通用电气高层会议上，他将六西格玛称为通用电气前所未有的最雄心勃勃的工作，他说：“质量可以真正地使通用电气从最了不起的公司之一这个位置，上升到全球商界绝对最了不起的公司。这个房间的所有人都必须抓质量，这个问题是没有投机可言的，摩托罗拉用 10 年时间办到的，我们必须在 5 年内实现——不是通过走捷径，而是通过学习他人。”

韦尔奇认为六西格玛的含义远远超出了质量和统计学，它通过提供对付难题的方法，驱使领导层把工作做得更好，六西格玛的核心是使一个公司彻底转变。在他看来，六西格玛“是通用电气公司从来没有经历过的最重要的发展战略”。1995 年年底，随着 200 个六西格玛项目的实施，这种管理方法在通用电气大规模地开展起来。1997 年，这样的项目超过了 6 000 个。根据通用电气 2000 年度的报告：1999 年通用电气公司的利润为 107 亿美元，比 1998 年增长了 15%。其中，实施六西格玛获得的收益就达到了 15 亿美元。到 21 世纪初，这个数字达到了 50 亿美元。而 2000 年，在通用电气获得绿带认证的员工已达到 90%以上，公司中层以上的经理中有过六西格玛黑带经历的人员已达 15%。

在通用电气，六西格玛方法演变为一个管理系统。六西格玛被作为公司四大战略（全球化、服务、六西格玛和电子商务）之一来实施；公司建立了从“倡导者”（Champion）、“资深黑带”（Master Black Belt，MBB）、“黑带”（Black Belt，BB）到“绿带”（Green Belt，GB）的六西格玛组织结构；六西格玛实施结果与管理人员晋升和奖金紧密结合。

韦尔奇领导通用电气公司的 20 年时间里，通用电气的股票市值增长了 30 多倍，达到了 4 500 亿美元，排名从世界第十位提升到了第二位，在他的带领下这个“百年老店”焕发了前所未有的青春活力。

在通用电气公司应用六西格玛取得巨大成功之后，六西格玛被全世界企业，特别是许多《财富》500 强企业所关注、认识并接受。很多企业发现六西格玛同样可以对自己产生深远而重大的影响，它们也开始大力推行六西格玛，包括福特、卡特彼勒、陶氏、杜邦、ABB、3M、东芝、惠而浦、三星、LG、西门子、爱立信、洛克希德—马丁、庞巴迪、花旗银行、J. P. 摩根、美国运通、英特尔、微软等跨国公司。今天，六西格玛的应用已经从摩托罗拉、通用电气走向了全世界：从西方走向了东方，从世界 500 强跨国公司走向了普通企业乃至中小企业，从电子、机械、化工、冶金等制造业走向了银行、保险、航空、电子商务等服务业。

6.2　六西格玛的内容

6.2.1　让数据说话

如果不能用数字表达某事，说明我们对其知之甚少。

如果对其知之甚少，我们就不能控制它。

如果不能控制它，就只能靠运气。

上述这三段话，强调了数据的重要性。

数据是有波动的。一个健康的人，每天在固定的时间测一次自己的体温，20 天后会得到 20 个体温的数据。这 20 个体温数据会是一个固定的数值吗？答案是显而易见的：不，即使这是一位健康的人。

虽然反映某一特性的数据存在着波动，但是，数据都是具有统计规律的。例如：灯泡的寿命，某银行柜台一小时内接待的顾客数，某电视栏目的收视率，等等。我们通常都希望了解数据波动的幅度有多大，出现该幅度波动的可能性如何，这就是统计规律。

6.2.2　降低数据的离散程度

根据 2002 年至 2005 年间的统计资料，世界主要国家居民的平均寿命如下：

日本：81.9 岁（男性 78.3 岁，女性 85.3 岁）

瑞典：80.4 岁（男性 77.6 岁，女性 83.1 岁）

英国：78.3 岁（男性 75.9 岁，女性 80.6 岁）

美国：77.3 岁（男性 74.6 岁，女性 80.0 岁）

韩国：76.8 岁（男性 73.2 岁，女性 80.5 岁）

中国：71.5 岁（男性 69.8 岁，女性 73.3 岁）

埃及：69.6 岁（男性 67.5 岁，女性 71.8 岁）

印度：63.1 岁（男性 61.7 岁，女性 64.7 岁）

目前，日本是居民最长寿的国家，韩国人和中国人的平均寿命也在快速延长。图 6-1 以 2005 年为基准，给出了韩国人分年龄段所预测的剩余寿命。若把人的一生比喻成 24 小时，当男性年龄大约到 38 岁、女性到 41 岁左右时，就可视为已经过了正午时间，临近下午。

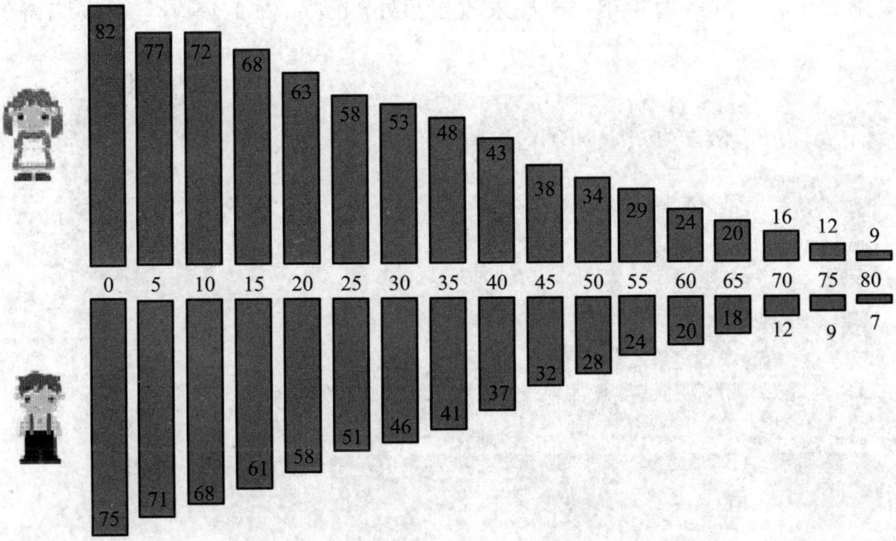

图 6-1　韩国人分年龄段预测的剩余寿命

即使以平均寿命相对较长的国家为基准，人类的平均寿命也大约只有 80 岁。那么人类应该可以活多久？据专门研究这类问题的专家称，人类的寿命大致为 150 岁，从医学的角度，得到的结论为 120 岁。也就是说，如果能够理想地管理好自己的身体，就应该能活到 120~150 岁。但实际的生存寿命为什么远不及此呢？

那是因为人类的大脑、心脏、肝脏等人体主要器官的寿命各不相同。人体主要器官，是在结构可靠性的基础上以串联方式组合的。串联是指任何一个元件出现故障，整个系统就不能运转，如脑出血、心脏麻痹、肝癌等，如果身体主要器官中的任何一个失去功能，就会导致整个身体系统不能运转而死亡。

可见，人的寿命是由组成人体的主要器官中最先出现问题的器官寿命来决定的。人体的主要器官都正常运转直到枯竭，若能在同一个时间同时出现问题，那是最理想的。因此，健康管理归根结底是减少各器官寿命的“离散程度”。

再来看一下打高尔夫球的情况。第一次学高尔夫的人最关心的是把球打得更远些。但是随着飞行距离的加长，球的飞行方向就显得尤为重要。若球飞向意料之外的方向而落到界外，那将被罚杆。因此，为了打好高尔夫就要减少打球方向的离散程度。为了准确地把球打到果岭上，就要减少球飞行距离的离散程度。由此可见，要打好高尔夫，减少球飞行的方向和距离的“离散程度”是非常重要的。

前面通过寿命和高尔夫说明了离散程度管理的重要性，产品、服务、过程的质量好，大部分情况下同样意味着质量特性的离散程度小。下面说明服务质量中应注重的顾客等待时间的问题。

图 6-2 是美国人一生中做各种事情及所需时间的调查结果。除了睡觉的时间，用于吃的时间为 6 年，做家务为 4 年，寻找未放在原处的物品为 1 年。但令人惊奇的是排队

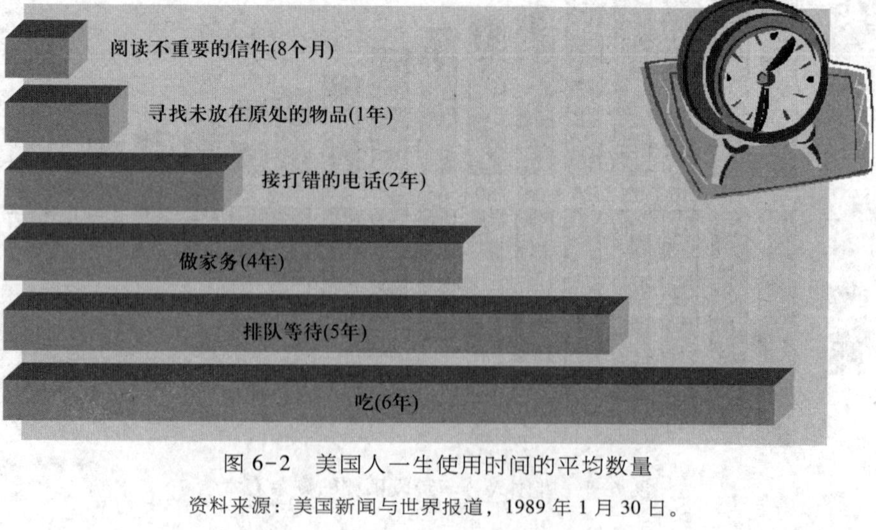

图 6-2 美国人一生使用时间的平均数量

资料来源：美国新闻与世界报道，1989 年 1 月 30 日。

等待竟然需要长达 5 年的时间。买火车票或机票要排队等待，在游乐园或电影院入场要等待，在饭店因没有空位而一直等待……把美国人一生当中用于排队等待的时间加起来，足有 5 年的时间。

为了减少等待时间可以增加服务人员或服务设施，这就需要投入大量的资金。而且服务的需求会随着季节、日期（星期几）、时段的变动而变动，如果增加大量的服务人员或服务设施，那么，在需求较少的时段，闲置人员和闲置设施就成为问题。怎么在不增加服务人员或服务设施的情况下，减少等待的时间呢？

方法之一就是即使顾客在等待，也不让顾客感到时间漫长。服务管理称其为等待心理学，包括：干等比一边做事一边等待显得更漫长；接受服务之前的等待要比接受服务期间的等待显得更漫长；忧虑担心使等待显得更漫长；不知道要等多长时间使等待显得更漫长；不知缘由的等待使等待显得更漫长；不公平的等待使等待显得更漫长；如果服务是有魅力的，就会愿意接受等待；独自等待使等待显得更漫长；在不舒适的环境下等待使等待显得更漫长；不熟悉的等待使等待显得更漫长。在游乐园的游乐设施前设有“从现在起需等待 ××分钟”的公告，这是出于对“不知道要等多长时间使等待显得更漫长”的考虑，以便改进对等待时间的顾客体验。仔细观察迪士尼乐园这类服务企业的运营模式，不难体会到处处都有“等待心理学”的服务措施。

关于改善等待时间的另一种对策，就是减少服务时间的离散程度。例如：假设每 1 分钟到达一位顾客，完成服务需要 0.9 分钟。从服务人员的立场上来看，用 0.9 分钟为顾客服务，用 0.1 分钟休息，这样重复，新到的顾客根本不用排队等候。但是如果顾客光顾的时间和员工服务的时间是没有规律的，情况则大相径庭。图 6-3 给出了离散程度对等待时间造成的影响。

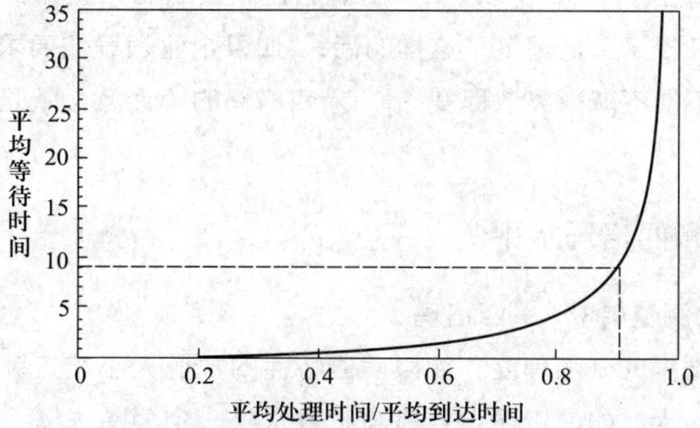

图 6-3　离散程度对等待时间的影响

从服务时间来看，每位顾客平均需要 0.9 分钟，顾客到达时间间隔平均为 1 分钟，假设服务时间和到达时间都服从指数分布。图 6-3 的横轴为服务的平均处理时间/

顾客的平均到达时间，纵轴为顾客平均等待时间。此时，平均处理时间/平均到达时间为 0.9 分钟，与此相对应的顾客平均等待时间为 9 分钟，这意味着顾客需等待的时间是服务时间的 10 倍。

图 6-4 是两个人上班时间的分布情况，住处离公司较近的张三坐公交车上班，住得相对较远的李四坐地铁上班。坐公交车的平均所需时间相对较短，但受交通拥堵情况的影响较大，所以比坐地铁上班，其离散程度要大。为了能够 9 点到达公司，两个人都在一个小时前即 8 点离开住处，那么会出现什么样的结果？张三上班所需的平均时间虽比李四短，但由于离散程度比李四大，结果张三迟到的可能性反而更高。由此可见，质量特性的离散程度越大，发生缺陷（在此例中是指上班迟到）的可能性也就越高。

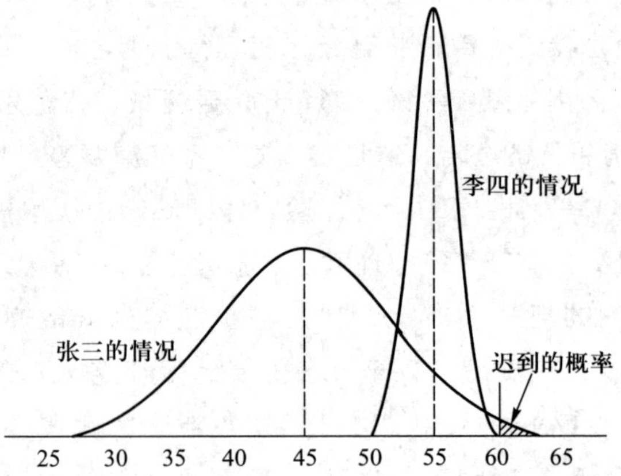

图 6-4　两个人的上班时间分布

质量大师戴明博士于 1993 年以 94 岁高龄逝世。直到老人生命的最后时段，他还一直进行着质量研究及授课。他留下了这样的话："如果企业领导们要求我用一句话概括我的主张，那就是'不能不减少离散程度'。"六西格玛的统计意义就是减少离散程度，减少波动。

6.2.3　西格玛和西格玛水平

1. 离散程度的测量单位——西格玛

离散程度是指数据的分散程度。如果质量特性的数值大小接近就表明离散程度小，反之则表明离散程度大。如前所述，要提高质量水平一定要首先减少离散程度。在统计学中，常以标准差为尺度来衡量离散程度大小。标准差用希腊字母 σ 来表示，该希腊字母的中文读音为"西格玛"。换言之，西格玛是用来表示离散程度大小的数值，西格玛数值大表示离散程度大。显然，西格玛的数值越小越好。

2. 离散程度的管理水平——西格玛水平

如图 6-5 所示，在把饮料注入瓶内的 3 条流水线 A、B、C 中，调查每瓶注入量的分布情况表明，流水线 A 的离散程度最小，流水线 C 的离散程度最高。每瓶注入 200 ml 是最理想的，但因注入量的离散情况存在，容许加（+）、减（-）12 ml的偏差存在，即注入量的目标值为 200 ml，规格下限（Lower Specification Limit，LSL）为 188 ml，规格上限（Upper Specification Limit，USL）为212 ml。

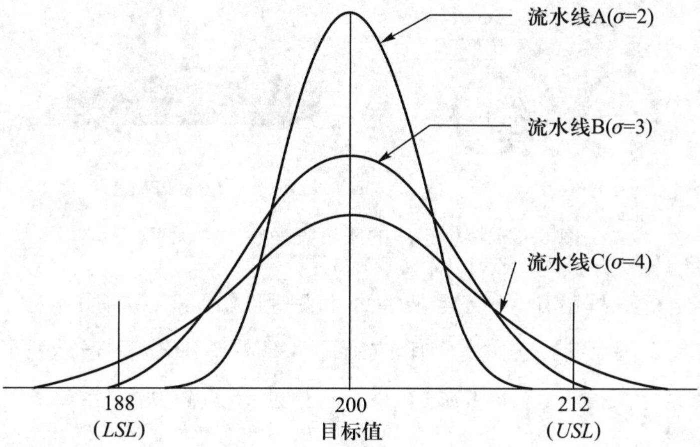

图 6-5　西格玛与离散程度

西格玛水平 k 用来“表示从目标值 M（又称为规格中心）到规格界线（规格上限或规格下限）的距离是标准差（西格玛）的倍数”，即 $k=(USL-M)/\sigma=(M-LSL)/\sigma$。在图 6-5 中，因从目标值到规格界线的距离是 12（即 212-200 或 200-188），所以，标准差为 2 的流水线 A 的西格玛水平是 6（即 12/2）。而流水线 B 和 C 的西格玛水平，分别为 4（即 12/3）和 3（即 12/4）。由此可见，西格玛的数值越小，西格玛水平越高，进而，可以降低超出规格界线的不良品的概率。

6.3 西格玛水平和不合格品率

6.3.1 不合格品率的测量单位

1. 百万分率（Parts Per Million，PPM）

用西格玛表示不合格品率时，一般使用 PPM（Parts Per Million，百万分之一）为单位。PPM 是常用于诸如水质污染度或大气污染度等化学或环境领域的度量单位，是指百万分率。平均每 100 个产品中出现一个不合格品，用百分率表示是 1%。用百万分率表示就是每 100 万个中出现 1 万个的比率，所以是 10 000 PPM。

2. 百万机会缺陷数（Defects Per Million Opportunities，DPMO）

为了解释 DPMO 名称里的 O（Opportunity，机会），先看一下图 6-6 的情况。产品不合格品率为 100 PPM 的自行车工厂和 1 000 PPM 的汽车工厂中，哪个工厂的质量管理能力更优秀？汽车工厂的不合格品率是自行车工厂的不合格品率 10 倍，就能说明自行车工厂的质量管理水平远高于汽车工厂吗？并不尽然。制造汽车比制造自行车的过程需要更多的配件，而且过程也要复杂得多。

100 PPM　　　　1 000 PPM

图 6-6　哪个工厂的质量管理能力更优秀？

可见，不能无视过程的难度或复杂性，而只用成品来评判质量水平的高低。为了回答这类问题，我们使用的质量测量单位就是 DPMO。DPMO 表示每百万个可能发生不合格的机会中实际发生的不合格数。图 6-7 显示了在铁板上穿 5 个孔的简单加工过程。

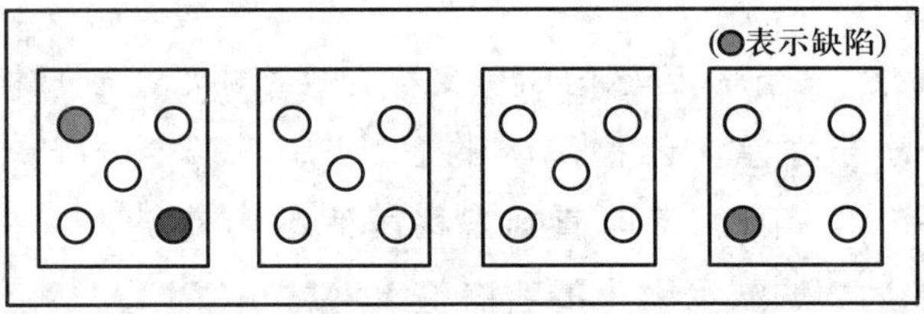

图 6-7　在铁板上穿 5 个孔的简单加工过程

只要有一个孔不合格就是不合格品。图 6-7 中，4 个产品中出现 2 个不合格品，所以产品不合格品率为 50%或是 50 万 PPM。但是以发生不合格的机会来看，就会看到不同的结果。一件产品有 5 个发生不合格的机会，所以生产 4 个产品共存在 20 次发生不合格的机会。从图 6-7 可以看出，第一个产品有 2 个不合格处，第四个产品有 1 个不合格处。因此在 20 次发生不合格的机会中，发生了 3 次，其不合格率为 0.15（=3/20）。即每 100 万次机会中出现 15 万次的不合格，是150 000 DPMO。

6.3.2　西格玛水平和不合格品率的关系

很多人容易混淆西格玛和西格玛水平，如上所述，这两者是不同的。西格玛的数值（即离散程度的大小）越小越好，西格玛水平（即离散程度的管理能力）则越高越好。

六西格玛是六西格玛水平的简称，是指离散程度的管理能力达到了六西格玛水平。那么，六西格玛水平到底是何种质量水平呢？

再次以饮料注入的例子加以说明。调查注入瓶内的饮料量发现，饮料量基本上都会接近平均值，偏离平均值的情况不会太多。因此，质量特性数值的分布形状如图 6-8 所示，饮料量出现在平均值周围的可能性高，偏离平均值越远可能性越低，形状为钟形，统计学称其为正态分布。如果质量特性的分布如图 6-8 所示，那西格玛水平会是多少？如图 6-8 所示，从目标值到规格界线的距离为标准差（西格玛）的 3 倍，即为 3 西格玛水平。在这种情况下，质量特性的数值超过规格下限（LSL）和规格上限（USL）的概率，分别为1 350 PPM。因此，饮料量超过规格界限而造成不合格品的概率，共为2 700 PPM。也就是说容量超出容许范围的情况，每 100 万瓶饮料中有 2 700 瓶左右。

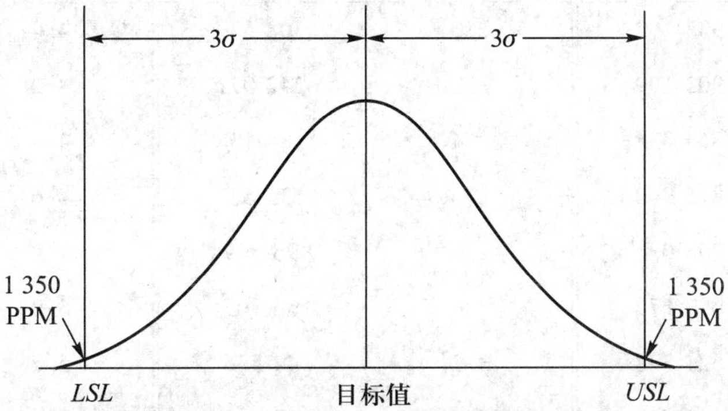

图 6-8　平均值与目标值一致的情况

但是，若平均值与目标值不一致会怎样？即使为使平均值与目标值达成一致，事先设定好机器的状态，随着时间的推移也很难继续维持原先的状态。例如，因饮料的黏性，在注入过程中注入管可能会黏结异物，导致通过注入管的饮料量减少或者由于注入阀门变松而导致注入量增多。

率先开展六西格玛的摩托罗拉，根据他们的观测，允许过程平均值偏离目标值 1.5 倍标准差。为此，六西格玛假设过程平均值偏离目标值 1.5 倍西格玛。图 6-8 超过规格界限的概率为 2 700 PPM，但如图 6-9 所示，若平均值偏离目标值 1.5 西格玛，超过规格界限的概率将大幅增加为66 807 PPM。表 6-1 给出了当平均值偏离目标值 1.5 西格玛时，各种西格玛水平的 DPMO。

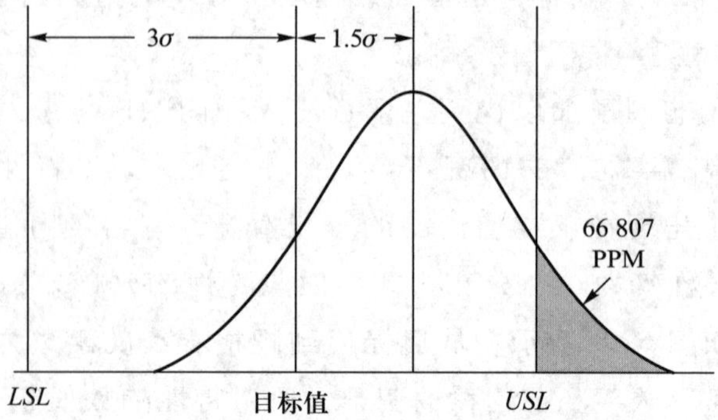

图 6-9　平均值偏离目标值 1.5 西格玛的情况

表 6-1　平均值偏离目标值 1.5σ 时各种西格玛水平的 DPMO(偏离 1.5σ)

西格玛水平	DPMO	西格玛水平	DPMO	西格玛水平	DPMO
0.0	933 193	2.0	308 537	4.0	6 210
0.2	903 199	2.2	242 071	4.2	3 467
0.4	864 334	2.4	184 108	4.4	1 866
0.6	815 940	2.6	135 687	4.6	968
0.8	758 036	2.8	96 809	4.8	483
1.0	697 672	3.0	66 807	5.0	233
1.2	621 378	3.2	44 566	5.2	108
1.4	541 693	3.4	28 717	5.4	48
1.6	461 139	3.6	17 865	5.6	21
1.8	382 572	3.8	10 724	5.8	8.6
2.0	308 537	4.0	6 210	6.0	3.4

如表 6-1 的右下端所示，六西格玛水平对应的 DPMO 是 3.4。很多人都认为这意味着 100 万产品中只产生 3～4 个不合格品，显然，这是错误的。六西格玛水平是指 3.4 DPMO，即每 100 万个出错机会中出现的错误（不合格）只有 3.4 个。即使达到了六西格玛水平，比如汽车制造厂，它需要组装大量的配件，而装配过程还要经过多道工序，这样产生不合格的机会也会大大增加，导致最终产品的不合格品率要高得多。

图 6-10 是以表 6-1 为基础来设计的，给出了各种西格玛水平所对应的 DPMO 的比较。可见，为使西格玛水平提高到更高层次需要付出更大的努力。从 3 西格玛水平到 4 西格玛水平需要提高 11 倍，从 4 西格玛水平到 5 西格玛水平需要提高 27 倍，从 5 西格玛水平到六西格玛水平需要 69 倍的改进。

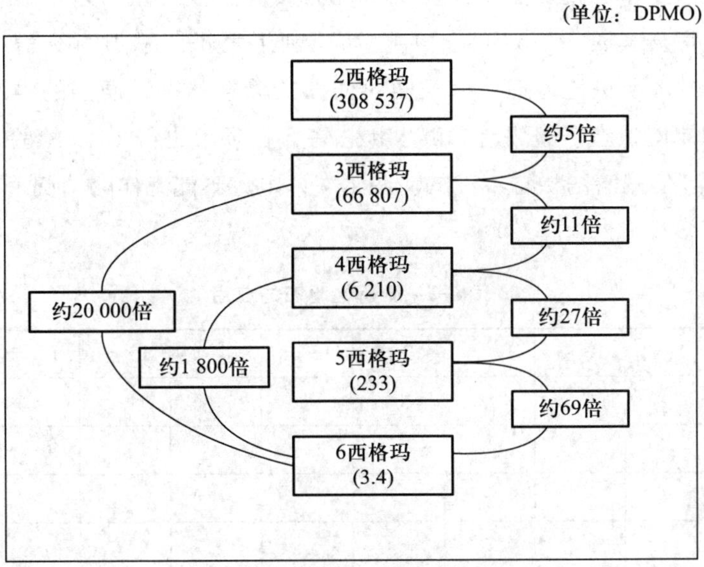

图 6-10 西格玛水平和质量改进

一般来讲，对于发达国家的企业，刚刚开始关注质量管理时，其质量水平处在 3 西格玛水平左右，通过公司整体的质量管理取得显著成果的企业，其质量水平在 4 西格玛水平左右。如图 6-10 所示，要从 3 西格玛水平提高到 6 西格玛水平，需要实现大约 2 万倍的质量改进，从 4 西格玛水平提高到 6 西格玛水平，需要实现约 1 800 倍的质量改进。这不是通常所认识的质量改进体系可以实现的。为了有助于理解这种差异的程度，图 6-11 对 3 西格玛水平和 6 西格玛水平进行了比较。

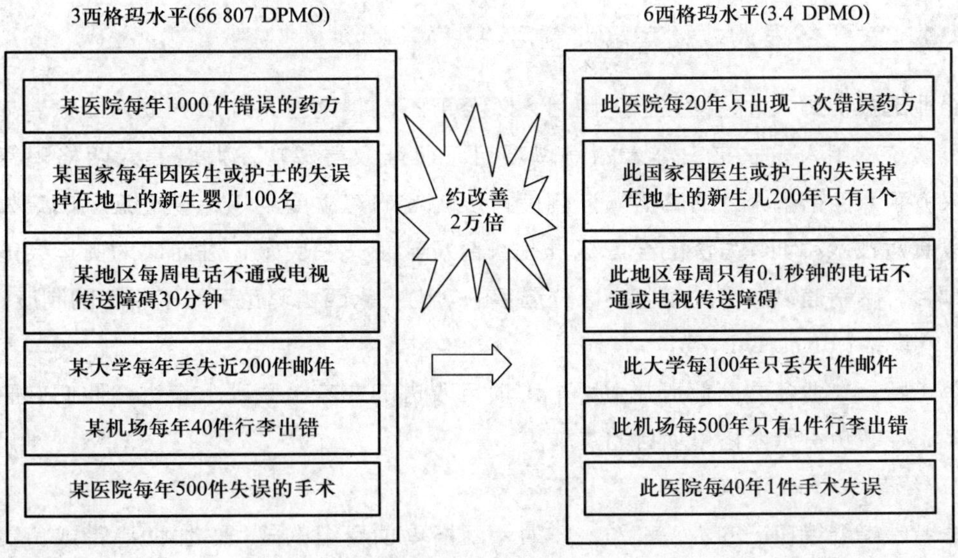

图 6-11 3 西格玛水平和 6 西格玛水平的比较

为计算西格玛水平，就要推测顾客所重视的关键质量特性的分布形状和标准差的数值，但事实上这很难实现。在实际工作中，可以利用表 6-1 从 DPMO 值推导出西格玛水平。例如，对公共厕所进行管理，每天要对便器的清洁状态、便器的供水状态、手纸置备与否、电灯的使用状态、盥洗台的供水状态等 5 个项目进行 10 次检验。检验结果如表 6-2 所示，出现了便器清洁状态不良的情况 1 次，电灯不能工作的情况 1 次。那厕所管理的西格玛水平是多少呢？

表 6-2　厕所检验表的应用

检验项目	9 点	10 点	11 点	12 点	13 点	14 点	15 点	16 点	17 点	18 点
1. 便器清洁				√						
2. 便器供水										
3. 置备手纸										
4. 电灯工作									√	
5. 盥洗台供水										

对 5 项检验项目，每天进行 10 次检验，所以一天有 50 次发生不合格的机会。因为在 50 次机会中发生了 2 次不合格现象（便器清洁不良、电灯工作不良），所以不合格率是 4%（=2/50），即 40 000 DPMO。参照表 6-1，可见，厕所管理大约为 3.2 西格玛水平。

6.4　六西格玛人才的培养和认证

6.4.1　六西格玛人才及其培训制度

企业选拔优秀人才，往往急于使用，以至于不能将这些人才培养成为专家。如果采用这种传统的用人方式来实施六西格玛项目，很难取得成功。为培养六西格玛管理专家，采取了六西格玛人才的资格认证制度。该制度的建立受到了跆拳道运动的启发。跆拳道以其对技术和训练方法的全面标准化，普及到了一般民众，进而成为奥运会的正式比赛项目。跆拳道以腰带的颜色来区分选手的实力，六西格玛也采用了相似的制度。

1. 黑带（Black Belt，BB）

黑带特指在业务方面负责并引导个别项目改进的专家。原则上来讲，他们应脱离日常业务，专职负责六西格玛项目的实施。

2. 绿带（Green Belt，GB）

绿带是指继续自己的本职工作，成为六西格玛项目组的成员，协助黑带或负责执行与自己业务相关的小规模项目。

3. 资深黑带（Master Black Belt，MBB）

资深黑带是指贯穿项目的整个领域，负责给倡导者、黑带及绿带提供咨询与指导、可担任参谋等职责的人，不仅需要具备统计方面的知识，还要具备管理技巧。

4. 倡导者（Champion）

倡导者一般由企业的高层领导担任，负责六西格玛活动的全面推行，战略性地发掘重要的项目，选拔负责并实施这些项目的黑带，为确保项目的顺利实施消除障碍，提供项目实施所需的各项资源，主要担任赞助者的角色。

5. 财务效果分析师（Financial Effect Analyst，FEA）

六西格玛的实施团队、指导他们的资深黑带或者支持他们的倡导者向 CEO 汇报项目成果时，都存在着夸大实际情况的可能，所以需要与项目实施没有直接或间接关系的第三者来相对客观地验证其成果。担任此项任务的人员称为财务效果分析师。

需要注意的是，除经营主管担任的倡导者以外，资深黑带、黑带、绿带等都与职位无关，只是根据他们所负责的职责来决定。换言之，黑带并不一定是绿带的上司，资深黑带也并不一定是黑带的上司。表 6-3 给出了六西格玛实施人员的职责以及为履行其职责所需接受的培训。

表 6-3　六西格玛实施人员的职责及培训

资格	主要人员	职责	培训
倡导者	事业部负责人	分配实施六西格玛所需的资源，支持黑带实施项目，根据成果进行奖励	1 个星期的倡导者培训
资深黑带	培训及指导专业人员（全职）	负责黑带、绿带等的培训和指导，为倡导者提供帮助	在黑带持有者中选拔优秀的志愿者进行一个月左右的补充培训
黑带	改进项目的负责人（全职）	作为六西格玛项目的实际负责人并开展各项活动	用 4 个月左右的时间，同时进行培训和项目的实施
绿带	所有主管和员工都可参加	以兼职的形式参与黑带的改进项目，或负责并实施较小规模的项目	用 1~2 个月的时间，同时进行培训和项目的实施
财务效果分析师	财务部门的绿带以上资格持有者或公司内部资深黑带	验证并认证项目的实施成果	对财务成果评价方法进行 3 天左右的培训

6.4.2　六西格玛人才资格认证

1．黑带资格认证

项目要委任给最适合实施此项目的人选。企业应选拔这种人，称之为黑带候选人（Black Belt Candidate，BBC），并从中培养出改进专家。常规的企业培训无非是"在这里学习，回去后尝试运用"的培训。根据以往的经验，企业组织了无数次培训，但一回到本职工作中所学到的几乎都被束之高阁。所以六西格玛根本性地改变了培训方式，采用一种"带着要解决的项目来，当场应用所学知识"的培训方式。

黑带培训一般需要4个月左右，培训1周，实习3周，反复4次，每周的学习内容循序渐进。首先，利用一个星期左右的时间，从资深黑带那里学习解决问题的方法，在资深黑带的指导下，把学到的知识应用到自己所带来的项目上。此后继续进行这样的"培训1周，实习3周"的模式。经过4周的培训和4个月的实践，培训时带来的项目得到成功的解决并看到一定的成果，就视为成功，反之则为失败。可见，六西格玛绝不容许滥竽充数、鱼目混珠的情况出现，所以无论是对参加学习的人（BBC）还是对讲授知识和方法的人（MBB）来说，都是巨大的挑战，但无疑使成功的可能性大幅提高。

课程结束后，要整理实施结果并召开成果发表会。从起初被选拔为黑带候选人，通过接受培训和实施项目到举办成果发表，大约需要6个月的时间。结束第一轮培训的黑带候选人，紧接着就进入第二轮培训，即在没有资深黑带指导的条件下，独自实施其他项目。通常独自取得2个项目的成功后，就可脱掉候选人的帽子，正式被任命为黑带。

"项目成果达到一定的要求才能判为成功，独自取得若干项目的成功才能成为黑带。"这些资格认证条件，往往由企业自己决定。因此，在通用电气得到认证的人就是通用电气的黑带，在三星电子得到认证的人就是三星电子的黑带。为了提升这些资格认证的公信度，美国质量协会和中国质量协会都可以实施黑带资格的相关认证。当然，对项目的实施经验和成功能力的评价很困难。实际经历过六西格玛的人，一致认为项目的实施经验最重要。

2．绿带资格认证

不仅大量增加专职负责六西格玛项目实施的黑带人数很难，而且黑带独自一人成功地完成项目也很难。因此绿带一方面完成本职工作，一方面帮助黑带进行项目实施，或是完成本职工作的同时负责小规模的项目。原则上，绿带应接受与黑带相同的培训，但也有很多把绿带培训缩短为1~2个月的情况。对于六西格玛来说，项目的实施经验十分重要，所以即便是规模较小的项目，如果不参与实施就不能授予绿带资格。绿带的培训和项目指导，由资深黑带或黑带来负责。

通用电气或三星集团等大力推行六西格玛的企业，对没有取得绿带资格的员工，一律不予晋升的机会。事实上，所有管理部门的职员都是绿带的培训对象。显然，很难聚集这些人像黑带培训一样在特定的场所进行培训，故利用网上培训的情况较多。三星集团通过网络培训了 20 多万绿带候选人。

3．资深黑带资格认证

资深黑带如同武术道场的师傅，是指导绿带并培养黑带的人。六西格玛初期，往往由外部专业咨询师担任这一职责，但随着时间的推移，要在成功实施六西格玛项目的企业内部的黑带中，选拔适当的人选来承担此职责。

被选拔为黑带的人，要全职负责六西格玛项目的实施，不能返回原工作岗位。一般在以黑带资格工作了 2~3 年以后，可以选择返回原工作岗位，也可以选择成为资深黑带，来培养新的黑带并继续推行变革活动。变革并不是一次性、一阵风式的活动，只要企业尚存，变革就要继续。在黑带活动中，有些人体会到六西格玛的乐趣与价值，比起返回原工作岗位，他们更希望继续从事变革活动，这样的人就可接任由外部咨询师担任的资深黑带。所以企业在引进六西格玛 3 年以后，不需借助外方咨询公司的帮助也可自行开展所有活动。一般在成功实施 2~3 个或更多个六西格玛项目的黑带中选拔志愿者，进行一个月左右的补充培训之后，就可任命为资深黑带。

6.5　六西格玛项目的路径图

像跆拳道公开进行标准化训练一样，六西格玛也有黑带或绿带培训时使用的标准化的解决问题的路径图。该标准化的解决问题步骤，称为六西格玛路径图。六西格玛项目按照路径图实施将更加有效。六西格玛项目的路径图由定义（Define）、测量（Measure）、分析（Analyze）、改进（Improve）、控制（Control）5 个阶段组成，取词首大写字母，又称为 DMAIC 路径图，如表 6-4 所示。

表 6-4　DMAIC 路径图的概要

定义（Define）	掌握核心质量特性（CTQ），选定改进项目
测量（Measure）	确定测量方案并测量当前 CTQ 的满足程度
分析（Analyze）	了解 CTQ 和影响 CTQ 的因素间的因果关系
改进（Improve）	为提高 CTQ 的满足程度，寻找方法和条件
控制（Control）	为维持改进的状态而进行管理

6.5.1　定义（Define）

DMAIC 的第一个阶段是定义问题阶段。由于问题也是未来的改进机会，故该阶段也是定义改进机会的阶段，即具体决定改进项目、项目目标及其范围的阶段。此阶段是六西格玛的开端，尤为重要。

一般把成为好项目的两个条件简称为 M&M（Meaningful and Manageable），其含义如下：

（1）Meaningful（有意义的）。顾客能够切身体会其成果，才能称之为有意义。因此，项目的目标往往是改进顾客感受的关键质量特性。

（2）Manageable（可管理的）。这是指项目的规模与范围应比较适宜，能够利用有限的资源并在特定的时间内成功完成。项目的范围和规模过小，可能导致顾客无法切身体会改进的成果。反之，如果规模过大就不能在一个项目周期内解决，那么，可能就要将其分为几个小项目由多个小组来分别承担，或者留出充裕的时间来依次推行。

定义阶段的最终成果包括项目推行背景和目标、推行团队构成及日程等在内的项目特许任务书，如表 6-5 所示。此项目特许任务书的草案由倡导者制定，经过与项目实施团队的讨论，达成共识后加以落实。

表 6-5　项目特许任务书

推行背景	目标陈述
陈述项目的重要性 （要充分说明此项目是有意义的）	为满足 SMART 的要求，应进行明确的陈述
问题/机会的陈述	团队构成
具体陈述要解决的问题 及改进的机会 （陈述时要充分说明此项目的意义）	团队领导 团队成员
项目范围	项目计划
项目的范围及制约条件 （陈述时应充分说明其可管理性）	阶段　完成日期 定义（Define） 测量（Measure） 分析（Analyze） 改进（Improve） 控制（Control）

在倡导者和实施团队达成共识以后，要把项目特许任务书以书面的形式保留下来，其目的是明确项目的实施并非业余的、附加性的工作任务，而是倡导者与项目实施团队的共同任务。当然随着项目的开展，在积累了更多与项目相关的知识以后，为了更好地反映实际情况，可对项目特许任务书进行修改。

为了防止开展的六西格玛项目虎头蛇尾、不了了之，就应明确项目的推行目标。为此，对目标的陈述应遵守被称为“SMART”的 5 项原则：Specific——具体目标；Measurable——可测量的目标；Aggressive & Achievable——具有挑战性，并现实可行的目标；Relevant——符合项目的原始实施目的的目标；Time-bound——明确在何时、达到何种程度的目标。

制定项目特许任务书后，就进入了为掌握现阶段的水平和实际情况而进行的测量阶段。

6.5.2　测量（Measure）

六西格玛的重要特征之一，就是所有的一切都要根据事实（即数据）来进行判断。六西格玛进行测量和分析的数据可分为两大类，一类是显示关键质量特性满足程度的结果变量 Y，一类是显示对结果产生影响的原因变量 X。例如，把学好英语视为顾客的关键质量特性，那么，托福成绩就成为测量关键质量特性满足程度的结果变量 Y，而影响托福成绩 Y 的原因变量 X，则包括语法、词汇、听力、阅读和理解等。因此，Y 和 X 的关系，可用如下函数来表示：$Y=f(X_1, X_2, \cdots, X_n)$。在测量阶段，为掌握目前对顾客关键质量特性的满足程度，应把焦点放在结果变量 Y 的测量上。在六西格玛实施之初，正如处于赛跑的起跑线上，将结果变量 Y 的当前测量值称为基线。

如果作为质量改进基础的数据不真实，那么，使用再精巧的分析方法也只能无功而返。因此，为准确获取符合测量目的的数据，必须对测量对象、测量方法、数据的操作性定义、测量的精确度等问题，反复进行细致的检查。

如果测量仪器自身性能低下，或者测量仪器的日常维护管理不佳，那么，就会在可重复性上出现问题。如果测量步骤没有标准化，或者对测量方法的培训和训练不到位，就会在可再现性上出现问题。因此，为提高测量数据的可靠性，要对测量的精确度进行管理，六西格玛称之为量具的可重复性与可再现性，记为 Gauge R&R。

6.5.3　分析（Analyze）

在分析阶段，首先确认影响关键质量特性的结果变量 Y 的潜在原因变量 X，然后在其中筛选出影响程度较大的核心因素，即关键的少数 X。因为对结果变量 Y 产生影响的潜在原因变量 X 较多，要正确掌握这些信息并不像想象的那么容易。因此，要抓住关键的少数 X。

以做好生鱼寿司为例。显然，生鱼寿司的味道是结果变量 Y，影响味道的因素则成为原因变量 X。首先寻找对味道 Y 产生影响的潜在原因变量 X。

生鱼寿司包括生鱼、醋和饭三种材料，这三种材料当然属于原因变量。首先看一下与生鱼相关的潜在原因变量。生鱼的种类和部位、切生鱼的厚度与方向、冷藏温度和方法等，都是原因变量 X。同样，对醋来说，醋的种类、醋糖盐的配比、搅拌饭和醋的时点等，都是原因变量 X。对于饭来说，则包括米的种类、洗米的方法、做饭使用的水、煮饭火力及焖饭的时间等。这样深入研究下去会发现，其潜在原因变量要比那些表面因素多得多。而且影响生鱼寿司味道的因素，还不只是这些。寿司的大小和形状、寿司的揉捏、芥末、调味酱油、使用的刀及刀法、炊具等，都能成为潜在原因变量。

可见，不假思索地看问题时，会感觉非常简单，但越深入下去，其因果关系就越复杂。六西格玛可利用因果图来整理这些因素，如图 6-12 所示。因果图的形状很像鱼骨，所以又称鱼骨图。

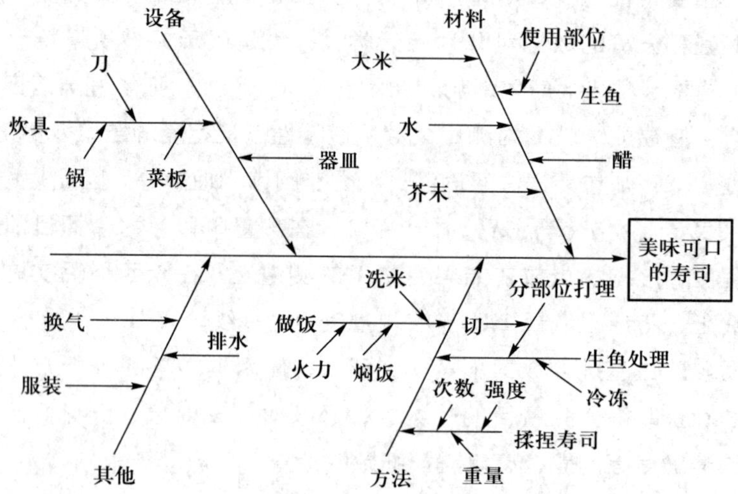

图 6-12　生鱼寿司的潜在原因变量分析

如此多的潜在原因变量都予以考虑显然是不现实的，所以应在其中选择一些对结果变量 Y 产生较大影响的重要因素，即关键的少数 X。为此，应听取经验丰富的该领域专家的意见或查阅相关研究资料，或者通过直接对原因变量进行控制来判断哪些因素对结果变量 Y 的影响最大。为了确认问题的根本原因以及是否正确找到关键的少数 X，经常要使用假设检验、相关性分析或回归分析等统计方法。现在有很多诸如 Minitab、JMP 等统计软件可以应用，即便是没有掌握过统计学专业知识的人，也能够将这些统计方法运用自如。

经过这样严密的分析，找到应该实施重点管理的关键的少数 X。以此为基础，开始寻找下一个阶段的改进方案。

6.5.4　改进（Improve）

日常生活中，我们对没有正确理解问题的根本原因及其因果关系就急于解决问题的现象已经习以为常。所以，在实际实施六西格玛项目的过程中，对要如前所述地彻底执行定义、测量、分析等每个阶段的难度，常常深有体会。然而，只要一步一步地执行这些阶段，就能找出对结果变量 Y 产生影响的关键的少数 X。

改进阶段是消除问题的根本原因并找出核心因素的最佳实施条件，进而改进流程的阶段。为寻找改进方案，应采用实验设计、各种观点构思法、创意性地解决问题的方法、水平对比等，利用多种方法不断地摸索解决方案。在找出的改进方案中，针对分析阶段所掌握的原因，选择效果最佳、效率最高的改进方案。

回到生鱼寿司的案例。在分析阶段得出结论：决定寿司口味的核心因素是寿司所用生鱼的部位、切生鱼的厚度及醋糖盐的配比。那么，现在的问题是，以什么样的厚度、切生鱼的哪个部位以及怎样调整醋糖盐的配比。为做出决定，应反复变换生鱼的使用部位和厚度以及醋糖盐的配比，对其味道进行比较和评价。

把生鱼部位区分为 5 处，切的厚度分为 3 等，醋糖盐的配比设计为 3 种，对每种情况进行尝试，即使每种情况只尝试一次，一共需要 45（即 $5\times3\times3$）次试验。对于生鱼寿司店来说，也许觉得这种试验值得一做。然而，在大部分情况下，由于时间、费用或其他方面的原因，我们无法对所要解决的问题进行这么多次的试验。也许有人会想到在 3 个核心因素中，变化一个因素，同时固定余下的两个因素的值，这样将大大减少试验的次数。比如说， 把生鱼的厚度和醋糖盐的配比固定，用生鱼 5 个不同的部位来做寿司，也许仅用 5 次试验就能找到最合适的部位。然而，这种想法是错误的。因为随着生鱼的厚度以及醋糖盐的配比发生变化，生鱼好吃的部位也将有所不同。这在实验设计里，称为交互作用。如果存在交互作用，就不能在固定其他因素的情况下，决定某特定因素的最佳水平。为了既减少试验次数，又能找出最佳条件，就要利用实验设计。

诸如生鱼寿司这类问题，可以使用实验设计，但也有无法使用实验设计的情况。比如，为减少员工离职率而改进招聘流程，为提高游乐园的淡季客流量而制定宣传方案等问题，就不能通过上述方式来解决。在这种情况下，就要有选择地运用各种观点构思法、创意性的解决问题的方法、水平对比等方法。

确定改进方案以后，要在限定的范围内示范性地加以运用，验证其效果，继续寻找应补充改进的地方，逐渐扩大改进方案的适用范围。该阶段结束后，就进入了维持改进状态的控制阶段。

6.5.5　控制（Control）

如将 DMAIC 路径图比喻成减肥程序，那么，成功地走过改进阶段，就如同减肥成功、拥有苗条的身材一样。然而，减肥成功并不意味着就能长期保持苗条的身材。如果难以摒弃多年养成的生活习惯、饮食习惯，那么随着时间的流逝，减肥成果会流失甚至情况更糟。因此，减肥后控制的重要性，绝不亚于通过减肥拥有苗条的身材。

DMAIC 路径图的控制阶段，主要解决怎样长期稳定地保持改进状态的问题。然而，这一阶段要比维持苗条身材更困难。因为与减肥不同，控制阶段涉及的业务流程与很多人有关。因此，在控制阶段应对改进事宜标准化，决定实施改进方案的负责人，并通过定期监控，确认是否能够保持改进的状态。为了有效地进行管理，有必要设计改进方案的实施方法，以及整理出应对未能维持已改进状态的管理计划书。

例如，利用前面谈到的过程，找到了制作美味可口的生鱼寿司的方法，然而，并不是任何人、任何时候、任何地方，都能做出同样的美味。这就需要对制作流程标准化，设计制作指南，要求严格按照制作指南来制作生鱼寿司。像麦当劳这类西方快餐之所以能够遍及全世界，就是因为顾客无论何时、何地购买，都能品尝到同样的口味。

为了对是否维持着标准化的状态加以掌控，就需要对结果变量 Y 和关键的原因变量 X 进行持续监控。对监控得到的数据，利用控制图这一工具，能够轻而易举地判断流程是否稳定。

为了防止操作人员不再犯一些常犯的错误，可使用防差错系统。例如，特快列车司机如果在列车行进时打盹儿，就有可能出现重大事故。为防止这种情况发生，司机要通过周期性地操作驾驶装置上的控制杆、按钮及踏板中的一个，以便不停地向系统发出司机身体无异常的信号。如果因困倦或心脏麻痹等原因，持续发送 1 分钟以上的信号（如持续踩踏踏板），或在 2.5 秒内没有信号发出，系统将自动发出警报。如果司机依旧没有反应，系统将自动切断列车供电的电路，启动紧急制动装置，并将此紧急情况无线传送到中央控制室。

防差错系统并不一定要精巧而复杂。银行为实现为先到达的顾客先提供服务而使用的叫号系统，自动取款机上的交易结束后不拔卡所响起的警报音，为提示有顾客出入而在店门上安装的铃铛，为防止手术后忘记从患者体内取出手术用具而连接在手术用具上的绳等，这一切都可称为防差错系统。还有麦当劳使用的盛放炸薯条的铲子，被设计成可以一次恰好盛出一定量的薯条；美国某银行为提醒员工在与顾客对视时不忘记行注目礼，要求员工填写顾客瞳孔的颜色等。

DMAIC 路径图的基本概念，如图 6-13 所示。DMAIC 路径图的每个阶段，不一定只能向前进展。如果发现前一阶段有疏忽的事项，完全可以返回前一阶段来补充不完善的部分，然后再继续进行。但是为了项目的顺利开展，需要准确无误地完成路径图的每个阶段，并尽量减少返工状况的发生。

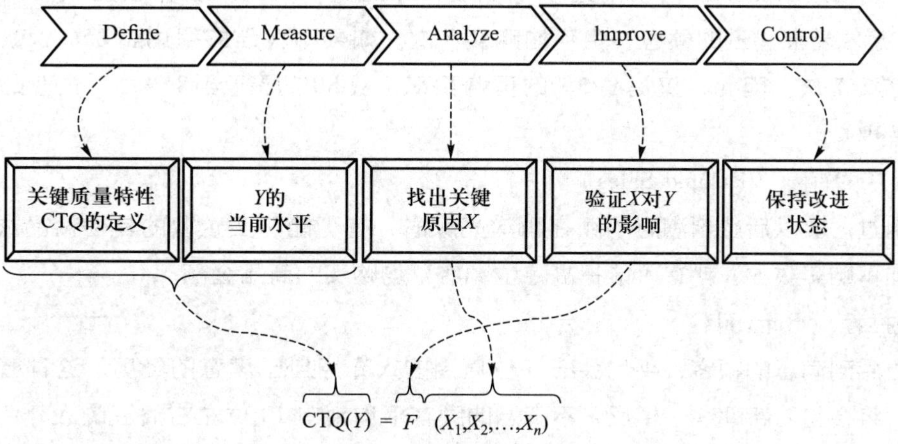

图 6-13　DMAIC 路径图的基本概念

6.6　六西格玛变革的效果

6.6.1　收益的增长

提高质量会降低费用，增加企业的收益。根据迈克尔·哈里的主张，若西格玛水平提高一个台阶，质量费用减少的金额大约占营业额的 10%，如表6-6 所示。这是随着预防理念一次把事情做对的广泛应用，不良质量费用减少所获得的收益。

表 6-6　西格玛水平和质量费用的关系

西格玛水平	DPMO	质量费用（占营业额的比例）	备注
2	308 537	不能适用	无法竞争
3	66 807	25%～40%	
4	6 210	15%～25%	业界平均
5	233	5%～15%	
6	3.4	1%以下	世界最佳水平

质量提高，不仅因质量费用减少会带来收益，而且顾客忠诚度也会提高，最终增加企业的营业额与收益。顾客忠诚度对企业的营业额和收益的影响，称为 3R。

1．顾客维持率（Retention）

赚钱秘诀非常简单，就是使光顾一次的顾客再次光顾。来看看世界最大的网上书店亚马逊。亚马逊的顾客维持率高达 80% 左右，即购买一次的顾客再次购买的概率达到 80%。这意味着亚马逊的顾客一生平均购买 5 次。如果顾客维持率达到 85%，就意味着平均会购买 7 次。因此，仅提高 5% 的再购买率（从 80% 提高到 85%），企业的营业额将增加 40%。

2. 关联销售（Related Sales）

使用过一次以后感到满意的顾客再次光顾时，有可能购买企业的其他商品或服务。因此增加再购买次数，就有可能提高每位顾客平均购买的商品金额。

3. 推荐（Referrals）

每位感到满意的顾客，平均会给 5 位周围的人介绍自己满意的经历。这种善意的口碑相传，将会创造新顾客。相反，不满意的顾客平均会向 10 位左右周围的人介绍不满意的经历。这种情况会流失潜在的顾客。

可见，通过六西格玛提升质量，企业收益将会提高，营业额增加，其财务成果会得到改进。通用电气采用六西格玛仅仅 3 年后就曾公开声称，通过六西格玛得到的财务成果总额已超过 20 亿美元，如图 6-14 所示。

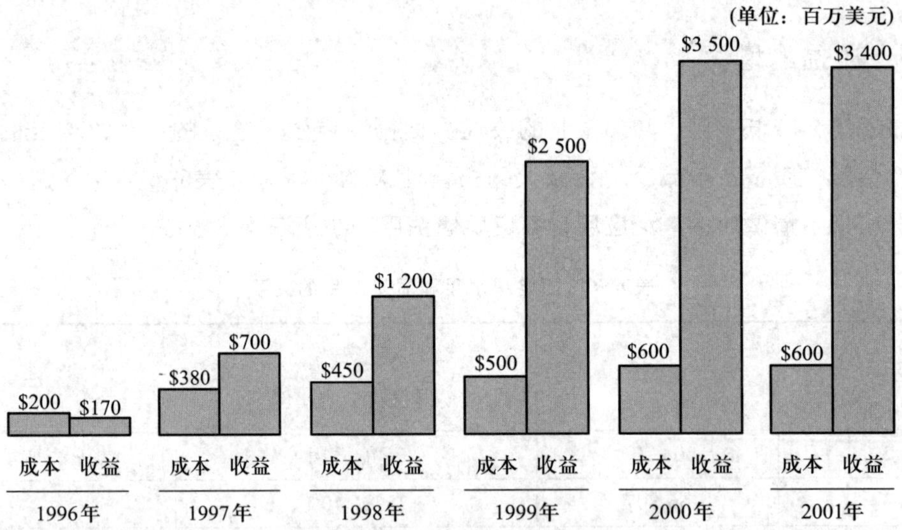

图 6-14　通用电气的六西格玛财务成果

6.6.2　做事方式的变化

1. 不是拼命地工作，而是要聪明地工作

被称为“20 世纪的达·芬奇”的传奇人物巴克敏斯特·福勒曾说过：“要教会人们一种新的思考方式，不要试图直接教育他们。而是给他们一种工具，一种可以引导他们采用新的思考方式的工具。”

按照六西格玛 DMAIC 路径图实施一次项目，那么，下次处理其他问题时，也能按照这样的路径图科学系统地解决问题。杰克·韦尔奇曾这样描述过六西格玛带来的变化："六西格玛改变了 GE 的 DNA——成为我们目前做事的方法。"

可见，如果六西格玛稳健地推行，那么，企业不是仅仅追求拼命工作，而是以聪明的工作方式来改变企业的文化。

2. 最佳实践的影响

六西格玛在大规模的组织里能够发挥更大的作用。例如，银行的支行虽然分散在不同的地方，但它们的业务大同小异。因此，在某一个地方通过六西格玛项目实现的流程改进，就可方便地应用到其他支行。

2001 年，喜达屋酒店及度假村在酒店业首次引用了六西格玛。喜达屋在 80 多个国家，拥有包括威斯汀、喜来登等品牌的高级酒店及多处度假村酒店在内的 22 万间客房。喜达屋的领导层定期会在一起进行比较，检讨自己所管理的酒店主要业绩指标，并对落后的原因及其改进方案进行商讨，再与六西格玛相结合。如果某家酒店的改进方案效果卓著，就提供给其他酒店采用，使得最佳实践得以迅速扩散。

3. 知识共享

斯特拉迪瓦里（Stradivarius）是提琴中的名品。17 世纪安东尼奥·斯特拉迪瓦里（Antonio Stradivari，1644—1737）制作的提琴，目前全球仅剩下 100 把左右，其中 50 余把至今还保存得完好无损。小提琴演奏家伊扎克·帕尔曼、约夏·贝尔、郑京和，还有大提琴演奏家马友友等，这些世界级演奏家们正使用着这些乐器。目前，一把斯特拉迪瓦里小提琴要价高达 200 万美元。300 年前制作的一把小提琴的价格为什么这么昂贵？作为乐器，其悦耳的音色和丰富的音量尤为重要。人们可以不断地往月球甚至火星发射宇宙飞船，为什么在制作乐器上的技艺不如 300 年前呢？原因只有一个，那就是制作秘诀未能传承。安东尼奥·斯特拉迪瓦里很早就是著名的提琴制作家，不到 40 岁已是大富翁。他一直到 94 岁都在制作提琴，但从未向任何人传授其秘诀，甚至是他的儿子。他死后直到现在，为揭开斯特拉迪瓦里提琴的秘密，人们不断地进行着研究。尽管经过了很多人的努力，至今仍未能再现斯特拉迪瓦里悠扬的声音。

企业是各种人才聚集的地方，他们具备的才能和知识越宝贵，就越深藏不露。把这些人的知识整合到一起共享、一起运用，就是知识管理。

六西格玛项目的实施，不能只满足于项目自身取得的成果。三星集团旗下拥有数十个子公司，该集团把所有子公司实施的项目按照 DMAIC 路径图进行概括，并放在集团内部的互联网 Sigma Park 上，让全世界所有事业部共享。然而，要理解 Sigma Park 上的最佳实践，就需要具备对六西格玛的基本了解。没有参加过六西格玛项目的实施或基本培训的人，对于像 CTQ、西格玛水平、DPMO、关键的少数 X、DMAIC 等这些简单用语都不能理解，更谈不上共享知识。像通用电气、三星集团，这些在全公司范围内把六西格玛作为经营变革的手段来引入的企业，对未取得绿带资格的人一律不给予任何晋升的机会，其原因就在于此。

6.6.3　人才的培养

杰克·韦尔奇这样强调人才的重要性："邻里间踢足球时，人们总想把最佳的伙伴拉入自己所在的阵营。在经营公司时为什么不这样做呢？""GE 的核心竞争力并不是喷气发动机的制造能力，也不是医疗器械的制造能力，而是人力资源。"三星集团也是如此。如果要概括三星集团取得巨大成功的秘诀，只有两条。一是质量最优先，二是人才第一。三星集团的李健熙会长在接受采访时强调，人才的引进与管理是经营者应具备的最首要的素质，"在这个变化莫测的时代，优秀人才的引进与管理将是应对未来最重要的策略。作为经营者应认识到人力资源是自己要关注的最重要的课题。经营者应本能地对人才产生贪欲。必要时三顾茅庐，甚至比三顾茅庐更难时，也必须要确保"。推进六西格玛的最重要原因就在于此。

通用电气通过引入六西格玛，在不到 3 年的时间内创造了 20 亿美元以上的财务成果，但杰克·韦尔奇对六西格玛给出了这样的评价："六西格玛不是我们创造的，是我们从其他企业学来的。通过不断推进六西格玛，虽在数值上取得了令人满意的成果，也积累了很多成功事例，但这并不值得引以为荣。能够拥有创造这些成果的 27.6 名人才，这才是我们故事的核心，也是我们值得引以为荣的。"

杰克·韦尔奇公开声称，将在黑带中选拔他的接班人即继任董事长。后来真的是黑带出身的杰弗里·伊梅尔特继任了董事长的职位。而且杰克·韦尔奇在他的自传中还提到，伊梅尔特的继任也将从黑带中选拔。

6.7　六西格玛成功的关键因素

推行六西格玛的原因很简单，就是想获得成功。若想通过六西格玛取得巨大的成功，就要满足正确的支持、正确的项目、正确的人员、正确的路径图和工具 4 个必要条件，如图 6-15 所示。

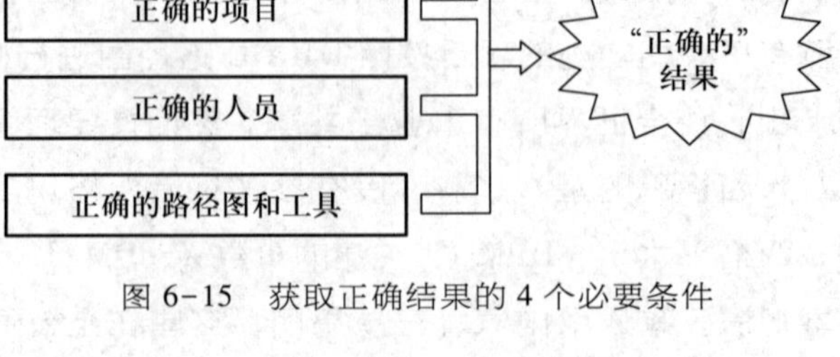

图 6-15　获取正确结果的 4 个必要条件

图 6-15 中首先给出正确的支持是有原因的，因为正确的支持最重要。通常提到六西格玛就会想起路径图和工具，但从战略的角度来看，四个关键因素的重要度依照着图 6-15 中自上而下的顺序。除最后的路径图和工具以外，前三个因素（即正确的支持、正确的项目、正确的人员）都应由倡导者主导。

其实从方法论的角度，六西格玛好像并没有什么新东西。然而，六西格玛以 DMAIC 路径图标准化地给出了解决问题的步骤，在路径图的每个步骤都配置了有效的工具方法，从而使人们能够方便有效地利用六西格玛。常见的经营变革和六西格玛的差别如图 6-16 所示。

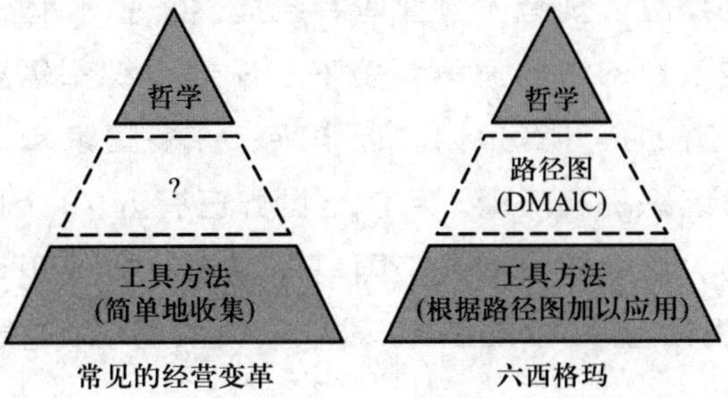

图 6-16　常见的经营变革和六西格玛的差别

资料来源：朴永宅，孙静，郑泽震. CEO 的六西格玛——变革的成功之路. 北京：清华大学出版社，2007.

思考题

1. 简述摩托罗拉、联合信号以及通用电气中六西格玛的应用价值。
2. 解释下列概念：西格玛水平、PPM、DPMO。
3. 解释西格玛水平与不合格品率的关系。
4. 剖析六西格玛人才培养的特色。
5. 对 DMAIC 进行解释，并分析其价值。
6. 简述顾客忠诚对企业营业额与受益的贡献。
7. 六西格玛变革的效果有哪些？

阅读文献

[1] 麦格纳森，克劳斯里德，伯格曼. 六西格玛——通向卓越质量的务实之路. 刘伟，石海峰，译. 北京：中国标准出版社，2001.

[2] 袁海棠. 概率论与数理统计. 北京：中国人民大学出版社，1985.

[3] 彼得 S. 潘德，等. 6σ 管理法——追求卓越的阶梯. 刘合光，等译. 北京：机械工业出版社，2001.

[4] 派兹德克. 六西格玛手册. 孙静，译. 北京：清华大学出版社，2003.

[5] 朴永宅，孙静，郑泽震. CEO 的六西格玛——变革的成功之路. 北京：清华大学出版社，2007.

第7章　卓越绩效模式

ISO 9000 族标准为建立、规范质量管理体系提供了基本框架，但仅有 ISO 9000 族标准是远远不够的。在激烈的市场竞争环境下，任何组织都需要适应变化，不断改进完善自己的管理体系，努力提升竞争力。近年来，许多国家和地区通过设立质量奖的方式来激励和引导各类组织提高质量。目前全世界已有近 70 个国家和地区实施了质量奖计划，其中最为著名、影响最大的是美国马尔科姆·波多里奇国家质量奖、欧洲质量奖和日本戴明奖。由质量奖标准所代表的一类质量管理模式被称为“卓越绩效模式”。

7.1　卓越绩效模式简介

7.1.1　卓越绩效模式产生的背景

质量奖和卓越绩效模式的产生，可以追溯到 20 世纪 50 年代日本的质量成功。第二次世界大战后，为了扭转日本产品的劣质状况，日本科学技术联盟（JUSE，简称日科技联）于 1950 年后邀请戴明、朱兰等美国质量专家赴日讲学指导，之后，在实践中逐渐形成日本式的全面质量管理，即 CWQC（全公司的质量管理）。1951 年，日科技联设立了戴明奖，奖励那些为实施全面质量管理做出突出贡献并取得杰出成果的个人和组织。20 世纪 80 年代，日本企业在许多领域打败了美国企业，日本产品在全球成了高质量的代名词，日本的经济和日本企业的竞争力达到了巅峰。戴明奖的设立对日本全面质量管理的发展做出了重要贡献。

与此同时，由于受到日本企业和产品的强烈挑战，美国经济界和企业界开始反思，美国 NBC 电视台开展了题为“日本能，我们为什么不能？”的大讨论。美国政府和工商界人士认识到，在日益激烈的市场竞争环境中，强调质量不再是企业可选择的事情，而是必须的条件。很多个人和组织建议政府设立一个类似于日本戴明奖的国家质量奖，以促进美国企业全面质量活动的开展。1987 年 8 月，时任美国总统里根签署了国家质量提高法，提出设立美国国家质量奖计划。马尔科姆·波多里奇时任美国商务部长，极力倡导质量管理，对推动“质量改进法”的立法不遗余力，1987 年 7 月他因意外事故去世。

为了纪念他，美国国家质量奖命名为“马尔科姆·波多里奇奖”（有时被简称为波奖）。此后，很多国家和地区参照波奖标准和运作模式设立质量奖，卓越绩效模式也得到普遍认可，并被认为是全面质量管理的实施框架，经营管理事实上的“国际标准”。

7.1.2　卓越绩效模式的特点

卓越绩效模式是建立在广义质量概念上的质量管理体系，实质上，它以结果为导向，关注组织经营管理系统的质量，致力于获得全面且良好的经营绩效。随着经济全球化和市场竞争的加剧，卓越绩效评价准则已成为各类组织评价自身管理水平和引导内部改进工作的依据。对照这些评奖准则来对组织的经营管理系统进行自我评估，寻找差距，提升竞争力，是过去十多年中出现的一个全球性的潮流。

卓越绩效模式具有以下几个方面的特点：

1. 体现“大质量”的概念

卓越绩效模式所体现的质量是包括从产品和服务质量、过程质量到经营质量的大质量，致力于不断提高经营管理的成熟度，追求卓越的经营质量。

2. 关注经营结果，强调为相关方创造平衡的价值

卓越绩效模式所追求的结果，不仅限于财务结果，还包括了产品和服务、顾客与市场、财务、资源、过程有效性以及领导方面的结果，是全面的、综合的结果，以确保利益相关方的平衡和组织长短期利益的平衡，以保证组织的协调可持续发展。

3. 标准的非规定性和灵活适用性

卓越绩效评价准则由结果导向的要求所构成，这些要求是非规定性的，以“如何”“说明”开头的句式出现，鼓励企业根据实际情况，采用适合自己的管理方法，并不断进行改进和创新。

4. 以关键绩效指标为纽带，保持全组织的目标一致性

卓越绩效评价准则以关键绩效指标为纽带，将组织的使命、愿景、价值观与战略、过程、结果贯穿在一起，形成完整的协调一致的运作系统，确保组织实现其目标。

5. 非符合性诊断式的评价

卓越绩效评价准则通过定性评价和定量打分相结合的方法，不仅能够帮助组织识别其优势和改进空间，还能够定量地描述组织管理的成熟水平，从而为改进指明方向，提供动力。这不同于 ISO 9001 审核的符合性评价。

7.2　卓越绩效评价准则国家标准

2004 年 8 月 30 日，在参考国外质量奖评价准则和我国企业质量管理实践经验的基础上，国家质检总局和中国标准化管理委员会联合发布了GB/T 19580《卓越绩效评价准

则》国家标准和 GB/Z 19579《卓越绩效评价准则实施指南》指导性技术文件。国家标准的发布引起了企业界及其他相关领域的广泛关注和重视，广大企业积极学习、导入卓越绩效模式，一些地方、行业陆续设立质量奖，有效促进了卓越绩效评价准则的应用。2012 年新版《卓越绩效评价准则》发布。

GB/T 19580《卓越绩效评价准则》标准有两个用途：为组织追求卓越绩效提供自我评价的准则；可用于质量奖的评价。

《卓越绩效评价准则》标准的目的包括：帮助组织提高其整体绩效和能力，为组织的所有者、顾客、员工、供方、合作伙伴和社会创造价值；有助于组织获得长期成功；使各类组织易于在质量管理实践方面进行沟通和共享；成为一种理解、管理绩效并指导组织进行规划和获得学习机会的工具。

由此可见，《卓越绩效评价准则》超越了狭义的符合性质量的概念，致力于组织所有相关方受益和组织的长期成功。因此，可以把《卓越绩效评价准则》理解为全面质量管理的一种实施细则，它将以往全面质量管理的实践标准化、条理化、具体化，以结果为导向，构造出一个综合的绩效管理系统，为组织通过全面、系统、科学的管理的获得持续进步和卓越的经营绩效提供指导和工具，并通过质量奖的方式，促进优秀企业管理经验的共享。

7.3　卓越绩效核心价值观

卓越绩效的核心价值观是卓越绩效准则的基石和浓缩，反映了现代经营管理的先进理念和方法，是世界级企业成功经验的总结。

美国波奖提出了 11 项核心价值观，分别是：领导作用、以顾客为导向、培育学习型的组织和个人、建立组织内部与外部的合作伙伴关系、灵活性和快速反应、关注未来追求持续稳定发展、管理创新、基于事实的管理、社会责任与公民义务、重在结果和创造价值、系统的观点。

GB/T 19580《卓越绩效评价准则》标准提出了九项基本理念。这九项基本理念是：

1. 远见卓识的领导

“领导”是企业兴衰成败的关键和追求卓越的动力。组织要卓越，需要高层领导具有卓越的领导力，包括为组织设定方向、创建有利于员工高绩效工作的良好环境等。

2. 战略导向

在复杂多变的竞争环境下，组织要以战略统领经营管理活动，才能获得持续发展和成功。要预测和分析影响组织发展的各种内、外部因素，根据组织的使命和愿景，制定组织的发展战略，并配置资源进行战略部署。

3. 顾客驱动

组织的产品和服务质量是由顾客来评判的。因此，必须为顾客解决问题和创造价值，不断增进顾客满意和忠诚，才能提高组织绩效。“顾客驱动”是战略性的概念，意味着要在以顾客为关注焦点的基础上，对顾客信息进行分析，驱动产品、服务与业务流程的改进和创新，进而驱动组织的卓越。

4. 社会责任

组织的决策和经营活动会对社会造成影响，组织应积极主动地履行社会责任，包括公共责任、道德行为和公益支持，确保组织成为卓越的企业公民，促进社会的全面协调可持续发展。

5. 以人为本

员工是组织之本，以人为本意味着人性化的管理，包括：优化组织设计和绩效激励；为员工提供学习和知识共享的机会，帮助员工实现职业发展目标；改善工作环境，为员工提供工作和生活支持；保障员工的权益。

6. 合作共赢

组织要与顾客、关键的供方及其他相关方建立长期伙伴关系，应着眼于共同的长远目标，从制度和渠道上保证做到互相沟通，形成优势互补，互相为对方创造价值，增强组织与合作伙伴各自的核心竞争力和战略优势。

7. 重视过程与关注结果

组织的经营管理是否卓越，最终体现在能否取得卓越的经营结果。因此，既要重视过程，更要关注结果；要通过有效的过程管理实现卓越的结果。卓越组织的“结果”应是经过“过程”的努力而取得的“有因之果”，“过程”的实施和改进也应以“结果”为导向。

8. 学习、改进与创新

培育学习型组织和个人是组织追求卓越的基础，传承、改进和创新是组织持续发展的关键。“组织的学习”意味着适应变化，不断改进；“个人的学习”通过教育、培训以及职业生涯发展而实现；“创新”意味着对产品、服务和过程实施富有意义的变革，形成新的竞争优势，为组织绩效带来新的突破，为利益相关方创造新的价值。组织应领导和管理创新，使之融入日常工作中，成为组织文化的一部分。

9. 系统管理

将组织视为一个整体，以科学、有效的方法，实现组织经营管理的统筹规划、协调一致，提高组织管理的有效性和效率。“系统管理”强调全局观、协调一致、融合互补、整体优化，意味着绩效管理体系中的各独立部分以充分互联的方式运作，以取得组织整体的持续成功。

7.4　卓越绩效评价准则的内容

卓越绩效评价准则包括领导，战略，顾客与市场，资源，过程管理，测量、分析与改进以及经营结果等七大类目的要求，其中前六个类目是有关过程的要求，称为过程类条目，第七个类目是有关结果的，称为结果类条目。过程的输出就是结果，结果通过过程取得。

7.4.1　卓越绩效评价准则的框架图

GB/Z 19579《卓越绩效评价准则实施指南》的附录 A 中，提出了卓越绩效评价准则的框架图（如图 7-1 所示），表述了各类目要求之间的相互关系。对于一个组织的经营管理系统来说，“领导”决定和控制着组织前进的方向。“领导”、“战略”、“顾客与市场”构成“领导作用”三角，是驱动性的；“资源”、“过程管理”、“经营结果”构成“资源、过程和结果”三角，是从动性的；而“测量、分析与改进”犹如链接两个三角的“链条”，转动着改进和创新的 PDCA 之轮，不断提升组织的整体经营绩效和竞争能力，其中的数据、信息和知识对于基于事实的管理和竞争性改进而言，是至关重要的，构成了组织运作和绩效管理系统的基础。图中每个三角中的小箭头表示了各类目之间的相互作用。中间的双向粗箭头表示“领导”密切关注着“经营结果”，并通过对经营结果的绩效评价来改进领导系统。下方的双向粗箭头以及左、右下方的细箭头表示“测量、分析与改进”贯穿其他所有类目中，并相互作用。

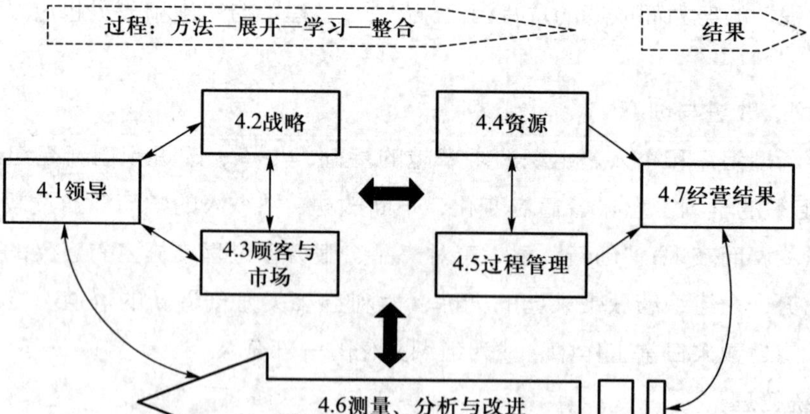

图 7-1　卓越绩效评价准则框架模型图

7.4.2　卓越绩效评价准则的条款要求及赋予分值

在七个类目之下，准则要求还细分为 23 个条目，设定总分为 1 000 分，条款的具体内容和赋予分值如表 7-1 所示。

表 7-1　卓越绩效评价准则（2012 版）条款要求及赋予分值

4.1　领导（110）	4.4.5　基础设施（10）
4.1.1　高层领导的作用（50）	4.4.6　相关方关系（10）
4.1.2　组织治理（30）	4.5　过程管理（100）
4.1.3　社会责任（30）	4.5.1　过程的识别与设计（50）
4.2　战略（90）	4.5.2　过程的实施与改进（50）
4.2.1　战略制定（40）	4.6　测量、分析与改进（80）
4.2.2　战略部署（50）	4.6.1　测量、分析和评价（40）
4.3　顾客与市场（90）	4.6.2　改进与创新（40）
4.3.1　顾客和市场的了解（40）	4.7　结果（400）
4.3.2　顾客关系与顾客满意（50）	4.7.1　产品和服务的结果（80）
4.4　资源（130）	4.7.2　顾客与市场的结果（80）
4.4.1　人力资源（50）	4.7.3　财务结果（80）
4.4.2　财务资源（20）	4.7.4　资源结果（50）
4.4.3　信息和知识资源（20）	4.7.5　过程有效性结果（60）
4.4.4　技术资源（20）	4.7.6　领导方面的结果（50）

（1）“领导”类目用于评价组织高层领导在价值观、发展方向、目标、对顾客及其他相关方的关注、激励员工、创新和学习等方面的作为，还评审组织的治理以及组织履行社会责任的情况。

（2）“战略”类目用于评价组织如何确定战略目标和行动计划，还评价组织行动计划如何实施以及如何监测其实施和改进。

（3）“顾客与市场”类目用于评价组织如何确定顾客和市场的需求、期望和偏好，还评价组织如何建立顾客关系，确定影响赢得并保持顾客、使顾客满意和忠诚的关键因素。

（4）“资源”类目用于评价组织的人力资源开发和管理工作系统、激励机制、员工培训与教育体系，如何发挥和调动员工的潜能，并如何营造充分发挥员工能力的良好环境，还评价组织的财务、基础设施、信息、技术、相关方关系等其他资源。

（5）“过程管理”类目用于评价组织过程管理的主要方面，包括为顾客和组织创造价值的主要生产、服务和业务过程以及关键的支持过程；涵盖所有工作部门的主要过程。

（6）“测量、分析与改进”类目用于评价组织选择、收集、分析和管理数据、信息和知识的方法，还评价组织如何充分和灵活使用数据、信息和知识，改进组织绩效。

（7）“结果”类目用于评价组织在主要业务方面的绩效和改进，包括顾客满意度与忠诚度，产品、服务和市场的结果；财务结果；人力资源及其他资源结果；过程有效性结果；组织治理和社会责任等领导方面的结果。

可见，卓越绩效准则体现的是大质量的概念，以让所有相关方满意为目的，是一个以结果为导向的经营管理系统。卓越的经营结果，是在重要的利益相关方、长短期目标之间平衡的结果，是依靠组织有效的领导、战略、顾客导向，科学的资源配置、过程管理获得的有竞争力的、环境友好的结果，并通过持续改进机制的建立，追求组织的长期成功。

7.5　卓越绩效评价方法

与 ISO 9001 的符合性评价方法不同，卓越绩效评价是一种诊断式的评价，既可以对照准则的要求对组织的优势和改进机会给出定性的评价，又可以按一定的评分方法进行定量评价，估计管理的成熟度水平。定性评价是定量评价的基础，定量评价则是定性评价的度量。除初期评价外，在大多数实际评价中两者是联合使用的。

7.5.1　按照要求的定性评价方法

《卓越绩效评价准则》的七大类目可分为过程、结果两类要求。对两类要求，分别使用不同的评分方法。

1. 对过程要求的定性评价

对过程要求使用方法、展开、学习、整合（简称 ADLI）四个要素评价方法。

（1）“方法”评价组织完成过程所采用的方式方法，方法的适宜性、有效性和可重复性，方法的使用是否以可靠的数据和信息为基础。

（2）“展开”评价所采用方法的展开程度，方法是否持续应用，是否适用于所有可使用的部门。

（3）“学习”评价是否通过循环评价和改进，对方法进行不断完善，是否鼓励通过创新对方法进行突破性的改变，在组织的各相关部门、过程中分享方法的改进和创新。

（4）“整合”评价方法与其他的组织需要的协调一致性；组织各过程、部门的测量、分析和改进系统相互融合、补充程度；组织各过程、部门的计划、过程、结果、分析、学习和行动协调一致，是否有效支持组织的目标。

2. 对结果要求的定性评价

对结果要求的评价要点包括：

（1）组织绩效的当前水平。

（2）组织绩效改进的速度和广度。

（3）与适宜的竞争对手和标杆的对比绩效。

（4）结果对应组织特定情景的重要程度。

7.5.2 按照评分的定量评价方法

GB/Z 19579 中对过程条款和结果类条款分别给出了详细的评分指南，作为卓越绩效自我评价和质量奖评审的评分尺度。

卓越绩效评价准则的七大类目由 23 个评分条款构成，每一个评分条款按照“基本要求—总体要求—详细要求”三个结构层次构成，如图 7-2 所示。

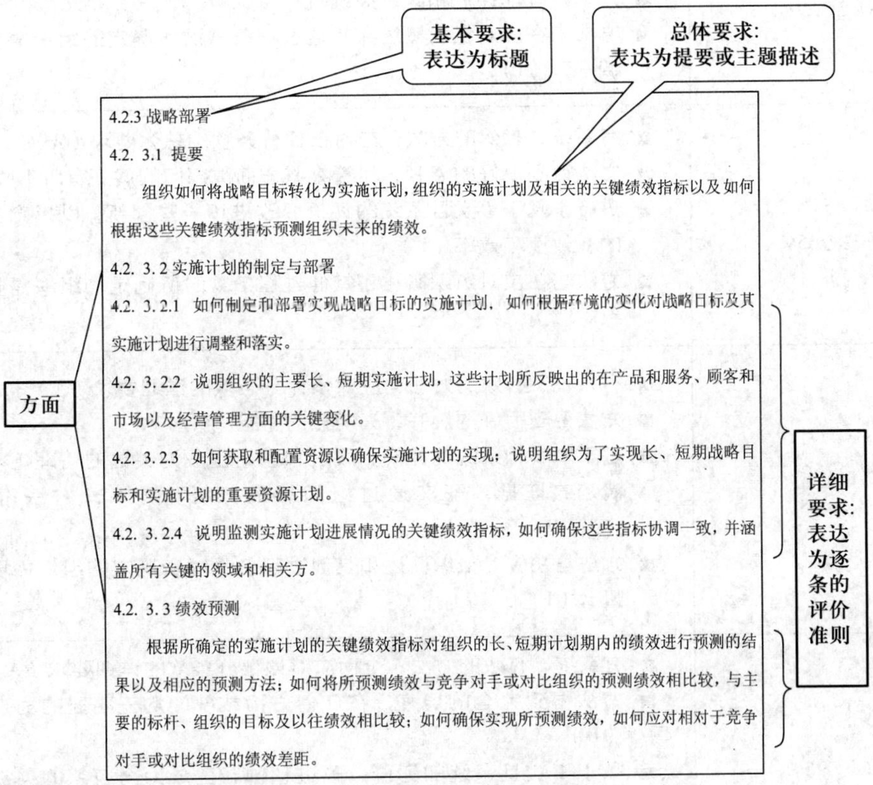

图 7-2　评分条款格式图例：基本要求、总体要求、详细要求

1. 对过程条款的定量评价

对于过程条款的评价，可参考指南，如表 7-2 所示。

表 7-2　“过程”评分指南表

分数	过　程
0%或 5%	■ 没有系统的方法，信息是零散、孤立的（A） ■ 方法没有展开或略有展开（D） ■ 没有改进导向，已有的改进仅是“对问题的被动反应”（L） ■ 缺乏协调一致，各个方面或部门各行其是（I）
10%，15%，20%或 25%	■ 开始有系统的方法，应对该评分条款的基本要求（A） ■ 方法在大多数方面或部门处于展开的早期阶段，阻碍了基本要求的实现（D） ■ 处于从“对问题的被动反应”到“改进导向”转变的早期阶段（L） ■ 主要靠联合解决问题来使方法与其他方面或部门达成协调一致（I）
30%，35%，40%或 45%	■ 有系统、有效的方法，应对该评分条款的基本要求（A） ■ 方法已得到展开，尽管某些方面或部门的展开尚属早期阶段（D） ■ 开始系统地评价和改进关键过程（L） ■ 方法与在应对组织概述和其他过程条款时所确定的组织需要初步协调一致（I）
50%，55%，60%或 65%	■ 有系统、有效的方法，应对该评分条款的总体要求（A） ■ 方法得到很好的展开，尽管某些方面或部门的展开有所不同（D） ■ 进行了基于事实且系统的评价、改进和一些创新，以提高关键过程的有效性和效率（L） ■ 方法与在应对组织概述和其他过程条款时所确定的组织需要协调一致（I）
70%，75%，80%或 85%	■ 有系统、有效的方法，应对该评分条款的详细要求（A） ■ 方法得到很好的展开，无明显的差距（D） ■ 基于事实且系统的评价、改进和创新已成为关键的管理工具；存在清楚的证据，证实通过组织级的分析和分享，方法得到不断完善（L） ■ 方法与在应对组织概述和其他过程条款时所确定的组织需要实现了整合（I）
90%，95%或 100%	■ 有系统、有效的方法，全面应对该评分条款的详细要求（A） ■ 方法得到完全的展开，在任何方面或部门均无明显的弱点或差距（D） ■ 基于事实且系统的评价、改进和创新已成为全组织的关键管理工具；有证据表明通过分析和分享，在整个组织中方法得到不断完善和创新（L） ■ 方法与在应对组织概述和其他过程条款时所确定的组织需要实现了很好的整合（I）

2. 对结果条款的定量评价

对于结果条款的评价，可参考指南，如表 7-3 所示。

表 7-3 “结果”评分指南表

分数	结　果
0%或 5%	■ 没有报告结果，或结果很差（Le） ■ 没有显示趋势的数据，或大多为不良的趋势（T） ■ 没有对比性信息（C） ■ 在对于达成组织使命、愿景和战略目标重要的任何方面，均没有报告结果（I）
10%，15%，20%或 25%	■ 结果很少，在少数方面有一些早期的良好绩效水平（Le） ■ 有一些显示趋势的数据，其中部分呈不良的趋势（T） ■ 没有或极少对比性信息（C） ■ 在对于达成使命、愿景和战略目标重要的少数方面，报告了结果（I）
30%，35%，40%或 45%	■ 在对该评分条款要求重要的一些方面，有良好的绩效水平（Le） ■ 有一些显示趋势的数据，其中多半呈有利的趋势（T） ■ 处于获得对比性信息的早期阶段（C） ■ 在对于达成使命、愿景和战略目标重要的多数方面，报告了结果（I）
50%，55%，60%或 65%	■ 在对该评分条款要求重要的大多数方面，有良好的绩效水平（Le） ■ 在对达成组织使命、愿景和战略目标重要的方面，呈有利的趋势（T） ■ 与有关竞争对手和（或）标杆进行对比评价，部分指标具有良好的相对绩效水平（C） ■ 结果对应了大多数关键的顾客、市场和过程要求（I）
70%，75%，80%或 85%	■ 在对该评分条款要求重要的大多数方面，有良好到卓越的绩效水平（Le） ■ 在对达成使命、愿景和战略目标重要的大多数方面，呈可持续的有利趋势（T） ■ 与有关竞争对手和（或）标杆进行对比评价，多数乃至大多数指标具有非常好的相对绩效水平（C） ■ 结果对应了大多数关键的顾客、市场、过程和战略实施计划要求（I）

续表

分数	结　果
90%，95% 或 100%	■ 在对该评分条款要求重要的大多数方面，有卓越的绩效水平（Le） ■ 在对达成使命、愿景和战略目标重要的所有方面，呈可持续的有利趋势（T） ■ 在多数方面都表明处于行业领导地位和标杆水准（C） ■ 结果完全对应了关键的顾客、市场、过程和战略实施计划要求（I）

3. 定量评价方法得分分析

依据评分指南，对照组织的自我评价报告或组织的具体情况，可以对准则要求的每一评分项给出适宜的分数，并将所有评分项得分相加，即得出被评价组织的总得分。目前美国波多里奇国家质量奖获奖者的得分在 650~750 分，我国获奖者的得分多在 500~650 分。

值得注意的是，与 ISO 9001 的符合性评价不同，卓越绩效评分时不仅要对应准则条款的具体要求，还要与组织特定的情况相联系。例如：对方法，首先要评价其对组织情况适宜性和有效性；对结果，除水平和趋势外，还要评价其应对组织关键经营要素的程度。如果申报质量奖，必须要在自评报告之外提供专门的组织简介，说明组织所处的特定环境，组织的治理结构和相关方关系，组织面对的竞争环境、战略挑战，以及绩效改进系统。

实际上，卓越绩效评价是对组织管理成熟度的评价。在满分 1 000 分的定量评分系统中，不同管理成熟度水平对应不同的得分带，大致可分为如下四个阶段：

第一阶段：问题反应（0~20%）。该阶段没有管理系统，处于灭火式的管理阶段（见图 7-3）。该阶段的管理特点是：

（1）并非从过程的角度出发，而是按日常活动管理组织运作。

（2）组织只懂得实时响应各方的需要及问题。

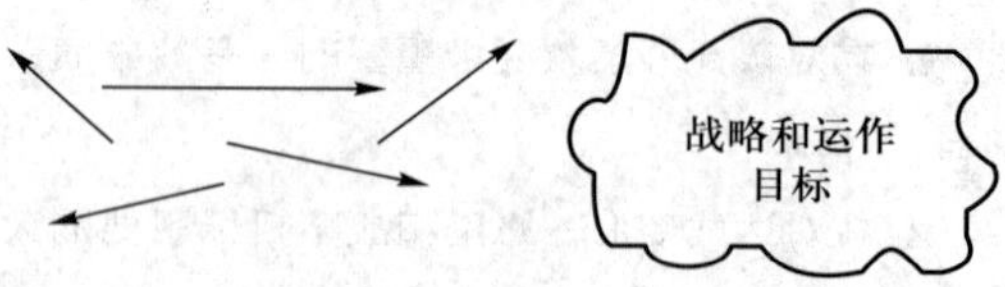

图 7-3　管理成熟度第一阶段

第二阶段：早期系统方法（30%~40%）。该阶段是管理系统的雏形，是局部的系统、不一致（见图 7-4）。该阶段的特点是：

（1）组织开始从过程的角度出发管理日常运作，具有可重复性，并已开始有评估、改进过程。

（2） 部门之间开始互相联系，使运作协调、顺畅。

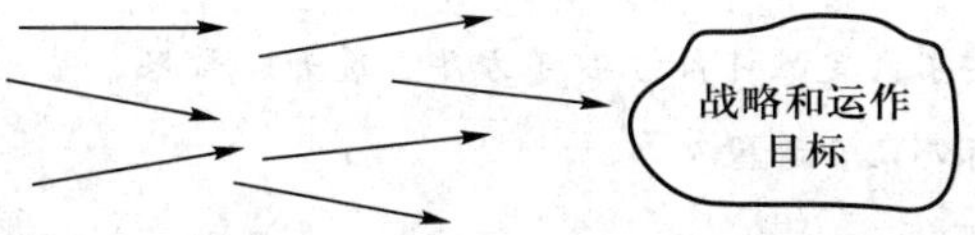

图 7-4 管理成熟度第二阶段

第三阶段：一致的方法 （50%~60%）。该阶段的管理工作有效、系统、方向一致、逻辑严谨（见图 7-5）。其特点为：

（1） 组织从过程的角度管理日常运作，具有可重复性，并定期评估过程运作，实施改进。

（2） 部门之间不断相互联系，以确保运作顺畅，并分享持续改进过程及管理方法的成功经验。

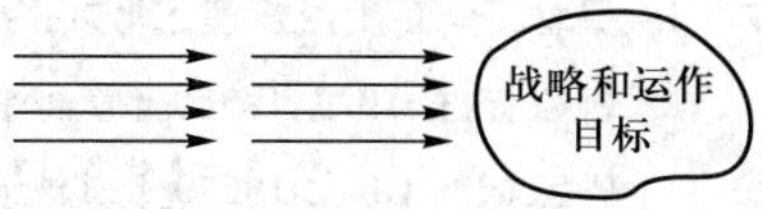

图 7-5 管理成熟度第三阶段

第四阶段：整合的方法（70%以上）。该阶段的管理工作有效、系统、一致、整合、创新（见图 7-6）。其特点是：

（1） 组织从过程的角度管理日常运作，具有可重复性，并定期评估过程运作，以跨部门合作的方式，实施改进和变革。

（2） 各部门不断地相互合作，提升跨部门的效率，并定期分享持续改进、变革过程及管理方法的成功经验。

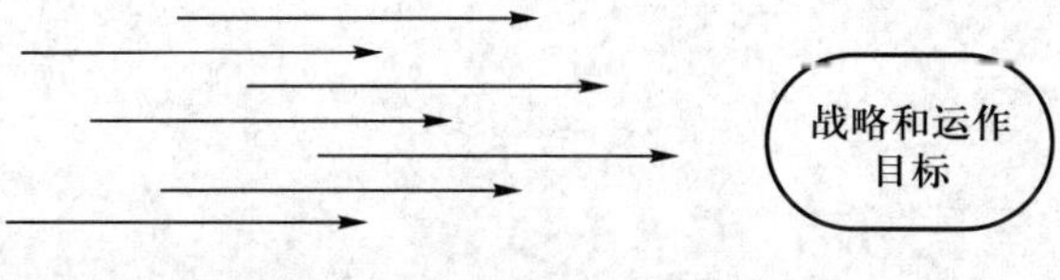

图 7-6 管理成熟度第四阶段

从第一阶段到第四阶段，管理成熟度不断提高，呈现了组织管理水平进步的阶梯。

从 ISO 9001、ISO 9004 标准所代表的质量管理体系模式，到卓越绩效准则所代表的质量管理体系模式，反映出质量概念由对规范的“符合性”到满足顾客要求的“适用性”，从狭义的“产品质量”到“过程质量”，再到“管理系统质量”的演变发展。组织必须不断完善健全质量管理体系，持续提升管理成熟水平，才能适应现代市场竞争环境的要求，取得良好的经营绩效，获得长期的成功和发展。

思考题

1. 卓越绩效模式有何特点？

2. 卓越绩效评价准则的基本理念有哪些？
3. 请描述卓越绩效评价准则的框架。
4. 卓越绩效评价准则有哪几个类目？
5. 请解释过程要求的定性评价方法（方法、展开、学习、整合）。
6. 管理成熟度有哪几个阶段？

阅读文献

[1] 马林. 全面质量管理. 北京：中国科学技术出版社，2007.
[2] 国家标准 GB/T 19580《卓越绩效评价准则》。
[3] 国家标准 GB/Z 19579《卓越绩效评价准则实施指南》。

下　篇　质量工具与方法

第8章　质量检验和抽样检验

质量管理的发展是从质量检验开始的。本章作为第二篇质量工具与方法的开篇，首先对质量检验进行介绍，随后，对抽样检验的基本原理和框架进行阐述。

8.1　质量检验

8.1.1　质量检验概述

1. 质量检验的概念

质量检验是指对产品的一种或多种特性进行测量、检查、试验、计量，并将这些特性与规定的要求进行比较，以确定其符合性的活动。质量检验的目的是判断被检产品是否合格，决定接收还是拒收，同时也为改进产品质量和加强质量管理提供信息。

2. 质量检验的过程

质量检验是一个过程，需要分成一系列的活动来完成。理解了质量检验的概念，就不难发现质量检验需要以下必要的步骤：

（1）理解标准要求。熟悉和掌握产品的质量标准和测试方法，作为检验和判断的依据。

（2）确定抽样方案。规定样本量和有关接受准则的具体方案。

（3）测量或试验。用一定的计量器具、检测设备或理化分析仪器和一定的测量方法，对质量特性作定量评定。

（4）比较与判断。将测量结果与标准进行比较，确定其是否符合。

（5）处理。对合格品打合格标记，填发合格证并放行。对不合格品做出返工或报废、拒收的结论。

（6）记录反馈。将检验结果填入原始记录表，向有关部门传递、反馈质量信息。

3. 质量检验的职能

质量检验的职能有很多，其中比较基本的有下列几种：

（1）鉴别职能。对被检物品是否合格做出判定，符合标准要求的作为合格品接受，不符合标准要求的作为不合格品拒收。

（2）监督职能。监督与判断生产过程是否稳定，以便及时处理与调整。

（3）判断过程能力。判断过程能力是否满足质量特性要求。

（4）确定质量等级。判断与确定产品的质量等级。

（5）反馈职能。对检验结果进行整理、统计和分析获得一定信息，及时反馈到有关部门，为产品改进和质量控制提供可靠依据。

4. 质量检验的方式

按照不同的检验特征，可以对质量检验的方式进行分类。以下是对质量检验方式的几种常见分类：

（1）按检验的数量特征划分检验方式，主要包括以下几种：

① 全数检验。全数检验就是对待检产品批100%地逐一进行检验。全数检验存在一些局限性：

第一，检验工作量大，周期长，成本高，占用的检验人员和设备较多。

第二，由于受检个体太多，往往导致每个受检个体检验标准降低，或检验项目减少。由于错验和漏验的客观存在，全数检验的结果并不一定可靠。

第三，不能使用于破坏性的或检验费用昂贵的检验项目。

第四，对批量大，但出现不合格品无严重后果的产品批，在经济上得不偿失。

由于上述原因，在质量检验中，如无必要一般不采用全数检验的方式。全数检验常用于以下场合：精度要求较高的产品和零部件；对后续工序影响较大的质量项目；质量不太稳定的工序；需要对不合格交验批进行100%重检及筛选的场合。

② 抽样检验。抽样检验是按照数理统计原理预先设计的抽样方案，从待检总体（一批产品、一个生产过程等）中随机取得一个样本，对样本中的每一个体逐一进行检验，获得质量特性值的样本统计值，并和相应的标准比较，从而对总体质量作出判断（接收或拒收、受控或失控等）。由于抽样检验只检验总体中的一部分个体，故全数检验的局限恰恰是抽样检验的长处。抽样检验的缺点主要表现在两方面。一方面，在被判为合格的总体中，会混杂一些不合格品，或反之；另一方面，抽样检验的结论是对批产品而言，因此错判（如将合格批判为不合格批而拒收，将不合格批判为合格批而接收）造成的损失往往很大。虽然运用数理统计原理精心设计抽样方案可以减少和控制错判风险，但不可能绝对避免。

一般，抽样检验适用于全数检验不必要、不经济或无法实施的场合，应用非常广泛。

（2）按检验的质量特性值的特征划分检验方式，主要包括以下几种：

① 计数检验。计数检验适用于质量特性值为计数值的场合。

② 计量检验。计量检验适用于质量特性值为计量值的场合。

（3）按检验方法的特征划分检验方式，主要包括以下几种：

① 理化检验。理化检验是应用物理或者化学的方法，依靠量具、仪器及设备装置等

对受检物进行检验。理化检验通常测得检验项目的具体数值，精度高，人为误差小。理化检验是各种检验方式的主体。随着科学技术的进步，理化检验的技术和装备不断得到改进和发展。例如，过去的破坏性试验有些已用无损检测手段代替；钢材化学成分的快速分析由于光谱分析技术的发展而得以实现等。

② 感官检验。如对产品的形状、颜色、气味、伤痕、污损、锈蚀和老化程度等，往往要靠人的感官器官来进行检查和评价。感官检验的结果往往依赖于检验人员的经验。由于目前理化检验技术发展的局限性以及质量检验问题的多样性，感官检验在某些场合仍然是质量检验方式的一种选择或补充。

（4）按检验对象检验后的状态特征划分检验方式，主要包括破坏性检验和非破坏性检验。

破坏性检验后，受检物的完整性遭到破坏，不再具有原来的使用功能。例如，寿命试验、强度试验等往往是破坏性检验。随着检验技术的发展，破坏性检验日益减少，非破坏性检验的使用范围在不断扩大。

破坏性检验只能采用抽样检验方式。

（5）按检验实施的位置特征划分检验方式，主要包括以下几种：

① 固定检验。固定检验就是集中检验，是指在生产单位内设立固定的检验站，各工作地上的产品加工后送到检验站集中检验。固定检验站专业化水平高，检验结果比较可靠，但需要占用生产单位一定的空间，易使生产工人对检验人员产生对立情绪，以及可能造成送检零件之间的混杂等。

② 流动检验。流动检验就是由检验人员直接去工作地检验。由于不受固定检验站的束缚，检验人员可以深入生产现场，及时了解生产过程的质量动态，容易和生产工人建立互相信任的合作关系，并有助于减少生产单位内的在制品的占用。

（6）按检验目的的特征划分检验方式，主要包括以下几种：

① 验收检验。验收检验广泛存在于生产全过程，如原材料、外购件、外协件及配套件的进货检验，半成品的入库检验，产成品的出厂检验等。验收检验的目的是判断受检对象是否合格，从而做出接收或拒收的决定。

② 监控检验。监控检验也称为过程检验，目的是检定生产过程是否处于受控状态，以预防由于系统性质量因素的出现而导致的不合格品的大量出现。

8.1.2　质量检验计划的编制

1．质量检验计划的概念

质量检验计划就是对检验涉及的活动、过程和资源做出规范化的书面（文件）规定，用以指导检验活动正确、有序、协调地进行。

检验计划是生产企业对整个检验和实验工作进行系统策划和总体安排的结果，一般以文字或图表形式明确地规定检验站（组）的设置，配备资源（包括人员、设备、仪器、量具和检具），选择检验和实验方式、方法，确定工作量。它是指导各检验站（组）和检验人员工作的依据，是企业质量工作计划的一个重要组成部分。

2. 编制质量检验计划的目的

为了保证产品质量，企业在生产活动的各个阶段，都必须由分散在各个生产单位的检验人员进行检验和实验。这些人员需要熟悉和掌握产品及其检验和试验工作的基本情况和要求，如产品和零件的用途、质量特性、各质量特性对产品功能的影响，以及检验和试验的技术标准、检验和试验项目、方式和方法、检验和试验场地及测量误差等，才能更好地保证检验和试验的质量。为此，需要编制检验计划来予以阐明，以指导检验人员的工作。

现代企业的生产活动从原材料等物资、配件进厂到产品实现最后出厂是一个有序、复杂的过程，涉及不同部门、不同工种（工序）、不同的材料、物资、设备，这些部门、人员和过程都需要协同配合，有序衔接。因而也就要求检验活动和生产作业密切协调和紧密衔接。为此，就需要编制检验计划予以保证。

3. 质量检验计划的作用

检验计划是对检验和试验活动带有规划性的总体安排。

（1）按照产品加工及物流的流程，充分利用企业现有资源，统筹安排检验站、点（组）的设置，可以节约质量成本中的鉴别费用，降低产品成本。

（2）根据产品和工艺要求合理地选择检验、试验项目和方式方法，合理配备和使用人员、设备、仪器仪表和量检具，有利于调动每个检验和试验人员的积极性，提高检验和试验的工作质量和效率，降低物质和劳动消耗。

（3）对产品不合格按严重性分级并实施管理，能够充分发挥检验职能的有效性，在保证产品质量的前提下降低产品制造成本。

（4）使检验和试验工作逐步实现规范化、科学化和标准化，使产品质量能够更好地处于受控状态。

4. 质量检验计划的内容

质量检验部门根据企业技术、生产、计划等部门的有关计划及产品的不同情况来编制检验计划，其基本内容有：

（1）编制质量检验流程图，确定适合生产特点的检验程序。

（2）合理设置检验站、点（组）。

（3）编制主要零、部件的质量特性分析表。制定产品不合格严重性分级原则并编制分级表。

（4）对关键的和重要的零、部件编制检验规程（检验指导书、细则或检验卡片）。

（5）编制检验手册。

（6）选择适宜的检验方式、方法。

（7）编制测量工具、仪器设备明细表，提出补充仪器设备及测量工具的计划。

（8）确定检验人员的组织形式、培训计划和资格认定方式，明确检验人员的岗位工作任务和职责等。

5. 编制检验计划的原则

根据产品复杂程度、形体大小、生产工艺、生产规模、特点、批量的不同，质量检验计划可由质量管理部门或质量检验的主管部门负责，由检验技术人员编制，也可以由两个部门合作共同编制。编制检验计划时应考虑以下原则：

（1）充分体现检验的目的，一是防止产生和及时发现不合格品，二是保证检验通过的产品符合质量标准的要求。

（2）对检验活动能起到指导作用。检验计划必须对检验项目、检验方式和手段等具体内容有清楚、准确、简明的叙述和规定，而且应能使检验活动相关人员有同样的理解。

（3）关键质量应优先保证。所谓关键的质量是指关键的零、部件和关键的质量特性。对这些质量环节，制定质量检验计划时要优先考虑和保证。

（4）进货检验应在采购合同的附件中做出说明。对外部供货商的产品质量检验，应在合同的附件或检验计划中详细说明，并经双方共同评审确认。

（5）综合考虑检验成本。制定检验计划时要综合考虑质量检验成本，在保证产品质量的前提下，尽可能降低检验费用。

8.2　抽样检验的基本原理

8.2.1　抽样检验概述

1. 抽样检验的概念

抽样检验是从一批产品或一个过程中抽取一部分单位产品，进而判断产品批或过程是否接收的活动。它不是逐个检验批中的所有产品，而是按照规定的抽样方案和程序从一批产品中随机抽取部分单位产品组成样本，根据样本测定结果来判断该批产品是否接收。

2. 抽样检验常用术语

（1）单位产品，即为实施抽样检验的需要而对产品划分的基本单位。单位产品是可单独描述核查的事物，例如：一个有形的实体、一定量的材料、一项服务、一次活动或一个过程、一个组织或个人及上述项目的任何组合。

（2）检验批，即为实施抽样检验汇集在一起的一定数量的单位产品。构成检验批的所有产品应当是同一生产条件下所生产的单位产品。

（3）批量，即检验批中单位产品的数量，常用 N 表示。一般的，体积小、质量稳定的产品，批量宜大些，以节约检验费用。但批量过大，不易取得具有代表性的样本，而且一旦该批被拒收，经济损失也大。

（4）抽样方案，即所使用的样本量和有关批接收准则的组合。

（5）批不合格品率 p，即批中不合格的单位产品所占的比例。即

$$p = \frac{D}{N}$$

式中，N 为批量；D 为批中的不合格品数。

（6）过程平均，即在规定的时段或生产量内的过程水平的平均值。它是过程处于控制状态期间的质量水平，用不合格品百分数或每百单位产品不合格品数表示。

3. 抽样检验的特点

抽样检验不是检验批中的全部产品。相对于全数检验，抽样检验具有如下特点：

（1）检验的产品单位数量少，因此可以节省检验费用，降低成本。

（2）接收品中可能包含不合格品，不接收批中也可能包含合格品。

（3）抽样检验存在两类错判的风险，即把接收批误判为不接收批，或把不接收批误判为接收批。从统计检验的原理可知，这两类的错误都可以被控制在一定的概率下。

4. 抽样检验的使用场合

抽样检验的使用场合如下：

（1）破坏性检验。

（2）数量很多，全数检验工作量很大的产品的检验。

（3）检验对象是连续体的检验，如对布匹、油的检验等。

（4）检验费用比较高的检验。

8.2.2 抽样检验实施原理

1. 批产品质量的判断过程

在提交检验的一批产品中，一般用批不合格品率 p 作为衡量其好坏的指标。$p=0$ 是理想状态，但很难做到，也不经济。在批质量检验时，首先要确定一个合格的批质量水平 p_t，如果 $p \leqslant p_t$，则认为这批产品可接收；如果 $p > p_t$，则认为这批产品不可接收。

实际上，通过抽样检验不可能精确得到批不合格率 p，除非进行全数检验。所以在保证样本量 n 对批量 N 有代表性的前提下，可以用样本中包含的不合格品数 d 来判断整批质量，并与标准要求进行比较来判断批的接收与否。因此，对一次抽样，对批的验收归结为 3 个参数：样本量 n、接收数 Ac 和拒收数 Re（$Re = Ac + 1$），这样就形成了一个抽样方案，记做［n，Ac，Re］。对于二次抽样，记为 $\begin{bmatrix} n_1, & Ac_1, & Re_1 \\ n_2, & Ac_2, & Re_2 \end{bmatrix}$。

图 8-1 和图 8-2 分别为一次抽样和二次抽样的判断程序。

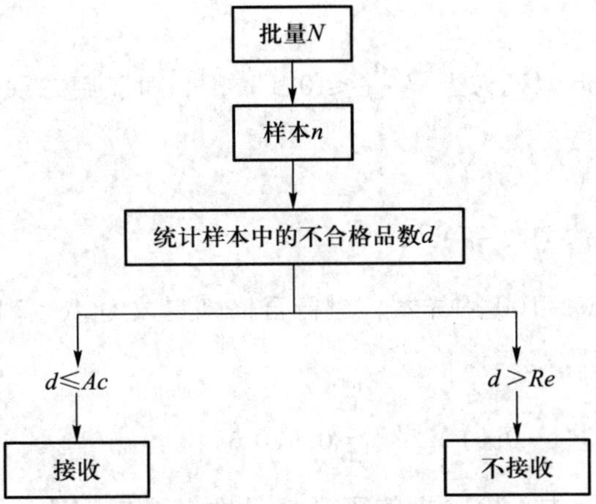

图 8-1　一次抽样的判断程序

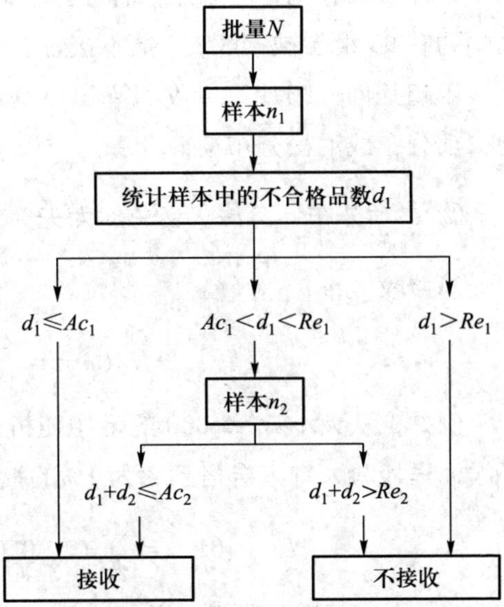

图 8-2　二次抽样的判断程序

2. 抽样方案的判断能力

抽样方案对优质批和劣质批的判断能力是极为关键的，方案的判断能力可以用接收概率、抽样特性曲线和两类风险来衡量。

（1）接收概率。接收概率是指规定的抽样方案，把具有给定质量水平的检验批判为接收的概率，通常记为 $L(p)$。它是批不合格品率 p 的函数，随着 p 的增大而减小。当 p 一定时，根据不同的情况，可用超几何分布、二项分布、泊松分布来求得。

① 超几何分布计算法。设从不合格品率为 p 的批量 N 中，随机抽取 n 个单位产品组成样本，则样本中出现 d 个不合格品的概率可按超几何分布公式计算：

$$L(p)=\sum_{d=0}^{Ac}\frac{C_{N_p}^{d}C_{N-N_p}^{n-d}}{C_N^n}$$

式中，$C_{N_p}^{d}$为从不合格品数 N_p 中抽取 d 个不合格品的全部组合；$C_{N-N_p}^{n-d}$为从批的合格品数 $N-N_p$ 中抽取 $n-d$ 个合格品的全部组合；C_N^n 为从批量为 N 的一批产品中抽取 n 个单位产品的全部组合。

例如，从大小 $N=50$ 的批中随机抽取 $n=5$ 的样本，进行接收数为 $Ac=1$ 的一次抽样检验，其不合格品率为 $p=10\%$的批的接收概率为：

$$L(p)=L(10\%)=\sum_{d=0}^{1}\frac{C_5^dC_{50-5}^{5-d}}{C_{50}^5}=\frac{\dfrac{5!}{0!\ 5!}\ \dfrac{45!}{5!\ 40!}}{\dfrac{50!}{5!\ 45!}}+\frac{\dfrac{5!}{1!\ 4!}\ \dfrac{45!}{4!\ 41!}}{\dfrac{50!}{5!\ 45!}}$$

$$=0.58+0.35=0.93$$

计算结果表明，当采用抽样方案（50，1）进行验收时，每 100 批具有这种质量的产品中约有 93 批会被接收，7 批不接收。

用超几何分布计算接收概率虽然精确，但当 N 和 n 值较大时，计算很烦琐。一般可用二项分布或泊松分布近似计算。

② 二项分布计算法。当总体为无穷大或近似无穷大（$\frac{n}{N} \leqslant 0.1$）时，可以用二项分布计算接收概率：

$$L(p) = \sum_{d=0}^{Ac} C_n^d p^d (1-p)^{n-d}$$

例如，从大小 N =5 000 的批中随机抽取 n =100 的样本，进行合格判定数为 Ac =2 的一次抽样检验，其不合格品率为 1%的批的接收概率为：

$$L(0.01) = \sum_{d=0}^{2} C_{100}^d 0.01^d (1-0.01)^{100-d} = 0.920\,6$$

（2）抽样特性曲线（OC 曲线）。在实际中，检验批的不合格品率 p 是未知的，而且不是固定的值。对于一定的抽样方案，每一个不同的 p 值有一个对应的接收概率 $L(p)$，它们之间的变化规律称为抽样特性。表示抽样特性的曲线就称为抽样特性曲线，简称 OC 曲线。

① 理想的 OC 曲线。如果规定当批的不合格品率 p 不超过 p_t 时，这批产品可接收，那么理想的抽样方案应当满足：当 $p \leqslant p_t$ 时，接收概率 $L(p)=1$；当 $p>p_t$ 时，接收概率 $L(p)=0$。对应的理想 OC 曲线如图 8-3 所示。

理想的 OC 曲线在实际中是不存在的，即使采用全数检验也难免出现错检和漏检。

② 线性的 OC 曲线。抽样方案（1，0）的 OC 曲线为一条直线，如图 8-4 所示。从图中可以看出，线性 OC 曲线的鉴别能力很差，当批的不合格品率 p 达到 50%时，接收概率仍有 50%。

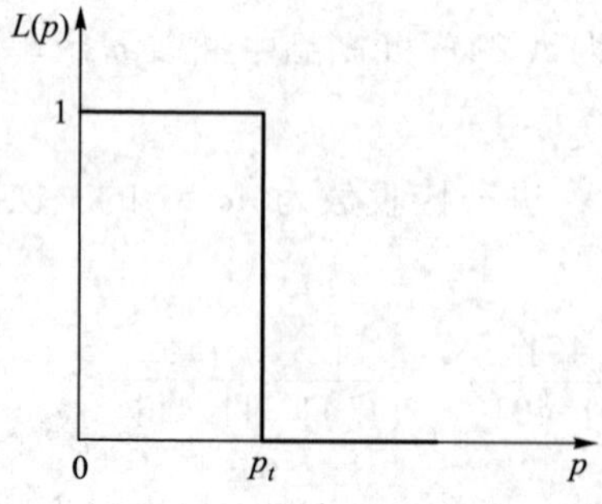

图 8-3　理想的 OC 曲线

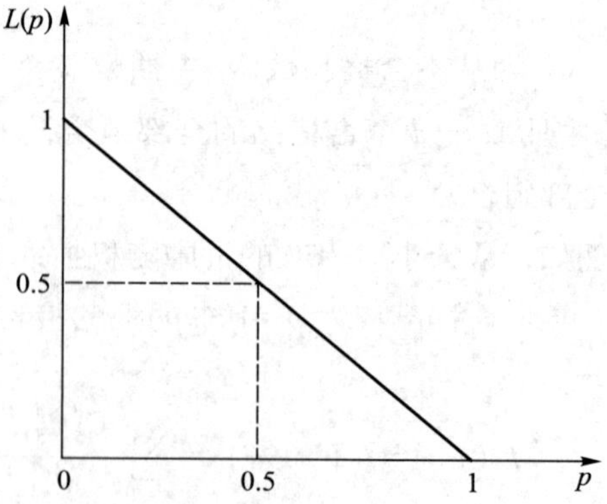

图 8-4　线性的 OC 曲线

③ 实际的 OC 曲线。一个好的 OC 曲线应当是：当这批产品质量较好，如 $p \leqslant p_0$ 时，能以高概率判为接收；当批质量差到某个规定的界限 $p \geqslant p_1$ 时，能以高概率判为不接收；当产品质量变坏时，如 $p_0<p<p_1$ 时，接收概率应迅速减小，其形状如图 8-5 所示。

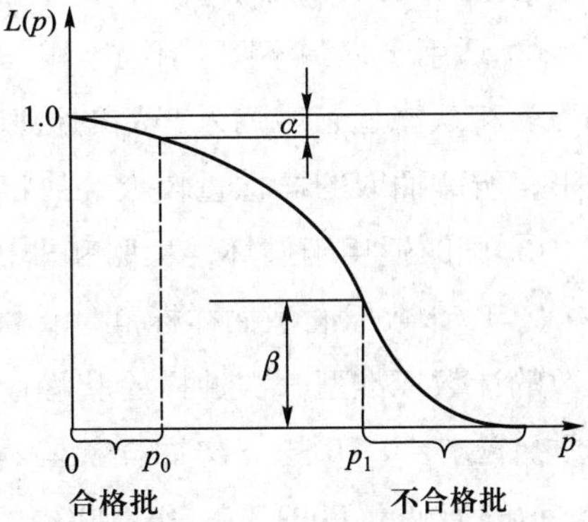

图 8-5　实际的 OC 曲线

（3）两类风险。抽样检验是由样本去推断总体，这样就难免出现判断错误。常见的错误有两类：第一类错误是将合格批判为不合格批而拒收，对生产商不利；第二类错误是将不合格批判为合格批接收，对使用者不利。

由图 8-5 可见，当检验批质量比较好（$p \leqslant p_0$）时，应 100%地接收，而实际上当 $p=p_0$ 时，只能以 $1-\alpha$ 的高概率接收，被拒收的概率为 $\alpha, \alpha=1-L(p_0)$。这种错误判断会使生产者受到损失，故 α 被称为生产者风险。当批质量差到规定的界限（$p \geqslant p_1$）时，应 100%拒收。但实际上当 $p=p_1$ 时，仍然有可能以 β 的概率判为接收，$\beta=L(p_1)$。这种错误判断会使使用者蒙受损失，故 β 被称为使用者风险。

显然，对生产者而言，α 越小越好；对使用者而言，β 越小越好。在选择抽样方案时，应由生产方和使用方共同协商，使这两种风险都控制在合理范围内，以保护双方的利益。

8.3　抽样检验的方法

8.3.1　计数抽样检验

1. 计数标准型抽样检验

（1）计数标准型抽样检验的原理。计数标准型抽样方式是最基本的抽样检验方式，它同时严格控制了生产者和使用者的风险。其设计原理是：希望不合格品率为 p_1 的批尽量不接收，其接收概率 $L(p_1)=\beta$，p_1 为使用方风险质量；希望不合格品率为 p_0 的批尽量接收，其不接收概率 $1-L(p_0)=\alpha$，p_0 为生产方风险质量。一般规定 $\alpha=0.05, \beta=0.10$。其 OC 曲线如图 8-6 所示。

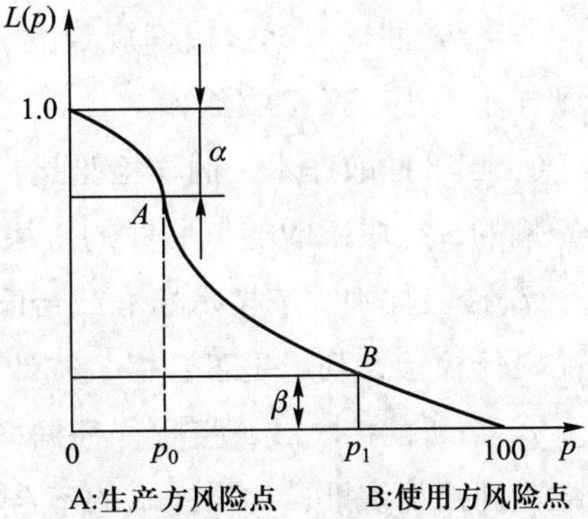

图 8-6　OC 曲线

（2）计数标准型抽样方案的特点。具体

如下：

① 通过选取相应于 p_0、p_1的 α、β 值，同时满足供需双方的要求，对双方提供保护。

② 适用于来源不明、不了解以往的质量情况的孤立批的检验，如企业外购、外协件的检验和从流通领域购入产品的检验。由于同时对双方实验保护，在同等质量要求的前提下，所需抽取的样本量较大，故特别适用于大批量的检验。

③ 同时适用于破坏性检验和非破坏性检验。

（3）计数标准型抽样标准。计数标准型抽样标准见 GB/T 13262—2008《不合格品百分数的计数标准型一次抽样检验程序及抽样表》。该标准规定了生产方风险 $\alpha=0.05$，使用方风险 $\beta=0.10$ 的一次抽样检验程序，在抽样表中给出了用 p_0、p_1检索的一次抽样方案。p_0的值从 0.0091% ~ 0.100%（代表值 0.095%）至 10.1% ~ 11.2%，共分 42 个区间；p_1的值从 0.71% ~ 0.80%（代表值 0.75%）至 31.6% ~ 35.5%，共分 34 个区间。在 p_0、p_1相交栏内给出了抽样方案。栏内左侧数值为样本量 n，右侧数值为接收数 Ac。因标准的原表篇幅太大，经过省略后加以提供，参见本章附录。

（4）计数标准型抽样方案的实施步骤。计数标准型抽样方案大致可按以下步骤实施：

① 规定单位产品的质量特性。在计数标准或合同中，必须对单位产品规定需检验的质量特性以及该质量特性合格与否的判定准则。

② 规定质量特性不合格的分类。一般将产品质量特性的不合格划分为 A 类、B 类及 C 类。

③ 规定 p_0、p_1。p_0、p_1的值需由生产方和接收方协商确定，应综合考虑生产能力、制造成本、质量要求以及检验费用等因素。一般来说，A 类不合格的 p_0值要比 B 类小，B 类不合格的 p_0值要比 C 类小。

④ 组成检验批。检验批应由同一种类、同一规格型号、同一质量等级、工艺条件和生产时间基本相同的单位产品组成。批量要适当，批量大，检验成本低，但出现错判时，造成的损失也大。因此，批的组成、批量大小等，应由生产方与使用方协商确定。

⑤ 检索抽样方案。根据规定的 p_0、p_1值，查本章附录，从相交处读取抽样方案，可得到样本大小 n 及接收数 Ac。

⑥ 随机抽取样本。抽样检验是从样本推断总体，这就要求从被检验批中抽取的样本是无偏的，故应采取随机抽样的方法。

⑦ 检验样本。按技术标准或合同等有关文件规定的检验方法，对样本中的每个单位产品进行检验，判断是否合格，统计样本中不合格品数。

⑧ 判断批接收或不接收。根据样本检验结果，如果样本的不合格品数小于或等于接收数，则接收该批；如果样本的不合格品数大于接收数，则不接收该批。

⑨ 检验批的处置。判为接收的批，使用方应整批接收；判为拒收的批应退回供货

方，未经有效处理不得再次提交检验。

2. 计数调整型抽样检验

在计数抽样检验中，应用最广泛的是调整型抽样检验。计数调整型抽样检验是指根据已检验过的批质量信息，随时调整检验的宽严程度，以促使生产方提供合格产品的一种抽样检验方法。因此，计数调整型抽样检验是由正常、加严、放宽 3 种宽严程度不同的检验方案和一套转移规则组成的抽样体系。当生产方提供的产品质量正常时，采用正常检验方案进行检验；当产品质量下降或不稳定时，采用加严检验方案进行检验，以免使用方风险 β 变大；当产品质量较为理想且生产稳定时，采用放宽检验方案进行检验，以免生产方风险 α 变大。

调整型抽样检验较多地利用了抽样检验历史数据提供的质量信息，在对检验质量提供同等鉴别能力的情况下，所需抽取的样本量要小于标准型抽样检验，且能较好地协调供需双方所承担的抽样风险，适用于连续多批的产品检验，包括成品、部件和原材料等。

最早的调整型抽样检验标准，当属美国军用标准 MIL-STD-105D。1974 年，国际标准化组织的统计方法应用技术委员会 ISO/TC69 对其作了一些编辑上的修改后，正式推荐为 ISO 标准，并命名为 ISO 2859。日本花了 10 年时间，对美国军用标准 MIL-STD-105D 进行研究，结合本国特点制定了日本工业标准 JISZ 9015。

我国在消化吸收了 ISO 2859、MIL-STD-105D 和 JISZ 9015 的基础上，于 1987 年发布了 DB/T 2828—1987《逐批检查计数抽样程序及抽样表（适用于连续批的检查）》。

随着科学技术的进步，为适应国际贸易和技术交流的需要，ISO/TC 69 对 ISO 2859 的研究和修改工作一直没有中断，从 1985 年到 1999 年共对此标准进行了 5 次修订。因此，它与 GB/T 2828—1987 相比较已发生了很大的变化。为了适应科学技术的进步、质量管理水平的提高和加入 WTO 后国际贸易与技术交流的需要，我国对 GB/T 2828—1987 进行了修订，于 2003 年 9 月 15 日发布了等同采用 ISO 2859—1：1999 的国家标准 GB/T 2828. 1—2003《计数抽样检验程序第 1 部分：按接收质量限（AQL）检索的逐批检验抽样计划》，并于 2012 年再次修订改版。

3. 计数序贯型抽样检验

序贯抽样检验是多次抽样的进一步发展，最早是由美国统计学家 A. Wald 在第二次世界大战时为适应贵重军品抽样检验的需要提出的。序贯抽样检验不事先规定抽取样本的次数，每次从批中只抽取一个单位产品，检验后按某一确定规则，做出接收或不接收该批产品或需要继续抽检的判定。

按预先规定，在抽取到一定样本量时必须做出接收或不接收决定的序贯抽样检验称为截尾序贯抽样检验。我国对国标 GB/T 8051—1987《计数截尾序贯抽样检验程序及表》进行修订，等同采用国际标准 ISO 8422：1991 的修订版 ISO 8422：2006，制定了 GB/T 8051—2008《计数序贯抽样检验方案》。

计数序贯型抽样检验的基本原理是序贯概率比检验。实施的思路是：每次只从批中抽检一个单位产品。每抽检一个单位产品后，根据抽检的结果——合格品的累计个数与不合格品的累计个数，比较 $p=p_A$（满意的批质量水平）与 $p=p_R$（不满意的批质量水平）时出现上述两种检验结果的概率。如果前一概率比后一概率明显得大，说明 $p=p_A$ 发生的可能性大，可以判断该批产品可接收；如果前一概率比后一概率明显得小，则说明 $p=p_R$ 发生的可能性大，可以判断该批产品不可接收；如果前后两种情况的发生概率差别不大，难以做出判断，则继续抽检一个单位产品。据此做下去，直到可以作出批接收或批不接收的判断为止。

序贯型抽样检验的优点是能够节约每批平均要检验的样品数量。在规定的满意的批质量水平和不满意的批质量水平以及相应的生产方风险和使用方风险的条件下，序贯抽样方案的平均样本量（*ASN*）比等效的一次、二次和多次抽样方案的平均样本量都要少。对于优质批，序贯抽样方案比等效的一次抽样方案可节约平均样本量50%甚至更多。

序贯抽样检验的缺点是：第一，组织管理比较困难。因为要求每检验完一个单位产品都要作一次判断。第二，要求容易抽取随机样本而且检验速度要快，通常在实施序贯抽样方案时，被检验的对象必须是固定批量的批，这样才有利于随时抽取随机样本，但是要做到每一次抽取一个单位产品的概率相同，这就有可能使累计不合格品（不合格）数长期处于批接收数和拒收数之间，致使做出“批合格或不合格”的判决时间和整个检验周期拖长。这都给实施检验操作带来困难。因此，采用序贯型抽样检验时，必须首先权衡其具有较小样本量和较难组织实施的利弊。计数序贯型抽样检验适用于下列场合：检验或试验带有破坏性而且价格较高的产品；检验或试验费用昂贵的产品。

8.3.2 计量抽样检验

1. 计量抽样检验标准的诞生与发展

第二次世界大战中，美国的 H. Freeman 组织起草了最早的计量型抽样检验方案。1955 年，利伯曼和雷斯尼科夫发展了较完整的计量型抽样方案的统计原理，1957 年，美军发布了 MIL-STD-414《计量值检验抽样程序及表》。英国把 MIL-STD-414 标准中的某些查表程序改为图表法，于 1974 年发布了英国军标 BS05-30。ISO 于 1981 年在 MIL-STD-414 的基础上发布了国际标准 ISO 3951：1981。我国参照该国际标准于 1986 年设计了 GB/T 6378—1986，并于 2002 年修订为 GB/T 6378—2002，而最新版本是 GB/T 6378. 1—2008《计量抽样检验程序　第 1 部分：按接收质量限（AQL）检索的单一质量特性和单个 AQL 的逐批检验的一次抽样方案》，它等同采用 ISO 3951—1：2005。与 GB/T 2828 系列的计数抽样程序类似，GB/T 6378 将组成一个关于计量抽样程序的系列标准。

2. 计量抽样检验的基本原理

计数抽样检验只把样本中的每个单位产品区分为合格品、不合格品，或者合格、不合格，计算样本中出现的不合格品数或不合格数，并与抽样方案的接收数对比，判断批是否接收。此法适用于结构简单、不合格品可用合格品替换的场合。而计量抽样检验是根据不同质量特性值的样本均值或样本标准差来判断一批产品是否合格。例如，检查某种电池的启动电压，规定电池电压 1.80 V 以上，抽取 10 只电池为样本检查，10 只电池的电压均值在 1.58 V 以上判批合格，在 1.58 V 以下判批不合格。

与计数抽样相比，计量抽样检验所需的样本量少，获得的信息多。但是，对样本质量特性的计量和测定比检查产品是否合格所需的时间长、工作量大、费用高，并需要具备一定的设备条件，判断程序比较复杂。当检验指标多时，采用计量抽样检验是不合适的，因为每个特性值都需要单独考虑。对大多数检验指标采用计数抽样检验，仅对一两个重要指标采用计量抽样检验，两者配合，效果较好。在计量抽样检验时，一批产品质量的好坏是根据样本质量特性值的平均值、标准差或不合格品率作为标准来判定的。对于以平均值和不合格品率作为批质量指标的抽验，其计量抽检方案都是将样本平均值或不合格品率（在某一特定标准差条件下）与一个判定界限比较来进行判断。在计量抽样检验中，通常假定质量特性服从正态分布。因此，只有确认质量特性服从正态分布，才能有效采用计量抽样检验。

计量抽样检验，可分为标准差已知和标准差未知的情况，并且由于产品质量指标的特性不同，还有保证平均值和保证不合格品的情况。

思考题

1. 质量检验有哪些常见的分类方式？
2. 全数检验有哪些局限性？适用于哪些场合？
3. 抽验检验有哪些特点？适用于哪些场合？
4. 请解释接受概率、OC 曲线、生产方风险和使用方风险。
5. 计数标准型抽样检验的原理是什么？有哪些特点？如何实施？
6. 计数调整型抽样检验的原理是什么？有何特点？
7. 计数序贯型抽样检验的原理是什么？其优缺点如何？
8. 简单解释计量抽样检验的原理，并与计数抽样检验进行比较分析。

阅读文献

[1] 张公绪. 孙静. 新编质量管理学 . 2 版. 北京：高等教育出版社，2003.

[2] 苏秦. 质量管理与可靠性. 北京：机械工业出版社，2006.

[3] 龚益鸣. 现代质量管理学. 北京：清华大学出版社，2007.

附录　不合格品百分数的

(节选自 GB/T

p_1,% / p_0,%	0.75	0.85	0.95	1.05	1.20	1.30	1.50	1.70	1.90	2.10	2.40
0.095	750.2	425.1	395.1	370.1	345.1	315.1	280.1	250.1	225.1	210.1	185.1
0.105	730.2	565.2	380.1	355.1	330.1	310.1	275.1	250.1	225.1	200.1	185.1
0.120	700.2	550.2	595.2	340.1	320.1	295.1	275.1	245.1	220.1	200.1	180.1
0.130	930.3	625.2	580.2	535.2	305.1	285.1	260.1	240.1	220.1	200.1	180.1
0.150	900.3	820.3	545.2	520.2	475.2	270.1	250.1	230.1	215.1	195.1	175.1
0.170	1 105.4	795.3	740.3	495.2	470.2	430.2	240.1	220.1	205.1	190.1	175.1
0.190	1 295.5	980.4	710.3	665.3	440.2	415.2	370.2	210.1	200.1	185.1	170.1
0.210	1 445.6	1 135.5	875.4	635.3	595.3	595.2	365.2	330.2	190.1	175.1	165.1
0.240	1 620.7	1 305.6	1 015.5	785.4	570.3	525.3	350.2	325.2	300.2	170.1	160.1
0.260	1 750.8	1 435.7	1 165.6	910.5	705.4	510.3	465.3	310.2	290.2	265.2	150.1
0.300	2 055.10	1 545.8	1 275.7	1 025.6	810.5	625.4	450.3	410.3	275.2	260.2	240.2
0.340		1 820.10	1 385.8	1 145.7	920.6	725.5	555.4	400.3	365.3	250.2	230.2
0.380			1 630.10	1 235.8	1 025.7	820.6	640.5	490.4	355.3	330.3	220.2
0.420				1 450.10	1 100.8	910.7	725.6	565.5	440.4	315.3	295.3
0.480					1 300.10	985.8	810.7	545.5	505.5	390.4	285.3
0.530						1 165.10	875.8	715.7	495.5	454.5	350.4
0.600							1 035.10	770.8	640.7	435.5	405.5
0.670								910.10	690.8	570.7	390.5
0.750									815.10	620.8	510.7
0.850										725.10	550.8
0.950											650.10
1.05											
1.20											
1.30											
1.50											
1.70											
1.90											
2.10											
2.40											
2.60											
3.00											
3.40											
3.80											
4.20											
4.80											
5.30											
6.00											
6.70											
7.50											
8.50											
9.50											
10.50											
p_0,% / p_1,%	0.71~0.80	0.81~0.90	0.91~1.00	1.01~1.12	1.13~1.25	1.26~1.40	1.41~1.60	1.61~1.80	1.81~2.00	2.01~2.24	2.25~2.50

计数标准型一次抽样方案

13262—2008)

2.60	3.00	3.40	3.80	4.20	4.80	5.30	6.00	…	34.0	p_1，% / p_0，%
160.1	68.0	64.0	58.0	54.0	49.0	45.0	41.0	…	7.0	0.091~0.100
160.1	150.1	60.0	56.0	52.0	48.0	44.0	40.0	…	7.0	0.101~0.112
160.1	150.1	130.1	54.0	50.0	46.0	43.0	39.0	…	7.0	0.113~0.125
160.1	150.1	130.1	115.1	48.0	45.0	41.0	38.0	…	6.0	0.126~0.140
160.1	140.1	130.1	115.1	100.1	43.0	40.0	37.0	…	6.0	0.141~0.160
160.1	140.1	125.1	115.1	100.1	92.1	38.0	35.0	…	6.0	0.161~0.180
155.1	140.1	125.1	115.1	100.1	92.1	82.1	34.0	…	6.0	0.181~0.200
155.1	140.1	125.1	115.1	100.1	92.1	82.1	72.1	…	6.0	0.201~0.224
145.1	135.1	125.1	115.1	100.1	90.1	82.1	72.1	…	6.0	0.225~0.250
140.1	130.1	120.1	110.1	100.1	90.1	80.1	72.1	…	6.0	0.251~0.280
135.1	125.1	115.1	110.1	98.1	88.1	80.1	70.1	…	6.0	0.281~0.315
210.2	120.1	110.1	105.1	96.1	86.1	80.1	70.1	…	6.0	0.316~0.355
205.2	190.2	110.1	100.1	92.1	86.1	78.1	70.1	…	6.0	0.356~0.400
195.2	180.2	165.2	95.1	88.1	82.1	76.1	68.1	…	6.0	0.401~0.450
260.3	175.2	165.2	150.2	84.1	80.1	74.1	68.1	…	6.0	0.451~0.500
255.3	230.3	155.2	145.2	135.2	76.1	70.1	64.1	…	6.0	0.501~0.560
310.4	225.3	205.3	140.2	125.2	115.2	68.1	62.1	…	6.0	0.561~0.630
360.5	275.4	200.3	185.3	125.2	115.2	105.2	59.1	…	6.0	0.631~0.710
350.5	320.5	250.4	180.3	165.3	110.2	105.2	94.2	…	6.0	0.711~0.800
455.7	310.5	285.5	220.4	160.3	145.3	100.2	90.2	…	6.0	0.801~0.900
490.8	405.7	275.5	255.5	195.4	140.3	130.3	86.2	…	6.0	0.901~1.00
580.10	435.8	360.7	245.5	225.5	175.4	125.3	115.3	…	6.0	1.01~1.12
715.13	515.10	390.8	280.6	220.5	165.4	155.4	115.3	…	6.0	1.13~1.25
	635.13	465.10	350.8	250.6	195.5	150.4	135.4	…	5.0	1.26~1.40
	825.18	565.13	410.10	310.8	220.6	175.5	130.4	…	6.0	1.41~1.60
		745.18	505.13	360.10	275.8	195.6	155.5	…	11.1	1.61~1.80
			660.18	445.13	325.10	245.8	175.6	…	11.1	1.81~2.00
				585.18	400.13	290.10	220.8	…	11.1	2.01~2.24
					520.18	360.13	260.10	…	11.1	2.25~2.50
						470.18	320.13	…	11.1	2.51~2.80
							415.18	…	11.1	2.81~3.15
								…	10.1	3.16~3.55
								…	10.1	3.56~4.00
								…	10.1	4.01~4.50
								…	15.2	4.51~5.00
								…	15.2	5.01~5.60
								…	14.2	5.61~6.30
								…	14.2	6.31~7.10
								…	18.3	7.11~8.00
								…	23.4	8.01~9.00
								…	27.5	9.01~10.0
								…	26.5	10.1~11.2
2.51~2.80	2.81~3.15	3.16~3.55	3.56~4.00	4.01~4.50	4.51~5.00	5.01~5.60	5.61~6.30	…	31.60~35.50	p_0，% / p_1，%

第9章 统计过程控制

统计过程控制，就是应用统计技术对过程进行控制，从而达到改进与保证产品质量的目的。这里的统计技术泛指任何可以应用的数理统计方法，以控制图理论为主线。统计过程控制理论的研究虽是从加工过程开始的，但其研究成果适应于各种过程，如设计过程、管理过程、流程式生产等。

9.1 统计过程控制的起源与发展

早在20世纪20年代，贝尔电话实验室（Bell Telephone Laboratory）[①]就成立了以休哈特（W. A. Shewhart）为学术负责人的过程控制（Process Control）研究组和以道奇（H. F. Dodge）为学术负责人的产品控制（Product Control）研究组。经过研究，休哈特提出了过程控制理论以及监控过程的工具——控制图，第一张控制图是休哈特在1924年5月16日提出的不合格品率（p）控制图；而道奇与罗米格（H. G. Romig）则提出了抽样检验理论和抽样检验表。这两个研究组的研究工作影响是深远的，在他们之后，虽然有成千上万的论文出现，但至今仍未能脱其窠臼。

从质量控制理论的发展史来看，休哈特可称为统计过程控制（Statistical Process Control，SPC）的奠基人。休哈特在20世纪20年代创建了过程控制理论，通过总结于1931年出版了一本划时代的名著《工业产品质量的经济控制》（*Economic Control of Quality of Manufactured Products*）。这本名著堪称不朽之作，在它出版半个世纪以后的1980年仍在美国再版，可见该书的价值。该著作的出版标志着质量管理发展史上统计质量控制阶段理论体系的建立。

控制图是贯彻预防原则的统计过程控制（SPC）理论的重要工具。控制图可用以发现异常原因，通过对异常原因的分析，找出改进途径并纳入标准，进而实现对同样异常原因再次出现的控制。控制图是质量管理七工具的核心。

1984年，日本名古屋工业大学调查了115家日本各行各业的中小型工厂，结果发现

① 贝尔电话实验室最早由贝尔电话公司创立，后来逐渐发展成为美国著名的科研基地。它不局限于研究电话，研究范围十分广泛，在20世纪20年代已经开始研究质量科学，现今甚至进行分子生物学的研究。

平均每家工厂采用 137 张控制图。这个数字对于推行统计过程控制有一定的参考意义。有些大型企业应用控制图的张数是很多的，例如，美国柯达彩色胶卷公司（Eastman Kodak）有 5 000 名职工，一共应用了 35 000 张控制图，平均每个职工 7 张。为什么要应用这么多张控制图呢？因为彩色胶卷的工艺很复杂，在胶卷的片基上需要分别涂上 8 层厚度为 1~2 微米的药膜。此外，对于种类繁多的化工原料也需要应用控制图进行控制。我们并不刻意追求控制图张数的多少，但可以说，使用控制图的张数在某种意义上反映了管理现代化、科学化的程度。因为控制图越多，受控制的因素就越多，因而质量越有保障；控制图越多，参与科学控制的人员就越多，组织的质量意识就越强。

休哈特控制图，简称休图，亦称为常规控制图。本章从质量的统计观点开始介绍控制图原理，分析常规控制图的设计思想，讨论分析用控制图和控制用控制图，给出判断过程异常的八种模式和判断过程处于统计控制状态的途径，进行过程能力分析，最后具体介绍常规控制图的类型、几种常用的控制图和常规控制图的应用。

9.2　质量的统计观点

质量的统计观点是现代质量管理的基本观点之一。质量的统计观点包括下列内容。

9.2.1　质量具有变异性

这是众所周知的事实，但在工业革命以后相当长的一段时间内，人们曾误认为：现在由机器来进行生产，生产出的产品应该是一样的。经过一百多年的实践，随着测量理论与测量工具的进步，人类才终于认识到：尽管是机器生产，但产品质量仍然具有变异性。公差制度的建立是承认质量具有变异性的一个标志。

9.2.2　质量变异具有统计规律性

质量变异是有规律性的，但它不是通常的确定性现象的确定性规律，而是随机现象的统计规律。所谓确定性现象，就是在一定条件下必然发生的或不可能发生的事件（Event），如在大气压力（1.013×10^5 Pa）和常温（$0℃<t<100℃$）下，水（H_2O）一定处于液体状态（必然事件），而不处于气体或固体状态（不可能事件）。所谓随机现象，即在一定条件下事件可能发生也可能不发生的现象。例如，无法预知电灯泡的寿命是否一定在 1 000 小时以上，但在对大量统计数据进行分析的基础上，可以得出结论：电灯泡的寿命有 80%的可能会大于 1 000 小时。这是对随机现象的一种科学的描述。

对随机现象通常应用分布（Distribution）进行描述，分布可以说明变异的幅度有多大，出现这么大幅度变异的可能性（概率，Probability）有多大，这就是统计规律。对于计量特性值，如长度、重量、时间、强度、纯度、成分等连续性数据，最常见的是正态分布

（Normal Distribution），参见图 9-1。对于计件特性值，如特性测量的结果只有合格与不合格两种情况的离散性数据，最常见的是二项分布（Binomial Distribution），参见图 9-2。对于计点特性值，如铸件的砂眼数、布匹上的疵点数、电路板上的焊接不良数等离散性数据，最常见的是泊松分布（Poisson Distribution），参见图 9-3。计件值与计点值又统称计数值，都是可以 0 个、1 个、2 个……这样数下去的数据。掌握这些数据的统计规律可以保证和提高产品质量。

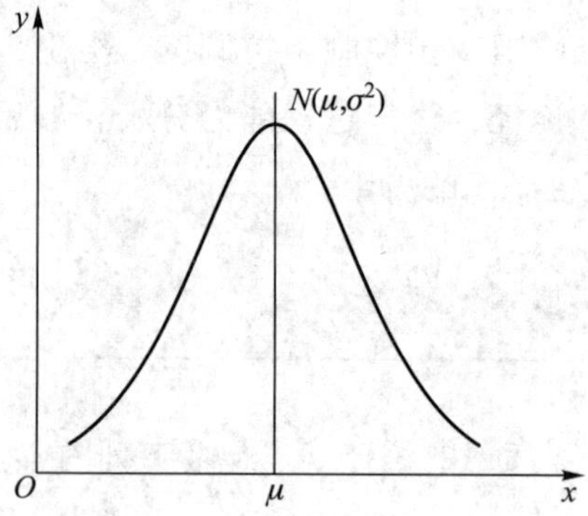

图 9-1　正态分布

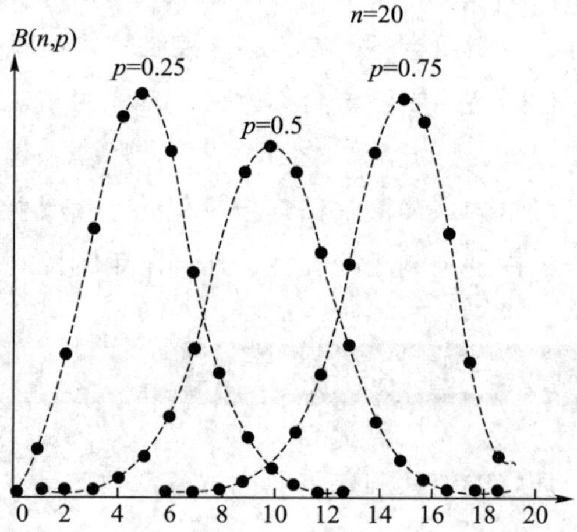

图 9-2　二项分布

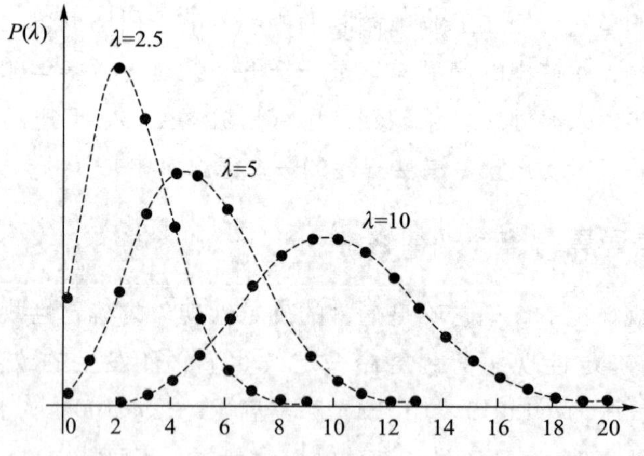

图 9-3　泊松分布

9.3　控制图原理

控制图（Control Chart）是对过程质量加以测定、记录并进行控制管理的一种用统计方法设计的图。图上有中心线（Central Line，CL）、上控制限（Upper Control Limit，UCL）和下控制限（Lower Control Limit，LCL），并有按时间顺序抽取的样本统计量数值的描点序列，参见图 9-4。UCL、CL 与 LCL 统称为控制线（Control Lines）。若控制图中的描点落在 UCL 与 LCL 之外或描点在 UCL 与 LCL 之间的排列不随机，则表示出现了异常。

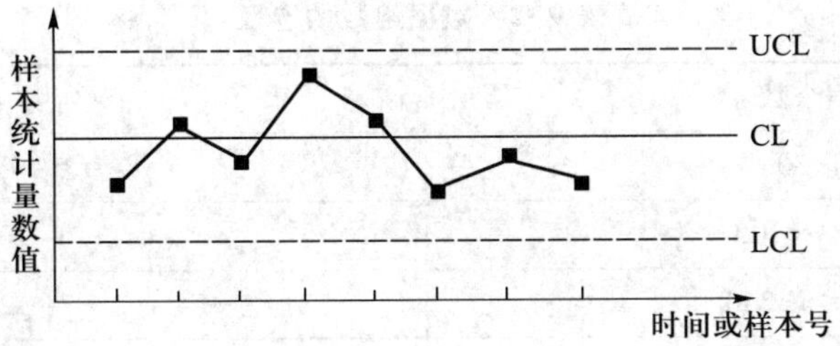

图 9-4　控制图示例

9.3.1　基础知识——直方图

例如，老师傅用车床车制机螺丝，要求其直径为 10 毫米。为了了解老师傅的加工质量，抽查已经加工好的机螺丝 100 个，分别测得其直径数据 100 个，如表 9-1 所示。

表 9-1　机螺丝直径的原始数据

10.24	9.94	10.00	9.99	9.85	9.94	10.42	10.30	10.36	10.09
10.21	9.79	9.70	10.04	9.98	9.81	10.13	10.21	9.84	9.55
10.01	10.36	9.88	9.22	10.01	9.85	9.61	10.03	10.41	10.12
10.15	9.76	10.57	9.76	10.15	10.11	10.03	10.15	10.21	10.05
9.73	9.82	9.82	10.06	10.42	10.24	10.60	9.58	10.06	9.98
10.12	9.97	10.30	10.12	10.14	10.17	10.00	10.09	10.11	9.70
9.49	9.97	10.18	9.99	9.89	9.83	9.55	9.87	10.19	10.39
10.27	10.18	10.01	9.77	9.58	10.33	10.15	9.91	9.67	10.10
10.09	10.33	10.06	9.53	9.95	10.39	10.16	9.73	10.15	9.75
9.79	9.94	10.09	9.97	9.91	9.64	9.88	10.02	9.91	9.54

直观来看，看不出任何规律来，需要应用统计方法来加以处理，即分组、统计、做直方图。具体步骤如下：

步骤 1：找出最大值和最小值。从表 9-1 中可找出 100 个直径数据中的最大值为 10.60，最小值为 9.22。故

$$数据分散宽度 = 最大值 - 最小值 = 10.60 - 9.22 = 1.38$$

步骤 2：确定组数。设 n 为数据个数，组数 k 可按表 9-2 或按经验公式 $k \approx \sqrt{n}$ 进行估

计。这些都是经验值，不宜死套公式。其实，从图 9-5 也可看出：组数 $k=3$，图形太粗糙，组数 $k=12$ 或 28，分组过多，直方图的直方之间出现缺口，故组数 k 在 3 ~12 之间较合适。本例数据个数 $n=100$，试取组数 $k=7$。

表 9-2　数据组数的选取

数据个数 n	组数 k
$n<50$	5~7
$50\leqslant n<100$	6~10
$100\leqslant n<250$	7~12
$N\geqslant 250$	10~20

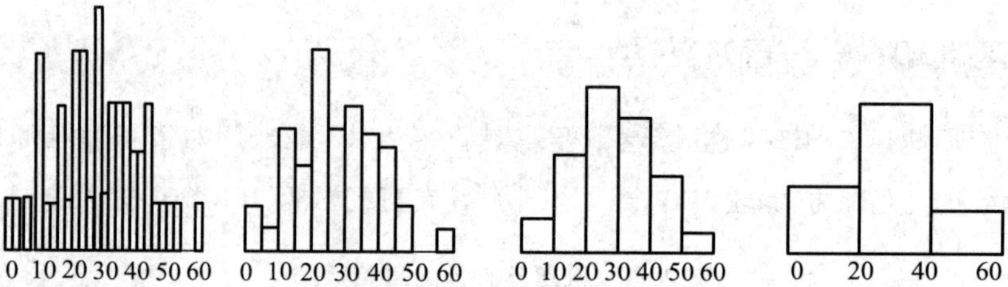

图 9-5　同一组数据、不同分组情况下的直方图

步骤 3：确定组距。本例组距

$$h=(\text{最大值}-\text{最小值})/\text{组数}=1.38/7=0.197\approx 0.2$$

步骤 4：确定各组的边界。为了使得所有数据不会落在组界上，并保证最小值 9.22 落在第一组内，故取第一组的组下限等于最小值减去最小测量单位的一半（在本例即 0.01/2=0.005）。于是

$$\text{第一组的组下限}=9.22-0.005=9.215$$

第一组的组上限=第一组的组下限+组距=9.215+0.2=9.415

其余各组以此类推，参见表 9-3。最大值 10.60 已包括在第七组内。

步骤 5：确定各组的频数。将数据表中的各个数据按其数值大小分配到各个组中去。从表 9-1 得出频数分布表，如表 9-3 所示。

表 9-3　频数分布表

组　号	频　数
第一组：9.215~9.415	1
第二组：9.415~9.615	8
第三组：9.615~9.815	14

续表

组　　号	频　　数
第四组：9.815~10.015	29
第五组：10.015~10.215	32
第六组：10.215~10.415	12
第七组：10.415~10.615	4

步骤 6：做直方图。根据表 9-3，在横轴上以每组对应的组距线段为底，以该组的频数为高，做出 7 个矩形所组成的直方图（Histogram），参见图 9-6 中以频数为纵轴的直方图。

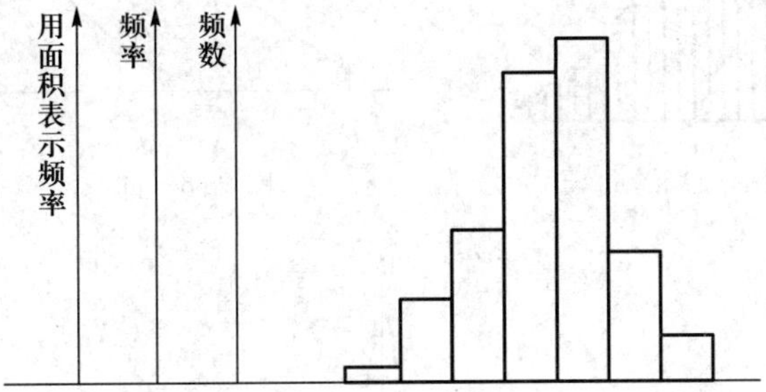

图 9-6　100 个机螺丝直径实测值的直方图

步骤 7：对直方图进行分析。本例直方图的形状特点是：中间高、两头低、左右近似对称。事实上，如果将上述抽查机螺丝做直方图的做法重复做几遍，就会发现几次做出来的直方图样子都差不多，所以直方图确实反映了数据的规律。

上述频数直方图还不能反映出螺丝直径落在某个直方组的可能性大小，故将落在每个直方组的频数除以总频数 $N=100$，所得到的比率就称为频率，它反映了螺丝直径落在该直方组的可能性大小。图 9-6 中以左侧中间的“频率”为纵轴就构成了频率直方图。在此图中，螺丝直径落在该直方组的可能性是以直方的高来表示的。为了数学应用方便，希望用直方的面积来表示可能性。由于各组的组距相同，即直方的宽度是相等的，故图 9-6 仍然可用，但这时需要采用图中最左侧的纵轴“用面积表示频率”，纵轴的含义是单位长度上的频率。

9.3.2　控制图的构成

1. 正态分布

若数据越多，分组越密，图 9-6 的直方图也越趋近一条光滑曲线，如图9-7所示。对于连续型数据最常见的分布为正态分布，当“用面积表示频率”作为纵轴时，此光滑曲线即概率密度函数曲线，其特点为中间高、两头低、左右对称并延伸到无穷。

讨论正态分布，最简单的莫过于用其参数——平均值μ与标准差σ来表示。均值μ与标准差σ的变化对于正态分布的影响，可分别参见图9-8和图9-9。由图9-8可见，若平均值μ增大为μ'，则曲线向右移动，分布中心发生变化。由图9-9可见，若标准差σ越大，则加工质量越分散。标准差σ与质量有着密切的关系，反映了质量的波动情况。

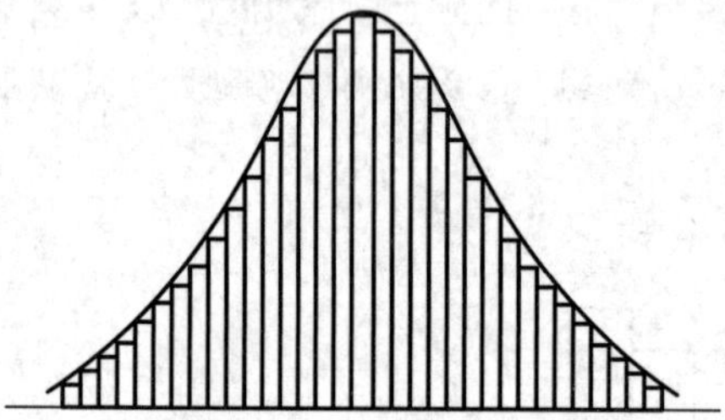

图9-7　直方图趋近光滑曲线

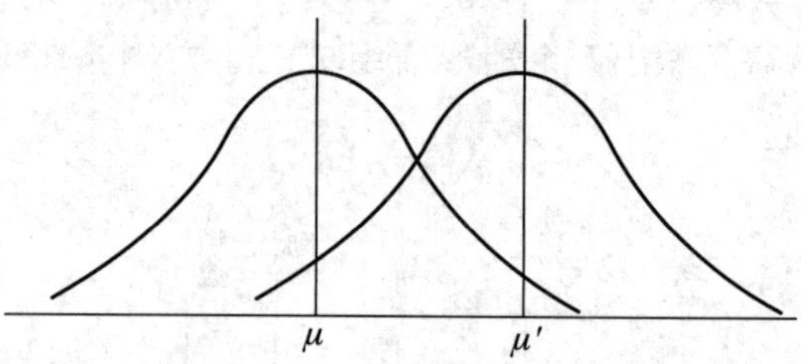

图9-8　曲线随着平均值μ变化

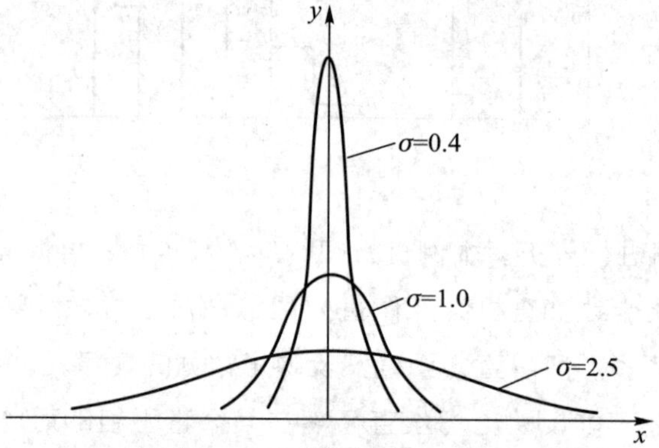

图9-9　曲线随着标准差σ变化

正态分布的两个参数平均值μ与标准差σ是相互独立的。事实上，不论平均值μ如何变化都不会改变曲线的形状，即不会改变标准差σ；反之，不论正态分布的形状，即标准差σ如何变化，也决不会影响数据的分布中心，即平均值。注意，二项分布与泊松分布就不具备上述特点，它们的平均值μ与标准差σ是不独立的。

正态分布有一个事实在质量控制时经常要用到，即不论μ与σ如何取值，落在$[\mu-3\sigma, \mu+3\sigma]$范围内的概率为99.73%。这是经过严格计算得到的精确值，参见图9-10。因而，落在$[\mu-3\sigma, \mu+3\sigma]$范围外的概率为$1-99.73\%=0.27\%$，而落在大于$\mu+3\sigma$一侧的概率为$0.27\%/2=0.135\%\approx1‰$。休哈特就是根据正态分布的这一性质构造了休哈特控制图，亦称为常规控制图。

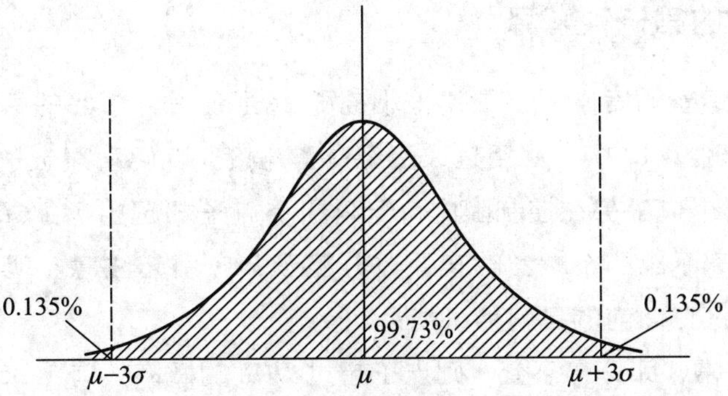

图 9-10　正态分布的性质

2. 控制图的形成

首先把图 9-10 按顺时针方向转 90°，如图 9-11（a）所示。由于图中数值上小下大不符合常规，故再将图 9-11（a）上下翻转 180°，成为图 9-11（b），这样就得到了一张控制图，具体说是一张单值（x）控制图，参见图 9-12。图中的 $UCL=\mu+3\sigma$ 为上控制界，$CL=\mu$ 为中心线，$LCL=\mu-3\sigma$ 为下控制界。

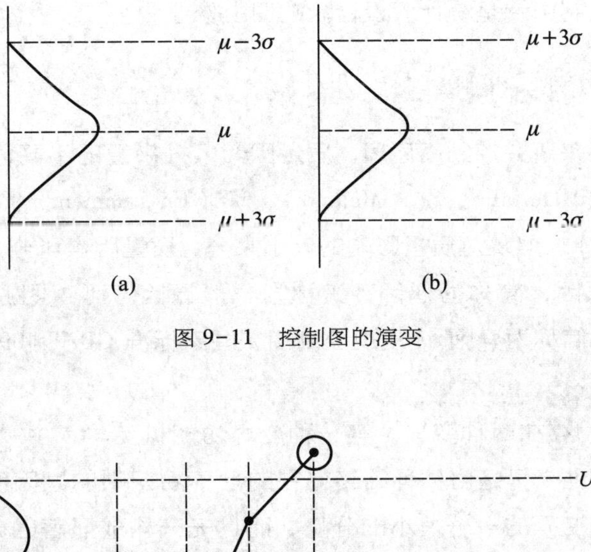

图 9-11　控制图的演变

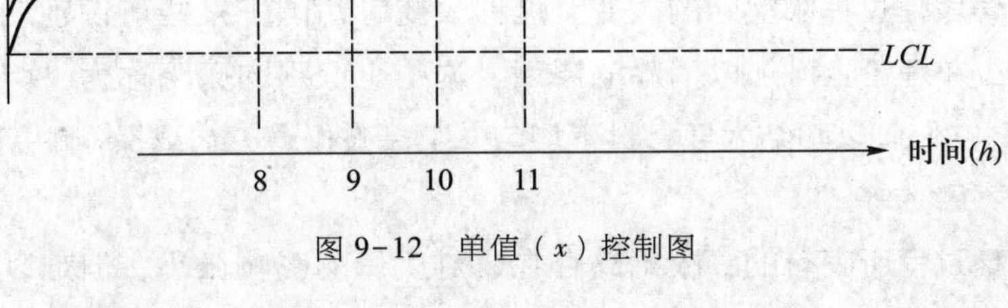

图 9-12　单值（x）控制图

9.3.3　控制图的第一种解释

为了控制加工螺丝的质量，设每隔 1 小时随机抽取一个车好的螺丝，测量其直径，将测量结果描点在图 9-12 中，并用直线段将点子连接，以便观察点子的变化趋势。由图 9-12 可看出，前 3 个点子都在控制限内，但第四个点子却超出了 *UCL*，为了醒目，把它用小圆圈圈起来，表示第四个螺丝的直径过分粗了，应引起注意。现在对这第四个点子应做什么判断呢？摆在面前的是两种可能：

（1）若过程正常，即分布不变，则点子超过 *UCL* 的概率只有 1.35‰。

（2）若过程异常，譬如设异常原因为车刀磨损，则随着车刀的磨损，加工的螺丝将逐渐变粗，μ 逐渐增大，于是分布曲线上移，参见图 9-12，点子超过 *UCL* 的概率将大为增加，可能为 1.35‰的几十、几百倍。

现在第四个点子已经超出 *UCL*，问题是：在上述两种情况中，应该判断是哪种情况造成的。由于情况（2）发生的可能性要比情况（1）大几十、几百倍，故按照常理，认为上述异常是由情况（2）造成的。于是得出结论：点出界就判异，并把它作为一条判异准则来使用。用数学语言来说，这就是小概率事件原理：小概率事件实际上不发生，若发生即判断异常。控制图就是统计假设检验的图上作业法。

9.3.4　控制图的第二种解释

现在换个角度再来研究控制图原理。质量因素根据来源的不同，可分为人（Man）、机（Machine）、料（Material）、法（Method）、环（Environment）、测（Measurement）6 个方面，简称为 5M1E。但从对质量影响的大小来分，质量因素可分为偶然原因和可查明原因两大类。偶然原因，简称为偶因，又称为一般原因。可查明原因，又称为特殊原因，俗称异常原因，简称为异因。《常规控制图》国家标准 GB/T 4091—2001 对此作了如下的解释：

“控制图理论认为存在两种变异。第一种变异为随机变异，由‘偶然原因’（又称为一般原因）造成。这种变异是由种种始终存在的且不易识别的原因所造成，其中每一种原因的影响只构成总变异的一个很小的分量，而且无一构成显著的分量。然而，所有这些不可识别的偶然原因的影响总和是可度量的，并假定为过程所固有。消除或纠正这些偶然原因，需要管理决策来配置资源，以改进过程和系统。

第二种变异表征过程中实际的改变。这种改变可归因于某些可识别的、非过程所固有的、并且至少在理论上可加以消除的原因。这些可识别的原因称为‘可查明原因’或‘特殊原因’。它们可以归结为原材料不均匀、工具破损、工艺或操作的问题、制造或检测设备的性能不稳定等。”

偶然原因是过程所固有的，故始终存在，对质量的影响微小，但难以除去，如机床开动时的轻微振动等。异常原因则非过程所固有，故有时存在，有时不存在，对质量影响大，但不难除去，如车刀磨损等，参见图 9-13。

偶然原因 ⇒ 偶然波动 {过程固有；对质量影响小；难以除去} ⇒ 听之任之

异常原因 ⇒ 异常波动 {非过程固有；对质量影响大；不难除去} ⇒ 过程注意的对象

图 9-13　偶因与异因

偶然原因引起质量的偶然波动（简称偶波），异常原因引起质量的异常波动（简称异波）。偶波是不可避免的，但对质量的影响微小，故可把它看作背景噪声而听之任之。异波则不然，它对质量的影响大，且采取措施不难消除，故在过程中异波及造成异波的异因是关注的对象，一旦发生，就应该尽快找出，采取措施加以消除，并纳入标准，保证它不再出现。将质量因素区分为偶然原因与异常原因、质量波动区分为偶然波动与异常波动，并分别采取不同的处理策略，这是休哈特的贡献。

偶波与异波都是质量的波动，如何能发现异波的到来呢？经验与理论分析表明，当生产过程中只存在偶波时，产品质量特性值将形成某种典型分布。例如，在车制螺丝的例子中螺丝直径形成正态分布。如果除去偶波外还有异波，则此异波将叠加在偶波形成的典型分布上，故产品质量特性值的分布必将偏离原来的典型分布。因此，根据典型分布是否偏离就能判断异波，也即异因是否发生，而典型分布的偏离可由控制图检出，参见图 9-14。在上述车制螺丝的例子中，由于发生了车刀严重磨损的异因，螺丝直径的分布偏离了原来的正态分布而向上移动，参见图 9-12，于是点子超出上控制界的概率大为增加，从而点子频频出界，表明存在异波。控制图上的控制限就是区分偶波与异波的科学界限。

质量因素 {
偶然原因 ⇒ 偶然波动 ⇒ 典型分布
异常原因 ⇒ 异常波动 ⇒ 偏离典型分布 ⇒ 控制图检出
}

图 9-14　控制图检出异常原因的方法

根据上述内容，可以说休哈特控制图（即常规控制图）的实质就是区分偶然原因与异常原因这两类因素。

9.3.5　预防原则的实现

情况 1：应用控制图对生产过程进行监控，如出现图 9-15 的上升倾向，则显然过程有问题，故异因刚一露头，即可发现，于是可及时采取措施加以消除，这当然是预防。但在现场出现这种情况是不多的。

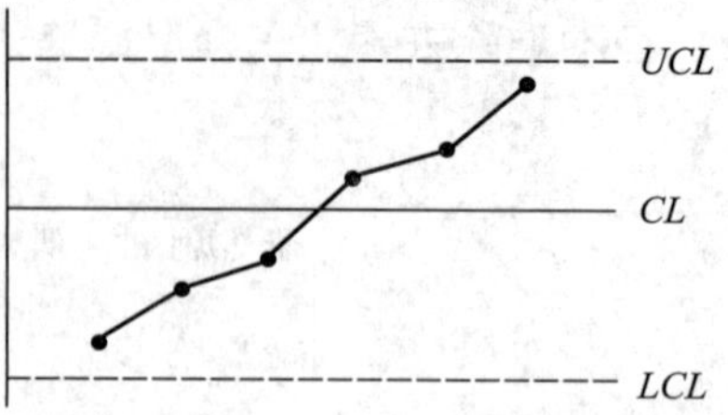

图 9-15　点子具有某种倾向

情况 2：更经常的是控制图上点子突然出界，显示过程异常。

利用控制图发现过程处于异常状态，只完成了统计过程控制（SPC）的第一步，进而要对过程进行调整。“查出异因，采取措施，保证消除，纳入标准，不再出现。”因为，对过程进行调整的目的是将消除异因的措施“纳入标准”，以保证同样的异常原因“不再出现”，预防是对同样异因的再次出现进行预防。每消灭一个异因，对此异因而言，就起到了预防作用。如果不对过程进行调整，控制图形同虚设，也就不必搞控制图。“点出界就判异”只是完成了统计过程控制（SPC）的一半工作。对过程进行调整，尤其是“纳入标准”，蕴涵了统计过程控制（SPC）的另外一半工作，这才是统计过程控制（SPC）的价值所在。

控制图的作用是及时告警。在控制图上描点，并不能起到预防作用。要实现预防作用就必须执行上述 20 字。从这点出发，必须强调要求现场生产第一线的工程技术人员来推行和使用统计过程控制（SPC），把它作为日常工作的一部分，而质量管理人员则应该起到组织、协调、监督、检查与辅助决策的作用。

9.3.6　统计控制状态

1. 稳态

统计控制状态（State in Statistical Control），简称稳态，即过程中只有偶因没有异因的状态。稳态是生产追求的目标，因为在稳态下有下列优势：

（1）过程的质量变异是稳定的。过程处于现有的现场管理条件下的正常工作状态。

（2）对产品的质量有完全的把握（通常，控制图的控制限都在规格界限之内，故至少有 99.73% 的产品是合格品）。

（3）生产也是最经济的。偶因和异因都可以造成不合格品，但由偶因造成的不合格品要少，不合格品主要由异因造成。故在稳态下生产最经济。

通过对过程不断进行调整，稳态总是可以达到的，参见图 9-16。图9-16 每循环一次就消灭一个异因。由于异因个数有限，故从理论上讲，经过有限次循环后，就可以消灭全部异因，而达到稳态。

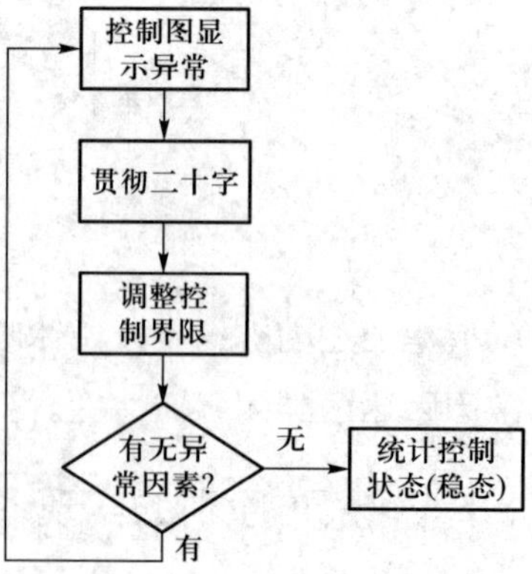

图 9-16　达到稳态的循环

2. 对控制图的第三种解释

虽然质量变异不能完全消灭，但应用控制图与执行“查出异因，采取措施，保证消除，纳入标准，不再出现”是使得生产过程处于只有偶然因素、没有异常因素状态的有效工具。

3. 推行 SPC，实现全过程的预防

一道工序达到稳态称为稳定工序，道道工序都达到稳态称为全稳生产线，统计过程控制（SPC）之所以能够保证实现全过程的预防，靠的就是全稳生产线。

统计过程控制（SPC）理论是运用统计方法对过程进行控制，既然其目的是“控制”，就要以某个标准作为基准来管理未来，常常选择稳态作为标准。稳态是统计过程控制 SPC 理论中的重要概念。

9.4 常规控制图的设计思想

9.4.1 两种错误

利用控制图对过程进行监控，不可避免地要面对两种错误。

1. 虚发警报的错误

过程正常而点子偶然超出控制界外，根据“点出界就判异”的原则，判断过程处于异常，就犯了第一种错误，亦称为虚发警报的错误。通常将犯第一种错误的概率记为 α，参见图9-17。

2. 漏发警报的错误

过程已经出现了异常，但仍会有部分产品，其质量特性值的数值大小会位于控制界内。如果抽取到这样的产品，点子就会落在控制界内，而不能判断过程出现了异常，从而犯了第二种错误，即漏发警报的错误。通常犯第二种错误的概率记为 β，参见图 9-17。

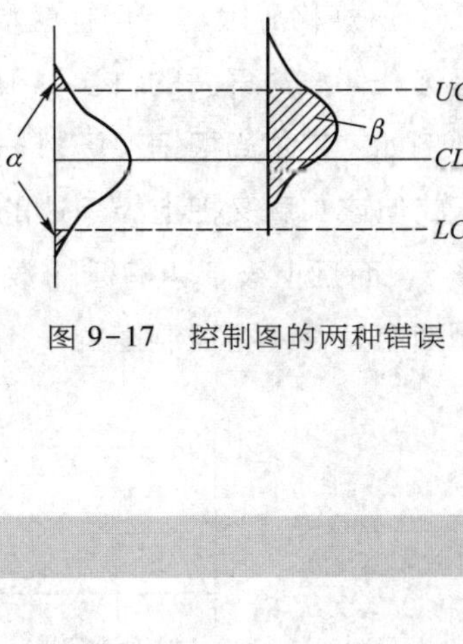

图 9-17　控制图的两种错误

9.4.2 减少两种错误所造成损失的方法

1. 解决办法

休哈特提出的常规控制图共有三根控制线，中心线 CL 居中，UCL 与 LCL 互相平行且关于 CL 对称，故能改动的只有 UCL 与 LCL 二者之间的间隔距离，参见图 9-18。

间距增大 ⇒ α减少，β增加
间距缩小 ⇒ α增加，β减少
} 故错误不可避免

图 9-18　两种错误是不可同时避免的

根据使两种错误造成的总损失最小这一点来确定控制图的最优间距。这样根据“点出界就判异”作出判断，即使有时判断错误，虚发警报，但从长远来看仍是经济的。当然，这个最优间距是随着产品不同、产地不同等引起的成本变化而变化，不存在放之四海而皆准的控制图最优间距。经验证明，休哈特所提出的 3σ 方式较好。

2. 3σ 方式

利用 3σ 方式构造常规控制图的控制限为

$$UCL=\mu+3\sigma$$

$$CL=\mu$$

$$LCL=\mu-3\sigma$$

式中，μ、σ 为统计量的总体参数。

这是常规控制图的总公式，具体应用时需要经过下列两个步骤：将 3σ 方式的公式具体化到所用的具体控制图：对总体参数进行估计。

应该注意：

（1）总体参数与样本参数不能混为一谈。对于生产的产品，其总体包括过去已制成的产品、现在正在制造的产品以及未来将要制造的产品的全体。而样本只是过去已制成产品的一部分，故总体参数的数值往往是不可能精确知道的，只能通过以往已知的数据来加以估计，而样本参数的数值则是可以获得的。

（2）规格界限不能用作控制限。规格界限是区分合格与不合格的科学界限，控制限则是区分偶波与异波的科学界限，二者完全是两码事，不能混为一谈。

例如：某邮局根据现场数据进行计算所得到的分拣差错率控制图如图9-19 左侧图形所示，但该邮局又把上级下达的分拣差错率指标作为 UCL 另搞了一张图（图 9-19 右侧图形），而且上级下达指标的数值恰巧与左侧控制图的 CL 水平相近。试分析：图 9-19 右侧图形是否还有控制图的作用？

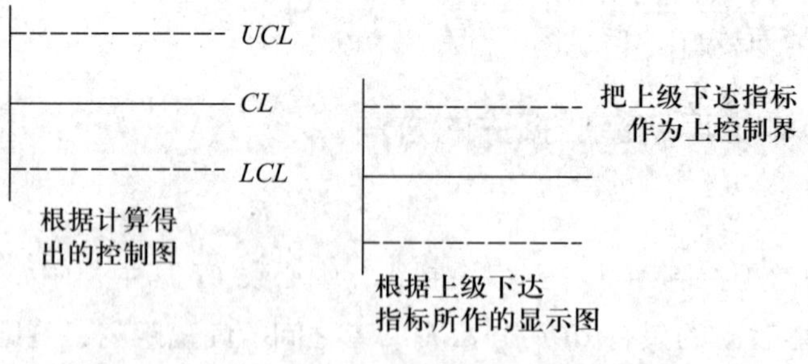

图 9-19　把上级下达指标作为上控界的图只是显示图

应用分布的观点分析如下：将左侧控制图稳态下的正态分布图形平移到右侧图中，立即可看出，在生产正常的情况下，点子超出 UCL 的概率有 50%之多，根本谈不上小概率事件，当然小概率事件原理也不可能发挥作用。故图9-19右侧的图形没有控制图的作用，而只是一张反映上级下达指标完成情况的显示图而已。

9.4.3　设计思想的具体内容

1. 常规控制图的设计思想是先定 α，再看 β

（1）按照 3σ 方式确定 UCL、LCL 就等于确定了虚发警报的概率 $\alpha=0.27\%$。当然，也有确定虚发警报的概率 $\alpha=0.2\%$ 的情况。这样，控制限 $\mu\pm3\sigma$ 就变为 $\mu\pm3.09\sigma$。但是，为了方便实际使用，大多数的常规控制图都选择 $\mu\pm3\sigma$ 作为控制限。

（2）统计假设检验 α 一般采用 1%、5%、10% 三档，但休哈特为了增强使用者的信心，把常规控制图的 α 取得特别小（若想把常规控制图的 α 取为零是不可能的，事实上，若 α 取为零，则 UCL 与 LCL 之间的间隔将为无穷大，从而 β 为 1，必然发生漏报），但这样 β 就大，故在休哈特提出常规控制图以后，人们又在判异准则“点出界就判异”的基础上，为常规控制图增加了其他的判异准则，参见本章 9.6 节。

2. 常规控制图并非依据使两种错误造成的总损失最小为原则来设计

20 世纪 80 年代，诞生了经济质量控制（Economic Quality Control，EQC）学派，这个学派的特点就是从两种错误造成的总损失最小这一点出发来设计控制图与抽样方案。其学术带头人为德国乌尔茨堡（Würzbürg）大学经济质量控制中心主任冯・考拉尼（Elart von Collani）教授。

9.5　分析用控制图与控制用控制图

鉴于稳态对质量有完全的把握，生产最经济，因而稳态是生产追求的目标。根据追求稳态所处阶段的不同，控制图可分为分析用控制图与控制用控制图两个阶段。分析用控制图的目的是对收集到的一定数据进行分析，寻找稳态。控制用控制图是对实时数据进行分析，保持稳态。

9.5.1　分析用控制图

分析用控制图的首要目的是寻找过程的稳态，即只有偶因没有异因的状态，如图 9-20 所示。从图中可见，前三个分布图形各不相同，说明还未达到稳态，在经过调整之后，后三个分布图形完全相同，已经达到了稳态。对未达到稳态的过程进行调整，运用“查出异因，采取措施，保证消除，纳入标准，不再出现”，最终达到稳态。这种稳态又称为统计稳态。

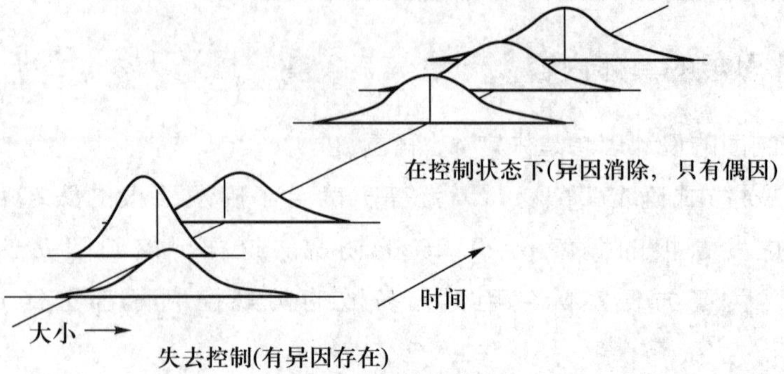

图 9-20　稳态的图示

除了统计稳态以外，还要分析过程的技术稳态。技术稳态是指过程满足技术标准、技术要求的能力，判断过程是否达到技术稳态依据的是规格界限。换言之，利用控制界限来判断过程是否处于统计稳态，利用规格界限来判断技术稳态。

衡量过程技术稳态的常用指标是过程能力指数（Process Capability Index）。荷兰学者维尔达（S. L. Wierda）把过程能力指数满足技术要求称作技术稳态，参见图 9-21。从图中可见，前三个分布图形相同，已达到了稳态，但它们的不合格品率过大，即过程能力指数太小，在经过调整后，后三个分布图形不但相同，达到了稳态，而且它们的不合格品率，即过程能力指数也同时满足了技术要求。

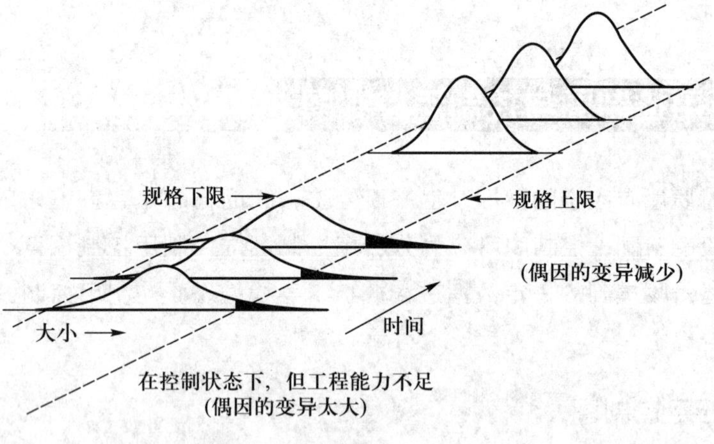

图 9-21　技术稳态的图示

从图 9-21 还可以看出，技术稳态受偶因波动情况的影响，提高技术稳态，需要通过减少偶因的波动来达到。控制图不是控制偶因的工具，因而控制图对提高过程技术稳态没有帮助。统计稳态与技术稳态这两个问题是互相独立的，需要分别进行处理。

分析用控制图的调整过程即质量不断改进的过程。

9.5.2　控制用控制图

当过程达到了可以认可的状态以后，即统计稳态和技术稳态，就从分析用控制图阶段进入了控制用控制图阶段。控制用控制图阶段的目的是保持稳态。对于常规控制图，可以将分析用控制图的控制界线延长作为控制用控制图，利用判异准则来判断过程是否异常，如果出现异常，说明过程的稳态被破坏，需要立即利用执行“查出异因，采取措施，保证消除，纳入标准，不再出现”，恢复稳态。由于稳态是生产追求的目标，保持过程的稳态是生产管理的基础，应高度重视，故由分析用控制图阶段进入控制用控制图阶段需要有正式的交接手续，有质量记录。

如果用统计的语言来描述分析用控制图阶段和控制用控制图阶段，可以认为分析用阶段是不知道总体参数，即不知道分布的阶段，需要通过大量的数据（例如，25 组数据）来估计分布及分布参数。若过程没有处于稳态，需要利用“查出异因，采取措施，保证消除，纳入标准，不再出现”，来消除异因、纳入标准，重新收集数据。若判断过程处于稳态，则得到的样本参数可以被认为是对处于统计控制状态下的过程总体参数的估计。进入控制用控制图阶段，是在已知稳态的分布和总体参数估计的情况下，保持稳态，即保持分析用控制图阶段得到的稳态时估计的分布和总体参数不变。在分析用控制图阶段，不能进行实时控制，因为它要从收集到的一段数据来估计稳态，控制用控制图阶段则可以进行实时控制，可以对每一组新收集到的数据，运用判异准则判断过程是否异常，即过程的参数是否发生变化。

控制用控制图阶段不是无限制地进行下去，而是经过一个阶段的使用后（可能是半年、一年，也可能是一个月，这段时间的长短需根据产品、过程的具体情况来确定），利用在这段时间内新收集到的数据，使用分析用控制图来重新寻找稳态，分析过程的稳态是否已经发生变化。

综上所述，如果说眼睛是人的灵魂，从一个人的眼睛可以看到人的内心世界，那么，控制图就是过程的灵魂，从控制图可以看出过程处于什么状态。日本有句质量管理的名言：“始于控制图，终于控制图”，就是这个含义。

9.6　变差的可查明原因的八种模式分析

《常规控制图》国家标准 GB/T 4091—2001 明确给出了变差的可查明原因的八种模式，如图 9-22 所示。这八种检验模式适用于均值（$\overline{X}$）图和单值（X）图。假定质量特性 X 的观测值服从正态分布。上、下控制限分别位于中心线的上、下 3σ 距离处。为了便于应用这八种模式，将控制图分为 6 个区，每个区的宽度为 1σ。6 个区的标号为 A、B、C、C、B、A，两个 A 区、B 区、C 区分别在中心线两侧，关于中心线对称。

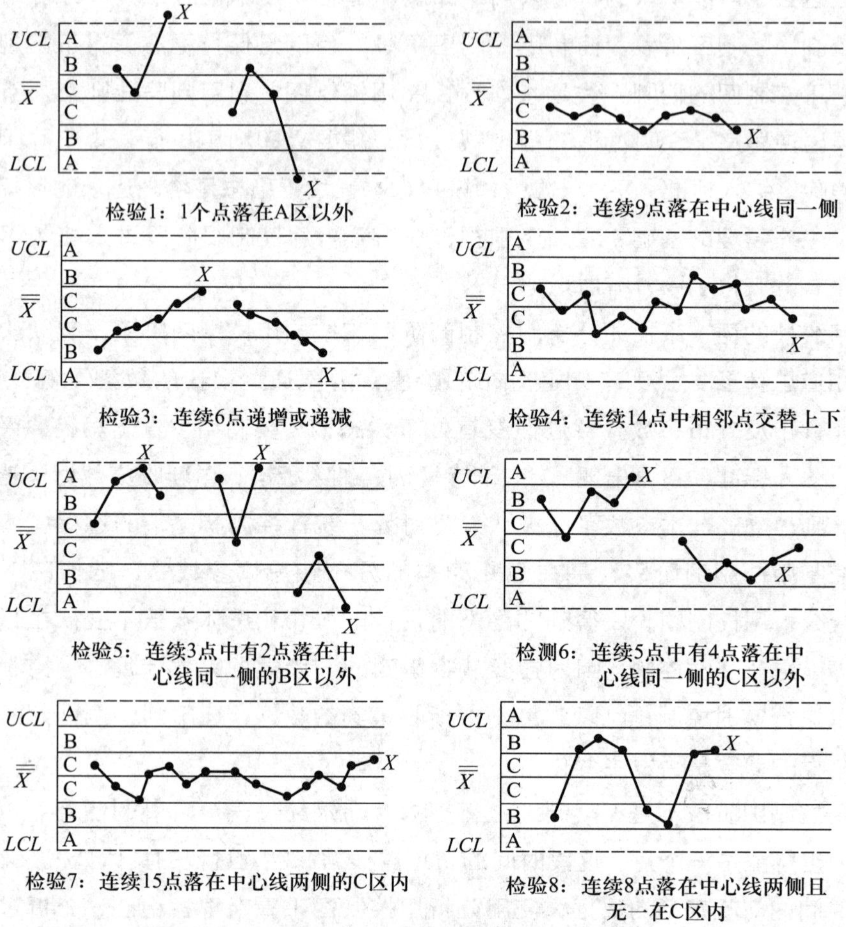

图 9-22　判断异常的检验准则

资料来源：《常规控制图》国家标准 GB/T 4091—2001

9.6.1　检验 1：1 个点落在 A 区以外

检验 1 给出了对控制图的基本解释：点出界就判异。当过程处于统计控制状态时，点子落在控制限内的概率为 99.73%，落在控制限外的概率为 1-99.73%=0.27%。

9.6.2　检验 2：连续 9 点落在中心线同一侧

当过程处于统计控制状态时，连续 9 点落在中心线同一侧的概率为

$$P（连续\ 9\ 点落在中心线同一侧）= 2\times(0.5)^9 = 0.003\,906 = 0.390\,6\%$$

即虚发警报的概率为 0.390 6%，第一类错误的概率为 α=0.390 6%。

在控制图中心线同一侧连续出现的点称为链，链可能位于中心线的上侧也可能位于下侧。注意：链必须由“连续”出现的点子构成。链中包含的点子数目称为链长。链长≥9，判断出现了异常。

注意：旧《常规控制图》国家标准 GB 4091—1983，规定出现“连续 7 点或更多点在中心线同一侧”时，判断出现了异常。新的《常规控制图》国家标准 GB/T 4091—2001，规定出现“连续 9 点落在中心线同一侧”时，判断出现了异常。分析其原因如下：

$$P(\text{连续 7 点落在中心线同一侧}) = 2\times(0.5)^7 = 0.015\,624 = 1.562\,4\%$$

因为，现在推行统计过程控制时，一般都运用计算机来处理数据，八种检验模式都要进行自动判断，从而，导致整个判断系统的虚发警报的概率 $\alpha_{总}$ 增大了。不难证明：

$$\alpha_{总} \approx \sum_i \alpha_i$$

式中，α_i为第 i 种模式的虚发警报的概率。即运用所有模式对控制图进行判断，整个判断系统的 $\alpha_{总}$ 约等于各个模式的 α 之和。为了减少整个判断系统的虚发警报的概率 $\alpha_{总}$，需要减少每个模式各自的虚发警报概率 α。

“连续 9 点落在中心线同一侧”判断出现异常的一个重要原因是：模式 2 的 $\alpha=0.390\,6\%$ 与“点出界就判异”的模式 1 的 $\alpha=0.27\%$最接近。

9.6.3　检验 3：连续 6 点递增或递减

当过程处于统计控制状态时，连续 6 点递增或递减的概率为

$$P(\text{连续 6 点递增或递减}) = \frac{2}{6!}\times(0.997\,3)^6 = 0.002\,733 = 0.273\,3\%$$

即虚发警报的概率为 0.273 3%，第一类错误的概率为 $\alpha=0.273\,3\%$。

点子逐点上升或下降的状态称为倾向或趋势。注意，递减的下降倾向，后面的点子一定要低于或等于前面的点子，否则倾向中断，需要重新起算。递增的上升倾向也是同样。

注意：旧《常规控制图》国家标准 GB 4091—1983，规定出现“连续 7 点或更多点的上升或下降趋势”时，判断出现了异常。新的《常规控制图》国家标准 GB/T 4091—2001，规定出现“连续 6 点递增或递减”时，判断出现了异常。分析其原因如下：

$$P(\text{连续 7 点或更多点的上升或下降趋势}) = \frac{2}{7!}\times(0.997\,3)^7$$
$$= 0.000\,389 = 0.038\,9\%$$

可见，“连续 6 点递增或递减”的虚发警报概率 0.273 3% 与模式 1 的虚发警报概率 $\alpha=0.27\%$ 更接近。

9.6.4　检验 4：连续 14 点中相邻点交替上下

对于“连续 14 点中相邻点交替上下”这种模式，《常规控制图》国家标准 GB/T 4091—2001 的参考文献：“Nelson，L. S.，Interpreting Shewhart $\overline{X}$ Control Chart（休哈特 $\overline{X}$ 控制图）. Journal of Quality Technology，17，No. 2，April 1985，pp. 114—116.”中有这样一段描述：

“例如：两台设备、两只纺锤、两位操作工、两台自动售货机，它们交替使用所带来的系统影响就会引发这样的现象。在记录交替倒置的鸡蛋计时器流出的沙子的时间时，也会观察到这样的现象（参见 Ott（1975）），因此，这种模式又名‘鸡蛋计时器效应’。点子数的选择依据蒙特卡洛（Monte Carlo）的试验结果，因为 14 点时虚发警报的概率（大约为 0.004）与模式 1 基本一致。”

9.6.5　检验 5：连续 3 点中有 2 点落在中心线同一侧的 B 区以外

当过程处于统计控制状态时，连续 3 点中有 2 点落在中心线同一侧的 B 区以外的概率为：

$$P（\text{点子落在中心线一侧B区以外的概率}）= \begin{cases} P(X > \mu + 2\sigma) = 1 - P(X \leqslant \mu + 2\sigma) = 1 - 0.977\,2 \\ = 0.022\,8 \\ P(X < \mu - 2\sigma) = 0.022\,8 \end{cases}$$

$$\begin{aligned} & P（\text{连续 3 点中有 2 点落在中心线同一侧的 B 区以外}） \\ & = 2 \times C_3^2 \times (1 - 0.977\,2)^2 \times 0.977\,2 \\ & = 6 \times 0.022\,8^2 \times 0.977\,2 = 0.003\,048 = 0.304\,8\% \end{aligned}$$

即虚发警报的概率为 0.304 8%，第一类错误的概率为 $\alpha = 0.304\,8\%$。

注意：旧《常规控制图》国家标准 GB 4091—1983，规定出现“连续 3 点中至少有 2 点和连续 7 点中至少有 3 点落在二倍标准差与三倍标准差控制界限之间”时，判断出现了异常。新的《常规控制图》国家标准 GB/T 4091—2001，只规定了出现“连续 3 点中有 2 点落在中心线同一侧的 B 区以外”时，判断出现了异常，没有考虑 7 点中 3 点的情况，而且，这里的 3 点中 2 点不考虑落在上下两个 B 区以外的情况。

9.6.6　检验 6：连续 5 点中有 4 点落在中心线同一侧的 C 区以外

当过程处于统计控制状态时，连续 5 点中有 4 点落在中心线同一侧的 C 区以外的概率为：

$$P(\text{点子落在中心线一侧 C 区以外的概率}) = \begin{cases} P(X > \mu + \sigma) = 1 - P(X \leqslant \mu + \sigma) = 1 - 0.841\,3 = 0.158\,7 \\ P(X < \mu - \sigma) = 0.158\,7 \end{cases}$$

$$\begin{aligned} & P(\text{连续 5 点中有 4 点落在中心线同一侧的 C 区以外}) \\ & = 2 \times C_5^4 \times (1 - 0.841\,3)^4 \times 0.841\,3 \\ & = 10 \times 0.158\,7^4 \times 0.841\,3 = 0.005\,331 = 0.533\,1\% \end{aligned}$$

即虚发警报的概率为 0.533 1%，第一类错误的概率为 $\alpha = 0.533\,1\%$。

9.6.7 检验 7：连续 15 点落在中心线两侧的 C 区内

当过程处于统计控制状态时，连续 15 点落在中心线两侧的 C 区内的概率为：

$$\begin{aligned} P(\text{连续 15 点落在中心线两侧的 C 区内}) &= (1 - 0.158\,7 \times 2)^{15} \\ &= 0.003\,26 = 0.326\% \end{aligned}$$

即虚发警报的概率为 0.326%，第一类错误的概率为 $\alpha = 0.326\%$。

对于"连续 15 点落在中心线两侧的 C 区内"这种模式，《常规控制图》国家标准 GB/T 4091—2001 的参考文献："Nelson, L. S., Interpreting Shewhart $\overline{X}$ Control Chart（休哈特 $\overline{X}$ 控制图）. Journal of Quality Technology, 17, No. 2, April 1985, pp. 114-116. "中有这样一段描述：

"初学者往往认为这样的点子形式看上去很不错。然而，这种'看上去不错'的点子形式依赖于所使用的缩放比例。所以，我们并不关心'看上去'的情况，而是关注于这种点子形式所隐含的非随机性。蒙特卡洛试验结果确定以连续 15 点为模式 7 的临界值，因为 15 点的虚发警报的概率与模式 1 基本相等。模式 7 可用于检测分层问题。为了简化，假设子组大小为 2，每个子组中的一个个体来自分布 A，子组中的另一个个体来自分布 B。如果分布 A 和分布 B 有不同的均值，那么，就使得基于极差的控制限间隔非常大。因此，并不是点子的变化不大，而是控制限太宽了。因此，应该注意：算法的错误是经常出现的，模式 7 所发出的警报其原因是分层问题。"

9.6.8 检验 8：连续 8 点落在中心线两侧且无一在 C 区内

当过程处于统计控制状态时，连续 8 点落在中心线两侧且无一在 C 区内的概率为：

$$\begin{aligned} P(\text{连续 8 点落在中心线两侧且无一在 C 区内}) &= (0.158\,7 \times 2)^{8} \\ &= 0.000\,103 = 0.010\,3\% \end{aligned}$$

即虚发警报的概率为 0.010 3%，第一类错误的概率为 $\alpha = 0.010\,3\%$。

对于"连续 8 点落在中心线两侧且无一在 C 区内"这种模式，《常规控制图》国家标准 GB/T 4091—2001 的参考文献："Nelson, L. S., Interpreting Shewhart $\overline{X}$ Control Chart（休哈特 $\overline{X}$ 控制图）. Journal of Quality Technology, 17, No. 2, April 1985, pp. 114 - 116. "中有这样一段描述：

"如果考虑模式 7 描述的两个分布，假设子组中的数据要么来自分布 A，要么来自分布 B，而不是同时来自这两个分布，那么，就会出现模式 8 所显示的情况。"

注意：旧《常规控制图》国家标准 GB 4091—1983，规定出现"连续 11 点中至少有 10 点在中心线同一侧；连续 14 点中至少有 12 点在中心线同一侧；连续 17 点中至少有 14 点在中心线同一侧；连续 20 点中至少有 16 点在中心线同一侧"时，判断出现了异常。而新的《常规控制图》国家标准 GB/T 4091—2001 中，没有与之相应的规定。

9.7　统计控制状态的判断

对于判断是否出现了异常的模式 1 来说，"点出界就判异"虽不百发百中，但也很可靠。点出界有两种可能性：一种情况是，处于统计控制状态，虚发警报，此时的概率是 0.002 7/2 = 0.001 35；另一种情况是，出现了异常，点出界，发出警告，此时的概率是 0.001 35 的几十、几百倍。根据小概率事件原理，得到了最基本的判异准则：检验 1"点出界就判异"。

在控制图上，如果一个点子落在控制限内，未出界，可否判断过程处于统计控制状态？一个界内点同样存在两种可能性：一种情况是，过程处于统计控制状态，此时点子落在界限内的概率是 0.997 3；另一种情况是，过程未处于统计控制状态，却发生了漏发警报的情况，此时出现界内点的概率是 β，如图 9-23 所示。因为，无论情况一还是情况二都不是小概率事件，无法做出过程处于统计控制状态即稳态的判断，故根据一个点子落在控制限内，并不能立即判稳。

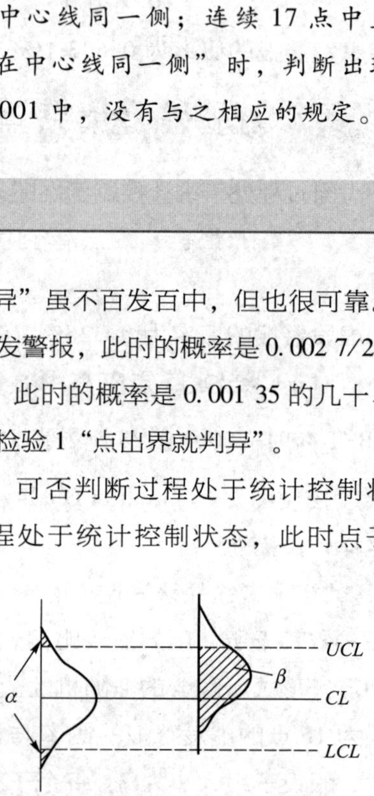

图 9-23　过程状态分析

若接连出现的 m 个点子都未出界，而且未出现 9.6 节所描述的各种模式，则情况大不相同，这时 m 个界内点出现漏发警报的概率为 $\beta_{总} = \beta^m$，要比一个点子落在界内的漏发警报的概率 β 小得多，于是根据小概率事件原理，可以判断过程处于统计控制状态。

《常规控制图》国家标准 GB/T 4091—2001 明确给出了过程改进的策略，如图 9-24 所示。

从图 9-24 可以看出，对数据的要求是：收集 25 个子组，子组大小为 4 或 5。若：点子在中心线周围随机散布，点子在控制限内，无链、趋势和其他模式，过程稳定、可预测，则过程处于统计控制状态。若：出现可查明原因，点子超出控制限，出现链、趋势、循环等，则过程未处于统计控制状态。

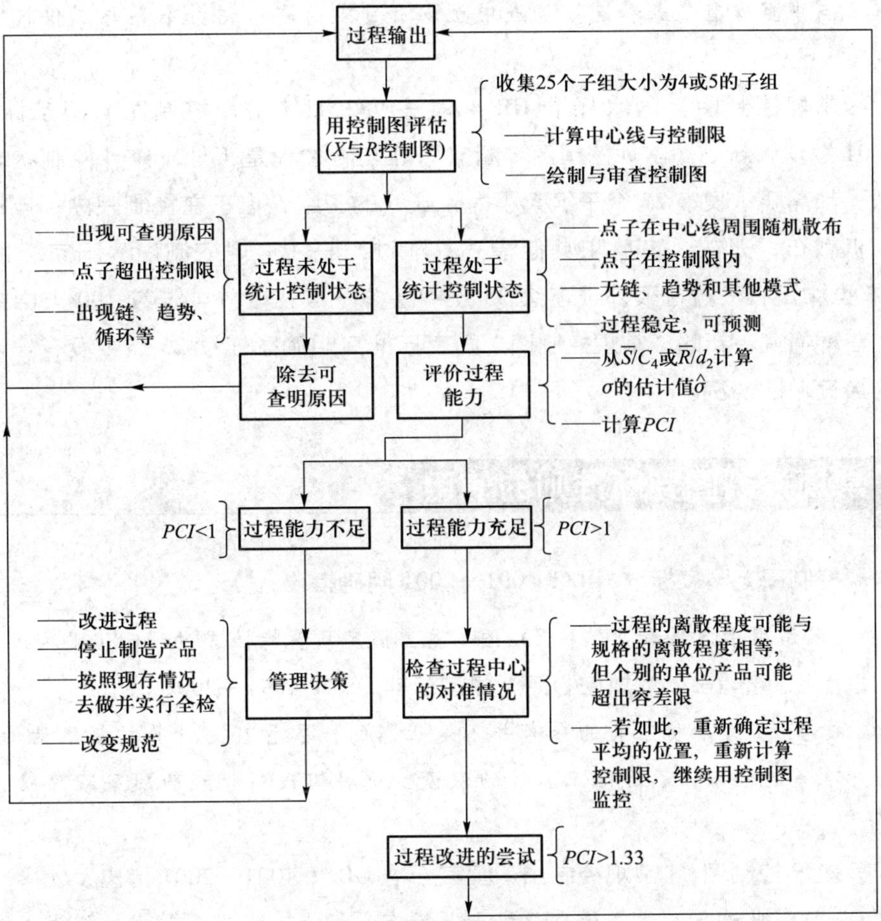

图 9-24　过程改进的策略

资料来源：《常规控制图》国家标准 GB/T 4091—2001

旧《常规控制图》国家标准 GB 4091—1983，规定：

“分析用控制图上的点子同时满足下列条件时，认为生产过程处于统计控制状态：

a. 连续 25 点中没有 1 点在限外或连续 35 点中最多 1 点在限外或连续 100 点中最多 2 点在限外；

b. 控制界限内的点子的排列无下列异常现象：

连续 7 点或更多点在中心线同一侧；

连续 7 点或更多点的上升或下降趋势；

连续 11 点中至少有 10 点在中心线同一侧；

连续 14 点中至少有 12 点在中心线同一侧；

连续 17 点中至少有 14 点在中心线同一侧；

连续 20 点中至少有 16 点在中心线同一侧；

连续3点中至少有2点和连续7点中至少有3点落在二倍标准差与三倍标准差控制界限之间。”

比较《常规控制图》国家标准 GB 4091—1983 和《常规控制图》国家标准 GB/T 4091—2001 发现，新旧《常规控制图》国家标准判断过程是否处于统计控制状态的标准基本一致，都需要：收集25个子组大小为4或5的子组；点子在控制限内；点子在中心线周围随机散布，无链、趋势和其他模式。不过，旧《常规控制图》国家标准给出了“连续25点中没有一点在限外或连续35点中最多一点在限外或连续100点中最多二点在限外”三种情况，新的《常规控制图》国家标准只明确了连续25点中没有一点在控制限外这种最简单的情况。

9.8 常规控制图判断准则的使用

《常规控制图》国家标准 GB/T 4091—2001 明确指出：

“这些检验适用于 $\overline{X}$ 图和单值（X）图。这里假定质量特性 X 的观测值服从正态分布。”

对于极差和标准差，《常规控制图》国家标准 GB/T 4091—2001 指出：

“应该注意，极差和标准差的分布并不是正态的，尽管在为计算控制限估计常数时，对极差和标准差的分布作了近似正态性的假设，这种假设对于经验决策程序而言还是令人满意的。”

对于极差 R 控制图，《常规控制图》国家标准 GB/T 4091—2001 指出：

“……与控制限进行对比，检查数据点是否有失控点，或有无异常的模式或趋势。对于极差数据中关于可查明原因的每一个征兆，分析过程的运行，以便找出原因，进行纠正，并防止它再次出现。”

对于不合格品率 p 控制图，《常规控制图》国家标准 GB/T 4091—2001 指出：

“p 图用来确定在一段时间内所提交的平均不合格品百分数。该平均值的任何变化都会引起过程操作人员和管理者的注意。p 图判断过程是否处于统计控制状态的判断方法与 $\overline{X}$ 和 R 控制图相同。若所有子组点都落在试用控制限之内，并且也未呈现出可查明原因的任何迹象，则称此过程处于统计控制状态。在这种情形下，取平均不合格品率 $\overline{p}$ 为不合格品率 p 的标准值，记为 p_0。”

综上所述，《常规控制图》国家标准 GB/T 4091—2001 的八种变差可查明原因的检验模式和判断过程是否处于统计控制状态的标准，对于 $\overline{X}$ 图和单值（X）控制图，完全适用；对于极差控制图和标准差控制图，因为对极差和标准差的分布作了近似正态性的假设，所以，可以近似使用；对于不合格品率 p 控制图、不合格品数 np 控制图、单位不合格数 u 控制图以及不合格数 c 控制图，同样在近似正态的假设条件下，可以使用。

9.9 过程能力与过程能力指数

9.9.1 过程能力

过程能力（Process Capability）以往被称为工序能力，是指过程的加工水平满足技术标准的能力，它是衡量过程加工内在一致性的标准。过程能力与生产能力不同，生产能力是加工数量方面的能力。过程能力取决于人、机、料、法、环而与公差无关。

当过程处于统计控制状态时，过程的计量特性值有 99.73%落在 $\mu \pm 3\sigma$ 的范围内，其中：μ 为过程特性值的总体均值，σ 为过程特性值的总体标准差，也即有 99.73%的过程特性观测值落在上述 6σ 范围内，这几乎包括了全部观测值。故通常用统计控制状态下的 6 倍标准差（6σ）表示过程能力。显然，它的数值越小越好。

9.9.2 过程能力指数

过程能力指数（Process Capability Index）表示过程能力满足技术标准（产品规格、公差）的程度，一般记为 PCI 或 C_p 。

1. 双侧规格的过程能力指数

对于双侧规格的情况，过程能力指数 C_p的计算公式如下：

$$C_p = \frac{T}{6\sigma} = \frac{T_U - T_L}{6\sigma}$$

其中，T 为技术规格的公差幅度；T_U、T_L分别为上、下规格限，上规格限可记为 T_U，亦可记为 UTL（Upper Tolerance Limit）或 USL（Upper Specification Limit），下规格限可记为 T_L，亦可记为 LTL（Lower Tolerance Limit）或 LSL（Lower Specification Limit）；σ 为统计控制状态下过程特性值的标准差，可通过平均统计控制状态下的组内变差来进行估计，由 $\bar{s}/c_4$ 或 $\bar{R}/d_2$ 给出。其中，c_4和 d_2可通过查常规控制图的计量型控制图控制限的系数表得到，参见后面的表 9-5。

上述过程能力指数的定义中，T 反映了技术标准与技术要求（可以看作顾客的要求），而 6σ 反映了过程能力（即过程的加工能力），所以，在过程能力指数 C_p中，将 6σ 与 T 比较反映了过程能力满足技术标准的程度，即过程的加工水平满足顾客要求的程度。如果过程特性的观测值超出技术标准、技术要求，就认定为不合格。过程不合格品率与过程能力指数一一对应。

根据 6σ 与 T 的比较结果可以得到图 9-25 所示的三类典型情况。C_p值越大，表明过程能力越高，这时，对统计控制状态的人、机、料、法、环、测的要求也越高，相应的成本也会越大。当 $T=6\sigma$、$C_p=1$ 时，如果过程出现波动，就会带来分布中心的偏移，过程不合格品率增加，因此，通常要求 C_p 大于 1。但是，由于不同行业的技术水平不同、顾客要求也不同，因此对过程能力指数很难给出一个放之四海而皆准的优劣标准。图 9-26 给出了几种典型 C_p 值情况下质量特性值正态分布的图形，当然还应该补充：$C_p=2$，$\sigma=0.5$，$p=2\text{ppb}=2\times10^{-9}$的情况。

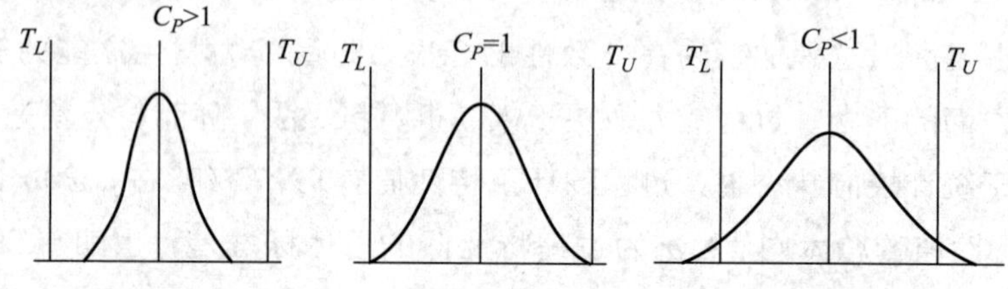

图 9-25 各种情况下的 C_p 值

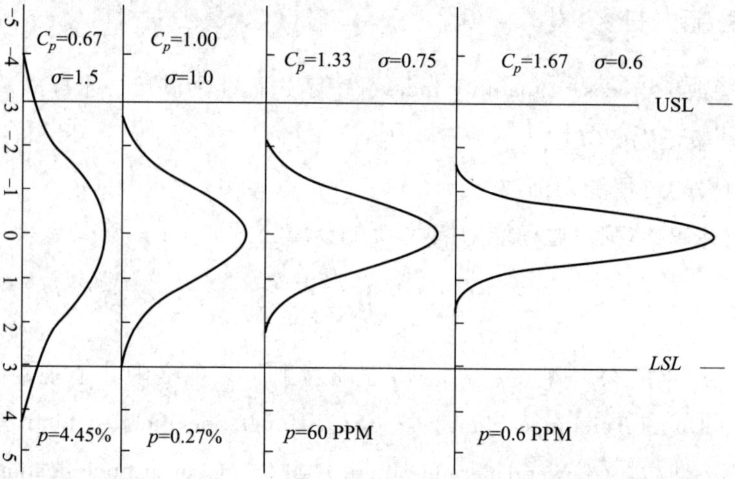

图 9-26 典型 C_p 值情况下质量特性值正态分布的图形

2. 单侧规格的过程能力指数

若只有规格上限的要求，而对规格下限无要求，则单侧规格的过程能力指数如下：

$$C_{pU}=\frac{T_U-\mu}{3\sigma}$$

其中，C_{pU}为上单侧过程能力指数。若 $\mu\geqslant T_U$，令 $C_{pU}=0$，表示过程能力严重不足，不合格品率高达 50%以上。

若只有规格下限的要求，而对规格上限无要求，则单侧规格的过程能力指数如下：

$$C_{pL}=\frac{\mu-T_L}{3\sigma}$$

其中，C_{pL}为下单侧过程能力指数。若$\mu \leqslant T_L$，令$C_{pL}=0$，表示过程能力严重不足，不合格品率高达 50%以上。

3. 有偏移情况的过程能力指数

当过程特性值的分布均值μ与公差中心M不重合（即有偏移）时，如图9-27所示，显然不合格品率（如图上的P_U）增大，也即C_p值降低，已不能反映有偏移的实际情况，需要加以修正。定义分布中心μ与公差中心M的偏移为$\varepsilon=|M-\mu|$，以及μ与M的偏移度K为

$$K=\frac{\varepsilon}{T/2}=\frac{2\varepsilon}{T}$$

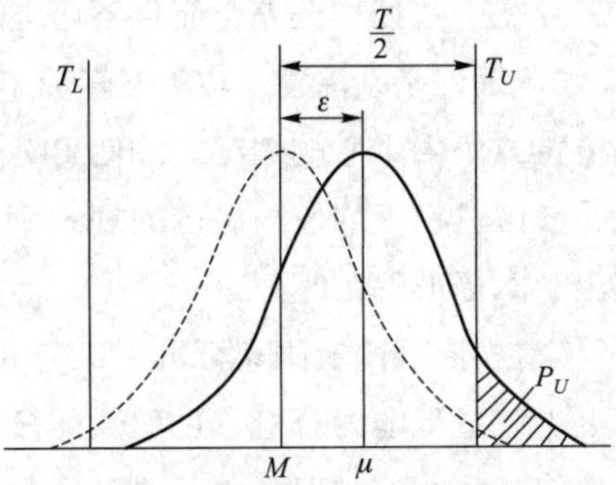

图 9-27　过程特性值的均值μ与公差中心M不重合的情形

则有偏移的过程能力指数为

$$C_{pk}=(1-K)C_p=(1-K)\frac{T}{6\sigma}$$

可以证明，$C_{pk}=(1-K)\dfrac{T}{6\sigma}=\min\left(\dfrac{T_U-\mu}{3\sigma},\dfrac{\mu-T_L}{3\sigma}\right)$

当$\mu=M$（即分布中心与公差中心重合，无偏移）时，$K=0$，则$C_{pk}=C_p$；而当$\mu=T_U$或$\mu=T_L$时，$K=1$，$C_{pk}=0$，表示分布中心μ与公差中心M偏移极端严重，需要立即采取措施加以纠正。

9.9.3　过程能力分析的条件

《常规控制图》国家标准 GB/T 4091　2001 的第 8 章对过程能力进行了下列论述：

“过程控制系统的功能就是当变差异常的可查明原因出现时发出统计信号。通过持续的努力，系统地消除引起变差异常的可查明原因，最终使过程进入统计控制状态。一旦过程在统计控制状态下运行，过程的性能就可预测，并且过程满足规范的能力就能够加以评估。

“过程能力决定于由一般原因引起的总变差，即消除所有可查明原因后所能达到的最小变差。过程能力反映了当过程处于统计控制状态时所表现出来的过程自身的性能。既然如此，在评估过程能力之前，首先必须将过程调整到统计控制状态。即，只有在$\overline{X}$和R图都达到统计控制状态后，才能开始评估过程能力；也就是说，这时特殊原因已经被识别、分析、纠正、防止再出现，并且当前的控制图已经反映出过程处于统计控制状态，最好通过至少 25 个以往子组来表明这一点。通常，将过程输出的分布与工程规范进行比较，以确定过程是否能够一致性地满足这些规范。

“过程能力通常是由过程能力指数PCI（或C_p）来度量，其公式如下：

$$PCI=\frac{\text{规定的容差}}{\text{过程离散程度}}=\frac{UTL-LTL}{6\hat{\sigma}}$$

式中，UTL 为上容差限；LTL 为下容差限；$\hat{\sigma}$ 通过平均组内变差来估计，由 $\overline{s}/c_4$ 或 $\overline{R}/d_2$ 给出。

“PCI 值小于 1 表示过程不满足规范要求，过程能力不足；$PCI=1$ 则意味着过程刚好满足规范要求，过程能力刚刚够。在实际工作中，通常取 $PCI=1.33$ 为最小可接受值，因为总存在一些抽样误差，而且不可能存在永远完全处于统计控制状态的过程。

“但是，必须注意，PCI 仅度量了容差限与过程离散程度之间的关系；而未考虑过程的位置或集中中心的情况。即使 PCI 值很高，也可能有一定比率的数值超出规范限。为此，考虑过程平均值与最近的规定限之间的间距是重要的。关于这个问题更深入的探讨超出了本标准的范围。”

《常规控制图》国家标准 GB/T 4091—2001 明确指出：只有处于统计控制状态时，才可以进行过程能力分析、过程性能预测，即在评估过程能力之前，必须先将过程调整到统计控制状态。过程能力反映了当过程处于统计控制状态时所表现出来的过程自身的性能。过程能力通常是由过程能力指数 PCI（或 C_p）来度量。

9.10　常规控制图及其应用

9.10.1　常规控制图的类型

常规控制图主要有两种类型：计量控制图和计数控制图。

1. 计量控制图

计量控制图主要包括：均值（$\overline{X}$）—极差（R）控制图、均值（$\overline{X}$）—标准差（s）控制图、中位数（M_e）—极差（R）控制图、单值（X）—移动极差（R_s）控制图。

计量数据是指对于所考察子组中每个单位产品的特性值的数值大小进行测量和记录所获得的观测值，如以米（m）为单位表示的长度、以欧姆（Ω）为单位表示的电阻、以分贝（dB）为单位表示的噪声等。《常规控制图》国家标准 GB/T 4091—2001 假定观测值服从正态分布。正态分布的参数均值 μ 与标准差 σ 互相独立，控制正态分布需要分别控制 μ 与 σ，故每种计量控制图都有两张，前者控制均值 μ，后者控制标准差 σ。

《常规控制图》国家标准 GB/T 4091—2001 将每种控制图又分为标准值未给定和标准值给定的两种情况，表 9-4 给出了常规计量控制图控制限公式的汇总表。在分析用控制图阶段，总体参数未知，需要应用样本参数加以估计，可利用标准值未给定的控制限公式。在控制用控制图阶段，若已经得到了统计控制状态下的总体参数，可利用标准值给定的控制限公式。

表 9-4　常规计量控制图控制限公式汇总表

控制图名称	标准值给定的控制限（假如 μ、σ_0 已知）	标准值未给定的控制限
均值—极差控制图（$\overline{X}$—R）	$\begin{cases} UCL_{\overline{X}} = \mu + A\sigma_0 \\ CL_{\overline{X}} = \mu \\ LCL_{\overline{X}} = \mu - A\sigma_0 \end{cases}$ $\begin{cases} UCL_R = D_2\sigma_0 \\ CL_R = d_2\sigma_0 \\ LCL_R = D_1\sigma_0 \end{cases}$	$\begin{cases} UCL_{\overline{X}} = \overline{\overline{X}} + A_2\overline{R} \\ CL_{\overline{X}} = \overline{\overline{X}} \\ LCL_{\overline{X}} = \overline{\overline{X}} - A_2\overline{R} \end{cases}$ $\begin{cases} UCL_R = D_4\overline{R} \\ CL_R = \overline{R} \\ LCL_R = D_3\overline{R} \end{cases}$
均值—标准差控制图（$\overline{X}$—s）	$\begin{cases} UCL_{\overline{X}} = \mu + A\sigma_0 \\ CL_{\overline{X}} = \mu \\ LCL_{\overline{X}} = \mu - A\sigma_0 \end{cases}$ $\begin{cases} UCL_s = B_6\sigma_0 \\ CL_s = c_4\sigma_0 \\ LCL_s = B_5\sigma_0 \end{cases}$	$\begin{cases} UCL_{\overline{X}} = \overline{\overline{X}} + A_3\overline{s} \\ CL_{\overline{X}} = \overline{\overline{X}} \\ LCL_{\overline{X}} = \overline{\overline{X}} - A_3\overline{s} \end{cases}$ $\begin{cases} UCL_s = B_4\overline{s} \\ CL_s = \overline{s} \\ LCL_s = B_3\overline{s} \end{cases}$
单值—移动极差控制图（X—R_s）	$\begin{cases} UCL_X = \mu + 3\sigma_0 \\ CL_X = \mu \\ LCL_X = \mu - 3\sigma_0 \end{cases}$ $\begin{cases} UCL_{R_s} = 3.686\sigma_0 \\ CL_{R_s} = 1.128\sigma_0 \\ LCL_{R_s} = - \end{cases}$	$\begin{cases} UCL_X = \overline{X} + 2.66\overline{R}_s \\ CL_X = \overline{X} \\ LCL_X = \overline{X} - 2.66\overline{R}_s \end{cases}$ $\begin{cases} UCL_{R_s} = 3.267\overline{R} \\ CL_{R_s} = \overline{R} \\ LCL_{R_s} = - \end{cases}$
中位数—极差控制图（$\widetilde{X}$—R）（中位数 $\widetilde{X}$ 亦记为 Me）	—	$\begin{cases} UCL_{Me} = \overline{\widetilde{X}} + A_4\overline{R} \\ CL_{Me} = \overline{\widetilde{X}} \\ LCL_{Me} = \overline{\widetilde{X}} - A_4\overline{R} \end{cases}$ $\begin{cases} UCL_R = D_4\overline{R} \\ CL_R = \overline{R} \\ LCL_R = D_3\overline{R} \end{cases}$

控制限公式中的系数参见表 9-5 和表 9-6。

表 9-5　计量控制图控制限的系数表

样本大小	均值控制图			标准差控制图						极差控制图							中位数控制图	
	控制界限系数			中心线系数		控制界限系数				中心线系数			控制界限系数				控制界限系数	
n	A_1	A_2	A_3	c_4	I/c_4	B_3	B_4	B_5	B_6	d_2	I/d_2	d_3	D_1	D_2	D_3	D_4	m_3	m^3A_2
2	2.121	1.880	2.659	0.797 9	1.253 3	0	3.267	0	2.606	1.128	0.886 5	0.853	0	3.686	0	3.267	1.000	1.880
3	1.732	1.023	1.954	0.886 2	1.128 4	0	2.568	0	2.276	1.693	0.590 7	0.888	0	4.358	0	2.574	1.160	1.187
4	1.500	0.729	1.628	0.921 3	1.085 4	0	2.266	0	2.088	2.059	0.485 7	0.880	0	4.698	0	2.282	1.092	0.796
5	1.342	0.577	1.427	0.940 0	1.063 8	0	2.089	0	1.964	2.326	0.429 9	0.864	0	4.918	0	2.115	1.198	0.691
6	1.225	0.483	1.287	0.951 5	1.051 0	0.030	1.970	0.029	1.874	2.534	0.394 6	0.848	0	5.078	0	2.004	1.135	0.549
7	1.134	0.419	1.182	0.959 4	1.042 3	0.118	1.882	0.113	1.806	2.704	0.369 8	0.833	0.204	5.204	0.076	1.924	1.214	0.509
8	1.061	0.373	1.099	0.965 0	1.036 3	0.185	1.815	0.179	1.751	2.847	0.351 2	0.820	0.388	5.306	0.136	1.864	1.160	0.432
9	1.000	0.337	1.032	0.969 3	1.031 7	0.239	1.761	0.232	1.707	2.970	0.336 7	0.808	0.547	5.393	0.184	1.816	1.223	0.412
10	0.949	0.308	0.975	0.972 7	1.028 1	0.284	1.716	0.276	1.669	3.078	0.324 9	0.797	0.687	5.469	0.223	1.777	1.176	0.363
11	0.905	0.285	0.927	0.975 4	1.025 2	0.321	1.679	0.313	1.637	3.173	0.315 2	0.787	0.811	5.535	0.256	1.744		
12	0.866	0.266	0.886	0.977 6	1.022 9	0.354	1.646	0.346	1.610	3.258	0.306 9	0.778	0.922	5.594	0.283	1.717		
13	0.832	0.249	0.850	0.979 4	1.021 0	0.382	1.618	0.374	1.585	3.336	0.299 8	0.770	1.025	5.647	0.307	1.693		
14	0.802	0.235	0.817	0.981 0	1.019 4	0.406	1.594	0.399	1.563	3.407	0.293 5	0.763	1.118	5.696	0.328	1.672		

资料来源：《常规控制图》国家标准 GB/T 4091—2001。

表 9-6　A_4 的值

n	2	3	4	5	6	7	8	9	10
A_4	1.88	1.19	0.80	0.69	0.55	0.51	0.43	0.41	0.36

资料来源：《常规控制图》国家标准 GB/T 4091—2001。

下面简单说明各种常规计量控制图的用途：

（1）$\overline{X}$—R 控制图。对于计量数据而言，这是最常用、最基本的控制图。它用于控制对象为长度、重量、强度、纯度、时间和生产量等计量值的场合。

均值 $\overline{X}$ 控制图主要用于观察正态分布均值的变化，极差 R 控制图用于观察正态分布的分散情况，即质量波动的情况。$\overline{X}$—R 控制图将二者联合运用，用于观察正态分布的变化。

（2）$\overline{X}$—s 控制图与 $\overline{X}$—R 图相似，只是用标准差控制图（s 图）代替极差控制图（R 图）。因为子组极差 R 的计算远比子组标准差 s 简便，所以 R 图得以广泛应用。但是当子组大小 $n>10$ 时，极差对数据的利用效率大为降低，需要应用标准差 s 图来代替极差 R 图。现在计算机的使用非常普及，标准差的烦琐计算已不成问题，故 $\overline{X}$—s 控制图的应用越来越广泛。因为，子组标准差 s 能够充分利用子组的信息，所以，$\overline{X}$—R 控制图可由 $\overline{X}$—s 控制图代替。但需要手工绘制控制图时，一般还是选用 $\overline{X}$—R 控制图。

（3）$\tilde{X}$—R 控制图与 $\overline{X}$—R 图也很相似，只是用中位数控制图（Me 图）代替均值控制图（$\overline{X}$ 图）。所谓中位数，即指把一组数据按大小顺序排列后居中的数。例如，在数列 2、3、7、13、18 中，中位数为 7。又如，在数列 2、3、7、9、13、18 中，共有偶数个数据，中位数为中间两个数的均值，即（7+9）/2＝8。由于中位数的计算比均值简单，所以多用于控制图诞生之初、现场需要把测定数据直接记入控制图进行控制的场合。当然，为了简便，一般规定数据取奇数个。现在由于计算机、计算器的普及，$\overline{X}$ 的计算已不成问题，故 $\tilde{X}$—R 控制图已经很少在实际应用中见到。

（4）X—R_s 控制图多用于下列场合：对每件产品都进行检验，采用自动化检查和测量的场合；取样费时、昂贵的场合；如化工等气体与液体流程式过程，样品均匀，多抽样也无太大意义的场合。总之，子组大小为 1，每个子组只有一个数据。由于它不能像前三种控制图那样可以得到较多的子组信息，所以，使用前后数据的移动极差作为对波动的控制。X—R_s 控制图判断过程变化的灵敏度要略差一些。

2. 计数控制图

计数控制图主要包括：不合格品率（p）控制图、不合格品数（np）控制图、单位产品不合格数（u）控制图（旧称：单位缺陷数控制图）、不合格数（c）控制图（旧称：缺陷数控制图）。

计数数据记录了子组中具有某种特性（或属性）的个体的数量，记录了一件产品或一定面积内某种事件发生的次数。通常，获得计数数据方便快捷而且成本低，常常不需要专门的技术。计数控制图用于控制离散数据。因为离散数据的分布，如二项分布、泊松分布，都只有一个独立的参数，即平均值水平，可能是不合格品率，也可能是单位个体中的不合格数，故使用一张控制图就足够了。p 图和 np 图基于二项分布，c 图和 u 图基于泊松分布。

依据 ISO 9000 中对"缺陷"和"不合格"的定义，《常规控制图》国家标准 GB/T 4091—2001 未再使用旧国标中缺陷数控制图、单位缺陷数控制图的名称，而使用了不合格数控制图、单位产品不合格数控制图的名称。

《常规控制图》国家标准 GB/T 4091—2001 将每种控制图分为标准值未给定和标准值给定的两种情况，表 9-7 分别给出了常规计数控制图控制限公式的汇总表。在分析用控制图阶段，总体参数未知，需要应用样本参数加以估计，可利用标准值未给定的控制限公式。在控制用控制图阶段，若已经得到了统计控制状态下的总体参数，可利用标准值给定的控制限公式。

表 9-7　常规计数控制图汇总表

控制图名称	标准值给定的控制限	标准值未给定的控制限
不合格品率控制图（p）	$\begin{cases} UCL_p = p_0 + 3\sqrt{p_0(1-p_0)/n} \\ CL_p = p_0 \\ LCL_p = p_0 - 3\sqrt{p_0(1-p_0)/n} \end{cases}$	$\begin{cases} UCL_p = \bar{p} + 3\sqrt{\bar{p}(1-\bar{p})/n} \\ CL_p = \bar{p} \\ LCL_p = \bar{p} - 3\sqrt{\bar{p}(1-\bar{p})/n} \end{cases}$
不合格品数控制图（np）	$\begin{cases} UCL_{np} = np_0 + 3\sqrt{np_0(1-p_0)} \\ CL_{np} = np_0 \\ LCL_{np} = np_0 - 3\sqrt{np_0(1-p_0)} \end{cases}$	$\begin{cases} UCL_{np} = n\bar{p} + 3\sqrt{n\bar{p}(1-\bar{p})} \\ CL_{np} = n\bar{p} \\ LCL_{np} = n\bar{p} - 3\sqrt{n\bar{p}(1-\bar{p})} \end{cases}$
单位不合格数控制图（u）	$\begin{cases} UCL_u = u_0 + 3\sqrt{u_0/n} \\ CL_u = u_0 \\ LCL_u = u_0 - 3\sqrt{u_0/n} \end{cases}$	$\begin{cases} UCL_u = \bar{u} + 3\sqrt{\bar{u}/n} \\ CL_u = \bar{u} \\ LCL_u = \bar{u} - 3\sqrt{\bar{u}/n} \end{cases}$
不合格数控制图（c）	$\begin{cases} UCL_c = c_0 + 3\sqrt{c_0} \\ CL_c = c_0 \\ LCL_c = c_0 - 3\sqrt{c_0} \end{cases}$	$\begin{cases} UCL_c = \bar{c} + 3\sqrt{\bar{c}} \\ CL_c = \bar{c} \\ LCL_c = \bar{c} - 3\sqrt{\bar{c}} \end{cases}$

简单说明各种常规计数控制图的用途：

（1）p 控制图。用于控制对象为不合格品率或合格品率等计数值质量指标的场合。这里需要注意的是，在根据多种检查项目综合起来确定不合格品率的情况，当控制图显示异常后难以找出异常的原因。因此，使用 p 图时应选择重要的检查项目作为判断不合格品的依据。常见的不良率有不合格品率、废品率、交货延迟率、缺勤率，邮电、铁道部门的各种差错率等。

（2）np 控制图。用于控制对象为不合格品数的场合。设 n 为子组大小，p 为不合格品率，则 np 为不合格品个数。故取 np 作为不合格品数控制图的简记记号。当子组大小 n 变化时，np 控制图的三条控制限都成为凹凸状，作图很困难，故要求只有在子组大小相同的情况下，才应用 np 图。若子组大小变化时，应用 p 图。

（3）c 控制图。用于控制一部机器、一个部件、一定的长度、一定的面积或任何一定的单位中所出现的不合格数目。如布匹上的疵点数、铸件上的砂眼数、机器设备的缺陷数或故障次数、电子设备的焊接不良数、传票的误记数、每页印刷错误数、办公室的差错次数等。

（4）u 控制图。当数据的基本单位确定时，也即子组大小保持不变时，可以应用 c 控制图；当子组大小变化时，则须将数据换算为平均每单位的不合格数，使用 u 控制图。例如，在制造厚度为 2 mm 的钢板的生产过程中，一批样品是 2 m^2的，下一批样品是 3 m^2的，这时就应将数据都换算为每平方米的平均不合格数，然后再运用 u 控制图进行控制。

下面对常规控制图略作总结：

（1）计量控制图：由于现在计算工具的便利，$\overline{X}$—s 控制图的计算困难已经可以解决，而且不论子组大小 n 是否大于 10，$\overline{X}$—s 图计算的结果都是精确的，故 $\overline{X}$—s 图完全可以代替 $\overline{X}$—R 图。$\tilde{X}$—R 控制图是为了简化计算提出的，现在有了计算机以及计算器等辅助计算工具，$\tilde{X}$—R 在实际工作中已经很少使用了。

（2）计数控制图：可以应用 np 控制图的场合，也可以应用 p 控制图。同样，应用 c 控制图的场合也可以应用 u 控制图。当子组大小变化时，p 图、u 图的控制界会呈凹凸状，不但作图不便，而且难于判异、判稳，故通常进行适当的处理。

因此，常规控制图真正经常使用的是 $\overline{X}$—s 控制图、X—R_s 控制图、p 控制图与 u 控制图。

9.10.2　均值—极差（$\overline{X}$—R）控制图

$\overline{X}$—R 控制图一直是手工绘制控制图，是最常用、最重要的计量控制图。

1. $\overline{X}$—R 图的特点

$\overline{X}$—R 图具有下列特点：

（1）适用范围广。

① $\overline{X}$ 图：若 X 服从正态分布，则易证 $\overline{X}$ 也服从正态分布。若 X 不服从正态分布，根据中心极限定理，可证 $\overline{X}$ 近似服从正态分布。实际收集的数据往往没有进行正态性检验，正是 $\overline{X}$ 近似服从正态分布这一重要性质，才使 $\overline{X}$ 控制图得以广泛应用。

② R 图：计算机模拟可以证实，只要 X 不是非常不对称，则 R 的分布无大的变化，故 R 图适用范围广。

$\overline{X}$—R 图对数据没有严格的正态性要求，对计量值数据普遍适用。

（2）灵敏度高。

① $\overline{X}$ 图：由于偶波的存在，一个子组中的 n 个观测值（n 为子组大小）的数值 X 通常不会都相等，而是有的比均值偏大，有的偏小，这样当它们加起来求平均值时，偶波会被抵消一部分，使 $\overline{X}$ 的标准差减小，若 $X\sim N(\mu,\sigma^2)$，则 $\overline{X}\sim N\left(\mu,\dfrac{\sigma^2}{n}\right)$，从而 $\overline{X}$ 控制图上下控制限的间距缩小。但对于异波而言，由于一般异波所产生的变异往往是同方向的，要么偏大，要么偏小，故求平均值的操作对其并无影响，因此，当过程出现异常时，异因带来的变异更容易打点出界，灵敏度更高。

② R 图：无此优点。

2. $\overline{X}$—R 图的设计

（1）$\overline{X}$ 图的控制限。设过程处于稳态，$X\sim N(\mu,\sigma^2)$，则易证 $\overline{X}\sim N(\mu,\sigma^2/n)$，$n$ 为子组大小。若 μ 和 σ 已知，则 $\overline{X}$ 图的控制限为：

$$UCL_{\overline{X}}=\mu_{\overline{X}}+3\sigma_{\overline{X}}=\mu+3\sigma/\sqrt{n}$$

$$CL_{\overline{X}}=\mu_{\overline{X}}=\mu$$

$$LCL_{\overline{X}}=\mu_{\overline{X}}-3\sigma_{\overline{X}}=\mu-3\sigma/\sqrt{n}$$

令 $A=\dfrac{3}{\sqrt{n}}$，则

$$UCL_{\overline{X}}=\mu+A\sigma$$

$$CL_{\overline{X}}=\mu$$

$$LCL_{\overline{X}}=\mu-A\sigma$$

若 μ，σ 未知，则需对其进行估计，即

$$UCL_{\overline{X}} = \mu_{\overline{X}} + 3\sigma_{\overline{X}} = \mu + 3\sigma/\sqrt{n} \approx \hat{\mu} + 3\hat{\sigma}/\sqrt{n}$$

$$CL_{\overline{X}} = \mu_{\overline{X}} \approx \hat{\mu}$$

$$LCL_{\overline{X}} = \mu_{\overline{X}} - 3\sigma_{\overline{X}} = \mu - 3\sigma/\sqrt{n} \approx \hat{\mu} - 3\hat{\sigma}/\sqrt{n}$$

式中，符号“^”表示估计值。

为了求出估计值 $\hat{\mu}$ 和 $\hat{\sigma}$，需要收集预备数据如表 9-8 所示。依据表9-8的数据可求得，总平均值

$$\overline{\overline{X}} = \frac{1}{m}\sum_{i=1}^{m}\overline{X}_i \qquad m\text{ 为子组数}$$

子组极差

$$R_i = X_{i\max} - X_{i\min}$$

平均极差

$$\overline{R} = \frac{1}{m}\sum_{i=1}^{m}R_i$$

由数理统计可以证明

$$\hat{\mu} = \overline{\overline{X}}$$

$$\hat{\sigma} = \frac{\overline{R}}{d_2}$$

式中，d_2是与子组大小 n 有关的修正系数，可查表 9-5 得到。于是，$\overline{X}$ 图的控制限为

$$UCL_{\overline{X}} = \mu + 3\sigma/\sqrt{n} \approx \hat{\mu} + 3\hat{\sigma}/\sqrt{n} = \overline{\overline{X}} + \frac{3\overline{R}}{d_2\sqrt{n}} = \overline{\overline{X}} + A_2\overline{R}$$

$$CL_{\overline{X}} = \mu \approx \hat{\mu} = \overline{\overline{X}}$$

$$LCL_{\overline{X}} = \mu - 3\sigma/\sqrt{n} \approx \hat{\mu} - 3\hat{\sigma}/\sqrt{n} = \overline{\overline{X}} - \frac{3\overline{R}}{d_2\sqrt{n}} = \overline{\overline{X}} - A_2\overline{R}$$

式中，$A_2 = \dfrac{3}{d_2\sqrt{n}}$，可查表 9-5 直接得到。

表 9-8　预 备 数 据

组号	观测值					子组均值	子组极差	说明
i	X_{i1}	X_{i2}	X_{i3}	X_{i4}	X_{i5}	$\overline{X}_i = \sum_{j=1}^{n} X_{ij}$	R_i	$i=1, \cdots, m$ 以 $n=5$ 为例

（2）R 图的控制限。从常规控制图的 3σ 方式，可以得出

$$UCL_R = \mu_R + 3\sigma_R$$
$$CL_R = \mu_R$$
$$LCL_R = \mu_R - 3\sigma_R$$

若 μ、σ 已知，则可以得到

$$UCL_R = D_2\sigma$$
$$CL_R = d_2\sigma$$
$$LCL_R = D_1\sigma$$

注意：表 9-5 中 D_1为 0 的情况表示下控制限 LCL 为负值，因不存在 σ 为负的情况，故取 $LCL=0$ 为极差 R 控制图的自然下界。

若 μ、σ 未知，则需对其进行估计，即

$$UCL_R = \mu_R + 3\sigma_R \approx \hat{\mu}_R + 3\hat{\sigma}_R$$
$$CL_R = \mu_R \approx \hat{\mu}_R$$
$$LCL_R = \mu_R - 3\sigma_R \approx \hat{\mu}_R - 3\hat{\sigma}_R$$

由数理统计可以证明

$$\hat{\mu}_R = \overline{R}$$

$$\hat{\sigma}_R = d_3\hat{\sigma} = \frac{d_3\overline{R}}{d_2}$$

其中：d_2和 d_3是与子组大小 n 有关的常数，可查表 9-5 得到。于是，

$$UCL_R = \overline{R} + 3d_3\overline{R}/d_2 = (1 + 3d_3/d_2)\overline{R} = D_4\overline{R}$$
$$CL_R = \overline{R}$$
$$LCL_R = \overline{R} - 3d_3\overline{R}/d_2 = (1 - 3d_3/d_2)\overline{R} = D_3\overline{R}$$

式中，系数 D_3、D_4分别为

$$D_3 = 1 - 3d_3/d_2$$
$$D_4 = 1 + 3d_3/d_2$$

D_3、D_4为与子组大小 n 有关的系数，可查表 9-5 得到。注意：D_3为 0 表示下控制限 LCL 为负值，因不存在 σ 为负的情况，故取 $LCL=0$ 为极差 R 控制图的自然下界。

（3）$\overline{X}$—R 控制图的使用。现在讨论当 μ、σ 未知时，使用 $\overline{X}$ 图与 R 图的步骤。μ、σ 未知时 $\overline{X}$ 图与 R 图的控制限为

$$UCL_{\overline{X}} = \overline{\overline{X}} + A_2\overline{R}$$

$$\overline{X}\text{ 图：}CL_{\overline{X}} = \overline{\overline{X}}$$

$$LCL_{\overline{X}} = \overline{\overline{X}} - A_2\overline{R}$$

$$UCL_R = D_4\overline{R}$$

$$R\text{ 图：}\quad CL_R = \overline{R}$$

$$LCL_R = D_3\overline{R}$$

$\overline{X}$—R 控制图，应该先作哪张图？

若先作 $\overline{X}$ 图，则由于还不知道 R 图是否处于稳态，$\overline{R}$ 的数据不可用，故不可行。

若先作 R 图，由于 R 图中只有 $\overline{R}$ 一个数据，可行。在判断 R 图处于统计控制状态后，再作 $\overline{X}$ 图。故作 $\overline{X}$—R 图应反其道而行之，先作 R 图，R 图判稳后，再作 $\overline{X}$ 图。若 R 图未判稳，则不能作 $\overline{X}$ 图。不但如此，所有计量控制图都应该反其道而行之。

《常规控制图》国家标准 GB/T 4091—2001 明确规定：在绘制 $\overline{X}$—R 控制图时“应首先分析 R 图”，因为“R 控制图的失控状态也会影响到 $\overline{X}$ 图”。

9.10.3　单值—移动极差（X—R_s）控制图

某些过程控制的情况，取得合理的子组要么不可能、要么不实际。由于测量单个观测值所需要的时间太长或者费用太大，所以无法考虑重复观测。当测量成本很高（如破坏性检验）或者当某一段时间的输出都相对均匀时，不必考虑重复测量。还有一些情况只有一个可能的观测值，如仪表读数或一批原材料的性质等，在这些情况下，需要基于单个数据进行过程控制。

在单值控制图情形下，由于没有合理子组来提供批内变异的估计，故控制限就基于两个观测值的移动极差所提供的变差来进行计算。移动极差就是在一个序列中相邻两个观测值之间的绝对差，可记为 R_s，即第一个观测值与第二个观测值的绝对差，第二个观测值与第三个观测值的绝对差，等等。设得到的观测值序列为 X_i，$i=1, 2, \cdots, n$，则移动极差为

$$R_{si} = |X_i - X_{i-1}| \qquad i=2, \cdots, n$$

平均移动极差为

$$\overline{R}_s = \frac{1}{n-1}\sum_{i=2}^{n} R_{si}$$

利用常规控制图的 3σ 方式，有

$$UCL_{R_s} = \mu_{R_s} + 3\sigma_{R_s}$$

$$CL_{R_s} = \mu_{R_s}$$

$$LCL_{R_s} = \mu_{R_s} - 3\sigma_{R_s}$$

由数理统计知，若样本来自正态总体，则可证：

$$E(R_s)=\frac{2}{\sqrt{\pi}}\sigma$$

$$\sigma_{R_s}=\sigma\sqrt{2-\frac{4}{\pi}}$$

若 X 的分布已知，即 μ 、σ 已知，则 R_s 图的控制限为：

$$UCL_{R_s}=\mu_{R_s}+3\sigma_{R_s}=3.686\sigma$$

$$CL_{R_s}=\mu_{R_s}=\frac{2}{\sqrt{\pi}}\sigma=1.128\sigma$$

$$LCL_{R_s}=\mu_{R_s}-3\sigma_{R_s}=—$$

X 图的控制界限为

$$UCL_X=\mu+3\sigma$$

$$CL_X=\mu$$

$$LCL_X=\mu-3\sigma$$

若 μ 、σ 未知，则 μ 、σ 的估值为

$$\hat{\mu}=\bar{X}$$

$$\hat{\sigma}=\frac{\sqrt{\pi}}{2}\bar{R}_s$$

R_s 图的控制限为

$$UCL_{R_s}=\mu_{R_s}+3\sigma_{R_s}=3.686\sigma\approx3.686\hat{\sigma}=3.267\bar{R}_s$$

$$CL_{R_s}=\mu_{R_s}=\frac{2}{\sqrt{\pi}}\sigma=1.128\sigma\approx1.128\hat{\sigma}=\bar{R}_s$$

$$LCL_{R_s}=\mu_{R_s}-3\sigma_{R_s}=—$$

X 图的控制限为

$$UCL_X=\mu+3\sigma\approx\hat{\mu}+3\hat{\sigma}=\bar{X}+3\cdot\frac{\sqrt{\pi}}{2}\bar{R}_s=\bar{X}+2.66\bar{R}_s$$

$$CL_X=\mu\approx\hat{\mu}=\bar{X}$$

$$LCL_X=\mu-3\sigma\approx\hat{\mu}-3\hat{\sigma}=\bar{X}-3\cdot\frac{\sqrt{\pi}}{2}\bar{R}_s=\bar{X}-2.66\bar{R}_s$$

对于单值—移动极差（$X—R_s$）控制图，应注意下列各点：

（1）$X—R_s$ 图对过程变化的检测不如 $\bar{X}—R$ 图灵敏。

（2）若过程的分布不是正态的，则对 $X—R_s$ 图的解释应特别谨慎。

（3）由于移动极差是相邻观测值之差的绝对值，$X—R_s$ 图并不辨析过程的件间重复

性，故在一些应用中，采用子组大小较小（2 至 4）的 $\overline{X}$—R 控制图可能会更好，即使要求子组之间有更长的间隔时间。

9.10.4 不合格品率（p）控制图

对于不合格品率 p 控制图，只有偶然原因没有异常原因的统计控制状态即稳态，其统计解释是：过程的不合格品率保持为一常数 P，且各件产品的生产彼此独立。

p 控制图的统计基础为二项分布。设：取包含 n 件单位产品的随机子组，其中不合格品数为 X，则 X 服从参数为 n 和 P 的二项分布，即

$$P(X=x)=C_n^x P^x (1-P)^{n-x},\ x=0,1,2,\cdots,n$$

从数理统计知

$$E(X)=nP$$

$$D(X)=nP(1-P)$$

而子组不合格品率 p 的定义为

$$p=\frac{X}{n}$$

于是

$$E(p)=\frac{E(X)}{n}=\frac{nP}{n}=P$$

$$D(p)=\frac{D(X)}{n^2}=\frac{nP(1-P)}{n^2}=\frac{P(1-P)}{n}$$

若过程的参数 P 已知，记为 p_0，则不合格品率 p 控制图的控制限为

$$UCL_p=\mu_p+3\sigma_p=p_0+3\sqrt{\frac{p_0(1-p_0)}{n}}$$

$$CL_p=\mu_p=p_0$$

$$LCL_p=\mu_p-3\sigma_p=p_0-3\sqrt{\frac{p_0(1-p_0)}{n}}$$

若过程的参数 P 未知，则需对过程的总体参数 P 进行估计。由数理统计知，P 的估计值为

$$\hat{P}\approx\bar{p}=\frac{\sum_{i=1}^{m}X_i}{\sum_{i=1}^{m}n_i}$$

其中：m 是子组数，n_i 是每个子组的子组大小。注意，因为子组大小 n_i 是可变的，所以，不能简单地按照求平均值的方法来估计 P。

$$\hat{P} \neq \frac{1}{m}\sum_{i=1}^{m} p_i$$

于是 p 图的控制限为

$$UCL_p = \bar{p} + 3\sqrt{\frac{\bar{p}(1-\bar{p})}{n}}$$

$$CL_p = \bar{p}$$

$$LCL_p = \bar{p} - 3\sqrt{\frac{\bar{p}(1-\bar{p})}{n}}$$

对不合格品率 p 控制图，有下列几点说明：

（1）若 p_0 很小，则需选择子组大小 n 充分大，以使得 $np_0 \geqslant 1$，通常取

$$\frac{1}{p_0} < n < \frac{5}{p_0} \text{或} \frac{1}{\bar{p}} < n < \frac{5}{\bar{p}}$$

从数理统计的学术观点来看，子组大小 n 要取到 $25/p_0$，方可认为二项分布近似正态分布。但这样，子组大小要比 $5/p_0$ 增大 5 倍太不经济，故实际工作中要求 p 控制图的子组大小要遵从 $\frac{1}{p_0} < n < \frac{5}{p_0}$ 的要求。

（2）有时 p 控制图的 LCL_p 的计算结果可能是负值，但由于子组不合格品率 p 不能为负，因而，取 0 为自然下界。若要保证 LCL_p 非负，则需增大子组大小 n，即若欲

$$LCL_p = p_0 - 3\sqrt{\frac{p_0(1-p_0)}{n}} > 0$$

即

$$p_0 > 3\sqrt{\frac{p_0(1-p_0)}{n}}$$

则

$$n > 3^2\frac{1-p_0}{p_0} \approx \frac{9}{p_0}$$

有

$$n > \frac{9}{p_0} > \frac{5}{p_0}$$

可见，若要求 LCL_p 非负，则必须付出代价，增加子组大小。

（3）若子组大小 n 随子组的不同而发生变化时，则对于每个子组都要计算出各自单独的控制限，此时 p 控制图的 UCL_p、LCL_p 成凹凸状，增加了绘制控制图的困难。《常规控制图》国家标准 GB/T 4091—2001 提供了两种解决方案：

方案一："如果子组大小变化不大，则可采用单一的基于平均子组大小的一组控制限。实际上，当子组大小的变化在子组大小目标值的 ±25% 以内时，可采用上述方法。"

方案二："当子组大小变化较大时，可采用另一种利用标准化变量的方法。例如，不

点绘 p 值，而改为点绘标准化值 Z；根据 p 的标准值是否给定，有：

$$Z = \frac{p - p_0}{\sqrt{p_0(1 - p_0)/n}} \qquad (p_0\text{给定})$$

或

$$Z = \frac{p - \bar{p}}{\sqrt{\bar{p}(1 - \bar{p})/n}} \qquad (p_0\text{未给定})$$

这样，中心线和控制限如下所示成为常数，而与子组大小无关：中心线 = 0；$UCL = 3$；$LCL = -3$。”

这种解决方案在国内称为通用图法。

9. 10. 5　常规控制图的应用

1. 控制图的设计

（1）确定少数重要的关键过程测量值，决定所适用的控制图。根据过程数据的性质，常规控制图主要有两类控制图：一类是针对连续数据的计量控制图，另一类是针对离散数据的计数控制图。

（2）采集数据，制作简单实用的数据采集表。即使控制图是借助计算机软件制作完成的，也必须进行这个步骤，如何采集数据至关重要。

（3）绘制控制图。在许多时候，可借助统计软件来做控制图。但如果是首次使用控制图，建议先手工绘制简单的控制图，以便了解控制图及其应用。

（4）利用判断异常的准则，确定过程的状态。借助过程改进的策略，指出过程改进的方向。

2. 合理子组原则

“合理子组原则”是休哈特提出的控制图基础理论之一。在抽取样本时要使：组内波动仅由偶然原因引起；组间波动主要由异常原因引起。休哈特称这样得到的样本为“子组”。为了实现“合理子组原则”，一个最简单的方法就是在短时间内抽取一个子组所需的全部个体，或者对连续生产产品进行“块抽样”。由于抽样间隔时间短，就尽可能避免了异常因素进入子组，参见图 9-28。

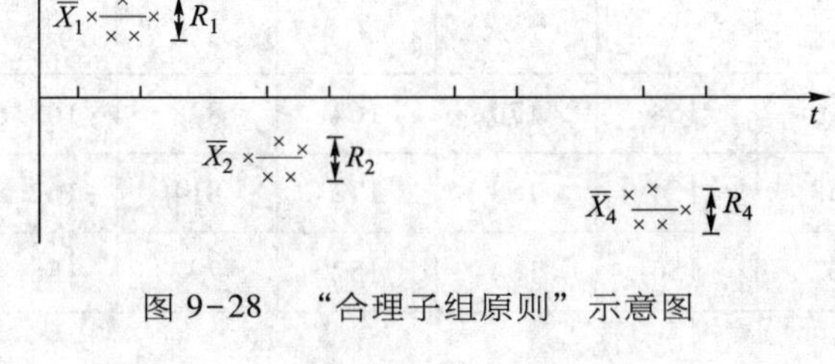

图 9-28　“合理子组原则”示意图

3. 控制图的应用实例

某手表厂为了提高手表的质量，应用排列图分析造成手表不合格的各种原因，发现“停摆”占第一位。为了解决停摆问题，再次应用排列图分析造成停摆的原因，结果发现主要是由于螺栓脱落造成的，而螺栓脱落往往是由螺栓松动造成的。为此，厂方决定应用控制图对装配作业中的螺栓扭矩进行过程控制。

［分析］　螺栓扭矩是计量特性值，故可选用正态分布控制图。又由于本例是大量生产，不难取得数据，故决定选用灵敏度高的 $\overline{X}$—R 图。

［解］　按照下列步骤建立 $\overline{X}$—R 图。

步骤 1：根据合理分组原则，取 25 组预备数据，参见表 9-9。

表 9-9　原始数据与 $\overline{X}$-R 图计算表

序号	观测值					$\sum_{j=1}^{5} X_{ij}$	$\overline{X}_i$	R	备注
	X_{i1}	X_{i2}	X_{i3}	X_{i4}	X_{i5}				
	(1)	(2)	(3)	(4)	(5)	(6)	(7)	(8)	(9)
1	154	174	164	166	162	820	164.0	20	
2	166	170	162	166	164	828	165.6	8	
3	168	166	160	162	160	816	163.2	8	
4	168	164	170	164	166	832	166.4	6	
5	153	165	162	165	167	812	162.4	14	
6	164	158	162	172	168	824	164.8	14	
7	167	169	159	175	165	835	167.0	16	
8	158	160	162	164	166	810	162.0	8	
9	156	162	164	152	164	798	159.6	12	
10	174	162	162	156	174	828	165.6	18	
11	168	174	166	160	166	934	166.8	14	
12	148	160	162	164	170	804	160.8	22	
13	165	159	147	153	151	775	155.0	18	超出 $\overline{X}$ 图下控制界
14	164	166	164	170	164	828	165.6	6	
15	162	158	154	168	172	814	162.8	18	
16	158	162	156	164	152	792	158.4	12	

续表

序号	观测值					$\sum_{j=1}^{5} X_{ij}$	$\overline{X}_i$	R	备注
	X_{i1}	X_{i2}	X_{i3}	X_{i4}	X_{i5}				
	(1)	(2)	(3)	(4)	(5)	(6)	(7)	(8)	(9)
17	151	158	154	181	168	812	162.4	30	
18	166	166	172	164	162	830	166.0	10	
19	170	170	166	160	160	826	165.2	10	
20	168	160	162	154	160	804	160.8	14	
21	162	164	165	169	153	813	162.6	16	
22	166	160	170	172	158	826	165.2	14	
23	172	164	159	165	160	822	164.0	13	
24	174	164	166	157	162	823	164.6	17	
25	151	160	164	158	170	803	160.6	19	
						∑	4 081.4	357	
						均值	163.256	14.280	

步骤 2：计算各子组的平均值 $\overline{X}_i$ 和极差 R_i。

例如，第　子组的平均值为

$$\overline{X}_1 = \frac{154 + 174 + 164 + 166 + 162}{5} = 164.0$$

其余参见表 9-9 中的平均值栏。

例如，第一子组的极差为

$$R_1 = \max\{X_{1j}\} - \min\{X_{1j}\} = 174 - 154 = 20 \qquad j = 1, 2, \cdots, 5$$

其余参见表 9-9 中的极差栏。

步骤 3：计算所有观测值的总平均值 $\overline{\overline{X}}$ 和平均极差 $\overline{R}$ 。得到

$$\overline{\overline{X}} = 163.256, \quad \overline{R} = 14.280$$

步骤 4：计算 R 图与 $\overline{X}$ 图的控制限，绘制控制图。

先计算 R 图的控制限。从表 9-5 可知，当子组大小 $n = 5$ 时，$D_4 = 2.114$，$D_3 = 0$，代入 R 图公式，得到

$$UCL_R = D_4\overline{R} = 2.114 \times 14.208 = 30.188$$

$$CL_R = \overline{R} = 14.280$$

$$LCL_R = D_3\overline{R} = 0$$

参见图 9-29 的极差控制图。可见，R 图不存在变差可查明原因的八种模式，那么，可以利用 $\overline{R}$ 来建立 $\overline{X}$ 图。由于子组大小 $n=5$，从表 9-5 可知，$A_2=0.577$，将 $\overline{\overline{X}}=163.256$，$\overline{R}=14.280$ 代入 $\overline{X}$ 图的控制限公式，得到

$$UCL_{\overline{X}} = \overline{\overline{X}} + A_2\overline{R} = 163.256 + 0.577 \times 14.280 \approx 171.496$$

$$CL_{\overline{X}} = \overline{\overline{X}} = 163.256$$

$$LCL_{\overline{X}} = \overline{\overline{X}} - A_2\overline{R} = 163.256 - 0.577 \times 14.280 \approx 155.016$$

参见图 9-29 的均值控制图。

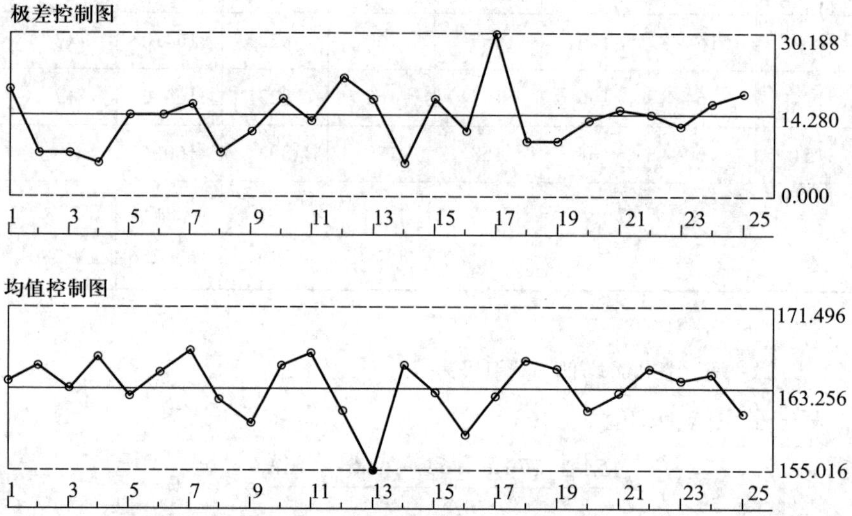

图 9-29　实例的第一张 $\overline{X}-R$ 图

由图 9-29 均值控制图可知，第 13 组 $\overline{X}$ 值为 155.00 小于 $LCL_{\overline{X}}$，故过程的均值失控。调查其原因发现是夹具松动造成的，已经很快进行了纠正。在采集第 14 个子组的数据时，该问题已获解决。故可以去掉第 13 子组的数据，重新计算 R 图与 $\overline{X}$ 图的参数。此时，

$$\overline{R} = \frac{\sum R}{24} = \frac{355-18}{24} \approx 14.042$$

$$\overline{\overline{X}} = \frac{\sum \overline{X}}{24} = \frac{4\,080.6-155.0}{24} = \frac{3\,925.6}{24} \approx 163.567$$

代入 R 图与 $\overline{X}$ 图的控制限公式，得到

R 图：

$$UCL_R = D_4\overline{R} = 2.114 \times 14.042 = 29.684$$

$$CL_R = \overline{R} = 14.042$$

$$LCL_R = D_3\overline{R} = —$$

从表 9-9 可知，R 图中第 17 组 $R=30$ 出界，如图 9-30 所示。

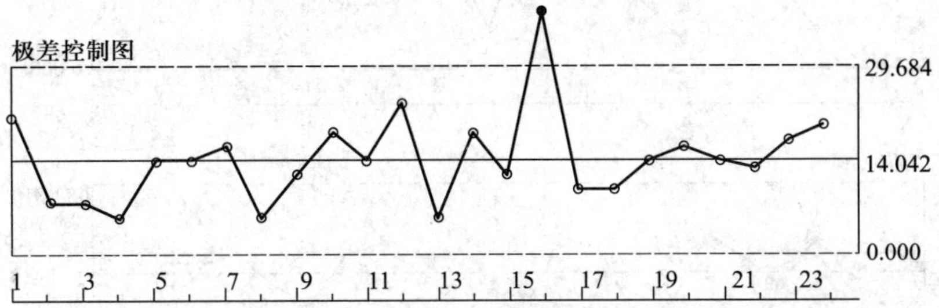

图 9-30　去掉第 13 个子组后得到的极差控制图

由图 9-30 的极差控制图可知，存在一点落在上控制限外，故应查找异常的原因，采取措施加以纠正，并纳入标准以保证同样的异常原因不再出现。消除异常原因并纳入标准之后，可再收集 25 组数据，重新计算。本例题为了简化，舍去表 9-9 中的第 17 组数据，重新计算如下：

$$\overline{R} = \frac{\sum R}{23} = \frac{337 - 30}{23} = \frac{307}{23} = 13.348$$

$$\overline{\overline{X}} = \frac{\sum \overline{X}}{23} = \frac{3\,925.6 - 162.4}{23} = \frac{3\,763.2}{23} = 163.617$$

R 图：

$$UCL_R = D_4\overline{R} = 2.114 \times 13.348 = 28.217$$

$$CL_R = \overline{R} = 13.348$$

$$LCL_R = D_3\overline{R} = —$$

从图 9-31 的极差控制图可知，没有出现变差可查明原因的八种模式。于是，可以利用 $\overline{R}$ 来建立 $\overline{X}$ 图。

$\overline{X}$ 图：

$$UCL_{\overline{X}} = \overline{\overline{X}} + A_2\overline{R} = 163.617 + 0.577 \times 13.348 \approx 171.319$$

$$CL_{\overline{X}} = \overline{\overline{X}} = 163.617$$

$$LCL_{\overline{X}} = \overline{\overline{X}} - A_2\overline{R} = 163.617 - 0.577 \times 13.348 \approx 155.916$$

由图 9-31 的均值控制图可知，也没有出现变差可查明原因的八种模式。即极差控制图和均值控制图都没有出现可查明原因的八种模式，说明装配作业中螺栓扭矩的生产过程处于统计控制状态。

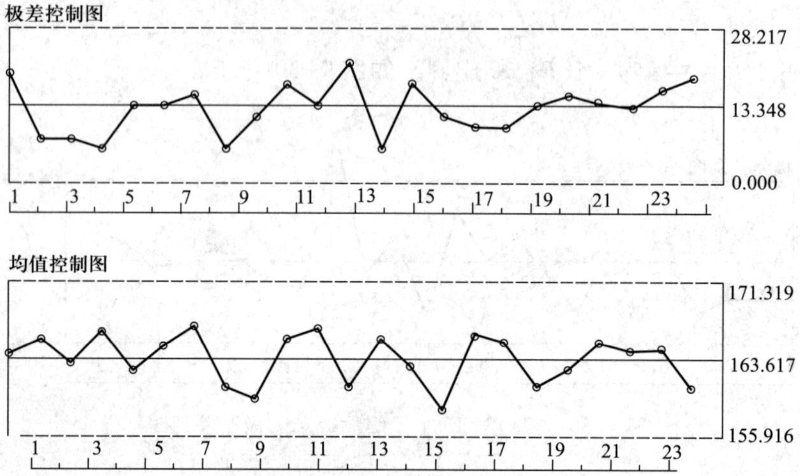

图 9-31　再去掉第 17 子组后的 $\overline{X}$—R 图

步骤 5：过程能力分析。

已知给定质量规格为：$T_L=140$，$T_U=180$。现将预备数据作直方图，如图 9-32 所示。

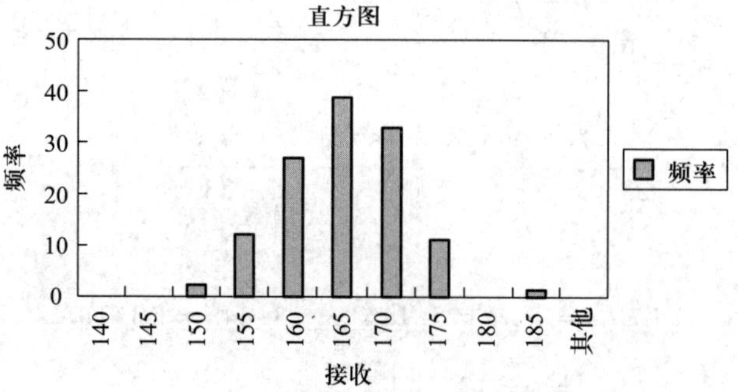

图 9-32　直方图

利用得到的统计控制状态下的 $\overline{R}=13.348$，$\overline{\overline{X}}=163.617$，来计算过程能力指数。其中：$\sigma$ 可通过平均统计控制状态下的组内变差进行估计。本实例运用 $\overline{X}$—R 图进行过程控制，可由 $\overline{R}/d_2$ 来估计 σ，其中：d_2 可查表 9-5 得到。

$$\hat{\sigma}=\frac{\overline{R}}{d_2}=\frac{13.348}{2.326}=5.739$$

$$C_p=\frac{UTL-LTL}{6\hat{\sigma}}=\frac{180-140}{6\times 5.739}=1.16$$

由于 $\overline{\overline{X}}=163.617$ 与容差中心 $M=(UTL+LTL)/2=160$ 不重合，所以，要计算有偏移的过程能力指数。

$$K=\frac{|M-\hat{\mu}|}{T/2}=\frac{|160-163.617|}{(UTL-LTL)/2}=\frac{3.617}{20}=0.18$$

$$C_{pk}=(1-K)C_p=(1-0.18)\times 1.16=0.95$$

可见，统计控制状态下的过程能力指数为 1.16，大于 1，但是，由于存在均值与容差中心的偏移，故有偏移的过程能力指数不足 1。因此，应该根据对手表螺栓扭矩的质量要求，确定当前的统计控制状态是否满足设计的、工艺的、顾客的要求，决定是否以及何时对过程进行调整。若需进行调整，那么调整后，应重新收集数据，绘制 $\overline{X}$—R 图。

步骤 6：延长上述 $\overline{X}$—R 图的控制界限，以实现对过程的日常控制。

4. 使用常规控制图的注意事项

应用控制图时，需要考虑以下一些问题：

（1）控制图用于何处？原则上讲，对于任何过程，凡需要进行控制的场合都可以应用控制图。但这里还要求：对于所确定的控制对象应能够定量，这样才能够应用计量控制图。如果只有定性的描述而不能够得到定量数据，那就只能应用计数控制图。所控制的过程必须具有可重复性，即具有统计规律。对于只能进行一次或少数几次的过程，显然难于应用控制图进行控制。

（2）如何选择控制对象？在使用控制图时应选择能代表过程的主要质量指标作为控制对象。一个过程往往具有各种各样的特性，需要选择能够真正代表过程情况的指标。例如，假定某产品在强度方面有问题，就应该选择强度作为控制对象；在电动机装配车间，如果对于电动机轴的尺寸要求很高，这就需要把机轴直径作为控制对象。

（3）怎样选择控制图？选择控制图主要是根据所控制质量指标的数据性质来进行选择，如数据为计量的，应选择 $\overline{X}$—R 图、X—R_S 图等；数据为计件的，应选择 p 或 np 图，数据为计点的，应选择 c 或 u 图；还需要考虑其他要求，譬如，需要考虑抽取样品、取得数据的难易以及是否经济等问题，可以采用成组数据的控制图，如 $\overline{X}$ 控制图，来提高控制图的灵敏度。

（4）如何分析控制图？如果在控制图中点子未出界，同时点子的排列也是随机的，则认为过程处于稳定状态或受控状态。如果控制图点子出现如图 9-22 所示的情况，则认为过程出现异常。

对于应用控制图的方法还不够熟悉的工作人员来说，即使在控制图点子出界的场合，也首先应该从下列几方面进行检查：样品的取法是否随机？数字的读取是否正确？计算有无错误？描点有无差错？然后再来调查过程方面的原因。经验证明这一系列思考是十分重要的。

（5）对于异常情况的处理。如果点子出现如图 9-22 所示的情况，应执行“查出异因，采取措施，保证消除，纳入标准，不再出现”的原则。

对于过程而言，控制图起着告警的作用，控制图点子出界就好比告警铃响，告诉工作人员现在到了查找原因、采取措施、防止再犯的关键时刻。但一般来说，控制图只起告警铃的作用，而不能告知这种警报究竟是由什么异常因素造成的。要找出造成异常的原因，就要根据生产和管理方面的技术与经验来进行判断，或应用统计过程控制的有关方法。

（6）控制图的重新制定。控制图是根据稳态下的条件（人员、设备、原材料、工艺方法、环境、测量，即 5M1E）来制定的。如果上述条件变化，如操作人员更换或通过学习使操作水平显著提高、设备更新、采用新型原材料或更换其他原材料、改变工艺参数或采用新工艺、环境改变等，这时，控制图也必须重新制定。由于控制图是科学管理生产过程的重要依据，所以，经过一段时间的使用后，应重新抽取数据，进行计算，加以检验。

（7）控制图的保管问题。控制图的计算以及日常的记录都应作为技术资料加以妥善保管。对于各种异常情况以及对异常的处理都应予以记录，因为这些都是以后出现异常时查找原因的重要参考资料。有了长期保存的记录，便能对该过程的质量水平有清楚的了解，这对于以后在产品设计和制定产品规格等方面都是十分有用的。

思考题

1. 解释下列基本概念：偶然原因、异常原因（又称可查明原因）、统计控制状态；虚发警报与漏发警报（即第一类错误与第二类错误）；分析用控制图与控制用控制图；过程能力、过程能力指数、单侧过程能力指数与有偏移的过程能力指数；合理子组原则。
2. 规格界限与控制界限有何区别？
3. 解释变差可查明原因的八种模式。
4. 简述过程改进的策略。
5. 常规控制图的分类及用途。
6. 计算六西格玛质量水平对应的过程能力指数。

阅读文献

[1] 孙静. 最新国家标准 GB/T 4091—2001《常规控制图》理解与实施. 北京：中国标准出版社，2002.

[2] 张公绪，孙静. 新编质量管理学. 2 版. 北京：高等教育出版社，2003.

[3] 孙静. 接近零不合格过程的有效控制. 北京：清华大学出版社，2005.

[4] 马林. 全面质量管理. 北京：中国科学技术出版社，2007.

[5] 孙静，王胜先，杨穆尔. 过程能力分析. 北京：清华大学出版社，2013.

第10章 测量系统分析

测量系统分析简称 MSA（Measurement Systems Analysis）。本章将介绍测量过程、有关术语、测量系统分析的基础知识等。

10.1 引言

ISO 9000：2000 因强调“以事实为基础的决策方法”、用数据说话而引起关注。六西格玛强调基于数据、信息与知识的管理，让数据说话成为必然。卓越绩效模式的一个重要方面就是测量、分析与改进，数据的利用与管理成为组织管理的必要环节。然而，用测量的数据进行管理决策的关键是：这些数据反映的是否是“事实”，即数据的质量是否高。

人们往往习惯于相信测量数据，认为测量的结果就是客观事实。其实不然。因为测量过程同制造过程一样，也是随机现象，即存在有规律的不确定现象。因此，评价测量数据的质量，即评价测量过程的随机现象的结果，应以在统计稳定条件下运行的某一测量系统得到的多次测量结果的统计特性来确定，这些测量结果越接近真值，其质量越高。表征数据质量的统计特性的指标，通常选用测量系统的偏倚和方差。偏倚反映的是数据的均值相对于基准的差异，而方差反映的是数据的散布情况。

数据质量低的最常见原因之一是数据变差太大。测量系统的变差主要是人、机、料、法、环各因素相互作用的结果。如果测量系统的变差太大，那么利用此测量系统测量的数据来判断产品是否合格，或生产过程是否稳定，都是不适宜的。因为测量系统的变差是噪声，而产品特性值的大小、生产过程的波动是需要知道的信号，如果噪声太大会掩盖信号。也许有人认为，量具定期进行检定或校准就够了，不必进行麻烦的测量系统分析。然而这样的观点是错误的，因为检定或校准解决的是某量具是否合格的问题，而测量系统分析解决的是某测量系统能否用来判断产品合格，或用来判断生产过程是否稳定的问题。两者作用各不相同，不可互相替代。本章将为评价测量系统的质量提供指南，讨论了能对零件进行重复读数的计量型测量系统。

10.2 术语

测量系统分析（MSA）中的术语可能与其他质量工具方法有所不同。这里介绍的术语仅限 MSA 中使用，其中重复性和再现性的解释来自于国际标准 ISO TR12888 Selected Illustrations of Gauge Repeatability and Reproducibility Studies。

1. 测量

测量指赋值给具体事物。赋值过程即测量过程，而赋予的值称为测量值。

2. 量具

量具指任何用来获得测量结果的装置，包括用来测量合格/不合格的装置。

3. 测量系统

测量系统指用来对被测特性进行定量测量或定性评价的仪器或量具、标准、操作、方法、夹具、软件、人员、环境和假设的集合，是用来获得测量结果的整个过程。

根据此定义，我们可以把测量过程看成制造过程，这个过程输出的不是产品而是数据，因此，可以利用第 9 章中学到的方法，来分析测量过程。

4. 准确度（Accuracy）

准确度指仪器的实际测量值（通常为平均值）与待测量值的真实值的接近程度，即实际测量值偏离真实值的程度。偏差越小则准确度越佳，反之准确度差。

5. 精密度（Precision）

精密度指几个在相同条件下独立测试所得结果的相似程度。精密度只取决于随机误差，和真值或某个值无关；精密度常用标准差表示，标准差越大则精密度越低。测量精密度取决于测量的条件，重复性条件和再现性条件只是其中的一些条件。

6. 分辨力（Discrimination）、分辨率和有效分辨率

分辨力指测量仪器上最小刻度值，也称为分辨率。

分辨率指测量系统探测并如实显示被测特性微小变化的能力，可用作测量分辨率或有效分辨率。

有效分辨率指考虑整个测量系统变差时的数据分级大小，可基于测量系统变差的置信区间的长度来确定该等级的大小。通过该数据大小去划分预期的过程分布范围，能确定数据分级数（ndc）。

分级数就是覆盖预期的产品变差所用不重叠的 97%置信区间的数量：

$$ndc = 1.41\,(PV/GRR)$$

其中：PV 为零件间变差，GRR 参见随后的介绍。分级数的多少反映了有效分辨率的高低。

7. 基准值

基准值指被承认的一个被测体的数值，作为一致同意的、用于进行比较的基准或标

准样本。

（1）一个基于科学原理的理论值或确定值。

（2）一个基于某国家或国际组织的指定值。

（3）一个基于某科学或工程组织主持的合作试验工作产生的一致同意值。

（4）对于具体用途，采用接受的参考方法获得的一个同意值。

8. 真值

真值指物品的实际值，是未知的和不可知的。

9. 偏倚（Bias）

偏倚指测量的观测平均值（在可重复条件下的一组试验）和基准值之间的差值。传统上称为准确度。偏倚是系统误差而不是随机误差，可能由多个系统误差造成。偏倚越大表示测量的准确度越差，反之则越好。

10. 稳定性（Stability）

稳定性又称为漂移（Drift），指随着时间的变化，用相同测量系统对同一产品进行测量所得到偏倚的变化。

11. 线性（Linearity）

线性指使用同一量具，分别在它们的工作量程范围内测量一些产品所得到随着量程变化的偏倚变化情况。线性是在测量能力的工作范围内，其准确度是否因量程的变化而变化的一种测量性能。

12. 重复性（Repeatability）

重复性又称为设备变差（Equipment Variation，EV），指在可重复条件下测量的精度。重复性可用于表示测量结果的分布，是系统内变差。

可重复条件如下：

（1）由同一测量人完成测量。

（2）使用相同的测量工具并且所有的测量仪器设置相同。

（3）使用相同的测量过程。

（4）在相同的外部环境内进行测量。

（5）在短时间内完成重复测量。

13. 再现性（Reproducibility）

再现性又称为评价人变差（Appraiser Variations，AV），指在可再现条件下测量的精度。可再现条件如下：

（1）不同测量人使用相同的量具。

（2）每个测量人进行多次独立的测量；

再现性是测量过程中由于正常条件改变所产生的测量均值的变差。一般来说，它被定义为在一个稳定环境下，应用相同的测量仪器和方法，相同零件（被测体）不同评价人（操作者）之间测量值均值的变差，是系统间变差。

14. 量具 R&R（Gauge R&R，GRR）

量具 R&R 指检测量具的重复性与再现性的分析，即同一测量人或不同测量人用同一件量具对同一件零件或产品测量出不同结果的比较分析，控制量具的重复性与再现性亦为生产中产品的稳定性控制提供了保障。量具 GRR 的变差为重复性变差与再现性变差之和，即

$$\sigma_{GRR}^2 = \sigma_{\text{再现性}}^2 + \sigma_{\text{重复性}}^2$$

10.3 测量过程变差及其对决策的影响

10.3.1 测量系统的统计特性

理想的测量系统在每次使用时，应只产生"正确"的测量结果。每次测量结果总应该与标准相一致。一个能产生理想测量结果的测量系统，应具有零方差、零偏倚和对所测产品其错误分类为零概率的统计特性。遗憾的是，具有这样完美统计特性的测量系统几乎不存在，因此过程管理者必须采用具有不完美统计特性的测量系统。一个测量系统的质量经常用其多次测量数据的统计特性来确定。

对于一个产品或生产过程来说，测量系统并非分辨率越高越好，因为分辨率越高，对环境的要求越苛刻。另外，如果表面粗糙度达不到要求，高分辨率也没有意义。期望的统计特性应包括：

（1）足够的分辨率和灵敏度。为了测量的目的，相对于过程变差或公差，测量的增量应该很小。通常按照 1∶10 的经验法则，仪器的分辨率应把公差（过程变差）分为十份或更多。这个法则是选择量具的最低要求。

（2）测量系统应该统计受控。这意味着在可重复条件下，测量系统的变差只能是由于普通原因（偶因）而不是特殊原因（异因）造成。故而，又称为统计稳定性，经常用图形法进行评价。

（3）对于产品控制，测量系统的变异性与公差相比必须很小。依据产品特性的公差来评价测量系统。

（4）对于过程控制，测量系统的变异性应该显示有效分辨率并且与制造过程变差相比要很小。根据制造过程总变差和（或）来自测量系统分析的总变差来评价测量系统。

10.3.2 测量系统的误差

1. 测量的重复性和再现性

（1）测量的重复性。在相同测量条件下，同一被测量进行连续多次测量所得结果之间的一致性，称为测量结果的重复性。

相同测量条件称为重复性条件，包括：相同的测量程序；相同的观测者；在相同的条件下使用相同的测量仪器；相同的地点；在短时间内重复测量。换言之，就是在尽量相同的程序、人员、仪器、环境等条件下，以及尽量短的时间间隔内完成重复测量任务。

测量结果的一致性，可以用重复条件下对同一被测量进行多次测量所得结果的分散性来表示。而最为常用的表示分散性的量，就是实验标准差。

（2）测量的再现性。在改变了的测量条件下，同一被测量的测量结果之间的一致性，称为测量结果的再现性。再现性又称为复现性、重现性。在给出再现性时，应详细地说明测量条件改变的情况，包括测量原理、测量方法、观测者、测量仪器、参考测量标准、地点、使用条件及时间。这些内容可以改变其中一项、多项或全部。同检验重复性一样，这里的一致性也是定量的，可以用再现性条件下对同一被测量进行重复检验所得结果的分散性来表示。经常使用的是再现性标准差，再现性标准差有时也称为组间标准差。

测量结果重复性和再现性的区别是显而易见的。虽然都是指同一被测量的测量结果之间的一致性，但其前提不同。重复性是在测量条件保持不变的情况下，连续多次测量结果之间的一致性；而再现性则是指在改变测量条件的情况下，测量结果之间的一致性。

在很多实际工作中，最重要的再现性指由不同操作者，采用相同测量方法、仪器，在相同的条件下，同一被测量的重复检验结果之间的一致性，即检验条件的改变只限于操作者的改变。这与 ISO TR12888 中再现性的定义是一致的。

2. 测量误差的概念

（1）真值。真值是与被测量的定义一致的某个值。绝对的真值是无法求得的。但在实际工作中，对于给定的目的，并不一定需要获得特定量的真值，而只需要与真值足够接近的值。这样的值就是约定真值，对于给定的目的可用它代替真值。例如，可以将通过校准或检定得出的某特定量的值，或由更高准确度等级的测量仪器测得的值，或多次测量的结果所确定的值，作为该量的约定真值。

（2）测量误差。测量结果减去被测量的真值所得的差，称为测量误差。测量结果是人们认识的结果，不仅与被测量本身有关，而且与测量程序、测量仪器、测量环境以及测量人员等有关。

测量结果的误差往往是由若干个分量组成的，这些分量按其特性可分为随机误差与系统误差两大类。任意一个误差，均可分解为系统误差和随机误差的代数和，即可用下式表示：

$$测量误差 = 测量结果 - 真值 = 随机误差 + 系统误差$$

（3）随机误差。测量结果与在重复性条件下，对同一被测量进行无限多次测量所得的结果的平均值之差，称为随机误差。随机误差来源于影响量的变化，这种变化在时间上和空间上是不可预知或随机的，会引起被测量重复观测值的变化，故称为“随机效应”。正是这种随机效应导致了重复观测中的分散性。

（4）系统误差。在重复性条件下，对同一被测量进行无限多次测量所得结果的平均值与被测量的真值之差，称为系统误差。由于只能进行有限次的重复测量，真值也只能用约定值代替，因此确定的系统误差只是其估计值，并具有一定的不确定度。系统误差来源于影响量，它对测量结果的影响若已识别，则可定量表述，故称之为“系统效应”。该效应的大小若是显著的，则可通过估计的修正值予以补偿。

3. 测量结果修正

对系统误差尚未进行修正的测量结果，称为未修正结果。当由测量仪器获得的只是单个示值时，该示值通常是未修正结果；而当获得几个示值时，未修正结果通常由这几个示值的算术平均值求得。

例如：用某尺测量圆柱直径，单次观测所得的示值为 10.7 mm，则该测得值是未修正结果。如果进行 10 次测量，所得的示值分别为 10.9 mm、10.6 mm、10.8 mm、10.6 mm、10.9 mm、10.7 mm、10.7 mm、10.8 mm、10.9 mm、10.8 mm，则该测量列的未修正结果为其算术平均值，即（10.9+10.6+…+10.8）mm/10＝10.77 mm≈10.8 mm。

对系统误差进行修正后的测量结果，称为已修正结果。用代数方法与未修正测量结果相加，以补偿其系统误差的值，称为修正值。在上述例子中，若该尺经检定，其修正值为−0.1 mm，则单次测量的已修正结果为（10.7 − 0.1）mm＝10.6 mm；而 10 次测量的已修正结果为（10.8 − 0.1）mm＝10.7 mm。

修正值是负的系统误差，也就是说，加上某个修正值就像扣掉某个系统误差，其效果是一样的。即：真值 = 测量结果 + 修正值 = 测量结果 - 误差。

需要指出的是，系统误差可以用适当的修正值来估计并予以补偿，但这种补偿是不完全的，也即修正值本身就含有不确定度。修正值只能对系统误差进行有限程度的补偿。

4. 测量准确度和精密度

（1）测量准确度。通过测量所得到的赋予被测量的值，称为测量结果。测量准确度是指测量结果与被测量真值之间的一致程度。

一般认为，测量准确度是一个定性的概念，不宜将其定量化。与被测量定义一致的真值，实质上就是被测量本身。它是一个理想化的概念，难于操作，所以准确度的值无法准确地给出。在实际工作中，有些情况下约定真值的含义是明确的，例如，当测量仪器接受高等级的测量标准对其进行检定或校准时，该测量标准器所复现的量值即为约定值。这时，测量准确度可以用测量结果对约定真值的偏倚来估计。

（2）测量精密度。测量精密度是指在规定条件下获得的各个独立观测值之间的一致程度。

5. 测量不确定度

（1）测量不确定度及其评定。测量不确定度表征合理地赋予被测量值的分散性，是与测量结果相联系的参数。测量的目的是为了确定被测量的量值。测量结果的质量是度量测量结果可信度的重要依据。测量结果表述必须同时包含赋予被测量的值及与该值相关的测量不确定度，测量不确定度是对测量结果质量的定量表征。

测量不确定度是一个说明被测量之值分散性的参数，它反映了人们在对被测量值准确性认识方面的不足。即使经过对已确定的系统误差的修正后，测量结果仍只是被测量值的一个估计值。这是因为，不仅测量中存在的随机因素将产生不确定度，而且，不完全的系统因素修正也同样存在不确定度。

测量不确定度与测量误差这两个概念，既有一定的联系，又有一定的区别。测量误差是测量结果与被测量（约定）真值之差，是以真值为中心的。它说明测量结果与真值的差异程度，而真值通常是未知的、理想的概念，因而测量误差本身就是不确定的。测量不确定度表明赋予被测量之值的分散性，是通过对测量过程的分析和评定得出的一个区间，是以测量结果为中心的，它评估测量结果与被测量真值相符合的程度。

测量误差与测量不确定度密切联系，它们都是由于测量过程的不完善引起的。测量不确定度理论是在测量误差理论的基础上发展起来的。

为了表征赋予被测量之值的分散性，测量不确定度往往用标准差表示。在实际使用中，由于人们往往希望知道测量结果的置信区间，因此测量不确定度也可用标准差的倍数或给定置信水平的置信区间的半宽度来表示。

（2） 测量不确定度的来源。测量过程中有许多引起测量不确定度的来源，它们可能来自以下 10 个方面：

① 对被测量的定义不完整。例如，定义被测量是一根标称值为200 mm的钢棒的长度，若要求测准到 μm 量级，则被测量的定义就不够完整，因为此时被测钢棒受温度和压力的影响已较明显，而这些条件没有在定义中说明。由于定义的不完整性，将使测量结果中引入温度和压力影响的不确定度。这时，完整的定义应是：标称值为 200 mm 的钢棒在25. 0 ℃和 101 325 Pa 时的长度。若在定义要求的温度和压力下测量，就可避免由此引起的不确定度。

② 被测量的测量方法不理想。如上例，被测量的定义虽然完整，但由于材料受测时温度和压力实际上达不到定义的要求（包括由于温度和压力的测量本身存在不确定度），使测量结果中引入了不确定度。

③ 取样的代表性不够，即被测量的样本不能代表所定义的被测量。例如，测量某种介质在给定频率下的相对介质参数。由于测量方法和测量设备的限制，只能取这种材料的一部分作为样本进行测量。如果测量所用的样本在材料的成分或均匀性方面不能完全代表定义的被测量，则样本将引起不确定度。

④ 对被测量的测量过程受环境影响的认识不周全，或对环境条件的测量与控制不完善。同样以上述钢棒为例，不仅温度和压力影响其长度，实际上，湿度和钢棒的支撑方

式都有明显影响。但由于认识不足，没有采取措施，就会引起不确定度。

⑤ 对仪器的读数存在人为偏差（偏倚）。仪器在读取其示值时一般是估读到最小分度值的 1/10。由于观测者的位置和观测者个人习惯等原因，可能对同一状态下的显示值会有不同的估读值，这种差异将产生不确定度。

⑥ 材料仪器的分辨力或鉴别力不够。数字式测量仪器的不确定度来源之一，是其指示装置的分辨力。即使指示为理想重复，这种重复性所带来的测量不确定度仍然不为零。这是因为，当输入信号在一个已知的区间内变动时，该仪器却给出了相同的指示。

⑦ 赋予测量标准和标准物质的值不准。通常的测量是通过被测量与测量标准的给定值进行比较实现的，因此，该测量标准的不确定度将直接引入测量结果。例如，用天平测量时，测得质量的不确定度中包括了标准砝码的不确定度。

⑧ 用于数据计算的常量和其他参量不准。例如，在测量黄铜的长度随温度变化时，要用到黄铜的线热膨胀系数，通常都是查有关数据手册找到所需的值，而它同样是测量结果不确定度的一个来源。

⑨ 测量方法和测量程序的近似性和假定性。例如，被测量表达式的近似程度，自动测试程序的迭代程度，电测量中由于测量系统不完善引起的绝缘漏电、热电势、引线电阻上的压降等，均会引起不确定度。

⑩ 在相同条件下被测量的重复观测值的变化。在实际工作中我们经常发现，无论怎样控制环境条件以及各类对测量结果可能产生影响的因素，而最终的测量结果总会存在一定的分散性，即多次测量的结果并不完全相同。这种现象是一种客观存在，是由一些随机效应造成的。

上述不确定度的来源不一定是独立的，例如，第⑩项可能与前面各项都有关。

10.3.3　测量过程变差对决策的影响

即使是用同一个量具多次测量同一个零件的同一特性，其结果也会不同，测量系统存在变差。生产过程中的测量结果通常有两个用途：产品控制，判断产品合格与否；过程控制，判断生产过程是否稳定，若稳定，则计算其过程能力/过程能力指数是多少，是否可接受。

下面分别看一下测量变差对决策的影响。

1. 对产品控制决策的影响

对产品进行判断时存在的问题是将合格品判为不合格品（第一类错误，见图 10-1），或将不合格品评判为合格品（第二类错误，见图 10-2）。

将测量判断划分为三个区间，如图 10-3 所示。图 10-3 中，Ⅰ区：坏零件总是判为坏的；Ⅱ区：可能做出潜在错误的判断；Ⅲ区：好零件总是判为好的。

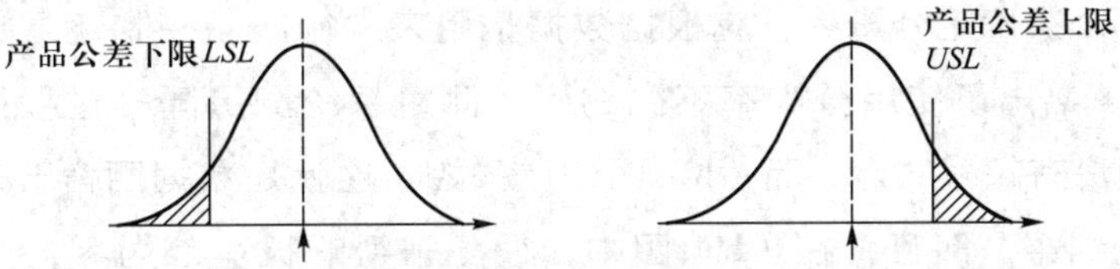

图 10-1　第一类错误

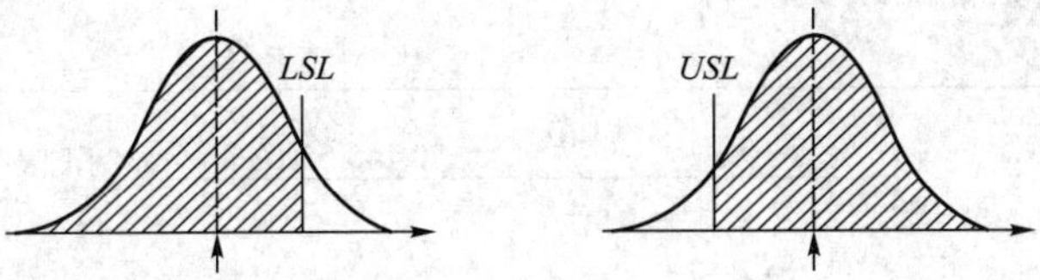

图 10-2　第二类错误

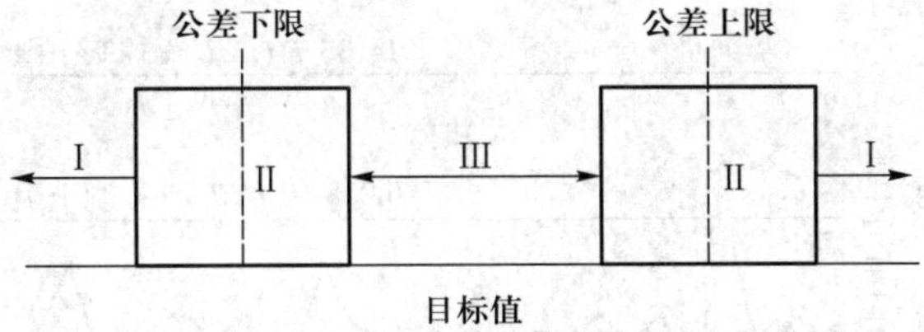

图 10-3　测量判断的三个区间

为了最大限度地作出正确的判断，可以有两个选择：一是改进生产过程，减少生产过程的变差，没有零件落在 Ⅱ 区；二是改进测量系统，减少测量系统变差从而减小 Ⅱ 区，这样就可使做出错误决定的风险降至最低。

2. 对过程控制决策的影响

过程控制希望能回答一些问题，诸如：过程是否受控、过程均值是否对准目标值、过程能力是否可接受。如果测量系统变差过大，会导致错误决策：对偶因与异因作出误判，低估过程能力指数。下面简单分析对过程能力指数作出低估的情况。

$$\sigma_{obs}^2 = \sigma_{actual}^2 + \sigma_{msa}^2$$

式中，σ_{obs}^2 为观测过程方差，σ_{actual}^2 为实际生产过程方差，σ_{msa}^2 为测量系统方差。而计算 C_{pk} 用的是 σ_{obs}，低估了过程能力指数。

10.4　测量系统分析的基础

10.4.1　测量系统分析的条件

1. 测量系统必须有足够的分辨率

可接受的分辨率应小于公差或制造过程变差（6σ）的 1/10，否则会作出很多错误的判断。究竟按哪个来确定分辨率，应根据数据是用来进行产品控制还是进行过程控制作出决定。图 10-4 给出了使用分辨率不同的两个测量系统测量同一过程得到的控制图。（a）图的控制图没有超限的点，而（b）图严重失控，这就是数据四舍五入，进而对数据错误分级造成的结果。而且，在（b）图中，很多子组的极差都为零，使得平均极差变小，进而算得的过程标准差减小，从而导致过程能力指数加大。显然，这样的分辨率用于过程分析与控制是不能接受的。

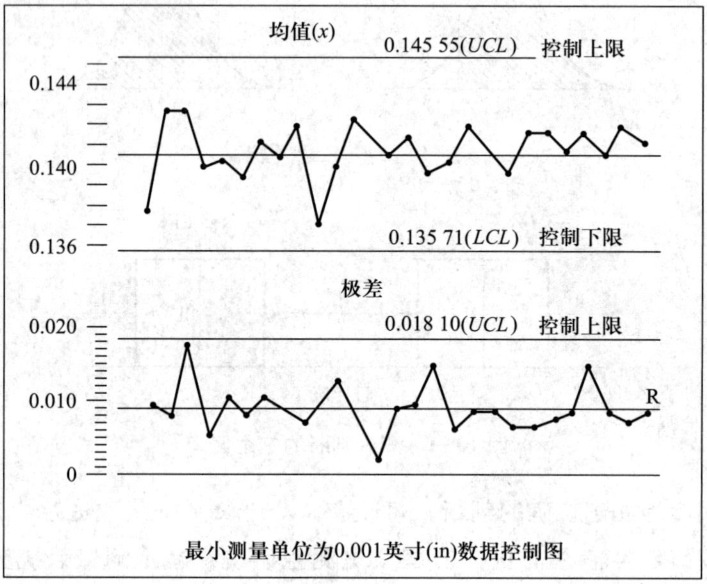

注:1英寸=2.54 cm　　(a)

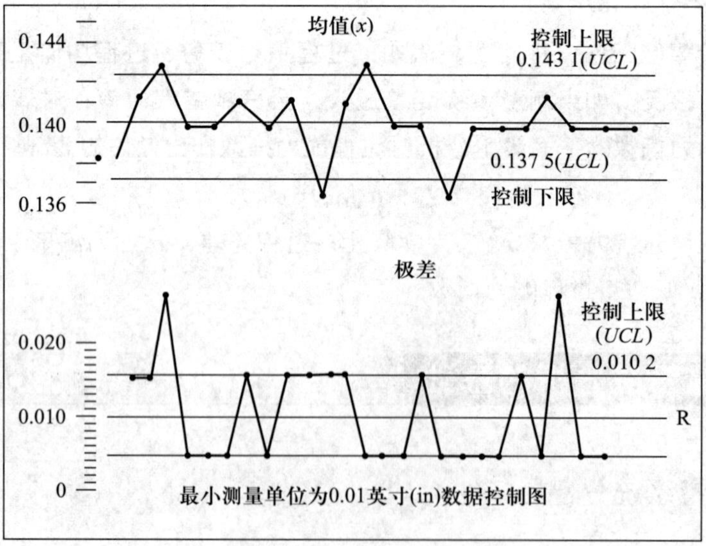

注：1英寸=2.54 cm　　(b)

图 10-4　利用分辨率不同的测量系统测量同一过程得到的控制图

2. 测量过程必须处于统计控制状态

对于制造过程，过程能力分析的基础是过程处于统计控制状态。测量过程也是过程，故而，进行测量系统分析、计算测量系统的变差时，也必须要求测量过程处于统计控制状态。同样地，测量过程的判稳可以应用控制图。

10.4.2　测量系统变差的类型

测量数据的质量用位置误差和宽度误差来加以评价。考虑到变差的来源和特点，位置误差又可细分为偏倚、稳定性和线性；宽度误差可分为重复性和再现性。

10.4.3　测量系统分析的时机

测量系统分析可以分为两步：

第一步：判断测量系统是否在测量正确的变量。因为如果测量的是错误的变量，则无论测量系统多么准确与精密，都是在消耗资源。

第二步：确定测量系统必须具备的、可接受的统计特性。为此，要了解测量数据的用途。第二步又分为两个阶段：第一阶段在测量系统投入使用前或即将投入使用时，判断测量系统是否具有可接受的统计特性；第二阶段是在量具使用中，判断测量系统的统计特性是否持续满足要求。两个阶段的间隔要视量具固有特性及使用的频繁程度而定。

测量时，应采用盲测，以排除人为的干扰。盲测是指在实际测量环境下，在操作者事先不知正在对该测量系统进行评定的条件下，获得的测量结果。实际操作中大多只能实现部分盲测。

10.4.4　测量系统分析的作用

测量系统分析的作用如下：

（1）提供接收新测量设备的准则。

（2）提供一种测量装置与另一种测量装置的比较。

（3）作为对被怀疑有缺陷的量具的评价基础。

（4）进行测量设备维修前后的比较。

（5）计算过程变差的一个必要部分。

（6）提供绘制量具性能曲线的必要信息。

10.4.5　测量系统分析的准备

同任何研究或分析一样，实施测量系统分析之前应先进行充分的策划和准备。实施测量系统分析之前的主要准备如下：

（1）先策划将要使用的方法。例如，像按按钮、打印数字等情况，测量系统的再现性影响可以忽略。

（2）确定评价人的数量、样品数量及重复读数的次数。应考虑的因素包括：

① 尺寸的关键性：关键尺寸需要更多的零件和（或）试验，以使结论的置信度更高。

② 零件结构：大或重的零件可规定较少样品和较多试验（测量）。

（3）由于其目的是评价整个测量系统，评价人应从日常操作该仪器的人员中挑选。

（4）样品的选择对正确的分析至关重要，它完全取决于 MSA 的设计、测量系统的目的以及能否获得代表生产过程的样品。

对于产品控制情况，测量结果用于确定“相对特性规范合格与否”，选择的样本不需要覆盖整个过程范围。测量系统的评定基于特性的公差。

对于过程控制情况，测量结果用于确定“过程的稳定性”（如 SPC 中的过程控制、过程能力及过程改进），选择的样本应覆盖生产过程范围（可以通过每一天取一个样品，持续选取若干天的方式进行）。在评定用于过程控制的测量系统时，建议对总过程变差进行独立的估计。

（5）给样品标号，测量人不应看到此编号，而记录人知道。在测量时，每测一次换一个零件。

（6）给样品标上测量位置，多次测量同一位置其结果不一样才可认为是测量系统的变差。否则，会带入零件内变差（如锥度、圆度的影响），计算时应加以消除。

（7）量具的分辨率是产品公差或过程变差的 1/10。若允许，读数时可读到分度的一半。

10.4.6　接收准则

1. 位置误差

位置误差一般都通过分析偏倚和线性来确定。通常，若是一个测量系统的偏倚或线性较明显或是超出量具校准程序确立的最大允许误差，那么它是不可接受的。在这种情况下，应对测量系统重新进行校准，或者进行偏差校正以尽可能地减少该误差。

2. 宽度误差

测量系统的接受准则，取决于测量系统的环境和目的，而且应得到顾客的同意。对于以分析过程为目的的测量系统，通常测量系统的可接受性的经验准则如下：

（1）%GRR 低于 10%的误差——通常认为测量系统是可接受的。

（2）%GRR 是 10% ~30%之间的误差——基于应用的重要性、测量装置的成本、维修的成本等方面的考虑，可能是可接受的。

（3）%GRR 超过 30%——认为是不可接受的，应该做出各种努力来改进测量系统。

此外，过程能被测量系统区分开的分级数（ndc）应该大于或等于 5。

10.5　测量系统分析的实践

10.5.1　偏倚的分析

偏倚的分析可以参照下列步骤：

（1）获取一个样本并确定相对于可溯源标准的基准值。如果这样的样品不可获得，选择一个落在产品测量中程数的生产零件，指定其为偏倚分析的标准样本。测量这个零件 $n \geqslant 10$ 次，并计算这 n 个读数的均值，把均值作为"基准值"。

（2）让一个评价人以通常的方法测量样本 10 次以上。

（3）相对于基准值，将数据画出直方图。对直方图加以评价，用专业知识确定是否存在着特殊原因或出现异常。如果没有，继续分析，对于 $n < 30$ 时的解释或分析，应当特别谨慎。

（4）计算 n 个读数的均值。

$$\bar{X} = \frac{\sum_{i=1}^{n} X_i}{n}$$

（5）计算重复性标准差（如可能，使用独立的重复性测量的结果）。

$\sigma_r = \dfrac{\max(x_i) - \min(x_i)}{d_2^*}$，这里，$d_2^*$ 可以从本章附录Ⅱ d_2^* 表中查到，表中 g 为子组数，m 为样本量。这里 $g = 1$，$m = n$。

（6）确定偏倚的 t 统计量。

$$偏倚 = 观测测量平均值 - 基准值$$

$$\sigma_b = \sigma_r / \sqrt{n}$$

$$t = \frac{偏倚}{\sigma_b}$$

其中，σ_r 为测量值的标准差，σ_b 为测量值均值的标准差。

（7）如果 0 落在偏倚值的 $1-\alpha$ 置信区间内，则偏倚在 α 水平是可接受的。

$$偏倚 - \left[\frac{d_2\sigma_b}{d_2^*}(t_{v,\,1-\alpha/2})\right] \leqslant 0 \leqslant 偏倚 + \left[\frac{d_2\sigma_b}{d_2^*}(t_{v,\,1-\alpha/2})\right]$$

式中，d_2、d_2^* 和自由度 v 可以在本章附录Ⅱ d_2^* 表中查到，$g = 1$，$m = n$，$t_{v,\,1-\alpha/2}$ 可在本章附录Ⅰ t 分布表中查得。通常 α 水平的默认值是 0.05，即 95%置信度。

例如，一名制造工程师在评价监视生产过程的新测量系统。测量装置分析表明不存在线性问题，所以工程师只需评价测量系统的偏倚。在已记录的过程变差的基础上，从测量系统操作范围内选择一个零件。这个零件经全尺寸检验测量以确定其基准值。随后，这个零件由领班测量 15 次，如表 10-1 所示。

表 10-1　测量数据表

实验序号	观测值（基准值 = 6.00）	偏倚
1	5.8	-0.2
2	5.7	-0.3
3	5.9	-0.1
4	5.9	-0.1
5	6.0	0.0
6	6.1	0.1
7	6.0	0.0
8	6.1	0.1
9	6.4	0.4
10	6.3	0.3
11	6.0	0.0
12	6.1	0.1
13	6.2	0.2
14	5.6	-0.4
15	6.0	0.0

利用电子表格和统计软件，可获得直方图（见图 10-5）和数据分析的结果（如表 10-2 所示）。

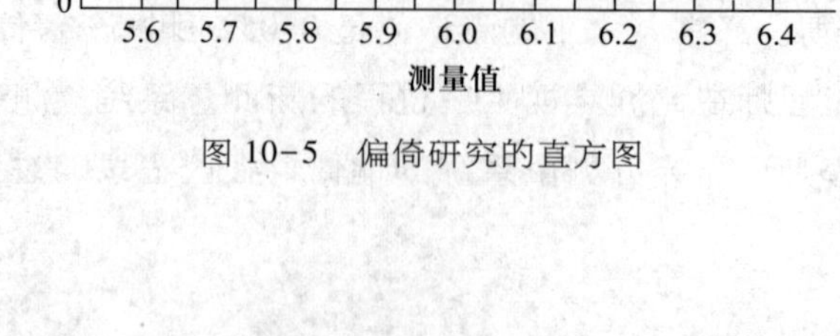

图 10-5　偏倚研究的直方图

表 10-2　数据分析的结果

<table>
<tr><td></td><td>n</td><td>均值 $\bar{X}$</td><td>标准差 σ_r</td><td colspan="3">观测均值的标准差 σ_b</td></tr>
<tr><td>测量值</td><td>15</td><td>6.006 7</td><td>0.225 14</td><td colspan="3">0.058 13</td></tr>
<tr><td></td><td colspan="6">基准值 = 6.00，α = 0.05，g = 1，d_2^* = 3.55</td></tr>
<tr><td rowspan="2"></td><td rowspan="2">t 统计量</td><td rowspan="2">自由度 df</td><td rowspan="2">显著 t 值
（2 尾）</td><td rowspan="2">偏倚</td><td colspan="2">95% 偏倚置信区间</td></tr>
<tr><td>置信区间下限</td><td>置信区间上限</td></tr>
<tr><td>测量值</td><td>0.115 3</td><td>10.8</td><td>2.206</td><td>0.006 7</td><td>−0.118 5</td><td>0.131 9</td></tr>
</table>

结论：因为 0 落在偏倚的置信区间（−0.118 5，0.131 9）内，所以，测量偏倚是可以接受的。

10.5.2　稳定性的分析

稳定性的分析程序如下：

（1）获得一个样本并确定相对于可溯源标准的基准值。如果该样品不可获得，选择一个落在产品测量中程数的生产零件（在以后持续的测量中，该产品特性值不应发生变化），指定其为稳定性分析的标准样本。如果仅研究测量系统稳定性，可不必确定基准值。

（2）定期（天，周）测量标准样本 3 ~5 次，样本容量和频率应该基于对测量系统的了解。考虑的因素包括：重新校准的频次、必要的修理、测量系统的使用频率、作业条件的好坏。应在不同的时间读数，以代表测量系统的实际使用情况，从而可说明在一天中温度、周围环境和其他因素发生的变化。

（3）将数据按时间顺序画在 $\bar{X}$—R 或 $\bar{X}$—S 控制图上，至少要有连续的 20 个点。

（4）建立控制限，利用控制图分析测量过程是否处于统计失控状态。如果测量过程是稳定的，处于统计控制状态，则数据可以用于确定测量系统的偏倚，测量的标准差可以用作测量系统重复性的近似值。

例如，为了确定一个新的测量装置的稳定性是否可以接受，工艺小组在生产工艺中程数附近选择了一个零件。这个零件被送到测量实验室，确定基准值为 6.01。小组每班测量这个零件 5 回（每回 3 到 5 次），共测量 4 周（20 个子组）。收集所有数据以后，就可以得到 $\bar{X}$—R 图（见图 10-6）。用控制图可见，测量过程是稳定的，没有出现明显可见的异常因素的影响，处于统计控制状态。

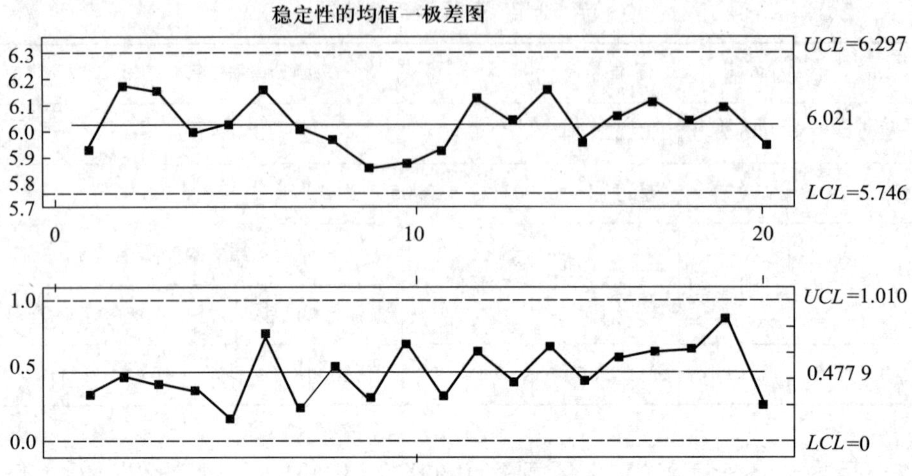

图 10-6　稳定性的控制图分析

由于稳定性是对偏倚随时间变化的分析，所以通过稳定性研究，可以确定一个合适的检定或校准周期。如果经稳定性分析，确定了合适的检定或校准周期，以后可以不再分析。

10.5.3　线性的分析

线性分析的程序如下：

（1）选择 $g \geqslant 5$ 个零件，这些零件的测量值应覆盖量具的操作范围。

（2）用全尺寸检验设备测量每个零件以确定其基准值，并确定这些零件已覆盖了量具的操作范围。

（3）通常选择仪器的操作者中的一个人，测量每个零件 $m \geqslant 10$ 次。随机地选择零件以使评价人对测量偏倚的“记忆”最小化。

（4）计算每次测量的零件偏倚及零件偏倚的均值。

$$\text{偏倚}_{i,j} = x_{i,j} - (\text{基准值})_i$$

$$\text{偏倚}'_i = \frac{\sum_{j=1}^{m} \text{偏倚}_{i,j}}{m} \quad (i\text{ 为零件序号，}j\text{ 为测量的次数})$$

（5）在线性图上，画出每个偏倚和对应基准值的偏倚—基准值图。

（6）用下面公式计算和画出最佳拟合线与置信带。

对于最佳拟合直线，用公式

$$\bar{y}_i = ax_i + b$$

其中，x_i—— 基准值；$\bar{y}_i$—— 偏倚平均值。

$$a=\frac{\sum xy-\left(\frac{1}{gm}\sum x\sum y\right)}{\sum x^2-\frac{1}{gm}\left(\sum x\right)^2}=\text{斜率}$$

$$b=\bar{\bar{y}}-a\bar{x}=\text{截距}$$

对于给定的 x_0，α 水平的置信区间为

置信下限

$$b+ax_0-\left[t_{gm-2,\ 1-\alpha/2}\left(\frac{1}{gm}+\frac{(x_0-\bar{x})^2}{\sum(x_i-\bar{x})^2}\right)^{1/2}S\right]$$

置信上限

$$b+ax_0+\left[t_{gm-2,\ 1-\alpha/2}\left(\frac{1}{gm}+\frac{(x_0-\bar{x})^2}{\sum(x_i-\bar{x})^2}\right)^{1/2}S\right]$$

其中，$S=\sqrt{\frac{\sum y_i^2-b\sum y_i-a\sum x_i y_i}{gm-2}}$；$g$—— 零件数；$m$—— 重复测量次数；$x$—— 基准值；$y$—— 偏倚。

（7） 画出“偏倚 = 0”线，评审该图，指出特殊原因和线性的可接受性。若要测量系统的线性可被接受，“偏倚 = 0”线必须完全在拟合线的置信区间以内。

（8） 如果作图分析显示测量系统的线性可接受，则下面假设成立，即

$$H_0:\ a=0\ (\text{斜率}=0)$$

如果

$$|t|=\frac{|a|}{\left[\frac{S}{\sqrt{\sum(x_j-\bar{x})^2}}\right]}\leqslant t_{gm-2,\ 1-\alpha/2}$$

则不能推翻原假设。如果上述假设成立，则测量系统对所有的基准值有相同的偏倚。

对于可接受的线性，下面将继续分析偏倚。

$$H_0:\ b=0\ \text{截距（偏倚）}=0$$

如果

$$|t|=\frac{|b|}{\left[\sqrt{\frac{1}{gm}+\frac{\bar{x}^2}{\sum(x_i-\bar{x})^2}}\right]S}\leqslant t_{gm-2,\ 1-\alpha/2}$$

则不能推翻原假设。

例如，一名工厂主管希望对过程采用新测量系统。作为顾客的生产件批准程序的一部分，需要评价测量系统的线性。基于已证明的过程变差，在测量系统操作量程内选择了 5 个零件，每个零件经过全尺寸检验测量以确定其基准值，然后由领班分别测量每个零件 12 次。研究中零件是被随机选择的。测得的数据记录和处理的中间结果参见表 10-3 和表 10-4。

表 10-3　线性研究数据

	零件	1	2	3	4	5
	基准值	2.00	4.00	6.00	8.00	10.00
试验	1	2.70	5.10	5.80	7.60	9.10
	2	2.50	3.90	5.70	7.70	9.30
	3	2.40	4.20	5.90	7.80	9.50
	4	2.50	5.00	5.90	7.70	9.30
	5	2.70	3.80	6.00	7.80	9.40
	6	2.30	3.90	6.10	7.80	9.50
	7	2.50	3.90	6.00	7.80	9.50
	8	2.50	3.90	6.10	7.70	9.50
	9	2.40	3.90	6.40	7.80	9.60
	10	2.40	4.00	6.30	7.50	9.20
	11	2.60	4.10	6.00	7.60	9.30
	12	2.40	3.80	6.10	7.70	9.40

表 10-4　线性研究——中间结果

	零件	1	2	3	4	5
	基准值	2.00	4.00	6.00	8.00	10.00
试验	1	0.7	1.1	−0.2	−0.4	−0.9
	2	0.5	−0.1	−0.3	−0.3	−0.7
	3	0.4	0.2	−0.1	−0.2	−0.5
	4	0.5	1	−0.1	−0.3	−0.7
	5	0.7	−0.2	0	−0.2	−0.6
	6	0.3	−0.1	0.1	−0.2	−0.5
	7	0.5	−0.1	0	−0.2	−0.5
	8	0.5	−0.1	0.1	−0.3	−0.5
	9	0.4	−0.1	0.4	−0.2	−0.4
	10	0.4	0	0.3	−0.5	−0.8
	11	0.6	0.1	0	−0.4	−0.7
	12	0.4	−0.2	0.1	−0.3	−0.6
	偏倚均值	0.491 667	0.125	0.025	−0.291 67	−0.616 67

利用电子表格和统计软件得到线性图（见图 10-7）。其中，r^2 是拟合优度，参照线性回归的理论，其应大于 80%。

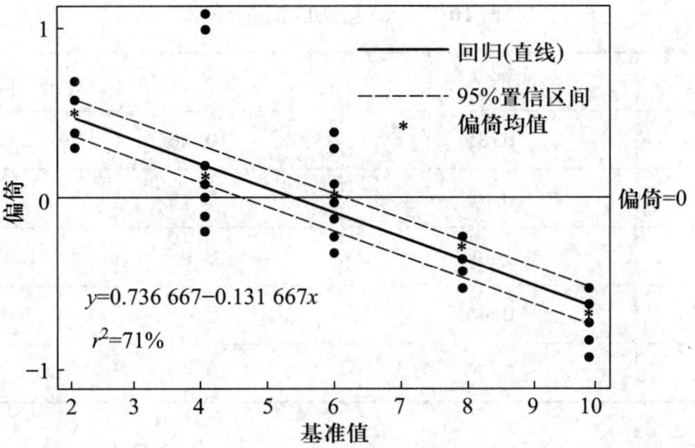

图 10-7　线性研究——作图分析

由图 10-7 可见，存在着特殊原因影响了测量系统。基准值为 4 的数据可能出现了双峰。即使不考虑基准值为 4 的数据，作图分析也清楚地显示测量系统有线性问题。线性回归模型的 r^2 值指出，利用线性模型对于这些数据进行拟合是不适合的。即使线性模型勉强可以接受，"偏倚 = 0" 线与置信带存在着交叉而不是被包含其中。

10.5.4　重复性、再现性和 GRR 的分析

重复性、再现性和 GRR 的分析有三种方法：极差法、均值极差法、ANOVA 法（方差分析法）。由于 ANOVA 法（方差分析法）需要有方差分析的数学知识以便解释运算的结果，故这里只讨论极差法和均值极差法。

1. 极差法

极差法是一种改良的计量型量具的研究方法，可以迅速提供一个测量变异的近似值，但这种方法只能提供测量系统的整体概况，而不能将变异分为重复性和再现性。它的主要用途是快速检查验证 GRR 是否发生了变化。（若使用 5 个零件进行研究，结论的正确性有 80%，若使用 10 个零件进行研究，则结论的正确性有 90%。）

典型的极差法用 2 个评价人和 5 个零件进行研究。在研究中，两个评价人各将每个零件测量一次。每个零件的极差是评价人 A 获得测量值和 B 获得测量值之间差的绝对值。计算极差的和与平均极差，将平均极差乘以 $1/d_2^*$ 可以得到总测量变差。这里，d_2^* 在本章附录Ⅱ d_2^* 表中可以查得，$m = 2$，g = 零件数 。

例如，选择 2 个评价人，5 个零件，其测量结果见表 10-5。已知过程标准差

$\sigma=0.0777$。此测量过程中每个零件被测量 2 次，即样本容量为 $m=2$，共有 5 个极差，即 $g=5$，查本章附录Ⅱ d_2^* 表得到 $d_2^*=1.19$。

表 10-5　极差法的测量结果

零件	评价人 A	评价人 B	极差（A-B）
1	0.85	0.80	0.05
2	0.75	0.70	0.05
3	1.00	0.95	0.05
4	0.45	0.55	0.10
5	0.50	0.60	0.10

$$\text{平均极差}=0.35/5=0.07$$

$$\text{GRR}=0.07/1.19=0.0588$$

$$\text{已知过程标准差}=0.0777$$

$$\%\text{GRR}=100\times0.0588/0.0777=75.5\%$$

经计算量具的%GRR 为 75.5%，远大于 30%，说明此测量系统所测的数据不能用于制作控制图或计算过程能力指数。该测量系统需要改进。

2. 均值极差法

均值极差法（$\bar{X}-R$）是一种可对测量系统的重复性和再现性进行估计评价的方法。与极差法不同，该方法可将测量系统的变差分成两部分：重复性和再现性。

（1）获取一个样本，零件数 $n>5$（通常 $n=10$），可代表实际的或期望的过程变差范围。为此，应连续几天从生产过程中随机抽取零件，组成该样本。

（2）选择评价人为 A、B、C 等。零件的号码从 1 到 n，评价人不能看到零件编号。

（3）如果是正常测量系统程序的一部分，应校准量具。让评价人 A 以随机顺序测量 n 个零件，将测量结果输入量具重复性和再现性数据收集表的第 1 行（如表 10-6 所示）。

表 10-6　量具重复性和再现性数据收集表

行数	评价人/试验 #	零件										平均值
		1	2	3	4	5	6	7	8	9	10	
1	A　1	0.29	−0.56	1.34	0.47	−0.8	0.02	0.59	−0.31	2.26	−1.36	
2	2	0.41	−0.68	1.17	0.5	−0.92	−0.11	0.75	−0.20	1.99	−1.25	
3	3	0.64	−0.58	1.27	0.64	−0.84	−0.21	0.66	−0.21	2.01	−1.31	

续表

行数	评价人/试验 #	零件										平均值
		1	2	3	4	5	6	7	8	9	10	
4	均值											$\bar{X}_a$
5	极差											$\bar{R}_a$
6	B　1	0.08	−0.47	1.19	0.01	−0.56	−0.2	0.47	−0.63	1.80	−1.68	
7	2	0.25	−1.22	0.94	1.03	−1.2	0.22	0.55	0.08	2.12	−1.62	
8	3	0.07	−0.68	1.34	0.2	−1.28	0.06	0.83	−0.34	2.19	−1.50	
9	均值											$\bar{X}_b$
10	极差											$\bar{R}_b$
11	C　1	0.04	−1.38	0.88	0.14	−1.46	−0.29	0.02	−0.46	1.77	−1.49	
12	2	−0.11	−1.13	1.09	0.20	−1.07	−0.67	0.01	−0.56	1.45	−1.77	
13	3	−0.15	−0.96	0.67	0.11	−1.45	−0.49	0.21	−0.49	1.87	−2.16	
14	均值											$\bar{X}_c$
15	极差											$\bar{R}_c$
16	零件均值											$\bar{\bar{X}}$ R_P
17	$\bar{\bar{R}}$ = ([$\bar{R}_a$ =] + [$\bar{R}_b$ =] + [$\bar{R}_c$ =]) / [评价人 =] =											$\bar{\bar{R}}$
18	$\bar{X}_{DIFF}$ = [Max $\bar{X}$ =] − [Min $\bar{X}$ −] =											
19	* UCL_R = [$\bar{\bar{R}}$ =] × [D_4 =] =											

注：＊2 次试验 D_4 = 3.27，3 次试验 D_4 = 2.58。UCL_R 代表了极差图的上控制限。将那些超出控制限的点圈出，识别原因并纠正。用与原来相同的评价人和仪器对同一个零件重复原来的测量，或者剔除某些值（应慎重）并由其余观测值再次平均并计算 $\bar{\bar{R}}$ 和 UCL_R 值。

（4）让评价人 B 和 C 测量同样的 n 个零件，而且他们之间不能看到彼此的结果。在表 10-6 中，输入数据到第 6 和 11 行。

（5）用不同的随机测量顺序重复该循环。输入数据到第 2、7、12 行，在适当的列记录数据。例如，如果第一个测量的是第 7 号零件，那么将结果记录在标示着零件 7 的列。如果需要再试验第 3 次，输入数据到第 3、8、13 行。

（6）当零件数量很大或同时多个零件不可同时获得时，测量步骤(4)、(5)可能需要改变如下：让评价人 A 测量第一个零件并在第 1 行记录读数；让评价人 B 测量第一个零件并在第 6 行记录读数；让评价人 C 测量第一个零件并在第 11 行记录读数。

（7）如果评价人属于不同的班次，可以使用一个替代方法。让评价人 A 测量所有的 10 个零件输入数据于第 1 行，然后评价人 A 以不同的顺序读数，记录结果于第 2、3 行，让评价人 B、C 同样操作。

（8）结果分析：作图法。这里均值图和极差图控制界限的计算公式如下：

$$USL_R = \overline{\overline{R}} \times D_4 = 0.3417 \times 2.58 = 0.8816$$

$$LSL_R = \overline{\overline{R}} \times D_3 = 0.34 \times 0 = 0$$

$$USL_X = \overline{\overline{X}} + A_2\overline{\overline{R}} = (0.19 + 0.06 - 0.25)/3 + 1.023 \times 0.34$$

$$LSL_X = \overline{\overline{X}} - A_2\overline{\overline{R}} = (0.19 + 0.06 - 0.25)/3 - 1.023 \times 0.34$$

式中，系数 D_3、D_4 及 A_2 的数值可参见表 9-5。

因为研究中所使用的零件子组代表制造过程的变差，需要大约一半或更多的均值落在控制限以外。如果数据显示出这种图形，那么测量系统应该能够充分探测零件和零件之间的变差并且测量系统能够提供对过程分析和过程控制有用的信息。如果少于一半的均值落在控制限以外，则测量系统缺乏足够的分辨率或是样本不能代表期望的制造过程变差。

从图 10-8 中可看出，此测量系统的分辨率是满足要求的。这是因为平均极差是测量造成的，测量系统越好，它应该越小，而零件间的差异是制造系统造成，因此平均极差越小，出限的点越多，分辨率越高。

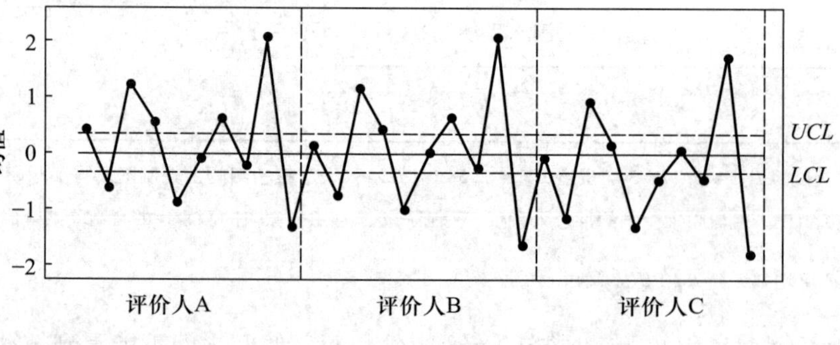

图 10-8　均值图

极差控制图用于确定测量过程是否处于统计控制状态。无论测量系统误差有多大，控制限都会反映出这个误差。这就是为什么要在测量研究完成之前识别并去除异常原因的理由。在包含平均极差和控制限的极差图上，画出了由每个评价人对每个零件测量的多个读数范围。从画在图中得出的数据进行分析，可以得到很多有用的信息。如果所有的极差都受控，则所有评价人的工作状态是相同的，可以认为每人重复测量的重复性是一致的。如果一个评价人不受控，说明他的方法与其他人不同。如果所有评价人都不受控，则测量系统对评价人的技术很敏感，需要加以改善以获得有用的数据。极差图可以帮助我们确定：测量过程中评价人之间对每个零件的一致性。由图 10-9 可见，评价人之间变异性是不同的，应分析并消除其影响。

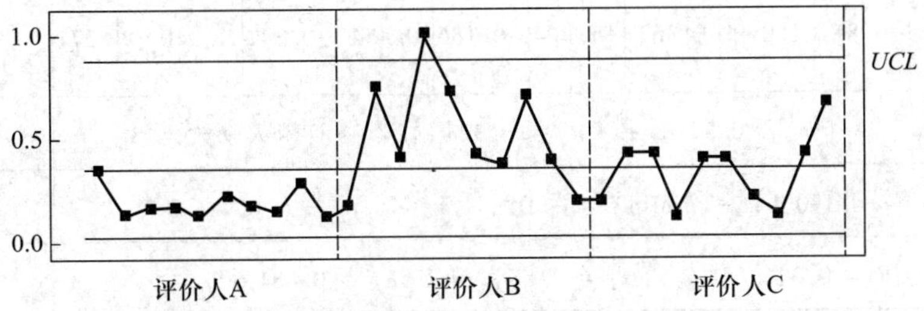

图 10-9　极差图

（9）结果分析：数据计算。在表 10-6 数据收集的基础上，量具重复性和再现性数据分析表和报告表（如表 10-7、表 10-8 所示）提供了数据分析的方法。该分析可以估计变差和整个测量系统占过程变差的百分比以及其重复性、再现性和零件与零件间的变差的构成，这些信息需要与作图分析的结果相比较，是作图法的补充。

表 10-7　量具重复性和再现性数据分析表

评价人/	零件										平均值
试验 #	1	2	3	4	5	6	7	8	9	10	
A　1	0.29	−0.56	1.34	0.47	−0.8	0.02	0.59	−0.31	2.26	−1.36	
2	0.41	−0.68	1.17	0.5	−0.92	−0.11	0.75	−0.20	1.99	−1.25	
3	0.64	−0.58	1.27	0.64	−0.84	−0.21	0.66	−0.21	2.01	−1.31	
均值	0.447	−0.607	1.260	0.537	−0.853	−0.100	0.677	−0.227	2.087	−1.307	$\bar{X}_a$ = 0.190 4
极差	0.35	0.12	0.17	0.17	0.12	0.23	0.16	0.14	0.27	0.11	$\bar{R}_a$ = 0.184
B　1	0.08	−0.47	1.19	0.01	−0.56	−0.2	0.47	−0.63	1.80	−1.68	
2	0.25	−1.22	0.94	1.03	−1.2	0.22	0.55	0.08	2.12	−1.62	
3	0.07	−0.68	1.34	0.2	−1.28	0.06	0.83	−0.34	2.19	−1.50	
均值	0.133	−0.790	1.157	0.413	−1.013	0.027	0.617	−0.297	2.037	−1.600	$\bar{X}_b$ = 0.068 4
极差	0.18	0.75	0.40	1.02	0.72	0.42	0.35	0.71	0.39	0.18	$\bar{R}_b$ = 0.513
C　1	0.04	−1.38	0.88	0.14	−1.46	−0.29	0.02	−0.46	1.77	−1.49	
2	−0.11	−1.13	1.09	0.20	−1.07	−0.67	0.01	−0.56	1.45	−1.77	
3	−0.15	−0.96	0.67	0.11	−1.45	−0.49	0.21	−0.49	1.87	−2.16	
均值	0.073	−1.157	0.880	0.150	−1.327	−0.483	0.080	−0.503	1.697	−1.807	$\bar{X}_c$ = − 0.254 3
极差	0.19	0.42	0.42	0.09	0.39	0.38	0.20	0.10	0.42	0.67	$\bar{R}_c$ = 0.328

续表

评价人/试验 #	零件 1	2	3	4	5	6	7	8	9	10	平均值
零件均值	0.169	-0.851	1.099	0.367	-1.064	-0.186	0.454	-0.342	1.940	-1.571	$\bar{\bar{X}} = 0.0015$ $R_P = 3.511$
$([\bar{R}_a = 0.184] + [\bar{R}_b = 0.513] + [\bar{R}_c = 0.328]) / [\#评价人个数 = 3] =$											$\bar{\bar{R}} = 0.3417$
$[\mathrm{Max}\bar{X} = 0.1904] - [\mathrm{Min}\bar{X} = -0.2543] = \bar{X}_{DIFF} = 0.4447$											
$^*[\bar{\bar{R}} = 0.3417] \times [D_4 = 2.58] = UCL_R = 0.8816$											

注：＊2 次试验 $D_4 = 3.27$，3 次试验 $D_4 = 2.58$。UCL_R 代表了极差图的上控制限。将那些超出控制限的点圈出，识别原因并纠正。用与原来相同的评价人和仪器对同一个零件重复原来的测量，或者剔除某些值（应慎重）并由其余观测值再次平均并计算 $\bar{\bar{R}}$ 和 UCL_R 值。

表 10-8　量具重复性和再现性数据报告表

量具重复性和再现性报告

零件号和名称：　　量具名称：　　日期：

特性：　　量具号：　　完成人：

规范：　　量具类型：

$\bar{\bar{R}} = 0.3417$　　$\bar{X}_{DIFF} = 0.4447$　　$R_P = 3.511$

测量单元分析	%总变差（TV）
重复性—设备变差（EV） $EV = \bar{\bar{R}} \times K_1$ $= \underline{0.3417} \times \underline{0.5908}$ $= \underline{0.20188}$ 试验 / K_1：2 — 0.886 2；3 — 0.590 8	$\%EV = 100[EV/TV]$ $= 100[\underline{0.20188}/\underline{1.14610}]$ $= \underline{17.62\%}$
再现性—评价人变差（AV） $AV = \sqrt{(\bar{X}_{DIFF} \times K_2)^2 - (EV^2/(nr))}$ $= \sqrt{(\underline{0.4447} \times \underline{0.523})^2 - (\underline{0.20188}^2/(\underline{10} \times \underline{3}))}$ $= \underline{0.22963}$ n=零件数　r=实验次数 评价人 / K_2：2 — 0.707 1；3 — 0.523 1	$\%AV = 100[AV/TV]$ $= 100[\underline{0.22963}/\underline{1.14610}]$ $= \underline{20.04\%}$

续表

<table>
<tr><td colspan="3">测量单元分析</td><td>%总变差（TV）</td></tr>
<tr><td rowspan="2">重复性和再现性（GRR）
$GRR = \sqrt{EV^2 + AV^2}$
$= \sqrt{(0.201\ 88^2 + 0.229\ 63^2)}$
$= 0.305\ 75$</td><td>零件</td><td>K_3</td><td rowspan="2">$\%GRR = 100[GRR/TV]$
$= 100[0.305\ 75/1.146\ 10]$
$= 26.68\%$</td></tr>
<tr><td>2</td><td>0.707 1</td></tr>
<tr><td rowspan="4">零件变差（PV）
$PV = R_P \times K_3$
$= 3.511 \times 0.314\ 6$
$= 1.104\ 56$</td><td>3</td><td>0.523 1</td><td rowspan="4">$\%PV = 100[PV/TV]$
$= 100[1.104\ 5/1.146\ 10]$
$= 96.38\%$</td></tr>
<tr><td>4</td><td>0.446 7</td></tr>
<tr><td>5</td><td>0.403 0</td></tr>
<tr><td>6</td><td>0.374 2</td></tr>
<tr><td rowspan="4">总变差（TV）
$TV = \sqrt{GRR^2 + PV^2}$
$= \sqrt{(0.305\ 75^2 + 1.104\ 56^2)}$
$= 1.146\ 10$</td><td>7</td><td>0.353 4</td><td rowspan="4">$ndc = 1.41(PV/GRR)$
$= 1.41(1.104\ 56/0.305\ 75)$
$= 5.094 \approx 5$</td></tr>
<tr><td>8</td><td>0.337 5</td></tr>
<tr><td>9</td><td>0.324 9</td></tr>
<tr><td>10</td><td>0.314 6</td></tr>
</table>

（10）确定分级数。数据分析的最后步骤是确定可由测量系统可靠地辨别的分级数。这个分级数就是覆盖预期的产品变差所用不重叠的97%置信区间的数量。

$$ndc = 1.41(PV/GRR)$$

ndc 取整数，忽略小数，且应该大于等于 5 才可用于过程控制。分级数的多少反映了有效分辨率的高低。

10.6　计数型测量系统的分析

计数型测量系统属于测量系统的一类，其测量值是一种有限的分级数。与结果是连续值的计量型测量系统不同，计数型测量系统最常见的是通过/不通过量具，只可能有两个结果。其他计数型测量系统，如可视标准，结果可以形成 5 ~7 个不同的分级。前面所描述的分析法不适用于计数型测量系统的分析。计数型测量系统的分析方法有两种：风险分析法（包含假设检验分析和信号探测理论）和解析法。

并非所有的测量都是可重复的，例如，破坏性试验、零件随着使用/试验而变化的系统。限于篇幅，在此不再赘述。

思考题

- 1. 解释下列概念：分辨力、基准值、真值、偏倚、稳定性、线性、重复性、再现性、测量准确度、测量精密度、测量不确定度。
- 2. 测量不确定度的来源有哪些？
- 3. 测量系统分析的条件是什么？
- 4. 测量系统变差如何进行分类？
- 5. 在哪些条件下，测量系统是可以接受的？
- 6. 如何进行偏倚、稳定性、线性、重复性、再现性及GRR的分析？

阅读文献

[1] 张公绪，孙静. 新编质量管理学. 2版. 北京：高等教育出版社，2003.

[2] 苏秦. 质量管理与可靠性. 北京：机械工业出版社，2006.

[3] Edgar Dietrich，Alfred Schulze. Measurement Process Qualification. Cincinnati：Hanser Publications，2011.

附录 I　*t* 分布表

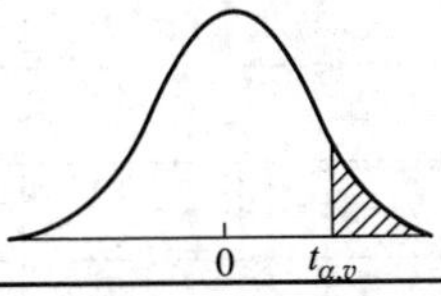

α / v	0.40	0.25	0.10	0.05	0.025	0.01	0.005	0.002 5	0.001	0.000 5
1	0.325	1.000	3.078	6.314	12.706	31.821	63.657	127.32	318.31	636.62
2	0.289	0.816	1.886	2.920	4.303	6.965	9.925	14.089	23.326	31.598
3	0.277	0.765	1.638	2.353	3.182	4.541	5.841	7.453	10.213	12.924
4	0.271	0.741	1.533	2.132	2.776	3.747	4.604	5.598	7.173	8.610
5	0.267	0.727	1.476	2.015	2.571	3.365	4.032	4.773	5.893	6.869
6	0.265	0.727	1.440	1.943	2.447	3.143	3.707	4.317	5.208	5.959
7	0.263	0.711	1.415	1.895	2.365	2.998	3.499	4.019	4.785	5.408
8	0.262	0.706	1.397	1.860	2.306	2.896	3.355	3.833	4.501	5.041
9	0.261	0.703	1.383	1.833	2.262	2.821	3.250	3.690	4.297	4.781
10	0.260	0.700	1.372	1.812	2.228	2.764	3.169	3.581	4.144	4.587
11	0.260	0.697	1.363	1.796	2.201	2.718	3.106	3.497	4.025	4.437
12	0.259	0.695	1.356	1.782	2.179	2.681	3.055	3.428	3.930	4.318
13	0.259	0.694	1.350	1.771	2.160	2.650	3.012	3.372	3.852	4.221
14	0.258	0.692	1.345	1.761	2.145	2.624	2.977	3.326	3.787	4.140
15	0.258	0.691	1.341	1.753	2.131	2.602	2.947	3.286	3.733	4.073
16	0.258	0.690	1.337	1.746	2.120	2.583	2.921	3.252	3.686	4.105
17	0.257	0.689	1.333	1.740	2.110	2.567	2.898	3.222	3.646	3.965
18	0.257	0.688	1.330	1.734	2.101	2.552	2.878	3.197	3.610	3.922
19	0.257	0.688	1.328	1.729	2.093	2.539	2.861	3.174	3.579	3.883
20	0.257	0.687	1.325	1.725	2.086	2.528	2.845	3.153	3.552	3.850
21	0.257	0.686	1.323	1.721	2.080	2.518	2.831	3.135	3.527	3.819
22	0.256	0.686	1.321	1.717	2.074	2.508	2.819	3.119	3.505	3.792
23	0.256	0.685	1.319	1.714	2.069	2.500	2.807	3.104	3.485	3.767
24	0.256	0.685	1.318	1.711	2.064	2.492	2.797	3.091	3.467	3.745
25	0.256	0.684	1.316	1.708	2.060	2.485	2.787	3.078	3.450	3.725
26	0.256	0.684	1.315	1.706	2.056	2.479	2.779	3.067	3.435	3.707
27	0.256	0.684	1.314	1.703	2.052	2.473	2.771	3.057	3.421	3.690
28	0.256	0.683	1.313	1.701	2.048	2.467	2.763	3.047	3.408	3.674
29	0.256	0.683	1.311	1.699	2.045	2.462	2.756	3.038	3.396	3.659
30	0.256	0.683	1.310	1.697	2.042	2.457	2.750	3.030	3.385	3.646
40	0.255	0.681	1.303	1.684	2.021	2.423	2.704	2.971	3.307	3.551
60	0.254	0.679	1.296	1.671	2.000	2.390	2.660	2.915	2.232	3.460
120	0.254	0.677	1.289	1.658	1.980	2.358	2.617	2.860	3.160	3.373
∞	0.253	0.674	1.282	1.645	1.960	2.326	2.576	2.807	3.090	3.291

注：v=自由度

附录Ⅱ

与均值极差分

		子组数								
		2	3	4	5	6	7	8	9	10
子组数 g	1	1.0 1.414 21	2.0 1.911 55	2.9 2.238 87	3.8 2.481 24	4.7 2.672 53	5.5 2.829 81	6.3 2.962 88	7.0 3.077 94	7.7 3.179 05
	2	1.9 1.279 31	3.8 1.805 38	5.7 2.150 69	7.5 2.404 84	9.2 2.604 38	10.8 2.767 79	12.3 2.905 62	13.8 3.024 46	15.1 3.128 69
	3	2.8 1.231 05	5.7 1.768 58	8.4 2.120 49	11.1 2.378 83	13.6 2.581 27	16.0 2.746 81	18.3 2.886 28	20.5 3.006 43	22.6 3.111 73
	4	3.7 1.206 21	7.5 1.749 89	11.2 2.105 22	14.7 2.365 71	18.1 2.569 64	21.3 2.736 26	24.4 2.876 56	27.3 2.997 37	30.1 3.103 21
	5	4.6 1.191 05	9.3 1.738 57	13.9 2.096 01	18.4 2.357 81	22.6 2.562 63	26.6 2.729 91	30.4 2.870 71	34.0 2.991 92	37.5 3.098 08
	6	5.5 1.180 83	11.1 1.730 99	16.7 2.089 85	22.0 2.352 53	27.0 2.557 95	31.8 2.725 67	36.4 2.866 80	40.8 2.988 29	45.0 3.094 67
	7	6.4 1.173 48	12.9 1.725 55	19.4 2.085 43	25.6 2.348 75	31.5 2.554 60	37.1 2.722 63	42.5 2.864 01	47.6 2.985 68	52.4 3.092 22
	8	7.2 1.167 94	14.8 1.721 47	22.1 2.082 12	29.2 2.345 91	36.0 2.552 08	42.4 2.720 36	48.5 2.861 92	54.3 2.983 73	59.9 3.090 39
	9	8.1 1.163 61	16.6 1.718 28	24.9 2.079 53	32.9 2.343 70	40.4 2.550 13	47.7 2.718 58	54.5 2.860 28	61.1 2.982 21	67.3 3.088 96
	10	9.0 1.160 14	18.4 1.715 73	27.6 2.077 46	36.5 2.341 92	44.9 2.548 56	52.9 2.717 17	60.6 2.858 98	67.8 2.981 00	74.8 3.087 81
	11	9.9 1.157 29	20.2 1.713 63	30.4 2.075 77	40.1 2.340 48	49.4 2.547 28	58.2 2.716 00	66.6 2.857 91	74.6 2.980.00	82.2 3.086 88
	12	10.7 1.154 90	22.0 1.711 89	33.1 2.074 36	43.7 2.339.27	53.8 2.546 21	63.5 2.715 04	72.6 2.857 02	81.3 2.979 17	89.7 3.086 10
	13	11.6 1.152 89	23.8 1.710 41	35.8 2.073 16	47.3 2.338 24	58.3 2.545 30	68.7 2.714 22	78.6 2.856 27	88.1 2.978 47	97.1 3.085 44
	14	12.5 1.151 15	25.7 1.709 14	38.6 2.072 13	51.0 2.337 37	62.8 2.544 52	74.0 2.713 51	84.7 2.855 62	94.9 2.977 87	104.6 3.084 87
	15	13.4 1.149 65	27.5 1.708 04	41.3 2.071 25	54.6 2.336 61	67.2 2.543 85	79.3 2.712 90	90.7 2.855 06	101.6 2.977 35	112.1 3.084 38
	16	14.3 1.148 33	29.3 1.707 08	44.1 2.070 47	58.2 2.335 94	71.7 2.543 26	84.5 2.712 37	96.7 2.854 57	108.4 2.976 89	119.5 3.083 95
	17	15.1 1.147 17	31.1 1.706 23	46.8 2.069 78	61.8 2.335 35	76.2 2.542 74	89.8 2.711 90	102.8 2.854 13	115.1 2.976 49	127.0 3.083 58
	18	16.0 1.146 13	32.9 1.705 47	49.5 2.069 17	65.5 2.334 83	80.6 2.542 28	95.1 2.711 48	108.8 2.853 75	121.9 2.976 13	134.4 3.083 24
	19	16.9 1.145 20	34.7 1.704 80	52.3 2.068 62	69.1 2.334 36	85.1 2.541 87	100.3 2.711 11	114.8 2.853 41	128.7 2.975 81	141.9 3.082 94
	20	17.8 1.144 37	36.5 1.704 19	55.0 2.068 13	72.7 2.333 94	89.6 2.541 49	105.6 2.710 77	120.9 2.853 10	135.4 2.975 52	149.3 3.082 67
d_2		1.128 38	1.692 57	2.058 75	2.325 93	2.534 41	2.704 36	2.847 2	2.970 03	3.077 51
cd		0.876	1.815	2.737 8	3.623	4.465 8	5.267 3	6.030 5	6.758 2	7.453 9

注：表中数值：每格上面的数是自由度（v），第二个数值是 d_2^* 值，d_2 是 d_2^* 的样本无穷大值，附加的 v 值可以用插值

说明：表中符号参照 Acheson Duncan 的《质量控制与工业统计》，第 5 版，McGraw-Hill，1986。

d_2^* 表

布相关的值

样本量 m

11	12	13	14	15	16	17	18	19	20
8.3 3.269 09	9.0 3.350 16	9.6 3.423 78	10.2 3.491 16	10.8 3.553 33	11.3 3.610 71	11.9 3.664 22	12.4 3.714 24	12.9 3.761 18	13.4 3.805 37
16.5 3.221 34	17.8 3.304 63	19.0 3.380 17	20.2 3.449 22	21.3 3.512 87	22.4 3.571 56	23.5 3.626 25	24.5 3.677 34	25.5 3.725 24	26.5 3.770 32
24.6 3.205 26	26.5 3.289 31	28.4 3.365 50	30.1 3.435 12	31.9 3.499 27	33.5 3.558 42	35.1 3.613 51	36.7 3.664 95	38.2 3.713 19	39.7 3.758 57
32.7 3.197 20	35.3 3.281 63	37.7 3.358 15	40.1 3.428 05	42.4 3.492 46	44.6 3.551 83	46.7 3.607 12	48.8 3.658 75	50.8 3.707 15	52.8 3.752 68
40.8 3.192 35	44.0 3.277 01	47.1 3.353 72	50.1 3.423 81	52.9 3.488 36	55.7 3.547 87	58.4 3.603 28	61.0 3.655 02	63.5 3.703 52	65.9 3.749 14
49.0 3.189 11	52.8 3.273 92	56.5 3.350 77	60.1 3.420 97	63.5 3.485 63	66.8 3.545 22	70.0 3.600 72	73.1 3.652 53	76.1 3.701 09	79.1 3.746 78
57.1 3.186 79	61.6 3.271 72	65.9 3.348 66	70.0 3.418 94	74.0 3.483 68	77.9 3.543 33	81.6 3.598 88	85.3 3.650 75	88.8 3.699 36	92.2 3.745 09
65.2 3.185 06	70.3 3.270 06	75.2 3.347 08	80.0 3.417 42	84.6 3.482 21	89.0 3.541 92	93.3 3.597 51	97.4 3.649 41	101.4 3.698 06	105.3 3.743 82
73.3 3.183 70	79.1 3.268 78	84.6 3.345 85	90.0 3.416 24	95.1 3.481 07	100.1 3.540 81	104.9 3.596 44	109.5 3.648 38	114.1 3.697 05	118.5 3.742 84
81.5 3.182 62	87.9 3.267 75	94.0 3.344 86	99.9 3.415 29	105.6 3.480 16	111.2 3.539 93	116.5 3.595 59	121.7 3.647 55	126.7 3.696 25	131.6 3.742 05
89.6 3.181 74	96.6 3.266 90	103.4 3.344 06	109.9 3.414 52	116.2 3.479 41	122.3 3.539 21	128.1 3.594 89	133.8 3.646 87	139.4 3.695 58	144.7 3.741 41
97.7 3.181 00	105.4 3.266 20	112.7 3.343 39	119.9 3.413 87	126.7 3.478 79	133.3 3.538 61	139.8 3.594 30	146.0 3.646 30	152.0 3.695 03	157.9 3.740 87
105.8 3.180 37	114.1 3.265 61	122.1 3.342 82	129.8 3.413 33	137.3 3.478 26	144.4 3.538 10	151.4 3.593 81	158.1 3.645 82	164.7 3.694 57	171.0 3.740 41
113.9 3.179.84	122.9 3.265 10	131.5 3.342 33	139.8 3.412 86	147.8 3.477 81	155.5 3.537 66	163.0 3.593 39	170.3 3.645 41	177.3 3.694 17	184.2 3.740 02
122.1 3.179 38	131.7 3.264 65	140.9 3.341 91	149.8 3.412 45	158.3 3.477 42	166.6 3.537 28	174.6 3.593 02	182.4 3.645 05	190.0 3.693 82	197.3 3.739 69
130.2 3.178 97	140.4 3.264 27	150.2 3.341 54	159.7 3.412 10	168.9 3.477 07	177.7 3.536 95	186.3 3.592 70	194.6 3.644 74	202.6 3.693 51	210.4 3.739 39
138.3 3.178 61	149.2 3.263 93	159.6 3.341 21	169.7 3.411 78	179.4 3.476 77	188.8 3.536 66	197.9 3.592 42	206.7 3.644 47	215.2 3.693 25	223.6 3.739 13
146.4 3.178 29	157.9 3.263 62	169.0 3.340 92	179.7 3.411 50	190.0 3.476 50	199.9 3.536 40	209.5 3.592 16	218.8 3.644 22	227.9 3.693 01	236.7 3.738 90
154.5 3.178 01	166.7 3.263 35	178.4 3.340 66	189.6 3.411 25	200.5 3.476 26	211.0 3.536 17	221.1 3.591 94	231.0 3.644 00	240.5 3.692 80	249.8 3.738 69
162.7 3.177 75	175.5 3.263 11	187.8 3.340 42	199.6 3.411 03	211.0 3.476 05	222.1 3.535 96	232.8 3.591 74	243.1 3.643 80	253.2 3.692 60	263.0 3.738 50
3.172 87 8.120 7	3.258 46 8.760 2	3.335 98 9.375 1	3.406 76 9.967 9	3.471 93 10.539 6	3.531 98 11.091 3	3.587 88 11.625 9	3.640 06 12.144	3.688 96 12.646 8	3.735 13.136 2

法得出。

第 11 章　潜在失效模式与后果分析

潜在失效模式及后果分析（FMEA）在 20 世纪 40 年代最早应用于美国的军队中，然后在航空和自动化行业得到进一步的发展和应用。目前，国内外的航天、航空、汽车、电子等行业都大力推广这种简单易行、效果良好的方法，并采取强制性的措施加以推广。

11.1　FMEA 概述

11.1.1　FMEA 的定义

潜在失效模式及后果分析（Potential Failure Mode and Effects Analysis，FMEA），是按照一定的格式有步骤地分析每一个部件、单元（或每一种功能）可能产生的失效（故障）模式以及每一种失效模式对系统（设备）的影响及失效后的严重程度，是一种失效因果关系的分析方法。

使用这种工具是为了找出设计不足和潜在的缺陷，分析构成单元失效模式及其对上一层次产品影响的一种方法。也就是说，它是一种找出设计上/过程上的潜在缺陷、查找失效原因、保证顾客满意和产品/过程的设计开发的有效方法。

它使用 FMEA 表格和评分准则作为工具，以此来查找潜在缺陷和分析后果。

众所周知，产品质量好坏的源泉是设计。因此把好设计的质量关是首要之事。使用 FMEA，能在设计阶段发现产品设计的不足或者存在的隐患，然后及时采取措施克服，所以使用 FMEA 的目的是采用预防的方法来提高设计质量。

11.1.2　FMEA 方法的分类

FMEA 有多种不同的分类方法，其中最常见的是将 FMEA 分为设计 FMEA（DFMEA）和过程 FMEA（PFMEA），也有学者将 FMEA 分为硬件法 FMEA 和功能法 FMEA。

1. 硬件法 FMEA 和功能法 FMEA

当产品可按设计图纸及其他工程设计资料明确确定时，一般采用硬件法 FMEA。这种分析方法适用于从零件级开始分析质量问题，再扩展到部件级、产品级、系统级，即自上而下地进行。然而也可从任一层次开始进行分析。硬件法 FMEA 是较为严格的。

当产品处在研发初期，设计图纸尚未形成时，一般采用功能法 FMEA 进行分析。这种方法认为产品应具备若干功能，而功能可按输出的质量特性分类，质量特性可按一定的技术指标来度量。使用功能法 FMEA 时，将输出的质量特性一一列出，并对其失效进行分析。

采用功能法 FMEA 时，一般自上而下进行分析，即从约定层次向下分析。也可在产品的任一层次开始向任一方向进行。

2. DFMEA 和 PFMEA

FMEA 还可以划分为设计 FMEA（DFMEA）和过程 FMEA（PFMEA）。DFMEA 适用于产品设计阶段的失效模式与影响分析，而 PFMEA 则适用于工艺设计和生产制造过程的失效模式与影响的分析。

11.1.3　使用 FMEA 的时机

FMEA 应用时一定要注意使用的时机，它必须在产品/过程的设计和开发完成之前进行和完成。总的来说，在下面这三种情况下需要进行 FMEA 分析：

1. 新设计、新技术或新过程

（1）在新产品设计的时候要作完整的设计 FMEA 分析。

（2）在引入新技术的时候要作全部新技术的 FMEA 分析。

（3）在设计新的制造过程时要作完整的过程 FMEA 分析。

2. 对现有设计或过程的修改（假设现有的设计或过程已有一个 FMEA）

（1）对现有的产品作设计修改时，要对修改的部分以及由于修改所产生的相互影响作 FMEA 分析。

（2）对现有的制造过程作修改时，要对修改的过程作 FMEA 分析。

3. 新的环境、地点或应用

当现有的设计或过程应用在另一个新的环境或地点，应考虑新环境或地点对现有的设计或过程的影响进行分析。

因此，FMEA 是一份动态文件，FMEA 不是一劳永逸的事，而是随着产品或过程的更改而不断修订。FMEA 是对设计过程中所用技术和经验的总结。一份好的 FMEA 文件能够提供给后续的产品设计或过程设计很好的思考和借鉴。

11.1.4　FMEA 的一般程序

1. 建立产品的框图或过程的流程图

（1）收集分析产品（或系统，下同）的技术规范，明确产品的任务阶段及工作方式，产品的结构及功能描述，产品的工作环境及任务时间等。

（2）根据需要建立产品的功能框图。在产品研制初期采用功能法 FMEA 开展分析或被分析的产品较复杂时，应建立产品的功能框图以表示产品及其各功能单元的工作情况和相互关系，以及产品和每个约定层次的功能逻辑顺序。

（3）DFMEA 框图。进行 DFMEA 前，应把产品分割成具有独立功能的部件，分析其余度结构，按照完成任务和满足顾客需求的要求，建立用于 DFMEA 的框图。根据需要，DFMEA 框图可以包括原材料、机器设备、环境条件、人的因素、计算机等与产品失效模式与影响有关的要素，这是 DFMEA 框图与可靠性框图的不同之处。

（4）PFMEA 框图。由于大量的过程一般都是成熟的过程，为了突出重点，在进行 PFMEA 前，应建立过程流程/风险评估图，列出所有的工序进行风险评估，选择高风险的工序进行 PFMEA。

2. 填写 FMEA 表格

DFMEA 是以设计工程师为主的团队分析产品每一个潜在的失效模式，并确定其发生原因和机理的一种分析技术，通过填写 DFMEA 表格来完成；而 PFMEA 则是以制造主管工程师为主的团队分析过程的每一个潜在的失效模式，并确定其发生原因和机理的一种分析技术，通过填写 PFMEA 表格来完成。通用的失效模式与影响分析表和过程失效模式与影响分析表，分别见 11.2 节和 11.3 节。

在分析产品的某一失效模式时，一般可只考虑对于产品工作的影响，但如果某几个失效模式同时发生的概率不能忽略不计时，还应考虑这几个失效模式同时发生的情况，作为一个新的失效模式来处理。如果发现严重度 $S \geq 8$ 的失效模式，必须采取设计和工艺的更改措施，以消除这些失效模式或明显降低其发生的概率。对于风险度（RPN），应规定某一临界值 C，当某一失效模式的失效原因的 $RPN \geq C$ 时，应采取纠正或补偿措施。C 的取值应根据组织的具体要求来定，如可定为 120~150 以上。

DFMEA 和 PFMEA 分析应形成按技术责任制审签的技术报告，其重点是：本产品（或过程）的薄弱环节是什么？与竞争对手比较，本产品（或过程）有哪些不足？针对顾客当前的和潜在的需求，有何改进措施？必须暂时保留的 $S \geq 8$ 的失效模式应列出清单。

随着产品研制的进展，DFMEA 和 PFMEA 分析应不断地进行修订和迭代，FMEA 报告应与产品文实相符，并成为积累经验、不断改进产品质量的有效工具。

11.2 设计潜在失效模式及后果分析（DFMEA）

广义的质量包括产品的功能、性能、可靠性、安全性、保障性、环境适应性、价格、外观、经济性、按时交货、售后服务等所有的质量特性。从工程具体操作而言，质量是指符合技术规范（包括产品规范、工艺规范、材料规范等）、工作说明和技术经济合同的要求，符合国家和行业的有关法规与标准，符合用户要求（含潜在需求）和参与市场竞争的要求。凡不符合这些要求的都是质量问题，在本章中，都称之为“失效”和“失效模式”。

11.2.1 DFMEA 分析用表格及填写说明

DFMEA 分析用表参见表 11-1。填写说明如下：

表 11-1　失效模式与影响分析表

初始约定层次：　　完成部门：　　DFMEA 编号：　　第　页共　页

约定层次：　　分析：　　审核：　　批准：　　填表日期：　年　月　日

(1)产品或部件/功能	(2)潜在的失效模式	(3)失效影响	(4)严重度 S	(5)失效原因/失效机理	(6)频数 O	(7)设计控制	(8)检测难度 D	(9)风险度 RPN	(10)建议的改进或补偿措施	(11)责任部门/责任人及完成日期	改进后				
											(12)实施的改进/补偿措施和日期	(13)严重度 S	(14)频数 O	(15)检测难度 D	(16)风险度 RPN

第（1）栏（产品或部件/功能）：填写被分析产品或部件的名称，该名称应与产品图纸或技术规范一致；并填写该产品或部件的功能，包括与接口设备的相互关系。

第（2）栏（潜在的失效模式）：分析人员应根据产品技术规范和国家、行业的有关规定和标准所确定的各质量特性的指标要求，结合工程实践经验和类似产品所发生的失效，分析确定所有可能出现的失效模式。

第（3）栏（失效影响）：填写每个潜在的失效对产品使用、功能或状态所导致的后果。如果被分析的产品不是最终产品，必要时还需考虑失效对最高层次的产品直至最终产品的影响。

第（4）栏（严重度 S）：按照表 11-2 所推荐的产品失效严重程度（S）评分标准确定失效模式的严重度 S。

表 11-2　推荐的产品失效严重度(S)评分标准

影响	评分标准	严重度
无警告的严重危害	在没有任何预兆的情况下发生的、影响使用安全或违反有关法律法规的极其严重的失效模式	10
有警告的严重危害	在有失效预兆的情况下发生的、影响使用安全或违反法律法规的极其严重的失效模式	9
很大	产品（或系统）不能工作、丧失基本功能的严重失效模式，顾客非常不满	8
大	产品（或系统）能工作、但性能下降的失效模式，顾客不满	7
中等	产品（或系统）能工作、但司职舒适和方便的一些部件损坏，顾客感觉不便	6
小	产品（或系统）能工作、但司职舒适和方便的一些部件降级工作，顾客感觉有些不便	5
很小	加工精度、外观、噪声等方面不符合要求，大部分顾客能发现有缺陷	4
轻微	加工精度、外观、噪声等方面不符合要求，但有一半顾客发现有缺陷	3
很轻微	加工精度、外观、噪声等方面不符合要求，但很少有顾客发现缺陷	2
无	无影响	1

第（5）栏（失效原因/失效机理）：确定并说明与潜在的失效有关的各种原因，包括设计缺陷，工艺缺陷，人机料法环因素，特定的物理、化学过程等。必要时还应考虑相邻层次的失效原因。

第（6）栏（频数 O）：估计每个失效模式和失效起因发生的可能性，按照表 11-3 所推荐的产品失效频数（O）评分标准来确定失效模式或失效起因的频数 O。

表 11-3　推荐的产品失效频数(O)评分标准

失效概率	设计寿命期内可能的失效	频数
很高：失效几乎不可避免	≥1/2	10
	1/3	9
高：反复发生的失效	1/8	8
	1/20	7
中等：偶尔发生的失效	1/80	6
	1/400	5
低：相对很少发生的失效	1/2 000	4
	1/15 000	3
极低：几乎不可能发生的失效	1/150 000	2
	1/1 500 000	1

第（7）栏（设计控制）：说明在现行方案中已经采取的设计控制措施。控制措施大致有五类：① 能阻止失效起因或失效模式的发生，或减少其发生概率。应尽可能选择此类措施。② 虽不能阻止失效模式的发生，但能有效地减轻失效影响的严重度。汽车采用的安全带和安全气囊即属此类。③ 虽不能阻止失效模式的发生，但能自动检测、隔离失效，切除失效部件，使系统在降级的情况下继续工作。④ 虽不能阻止失效模式的发生，但能自动检测、隔离失效并报警，以便操作人员采取防范措施。⑤ 虽不能阻止失效模式的发生，但能自动或人工检测、隔离失效并记录有关信息，以方便维修。

第（8）栏（检测难度 D）：取决于现行设计控制措施的有效程度，可按照表 11-4 所推荐的产品失效检测难度（D）评分标准来确定失效模式或失效起因的检测难度 D，需注意设计控制措施的有效程度越低，检测难度就越高。

表 11-4　推荐的产品失效检测难度(D)评分标准

检测可能性	利用现行设计控制方法检测失效模式的可能性	检测难度
绝对不可能	没有设计控制方法能检测失效模式	10
很微小	利用现行设计控制方法检测失效模式的可能性很微小	9

续表

检测可能性	利用现行设计控制方法检测失效模式的可能性	检测难度
微小	利用现行设计控制方法检测失效模式的可能性微小	8
很小	利用现行设计控制方法检测失效模式的可能性很小	7
小	利用现行设计控制方法检测失效模式的可能性小	6
中等	利用现行设计控制方法检测失效模式的可能性中等	5
中等偏上	利用现行设计控制方法检测失效模式的可能性中等偏上	4
高	利用现行设计控制方法检测失效模式的可能性高	3
很高	利用现行设计控制方法检测失效模式的可能性很高	2
几乎肯定能	利用现行设计控制方法几乎肯定能检测失效模式	1

第（9）栏（风险度 RPN）：计算并填写表示失效模式的风险度等级的 RPN 数值：

$$RPN=S\times O\times D$$

S、O、D 的数值应由 DFMEA 小组充分讨论后确定。RPN 的引进提供了一种量化评估失效模式的风险及改进措施的有效性的手段。

第（10）栏（建议的改进或补偿措施）：首先针对 $RPN\geqslant C$ 的失效模式的起因提出纠正和预防措施，以消除该失效或降低失效发生的风险。若失效模式的根本起因不详，应通过实验设计等手段来确定主要起因。若没有任何可采取的措施，在该栏填写“无”字予以明确。对于危及人员安全的失效模式，若不能消除，必须提出防护措施。

第（11）栏（责任部门/责任人及完成日期）：对于所提出的改进或补偿措施，应同时建议责任部门/责任人以及完成日期。

第（12）栏（实施的改进/补偿措施和日期）：填写实际执行的改进/补偿措施和日期。

第（13）、（14）、（15）、（16）栏：参照第（4）、（6）、（8）、（9）栏分别确定并填写改进后的严重度 S、频数 O、检测难度 D 和 RPN 值。

DFMEA 表头的“初始约定层次”是要进行 FMEA 的总的、完整的产品所在的层次，“约定层次”是初始约定层次下的相继层次。这些约定层次表明了从总体到局部直至较简单的组成部分的有顺序的系列。

11.2.2　DFMEA 分析案例——汽车车门的 DFMEA 分析[①]

DFMEA 分析是针对产品的约定层次来进行的，在本例中，初始约定层次是某型汽车的车体，约定层次是汽车前门组件。前门组件的潜在失效模式有很多，表 11-5 只给出了汽车车门的 DFMEA 分析表的第 1 页，该页有一个潜在失效模式“车门内侧底部面板被腐蚀”，从表 11-5 可以了解 DFMEA 分析的具体方法。

① 马林，何桢．六西格玛管理．2 版．北京：中国人民大学出版社，2007.

表 11-5　失效模式与影响分析表

初始约定层次：某型汽车车体　　完成部门：车体部/设计室　　DFMEA 编号：D-010　　第 1 页 共 1 页

约定层次：汽车前门 CT/QM-000-12　　分析：×××　　审核：×××　　批准：×××　　填表日期：××年××月××日

（1）产品或部件/功能	（2）潜在的失效模式	（3）失效影响	（4）严重度 *S*	（5）失效原因/失效机理	（6）频数 *O*	（7）设计控制	（8）检测难度 *D*	（9）风险度 *RPN*	（10）建议的改进或补偿措施	（11）责任部门/责任人及完成日期	改进后（12）实施的改进/补偿措施和日期	改进后（13）严重度 *S*	改进后（14）频数 *O*	改进后（15）检测难度 *D*	改进后（16）风险度 *RPN*
汽车前门 CT/QM-000-12 功能： ➤ 进出汽车 ➤ 使车内人员不受天气、噪声的影响和外部冲撞的伤害 ➤ 承载包括镜子、门铰链、门插销和车窗调整器等金属构件	1. 车门内侧底部面板被腐蚀	车门寿命品质降低导致： ➤ 随着时间的推移，水汽透过涂层使车门生锈，造成不满意的外观 ➤ 车内金属构件的功能被削弱 ➤	7	内门板上的防护蜡的上缘太低	6	通用的车辆耐久试验 T-118，T-109，T-301	7	294	增加试验室加速腐蚀测试	车体部 ××年××月××日	防护蜡层上缘提高 125 cm，××年××月××日试验证明蜡层厚度够了	7	2	2	28
				蜡层厚度不够	4	通用的车辆耐久试验（同上）	7	196	增加试验室加速腐蚀测试，对蜡层厚度进行 DOE	车体部 ××年××月××日		7	2	2	28
				使用了不合适的蜡	2	进行物理和化学试验，完成试验报告	2	28	无	车体部 ××年××月××日	实验证明基本不存在此现象，××年××月××日	7	1	3	42

续表

（1）产品或部件/功能	（2）潜在的失效模式	（3）失效影响	（4）严重度S	（5）失效原因/失效机理	（6）频数O	（7）设计控制	（8）检测难度D	（9）风险度RPN	（10）建议的改进或补偿措施	（11）责任部门/责任人及完成日期	改进后				
											（12）实施的改进/补偿措施和日期	（13）严重度S	（14）频数O	（15）检测难度D	（16）风险度RPN
➤使汽车美观 2.				气流的作用使蜡未能进入角落/边缘地带	5	无	8	280	对生产用喷射设备和蜡进行气流作用的试验和评估	车体部 ××年××月××日		7	1	1	7
……	……	……	……	……	……	……	……	……		……	……	……	……	……	……

11.3　过程潜在失效模式及后果分析（PFMEA）

PFMEA 分析中使用的“失效”一词与可靠性工程中的失效（故障）定义有所差别，过程失效包括了更广的含义，如各种情况的超差、组装错误、热处理和表面处理不合格以及环境变化所引起的过程波动等。PFMEA 的目标是：

（1）确定潜在的与过程失效模式有关的产品。

（2）评估过程失效对顾客的潜在影响。

（3）确定引起失效的潜在的制造或装备过程原因，并确定哪一类过程失效是应该重点避免的以及相关的关键过程。

（4）找到和发现一系列过程失效模式，为今后的分析工作打下良好的基础，建立一个优选的系统。

PFMEA 最早应在可行性论证前或可行性论证时进行，先于对产品的加工，按照从单独的元部件到装配件的过程，考虑所有的加工操作。在制造计划阶段，新过程（或修改过程）的早期检查和分析可以帮助预测、解决和监控潜在的过程关键问题。在产品整个研制过程中，应适时对过程 FMEA 进行迭代完善。

11.3.1　PFMEA 分析用表格及填写说明

在进行 PFMEA 前，首先应了解“顾客”的定义，PFMEA 的“顾客”可以是“最终用户”，也可以是后续的制造或装配操作以及维修活动。

另外，进行 PFMEA 的过程中，应该提倡团队合作精神，负责 PFMEA 的工程师希望 FMEA 尽可能地包含所有受到影响的工作范围，如设计、装备、制造、材料、质量控制、维修和供货商以及与下一步装配有关的工作。PFMEA 起到一种催化剂的作用，在各个被影响的功能之间进行权衡协调，集思广益提出解决问题的措施，从而促进团队合作。

进行 PFMEA 的前提是假定产品的设计方案均可实现，设计的目标均能达到，由于设计缺陷而产生的潜在失效，在难以判别时，可以包括在 PFMEA 中，但不是必须包括的；这些潜在失效的影响和改进措施原则上应涵盖在 DFMEA 中。

在进行 PFMEA 时，应建立过程流程/风险评估图表，该流程图应明确每一步操作的工艺特征。

过程失效模式与影响分析表见表 11-6。填表说明如下：

第（1）栏（过程名称、功能要求）：填写被分析过程的名称，该名称应与工艺规程一致；并填写该过程的功能、过程操作的目的、操作要求以及与其他过程的关系等。

表 11-6　过程失效模式与影响分析表

产品名称/型号：　　　　完成部门：　　　　PFMEA 编号：　　　　第　页共　页

过程名称：　　　　分析：　　　　审核：　　　　批准：　　　　填表日期：　　年　月　日

（1）过程名称、功能要求	（2）潜在的过程失效模式	（3）过程失效影响	（4）严重度 *S*	（5）过程的失效原因/失效机理	（6）频数 *O*	（7）过程控制	（8）检测难度 *D*	（9）风险度 *RPN*	（10）建议的改进或补偿措施	（11）责任部门/责任人及完成日期	改进后				
											（12）实施的改进/补偿措施和日期	（13）严重度 *S*	（14）频数 *O*	（15）检测难度 *D*	（16）风险度 *RPN*

第（2）栏（潜在的过程失效模式）：分析人员应根据工艺规程和国家、行业的有关规定和标准所确定的各质量特性的指标要求，结合工程实践经验、专业技术知识和类似过程所发生的失效，分析确定所有可能无法满足过程要求和（或）设计意图的失效模式。应注意，在 FMEA 的编写中，应假设正在加工的零部件/材料是没有问题的。

第（3）栏（过程失效影响）：尽可能使用表示产品功能的词汇，将过程缺陷对部件及系统的影响提出来。失效影响是失效模式对顾客的影响，这里的顾客可以是下一个过程、部件、系统、最终用户等，在进行分析时，应考虑到对所有顾客的影响，填写每个潜在的失效对过程输出以及生产线所导致的后果。

第（4）栏（严重度 S）：按照表 11-7 所推荐的过程失效严重度（S）评分标准确定失效模式的严重度 S。

表 11-7　推荐的过程失效严重度(S)评分标准

影响	评分标准	严重度
无警告的严重危害	在没有任何预兆的情况下发生的、影响操作人员和机器安全或违反有关法律法规的极其严重的失效模式	10
有警告的严重危害	在有失效预兆的情况下发生的、影响操作人员和机器安全或违反有关法律法规的极其严重的失效模式	9
很大	对生产线造成较大的破坏，产品可能需 100%报废，使产品或系统丧失主要功能的失效模式，顾客非常不满	8
大	对生产线造成较小的破坏，产品需分选，部分产品报废，导致产品或系统降级工作，顾客不满	7
中等	对生产线造成较小的破坏、部分产品报废（但产品不需分选），司职舒适和方便的一些部件不工作，顾客感觉不方便	6
小	对生产线造成较小的破坏，产品可能需 100%返工，司职舒适和方便的一些部件降级工作、顾客感觉有些不满	5
很小	对生产线造成较小的破坏，产品需分选，部分产品返工，顾客不满，加工精细、外观、噪声等方面不符合要求，大部分顾客能发现有缺陷	4
轻微	对生产线造成很小的破坏，部分产品在线返工，加工精细、外观、噪声等方面不符合要求，有一半顾客发现有缺陷	3
很轻微	对生产线造成很小的破坏，部分产品在线返工，加工精细、外观、噪声等方面不符合要求，但很少有顾客发现有缺陷	2
无	无影响	1

第（5）栏（过程的失效原因/失效机理）：确定并说明与潜在的失效有关的各种原因，包括过程设计的缺陷，工艺参数的量值，人机料法环因素，检验试验方法，特定的物理、化学过程等。必要时还应考虑相关过程的失效原因。尽可能列出每个失效模式所对应的任何可以想到的失效原因。失效原因的定义应详细而明确（如操作人员未安装密封垫），不能使用模糊不清的定义（如操作人员出错、机器失效等）。

第（6）栏（频数 O）：估计每个失效模式和失效起因发生的可能性，按照表 11-8 所推荐的过程失效频数（O）评分标准来确定失效模式或失效起因的频数 O。

表 11-8　推荐的过程失效频数（O）评分标准

失效概率	设计寿命期内可能的失效	C_{pk}	频数
很高：失效几乎不可避免	≥1/2	<0.33	10
	1/3	≥0.33	9
高：反复发生的失效	1/8	≥0.51	8
	1/20	≥0.67	7
中等：偶尔发生的失效	1/80	≥0.83	6
	1/400	≥1.00	5
低：相对很少发生的失效	1/2 000	≥1.17	4
	1/15 000	≥1.33	3
极低：几乎不可能发生的失效	1/150 000	≥1.50	2
	1/1 500 000	≥1.67	1

第（7）栏（过程控制）：说明在现行方案中已经采取的过程控制措施，如工作环境的控制、工序的检验、特种工序的参数控制、统计过程控制、5S 管理、检测不同失效的测试装置及其检测方法等。过程控制措施的分类可参照 11.2.1 节中第（7）栏的有关设计控制措施分类的说明。

第（8）栏（检测难度 D）：取决于现行过程控制措施的有效程度，可按照表 11-9 所推荐的过程失效检测难度（D）评分标准来确定失效模式或失效起因的检测难度 D，需注意过程控制措施的有效程度越低，检测难度就越高。

表 11-9　推荐的过程失效检测难度（D）评分标准

检测可能性	利用现行过程控制方法检测失效模式的可能性	检测难度
绝对不可能	没有过程控制方法能检测失效模式	10
很微小	利用现行过程控制方法检测失效模式的可能性很微小	9
微小	利用现行过程控制方法检测失效模式的可能性微小	8

续表

检测可能性	利用现行过程控制方法检测失效模式的可能性	检测难度
很小	利用现行过程控制方法检测失效模式的可能性很小	7
小	利用现行过程控制方法检测失效模式的可能性小	6
中等	利用现行过程控制方法检测失效模式的可能性中等	5
中等偏上	利用现行过程控制方法检测失效模式的可能性中等偏上	4
高	利用现行过程控制方法检测失效模式的可能性高	3
很高	利用现行过程控制方法检测失效模式的可能性很高	2
几乎肯定能	利用现行过程控制方法几乎肯定能检测失效模式	1

第（9）栏（风险度 *RPN*）：计算并填写表示过程失效模式的风险度等级的 *RPN* 数值，*RPN* 的计算与 DFMEA 的相同。

第（10）、（11）、（12）栏的确定和填写与 DFMEA 的相同。

第（13）、（14）、（15）、（16）栏：参照表 11-6 第（4）、（6）、（8）、（9）栏分别确定并填写经过过程改进后过程失效的严重度 *S*、频数 *O*、检测难度 *D* 和 *RPN* 值。

11.3.2　PFMEA 分析案例[①]

汽车车门内侧的上蜡过程/风险评估表详见表 11-10。

表 11-10　汽车车门内侧上蜡过程/风险评估表

过程	过程步骤	风险评估	过程	过程步骤	风险评估
1	从支架上拿起上蜡器	低风险	5	移开上蜡器	中风险
2	打开车门	低风险	6	关上车门	低风险
3*	将上蜡器喷头插入车门并拉动启动装置 12 秒	高风险	7	将上蜡器放回支架	低风险
4	松开启动装置等待 3 秒	中风险			

标“*”号的过程为高风险过程，需进行 FMEA 分析，结果见表 11-11。

① 马林，何桢．六西格玛管理．2 版．北京：中国人民大学出版社，2007.

表 11-11　过程失效模式与影响分析表

产品名称/型号：汽车前门 CT/QM-000-1　　完成部门：车体部/装配车间　　PFMEA 编号：P-1450　　第 1 页　共 1 页

过程名称：车门内侧人工上蜡过程　　分析：　　审核：　　批准：　　填表日期：××年 ××月 ××日

（1）过程名称、功能要求	（2）潜在的过程失效模式	（3）过程失效影响	（4）严重度 S	（5）过程的失效原因/失效机理	（6）频数 O	（7）过程控制	（8）检测难度 D	（9）风险度 RPN	（10）建议的改进或补偿措施	（11）责任部门/责任人及完成日期	改进后（12）实施的改进/补偿措施和日期	改进后（13）严重度 S	改进后（14）频数 O	改进后（15）检测难度 D	改进后（16）风险度 RPN
将上蜡器喷头插入车门并拉动启动装置 12 秒； 要求用尽可能薄的蜡层覆盖车门内部较低位置的表面以防止腐蚀。	未能在规定的表面上覆盖上足够的蜡。	1. 车门寿命品质降低导致 2. 随着时间的推移，透过涂层产生车门生锈，造成不满意的外观	7	1. 人工插入上蜡器喷头时插的不够深	8	1. 每班每小时目视检查薄膜厚度和覆盖层	5	280	1. 为喷射工人增加深度挡板	制造工程 03.10.15	增加了挡板和在线喷射器检查，03.10.02	7	2	5	70
			7	2. 喷头阻塞 ➢ 黏度太高 ➢ 温度太低 ➢ 压力太低	5	2. 在启动时间后检测喷射式样，采用预防维修方法维护喷头	3	105	2. 自动喷射	制造工程 03.12.15	确定温度和压力界限并进行控制，过程受控，C_{pk}=1.85	7	1	3	21

续表

（1）过程名称、功能要求	（2）潜在的过程失效模式	（3）过程失效影响	（4）严重度 S	（5）过程的失效原因/失效机理	（6）频数 O	（7）过程控制	（8）检测难度 D	（9）风险度 RPN	（10）建议的改进或补偿措施	（11）责任部门/责任人及完成日期	改进后				
											（12）实施的改进/补偿措施和日期	（13）严重度 S	（14）频数 O	（15）检测难度 D	（16）风险度 RPN
		3. 车门内金属构建的功能被损害	7	3. 由于碰撞造成喷头变形	2	3. 采用预防维修方法维护喷头	2	28	3. 对黏度、温度、压力进行试验设计	制造工程 03.10.01	安装自动喷射计时器；控制图显示过程受控，$C_{pk}=2.05$	7	2	2	28
			7	4. 喷射时间不够	8	4. 严格按照用法说明并且增大样本量（10 个门/班）检查临界区域的覆盖情况	7	392	4. 安装喷射计时器	维修部 03.09.15		7	1	7	49

思考题

■…………………1. 什么是 FMEA？

■…………………2. FMEA 如何分类？

■…………………3. 在哪些情况下可考虑使用 FMEA？

■…………………4. DFMEA 分析用表格包含哪些内容？

■…………………5. PFMEA 分析用表格包含哪些内容？

阅读文献

[1] 马林，何桢. 六西格玛管理. 2 版. 北京：中国人民大学出版社，2007.

[2] 郑嵩祥，柴邦衡. ISO/TS 16949 国际汽车供应商质量管理体系解读和实施. 北京：机械工业出版社，2005.

[3] 谢建华. 汽车行业质量管理体系 ISO/TS 16949：2002 最新实施实务. 北京：中国经济出版社，2008.

第12章 精益生产

精益生产（Lean Production）源于丰田生产方式（Toyota Production System，TPS），是继单件小批量和福特大批量流水线生产方式之后诞生的生产方式。它的基本理念是在产品设计、制造、销售以及零部件库存等各个环节消除一切不必要的浪费。它提出的准时化生产（Just In Time，JIT）和自働化等思想改变了日本企业的经营方式，极大地促进了日本制造业的飞速发展，被称为“改变世界的机器”。精益管理受到越来越多企业的青睐。

12.1 精益生产概述

12.1.1 精益生产的产生及发展

第二次世界大战后，日本重新开始发展汽车工业，战后的日本经济萧条，缺少资金和外汇。以大野耐一为代表的丰田人进行了一系列探索和实验，根据日本的国情，经过30多年的努力，终于形成了完整的丰田生产方式，并使日本的汽车工业赶上并超过了美国。

为揭开日本汽车工业成功之谜，1985年，美国麻省理工学院制定了一个名为“国际汽车计划”的研究项目，组织了53名专家、学者，历时5年对14个国家的近90个汽车制造厂进行了实际考察，并对西方的大量生产方式与日本的丰田生产方式进行分析对比，最后作为研究结果，于1990年出版了《改变世界的机器》一书，第一次把丰田生产方式称为Lean Production，即精益生产方式。“Lean”原意是“瘦”，因为与大量生产方式相比，该生产方式的一切投入都大为减少。“精益生产”概念的出现在世界范围内掀起了一股研究先进制造模式的浪潮。

20世纪90年代，美国进行了一系列针对精益生产的研究和实践。这其中包括美国军方1993年出台的美国“国防制造企业战略”“精益航空计划”等政府指令性的活动。除了汽车行业又有更多的美国企业，如波音、洛克希德·马丁、惠普等投入实施精益生产的实践中来。在这个过程中，日本人提供了基本的思考方法，用出色的实践证明了精益生产的强大生命力。实际应用和研究表明，精益思想反映了在现代竞争条件下企业对多品种、小批量、高质量、快交货、低成本要求下制造管理模式的先进理念，尽管它源于日本，但它实际上反映的是几十年来人们对现代制造所面临的新环境所作的管理变革。精益制造在世界范围内的广泛应用，则证明了精益思想在世界上的普遍意义，并升华为新一代的生产哲理。1996年詹姆斯·沃迈克和丹尼尔·琼斯所著的《精益思想》一书问世，成为精益生产方式的里程碑。

在《精益思想》一书发表前后，精益思想跨出了它的诞生地——制造业，作为一种普遍的管理哲理在各个行业传播和应用，先后出现了精益建筑、精益服务、精益物流、精益医疗、精益软件开发和精益政府的概念，精益思想的应用取得了飞跃性的发展。

近年来，我国也有越来越多的企业正在实施或准备实施精益生产，尤其是我国企业在面临消耗严重、资源短缺的情形下，精益思想日益得到社会的认可和接受。严格来讲，精益生产与六西格玛管理都是实现持续改进的活动，都强调顾客满意和系统集成。六西格玛的出发点是减少变异，精益生产的核心是消除一切不必要的浪费，严格来讲，消除变异的过程本身也消除浪费。两者目标的一致性、工具的互补性、管理模式上的相互借鉴和补充使得精益生产和六西格玛的结合成为必然。本章将主要介绍精益生产的思想，简要介绍精益生产的技术体系和主要的支撑技术，探讨精益生产和六西格玛的结合。

12.1.2 精益生产的核心思想

1. 以消除浪费为核心思想

精益生产和浪费直接对立。浪费包括很多类型，如闲置的库存、不必要的工序、不必要的运输、超过需求的生产、人员的不必要动作、各种等待等，所有这些日常生产中很少为人们所注意但却大量存在的活动（在很多制造流程中甚至超过了90%），不仅不能为企业创造价值，反而增加了成本，这些浪费就是精益生产反对和致力消除的。从企业获取订单到生产过程，再到最后的销售，消除浪费的思想贯穿始终。

沃迈克和琼斯把企业内部的浪费分为两种：① 生产中不创造价值，但在现有技术与生产条件下不可避免的作业内容，称为Ⅰ型 Muda[①]，如必要的在线检验、物料运输等；② 不创造价值且可以立即去掉的作业内容，称为Ⅱ型 Muda，如不必要的等待、多余的动作、不必要的审批等。精益生产审查生产特定产品的所有活动，首先努力消除Ⅱ型Muda，降低成本，然后使产品在整个流程中流动起来。通过连续流动，进一步消灭Ⅰ型Muda，优化流程，并且流动越快，所暴露出的浪费会越多，越有利于精简流程和降低成本。

① 没有任何附加价值的作业，在日本称为 Muda。

2. 暴露问题并解决问题

精益生产也是一个企业实现业务流程持续改进的过程，与六西格玛实现持续改进类似，这个过程也需要发现企业在流程中存在的问题。在发现问题方面，精益思想特别强调暴露问题，找到引起该问题的根本原因，然后才能彻底解决问题。例如在很多企业里，过多的库存量非常普遍，究其原因，可能是由于供应商供货不及时或时间不确定、机器需要较长时间的换模或换线、某台设备经常出故障等。为了保证整个生产表面上看起来顺畅，企业不得不增加大量的库存以备不测，即使采用统计分析或经济批量模型求得最佳的批量从而控制库存，也是治标而非治本。从精益思想的角度看，库存是万恶之源，库存不仅占用了资金，消耗了库存管理成本，更重要的是，库存掩盖了问题，使这些问题成为企业的顽疾。因此，精益生产要求尽量减少库存，暴露问题，然后调动团队，确定改进项目，找到根本原因，解决问题，持续改进。

12.1.3 精益生产与传统生产模式的比较

精益生产与传统的生产模式相比，从考虑问题的层次、范围、角度和具体的操作方法等方面都有较大的区别（见表 12-1）。

表 12-1　精益生产与传统生产模式的比较

比较内容	传统生产模式	精益生产模式
企业目标	足够好的原则：容忍一定的废品率，最低限度的库存，产品单一	尽善尽美的原则：不断降低成本，追求零缺陷、实现零库存、产品多样化
工作强度	体力和精神的紧张	有节奏感、创造性的紧张
人事管理组织结构	以个人为单位进行工作业绩考核	以集体为单位进行工作业绩考核
	组织机构以集中式或多级递阶控制为主	组织结构以分布式或适度递阶控制为主
	面向职能，按职能划分部门	面向过程，按过程划分项目组
	被动管理	主动管理，以人为本
产品开发	顺序开发	并行开发
销售	以市场预测和订货为基础的大规模生产	把销售纳入生产体系，客户和供应商也参加到综合小组中，按订单组织生产

续表

比较内容	传统生产模式	精益生产模式
生产计划管理	面向设备负荷编制生产计划，使设备尽可能满负荷运转	面向实际需要编制生产计划
	大批量优先	最小批量
	按事先制定的生产计划控制生产过程——“推”的管理方式	按合同组织生产过程——“拉”的管理方式
	自顶向下，分层生产控制	分布式自适应控制
采购管理	零件成本最低的采购原则	产品总成本最低的采购原则
	按零件或材料类型采购	以子系统为单位进行采购
财务管理	被动管理，注重事后成本核算	主动管理，注重面向事前整个生产过程的成本控制
	以降低成本为目标	以提高生产率、改善产品增值过程为目标
质量管理	专职的质量管理人员	质量自检
	提高产品质量必然会增加产品成本	提高产品质量并非一定会增加产品成本
信息管理	集中处理	分布处理，将信息作为生产要素得以更好的应用

由表 12-1 可见，精益生产是对原有的生产模式、质量控制、产品开发、管理技术、组织结构等进行不断改进，逐步达到尽善尽美的理想境界。

12.1.4　精益思想的五项基本原则

沃迈克和琼斯在《精益思想》中，对由丰田开创的精益生产方式总结了 5 个基本原则，成为所有踏上精益道路的组织不厌其烦地理解和实行的基本原则。这些原则是：

1. 正确地确定价值

（1）精益生产中经常使用“价值”的概念，这里的价值是从顾客的角度定义的，所谓有价值的活动是指能为顾客增加效用、顾客承认它的必要性并愿意为其付款的活动，正确地确定价值就是以顾客的观点来确定企业从设计到交付的全部过程，实现顾客需求的最大满足。

（2）以顾客的观点确定价值还必须将生产全过程的多余消耗减至最少，不将额外的花销转嫁给顾客。

（3）精益价值观将生产方、顾客和供应商的利益统一起来，而不是过去那种对立的观点。

（4）以顾客为中心的价值观审视企业的产品设计、制造过程、服务项目，就会发现有太多的浪费，诸如：不满足顾客需求、过分的功能和多余的非增值消耗等。当然，消灭这些浪费的直接受益者既是顾客也是生产方。

2. 识别价值流

价值流是指从原材料转变为成品并为它赋予价值的全部运动。这些活动包括：从概念设计到产品设计、工艺设计，再到投产的技术过程，从订单处理、计划到送货的信息过程和从原材料到产品的物质转换过程，以及产品全生命周期的支持和服务过程。精益思想识别价值流的含义，是在价值流中找到哪些是真正增值的活动，哪些是可以立即去掉的不增值活动。精益思想将所有业务过程中消耗了资源而不增值的活动叫做浪费。识别价值流就是发现浪费和消灭浪费。识别价值的方法是“价值流分析”——首先以产品族为单位画出当前的价值流图，再从顾客的观点分析每一项活动的必要性。价值流分析成为实施精益思想最重要的工具。

价值流并不是从企业的内部开始的，多数价值流都向前延伸到供应商，向后延伸到向顾客交付的活动。按照最终顾客的观点全面地考察价值流，寻求全过程的整体最佳。

3. 流动

如果正确地确定价值是精益思想的基本观点，识别价值流是精益思想的准备和入门的话，“流动”和“拉动”则是精益思想实现价值的中坚。精益思想要求创造价值的各个活动（步骤）流动起来，强调不间断地“流动”。“价值流”本身的含义就是“动”的，但是由于根深蒂固的传统观念和做法，如部门的分工（部门间交接和转移时的等待）、大批量生产（机床旁边等待的在制品）等阻断了本应动起来的价值流。精益将所有的停滞作为企业的浪费，号召“所有的人都必须和部门化的、批量生产的思想作斗争”，用持续改进、JIT、单件流等方法在任何批量生产条件下创造价值的连续流动。

当然，使价值流流动起来，必须具备必要的环境条件。这些条件是：

（1）过失、废品和返工都造成过程的中断、回流。实现连续的流动要求每个过程和每个产品都是正确的。

（2）环境、设备的完好性是流动的保证。3P、5S、全面生产维护都是价值流动的前提条件。

（3）系统地进行流程设计和能力规划，避免瓶颈造成的阻塞。

4. 拉动

“拉动”就是按顾客的需求投入和产出，使顾客可以精确地在他们需要的时间得到需要的东西。实行拉动以后顾客或制造的下游就像在超市的货架上取到他们所需要的东西一样，而不是把顾客不太想要的产品强行推给顾客。拉动原则由于将生产和需求直接对应，消除了过早、过量的投入，而减少了大量的库存和现场在制品，大量压缩了提前期。拉动原则更深远的意义在于企业具备了当顾客一旦需要，就能立即进行设计、计划和制造出顾客真正需要的产品的能力，最后实现抛开预测，直接按顾客的实际需要进行生产。

实现拉动的方法是实行 JIT 生产和顺畅生产。当然，JIT 和顺畅生产的实现最好采用单元布置，对原有的制造流程进行改造。实践表明，流动和拉动一般可以使产品开发时间减少 50%、订货周期减少 75%、生产周期降低 90%。

5. 尽善尽美

奇迹的出现是由于上述 4 个原则相互作用的结果。改进的结果必然是价值流动速度显著地加快。这样就必须不断地用价值流分析方法找出更隐藏的浪费，作进一步的改进。这样的良性循环成为尽善尽美的过程。近年来，沃迈克反复阐述精益制造的目标是:“通过尽善尽美的价值创造过程（包括设计、制造和对产品或服务整个生命周期的支持）为客户提供尽善尽美的价值。”

尽善尽美是难以达到的，但对尽善尽美的持续追求，将造就一个永远充满活力、不断进步的企业。

12.2 精益生产的技术体系及主要支撑技术

12.2.1 精益生产的技术体系

企业追求精益生产的过程实质上就是一个持续改进的过程，这是一项长期的过程，一场没有终点的比赛。改善过程需要综合应用现场管理、设施布置与优化、人因工程、作业研究、质量控制与保证、流程管理与控制、现代制造技术等一系列方法与工具，因此精益生产是一个包含了多种制造技术和管理技术的综合技术体系。实际上，精益生产就是工业工程技术在企业中的具体应用。图 12-1 给出了精益生产的体系构造，同时表明了该体系的目标以及实现目标的各种技术、手段和方法及其相互间的关系。

要实现“消除浪费，增加利润”这一基本目标，就必须杜绝过量生产以及由此产生的在制品过量和人员过剩等各种直接浪费和间接浪费。如果生产系统能够具有足够的柔性，能够适应市场需求的不断变化，即实行准时化生产，在必要的时刻生产必要数量的必要产品或零部件，创造出能够灵活地适应市场需求变化的生产系统。这种生产系统就能够从经济性和适应性两个方面来保证公司整体利润的不断提高。此外，这种生产系统具有一种内在的动态自我完善机制，即在准时化生产的激发下，通过不断缩小加工批量和减少在制品储备，使生产系统中的问题不断暴露出来，使生产系统本身得到不断完善，从而保证精益生产的顺利进行。

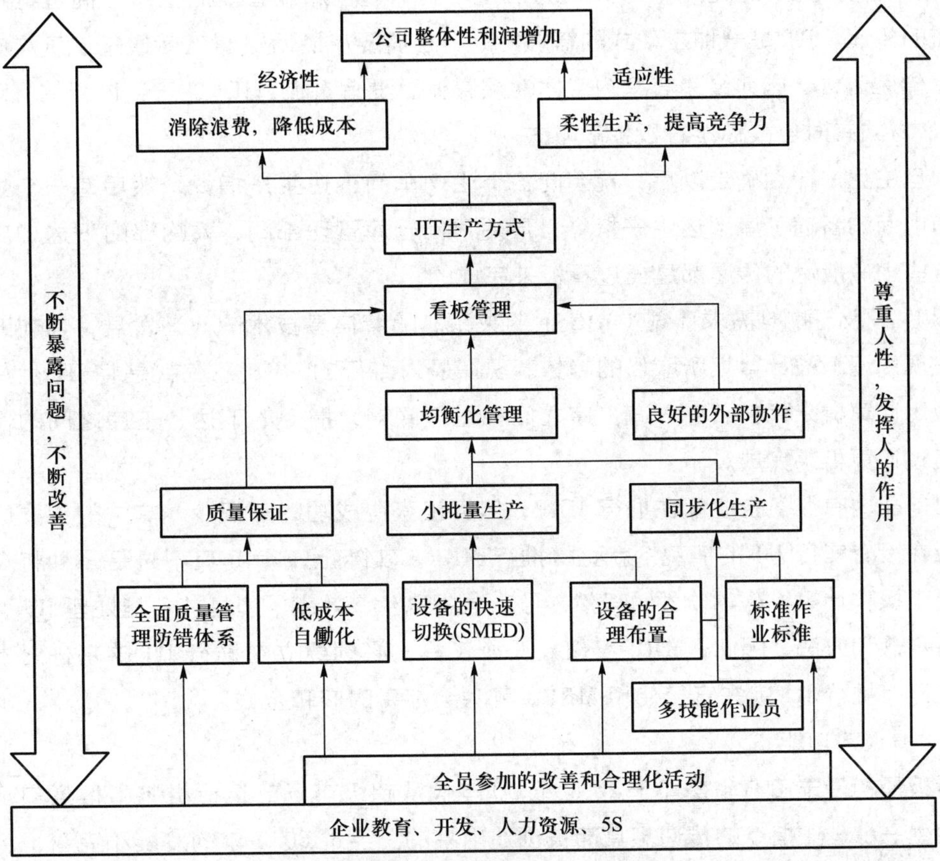

图 12-1 精益生产的技术体系

下面对精益生产技术体系的主要支撑技术进行简要说明。

12.2.2 看板拉动式生产

看板管理是丰田生产模式中的重要概念，指为了达到准时化生产（JIT）方式控制现场生产流程的工具。准时化生产方式中的拉式（Push）生产系统可以使信息的流程缩短，并配合定量、固定装货容器等方式，使生产过程中的物料流动顺畅。准时化生产方式的看板旨在传达信息："何物，何时，生产多少数量，以何方式生产、搬运"。看板的信息包括：零件号码、品名、制造编号、容器形式、容器容量、发出看板编号、移往地点、零件外观等。准时化生产方式的看板在生产线上分为两类：领取看板和生产看板。

1. 看板管理概述

JIT 生产方式是以降低成本为基本目的，在生产系统的各个环节全面展开的一种使生产有效进行的新型生产方式。JIT 采用了看板管理工具，看板犹如巧妙连接各道工序的神经而发挥着重要作用。

（1）看板管理的概念。看板管理方法是在同一道工序或者前后工序之间进行物流或信息流的传递。JIT 是一种拉动式的管理方式，它需要从最后一道工序通过信息流向上一道工序传递信息，这种传递信息的载体就是看板。没有看板，JIT 是无法进行的。因此，JIT 生产方式有时也被称作看板生产方式。

一旦主生产计划确定以后，就会向各个生产车间下达生产指令，然后每一个生产车间又向前面的各道工序下达生产指令，最后再向仓库管理部门、采购部门下达相应的指令。这些生产指令的传递都是通过看板来完成的。

（2）看板与物料需求计划（MRP）的关系。随着信息技术的飞速发展，当前的看板方式呈现出逐渐被计算机所取代的趋势。现在最为流行的 MRP 系统就是将 JIT 生产之间的看板用计算机来代替，每一道工序之间都进行联网，指令的下达、工序之间的信息沟通都通过计算机来完成。

目前国内有很多企业都在推行 MRP，但真正获得成功的却很少，其中的主要原因就是企业在没有实行 JIT 的情况下就直接推行 MRP。实际上，MRP 只不过是一种将众多复杂的手工操作计算机化的软件，虽然能够大大提高生产效率，但是并不能处理 JIT 所提出的一些观念和方法。因此，MRP 仅仅是一个工具，必须建立在推行 JIT 的基础之上。如果企业没有推行 JIT 就去直接使用 MRP，那只会浪费时间和金钱。

2. 看板的功能

看板最初是丰田汽车公司于 20 世纪 50 年代从超级市场的运行机制中得到启示，作为一种生产、运送指令的传递工具而被创造出来的。经过 60 多年的发展和完善，目前已经在很多方面都发挥着重要的功能。

（1）生产及运送工作指令。生产及运送工作指令是看板最基本的功能。公司总部的生产管理部根据市场预测及订货而制定的生产指令只下达到总装配线，各道前工序的生产都根据看板来进行。看板中记载着生产和运送的数量、时间、目的地、放置场所、搬运工具等信息，从装配工序逐次向前工序追溯。

在装配线将所使用的零部件上所带的看板取下，以此再去前一道工序领取。前工序则只生产被这些看板所领走的量，“后工序领取”及“适时适量生产”就是通过这些看板来实现的。

（2）防止过量生产和过量运送。看板必须按照既定的运用规则来使用。其中的规则之一是：“没有看板不能生产，也不能运送。”根据这一规则，各工序如果没有看板，就既不进行生产，也不进行运送；看板数量减少，则生产量也相应减少。由于看板所标示的只是必要的量，因此运用看板能够做到自动防止过量生产、过量运送。

（3）进行“目视管理”的工具。看板的另一条运用规则是“看板必须附在实物上存放”、“前工序按照看板取下的顺序进行生产”。根据这一规则，作业现场的管理人员对生产的优先顺序能够一目了然，很容易管理。只要通过看板所表示的信息，就可知道后工序的作业进展情况、本工序的生产能力利用情况、库存情况以及人员的配置情况等。

（4）改善的工具。看板的改善功能主要通过减少看板的数量来实现。看板数量的减少意味着工序间在制品库存量的减少。如果在制品存量较高，即使设备出现故障、不良产品数目增加，也不会影响到后工序的生产，所以容易掩盖问题。在 JIT 生产方式中，通过不断减少看板的数量来减少在制品库存，就使得上述问题不可能被无视。这样通过改善活动不仅解决了问题，还使生产线的“体质”得到了加强。

3. 看板操作的六个使用规则

看板是 JIT 生产方式中独具特色的管理工具，看板的操作必须严格符合规范，否则就会陷入形式主义的泥潭，起不到应有的效果。概括地讲，看板操作过程中应该注意以下六个使用原则：

（1）没有看板不能生产也不能搬运。

（2）看板只能来自后工序。

（3）前工序只能生产取走的部分。

（4）前工序按照收到看板的顺序进行生产。

（5）看板必须和实物一起。

（6）不把不良品交给后工序。

4. 看板的种类

看板的本质是在需要的时间，按需要的量对所需零部件发出生产指令的一种信息媒介体，而实现这一功能的形式可以是多种多样的。

（1）工序内看板。工序内看板是指某工序进行加工时所用的看板。这种看板用于装配线以及即使生产多种产品也不需要实质性的作业更换时间（作业更换时间接近于零）的工序，如机加工工序等。

（2）信号看板。信号看板是在不得不进行成批生产的工序之间所使用的看板，如树脂成形工序、模锻工序等。信号看板挂在成批制作出的产品上，当该批产品的数量减少到基准数时摘下看板，送回到生产工序，然后生产工序按该看板的指示开始生产。另外，从零部件出库到生产工序，也可利用信号看板来进行指示配送。

（3）工序间看板。工序间看板是指工厂内部后工序到前工序领取所需零部件时所使用的看板。典型的工序间看板，前工序为部件 1＃线，本工序总装 2＃线所需要的是号码为 A232-60857 的零部件，根据看板就可到前一道工序领取。

（4）外协看板。外协看板是针对外部的协作厂家所使用的看板。对外订货看板上必须记载进货单位的名称和进货时间、每次进货的数量等信息。外协看板与工序间看板类似，只是“前工序”不是内部的工序而是供应商，通过外协看板的方式，从最后一道工序慢慢往前拉动，直至供应商。因此，有时候企业会要求供应商也推行 JIT 生产方式。

（5）临时看板。临时看板是在进行设备保全、设备修理、临时任务或需要加班生产的时候所使用的看板。与其他种类的看板不同的是，临时看板主要是为了完成非计划内的生产或设备维护等任务，因而灵活性比较大。

5. 看板的使用方法

看板有若干种类，因而看板的使用方法也不尽相同。如果不周密地制定看板的使用方法，生产就无法正常进行。在使用看板时，每一个传送看板只对应一种零部件，每种零部件总是存放在规定的、相应的容器内。因此，每个传送看板对应的容器也是一定的。

（1）工序内看板的使用方法。工序内看板的使用方法中，最重要的一点是看板必须随实物，即与产品一起移动。后工序来领取中间品时摘下挂在产品上的工序内看板，然后挂上领取用的工序间看板。该工序然后按照看板被摘下的顺序以及这些看板所表示的数量进行生产，如果摘下的看板数量变为零，则停止生产，这样既不会延误也不会产生过量的存储。

（2）信号看板的使用方法。信号看板挂在成批制作出的产品上面。如果该批产品的数量减少到基准数时就摘下看板，送回到生产工序，然后生产工序按照该看板的指示开始生产。没有摘牌则说明数量足够，不需要再生产。

（3）工序间看板的使用方法。工序间看板挂在从前工序领来的零部件的箱子上，当该零部件被使用后，取下看板，放到设置在作业场地的看板回收箱内。看板回收箱中的工序间看板所表示的意思是"该零件已被使用，请补充"。现场管理人员定时来回收看板，集中起来后再分送到各个相应的前工序，以便领取需要补充的零部件。

（4）外协看板的使用方法。外协看板的摘下和回收与工序间看板基本相同。回收以后按各协作厂家分开，等各协作厂家来送货时由他们带回去，成为该厂下次生产的生产指示。在这种情况下，该批产品的进货至少将会延迟一回以上。因此，需要按照延迟的回数发行相应的看板数量，这样就能够做到按照 JIT 进行循环。

6. 用看板组织生产的过程

JIT 是拉动式的生产，通过看板来传递信息，从最后一道工序一步一步往前工序拉动。例如，生产过程共有三道工序，从第三道工序的入口存放处向第二道工序的出口存放处传递信息，第二道工序从其入口存放处向第一道工序出口存放处传递信息，而第一道工序则从其入口存放处向原料库领取原料。这样，通过看板就将整个生产过程有机地组织起来。

7. 代替看板发出生产请求的其他目视化方法

看板的形式并不局限于记载有各种信息的某种卡片形式，在实际的 JIT 生产方式中，还有很多种代替看板发出生产请求的目视化方法，如彩色乒乓球、空容器、地面空格标志和信号标志等。

看板方式作为一种进行生产管理的方式，在生产管理史上是非常独特的，看板方式也可以说是 JIT 生产方式最显著的特点。但是，决不能将 JIT 生产方式与看板方式等同起来。JIT 生产方式说到底是一种生产管理理念，而看板只不过是一种管理工具。看板只有在工序一体化、生产均衡化、作业标准化、生产同步化的前提下，才有可能发挥作用。如果错误地认为 JIT 生产方式就是看板方式，不对现有的生产管理方式作任何变动就单纯地引进看板方式的话，对企业发展是起不到任何作用的。

12.2.3　5S

5S 活动是源于日本丰田公司的一种现场管理方法，形成于 1955 年，多年来已从制造业扩展到了生产、服务以及社会生活的各个领域，在许多国家和地区得到了推广和应用。5S 活动的目的是为了创造并保持干净整洁、条理有序的现场环境，保证安全，使员工养成认真规范的好习惯，消除无效劳动、降低成本，从而提升员工的满意度和企业的品牌形象，实现企业的经营绩效目标。5S 由 5 个日语词汇组成，即整理（Seiri）、整顿（Seiton）、清扫（Seiso）、清洁（Seiketsu）、自律（Shitsuke），其第一个字母都是 S，故合并简称为 5S。由于 5S 活动是搞好日常管理的前提条件，需要坚持不懈，所以我国的香港特别行政区和台湾省以及大陆的许多企业也将其称之为“五常”活动。

1. 5S 的含义

5S 活动的含义，如表 12-2 所示。

表 12-2　5S 的含义

5S	基本含义
整理	区分清理。明确区分要用的和不用的，把不用的物品清除出现场，以免妨碍工作、浪费场地
整顿	定置标志、研究物品的取用方法，合理安排所需物品的摆放位置，并根据需要恰当标志，防止误用，省时省力
清扫	清扫维护。做到现场没有垃圾、灰尘及污垢，查找并消除造成脏污的源头，对设备、工具等作业用品进行清洁养护
清洁	维持效果。坚持前 3 个 S，使现场始终保持整洁有序的状态，进行规范和约定，巩固并提升前 3 个 S 的成效
自律	约束习惯。通过外在约束和内在约束，提高素养，养成自觉遵守规章制度及标准化作业的好习惯

2. 5S 活动的作用

5S 活动是实施管理和现场改进的基础。现场改进的重点包括：质量（Quality）、成本（Cost）、交货期（Delivery）、精神面貌（Moral）、安全（Safety）和企业形象（Image），参见图 12-2。

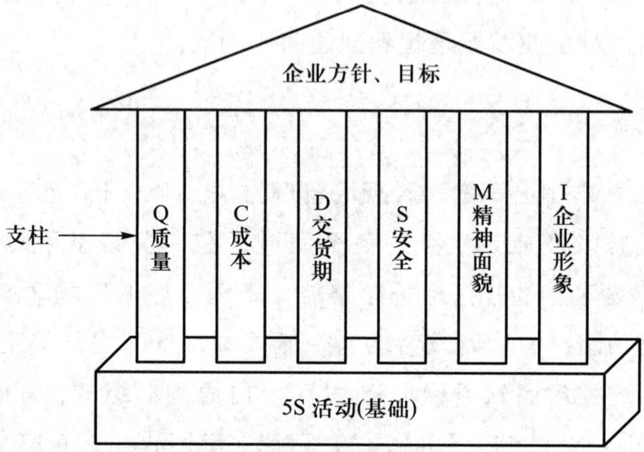

图 12-2　5S——实现企业方针目标的基础

5S 活动的最大功效是，能够事半功倍地减少或消除无效劳动和损耗，通过改善现场环境，消除人身及生产、服务过程中的事故隐患，保障安全，引导员工养成良好的行为习惯，直接或间接地促进生产、服务效率的提升和经营绩效的实现。通过开展 5S 活动，可以达到以下目的：

（1）改善现场环境，增强归属感和自豪感，提高员工满意度。

（2）塑造企业形象，给顾客以信心，赢得社会和公众的信赖。

（3）消除安全隐患，减少、杜绝事故灾害的发生，保证机器设备的正常运转。

（4）调整生产周期，减少寻找、搬运的空耗，缩小作业半径，保证按时交货；

（5）降低库存浪费，压缩物料的在线滞留时间，通畅物流，节能降耗。

（6）保证质量，防止作业差错，提高业务的精确度。

3. 5S 之间的关联

整理、整顿、清扫、清洁、自律既是 5S 所包含的 5 个项目内容，也是实施 5S 活动的 5 个步骤，5 个部分互为依托、层层递进，是不可分割、缺一不可的一个整体。5S 的 5 个部分不是孤立的，是一个有机的整体。整理、整顿、清扫是进行日常 5S 活动的具体内容；清洁则是指对整理、整顿、清扫工作的规范化和制度化管理，维持并巩固前 3 个 S 的效果；自律则是约束并引导员工克服马虎心态，养成认真负责、遵章守纪、自觉进行 5S 活动的良好习惯。

5 个 S 之间的关联关系如图 12-3 所示。

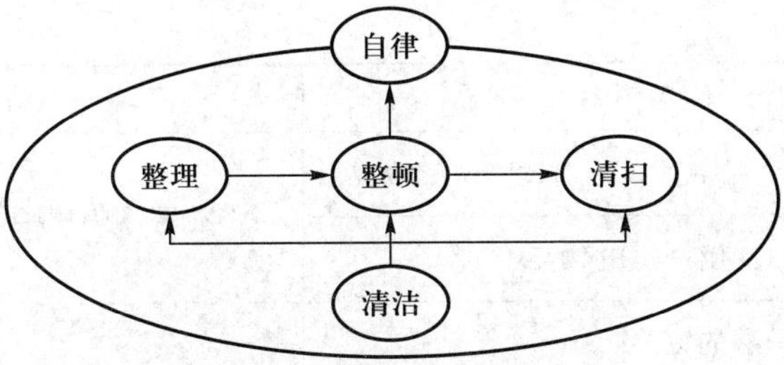

图 12-3　5 个 S 之间的关联关系

4. 5S 活动的实施要点

由于现场以及业务内容的不同，在活动过程中，5S 的展开方式也不尽相同。虽然可以各有侧重，但在活动过程中，需按照层层递进的原则，分 5 个阶段进行。

（1）整理：对现场物品进行盘点分类，把物品分为要用的和不用的，留下需要的，撤除不需要的。

整理的目的为：

① 消除无效占位，腾出场地，最大限度地利用空间。

② 精简库存，防止误用。

③ 保障人员行走有序、物品搬运顺畅，安全高效。

整理的一般步骤为：

第一步，对所在的工作场所及岗位范围进行全面盘点清查。

第二步，制定“需要”和“不需要”的判定基准，明确权限。

第三步，依据“废弃物处置办法”，清除撤离不需要和没必要的物品。

第四步，根据使用频度和场地条件，确定在线存储容量。

第五步，定时循环“整理”。

整理的要点为：

① 舍弃的智慧和勇气，有“舍”才有“得”，有用≠要用。

② 妥善处置“不用物品”，物尽其用、避免浪费，不用≠没用。

必要品的使用频率和常用程度基准，如表 12-3 所示。

表 12-3　必要品的使用频率和常用程度基准（示例）

常用程度	使用频率	处置方法
低	过去一年都没有使用过的物品（不能用或不再用）	撤离、丢弃
	过去 6~12 个月中，仅一次或可能使用过的物品	存放在稍远的处所

续表

常用程度	使用频率	处置方法
中	过去 2~6 个月中，只使用过一次的物品	作业现场内集中摆放
	一个月左右使用一次的物品	
高	每周使用一次的物品	就近摆放在操作工位附近或随身携带
	每天使用的物品	
	每小时使用的物品	

（2） 整顿：把要用的物品依规定定位、定量地予以摆放，有效标志。

整顿的目的为：

① 减少或消除寻找的时间。

② 方便取用、迅速归位，准确操作。

③ 做到心中有数，适时、适量供应，消除多余的用品。

整顿的步骤为：

第一步，彻底进行“整理”，确认“要用”的必需品。

第二步，规划布局，确定存储摆放的场所。

第三步，集思广益，讨论、验证、决定摆放的方式方法。

第四步，画线定位，进行标志。

第五步，在理解认知的基础上，照章行事。

整顿的要点为：

① 遵循 3 定原则：一是定点——摆放在哪里最适宜；二是定容——用什么容器盛装、怎样区分；三是定量——数量定为多少合适。

② 以人为本，便捷安全。易于操作、易于保洁、易于点检、易于归位。物品一目了然，短缺或误放时能马上发现。

③ 保证标志的有效性。有人看、看得清、看得懂，美观牢固。

（3） 清扫：采用符合安全规定的方法，打扫并保持场地及物品设施等的清洁，查找并消除污染源，显现“整理”、“整顿”的效果。

清扫的目的为：

① 维持、维护仪器设备的精度和运转的稳定性，降低故障率，防止因灰尘垃圾及油污而造成的不良，保证质量。

② 营造清新明亮的现场环境，改善作业条件，缓解身心疲劳。

③ 防患于未然，培育认真负责的企业文化精神。

清扫的步骤为：

第一步，进行“整理”、“整顿”，现场“可视化”。

第二步，划分并建立卫生责任区制度，定点定时定职定责。要特别关注公共及交叉区域，明确分工。

第三步，有针对性地进行安全及相关设施仪器基本保养常识的培训。

第四步，制定有关清扫基准及要求，配置清扫用具。

第五步，清扫点检设施、场地、用具等。

第六步，动手修理或上报发现的问题点，及时排除故障隐患。

第七步，查明污染（跑冒滴漏等）源，力求从根本解决。

清扫的要点为：

① 经过前两个阶段的“整理”、“整顿”，要用的物品可以便捷地取到，但是否能用？有无失效呢？因此清扫的第一大作用就是保证物品随时随地处于完好可用地正常状态。

② 清扫不是突击大扫除。看似简单，但要做好并不容易，必须要具备持之以恒和一丝不苟的态度。率先垂范，领导的表率作用尤为关键。

③ 强调“清扫即点检（进行检查和保养）”的原则，人人都能做且必须要做的、最简单、最基本的维护就是清扫。

④ 激发责任感，引导员工提升“自主保全”的能力，为全面生产维护做好铺垫。

清扫基准如表 12-4 所示。

表 12-4　清扫基准（示例）

对象	清扫要点、方法	工具	清扫标准要求	周期	清扫时间	责任人
办公设备	先用纱布沾专用清洁剂轻轻抹擦，再用干纱布擦净重点部位表面和容易积尘的地方。如计算机、打印机、传真机等	湿纱布、干纱布、专用清洁剂	主机和重点部位的正面、背面、连接部位、送风口等易积尘的地方无尘垢	每周一次，每次 20~30 分钟	周五下午下班前 5:00—5:20 左右	各位使用者。分工如下：计算机：王洪；打印机：刘静；空调：张驰

续表

对象	清扫要点、方法	工具	清扫标准要求	周期	清扫时间	责任人
机械设备	1. 空压系统：擦拭 2. 油压润滑系统：抹布擦拭，不可用风筒吹	抹布纱布	1. 各系统设备不可有厚积尘垢 2. 机械传动、滑动部位无阻塞污垢杂物 3. 电气系统洁净、干燥、无锈蚀，配线整齐	每月一次，每次2~3小时	每月25日或生产空闲时……	工程部……

（4）清洁：将整理、整顿、清扫的实施办法制度化、标准化，纳入管理规范贯彻执行，维持成效。

清洁的目的为：

① 创建整洁明亮、条理有序的现场环境。

② 通过制度化来维持前3个S的成果，并显现“异常”之所在。

③ 未雨绸缪，提前筹划应对异常问题的对策和方法。

④ 推行标准化，培育持之以恒的企业文化精神。

清洁的步骤：

第一步，彻底、到位地落实整理、整顿、清扫工作，职责分明。

第二步，明确异常状态出现时的对策和解决方法。

第三步，确定检查的尺度和方法，高层领导带头巡查。

第四步，配套建立相应的奖惩制度，实施兑现。

清洁的要点为：

① 通过制定相应的基准，探究“让问题现形”的方法；帮助解除愿意改进但却搞不清问题或问题原因的困惑。

② 明确职责。只有清楚自己对现场环境维持所承担的责任，才会主动投入到整理、整顿、清扫活动中，才会拥有成就感和自豪感。

③ 相关基准规范的修订。经过一段时间的实施，情况有所变化或当确认运用新办法解决问题及异常更有效时，必须对原有的基准规范予以修订，以便持续改进，防止问题再发生。

（5）自律：使每位员工都养成良好的礼仪和行为习惯，自觉遵守规章制度，提升素养水准。

自律的目的为：

① 培养问题意识、打造团队精神，成为企业文化的起点和最终目的。

② 持续推动实施 4S，直至成为全员的习惯。

③ 有效沟通，建立相互间的信赖关系。

④ 提高内部顾客（员工）和外部顾客（客户）的满意度。

自律的步骤为：

第一步，学习规章制度。

第二步，理解认知规章制度。

第三步，必须遵守规章制度。

第四步，成为他人的榜样。

第五步，具备成功的素养。

自律的要点为：

① 教育培训。

② 认同“标准”是“做事情的最佳方法”。

③ 借助漫画、标语、征文、图标、班前会等，开展形式多样的宣传活动。

④ 从问候、打电话等身边最简单的事情做起。

⑤ 激励引导，规范约束。

5S 习惯形成的 3 个阶段如图 12-4 所示。

图 12-4 5S 习惯形成的 3 个阶段

12.2.4 自働化生产

自働化是指将人的智慧赋予设备，让设备能自律地控制不正常的情况和具有人的判断力的自働化；将不合格品的产出率降到最低，提高质量和效率，降低人工成本和材料成本。它体现了“质量来源于每道工序”的管理理念。“自働化”是精益生产质量保证的重要手段，为了实现 JIT，生产过程中依次流向后工序的零部件必须是百分之百地合格。因此，在制品的质量控制是极为重要的。

自働化产生于丰田佐吉“人不做机器的看守奴”的理念。丰田佐吉为解决妇女手工织布的劳苦，发明了当出现异常时能够及时停车、不生产次品的自动织布机。自働化从最初依赖机器的自动化，发展到今天整个企业经营体系的自律运行，比如看板管理可以控制生产线自动运行、“安东系统”可以自动控制生产的异常、标准作业可以让操作者自动进行操作等。

1. 自働化的作用

（1）人与机分离。为了提高劳动生产率，实现弹性生产线的“少人化”，丰田公司在设备上安装能自动检测异常的附加设施——安东系统。当发现不合格品时，迫使机器自动停止，此时整条生产线也跟着同时停止，以保证没有一个不合格品进入到下一道工序。这样，就实现了无缺陷制造。

自働化实现了生产出来的在制品都是合格品，从而防止了制造过剩，减少了中间库存，增强了生产系统的柔性；同时由于采用了自働化，作业人员不需要只盯住一台机器。这样，就实现了人机分离。

（2）异常管理。异常管理是自働化的管理手段，它包括异常情况的自动检测仪器、异常情况下的自动限位设施（如防呆措施）、异常情况下的自动报警装置。例如，安全装置会探测每一个焊接的点数，如果探测出不符合事先设定的状况，安全装置就会将设备停止，自动报警装置马上通过声光系统进行报警，以防止不合格品进入下一道工序。

（3）少人化。自働化可以通过下面两个措施实现少人化：

① 当所需数量的在制品加工完毕后，机器会自动停止工作，而且所生产出来的在制品都是合格品，从而防止了制造过剩，减少了中间库存，增强了生产系统的柔性。

② 由于采用了异常管理，当生产出现异常时，机器就会自动停下来，这样，作业人员不需要盯住一台机器，自然会人机分离，再通过将作业标准化，就为“一人多机”提供了可能。既不存在制造过剩，也能明确地将人机分离，自働化自然就实现了少人化。

2. 实施自働化的工具

（1）防呆措施。在生产过程中，操作者会因各种主客观原因出现操作失误。如果将质量水平依赖于人的工作态度，则无法百分之百地保证质量。丰田公司在其几十年的发展过程中，设计出很多的装置，不给操作者犯错误的机会，如作业忘记或失误时，机器不能启动；操作失误时报警装置鸣叫，设备停止；出现加工错误时，运输通道会阻挡不合格品流到下道工序等。这样，只要有不合格品或异常现象产生，生产线就会自动停止，从而使人们的注意力立刻集中到问题上，开始进行改善。

（2）安东系统。自働化不仅要求自动发现异常和自动停止生产，还要求把异常以“声光报警”的方式显示出来。这种方法既简便实用，又便于“目视管理”。依此想法，丰田公司设计出一套由拉绳、报警灯、光电显示屏和喇叭组成的，能将生产线各工位的异常状态及时反映出来，让现场的人员都能看到和听到的系统，这一系统叫“安东系统”，它能保证问题及时得到解决。

例如，丰田公司在每条生产线和每个工位都安装了“安东系统”。当生产发生异常时，操作者拉动拉绳，报警灯和喇叭就能通过目视和声音呼叫现场管理人员与维修技术人员。光电显示屏则显示出现异常的工位和异常状态。听到报警后，管理人员和维修人员就会奔往出事地点。

丰田公司将“防止发生、防止流出、防止再发生”简称为“三防”。

12.2.5　全面生产维护

1. 概述

从 20 世纪初开始，随着工业化的不断普及，机械作业逐步替代手工作业，它克服了手工作业的质量不稳定、无法大批量生产、成本高等缺点。尤其是 20 世纪 30 年代，美国的制造业对机械装备的依赖性越来越突出，伴随而来的设备故障率也与日俱增，严重影响着产品品质和生产效率的进一步提高。另外，随着机器设备的日益复杂，先进的设备有时维护起来相当困难，其本身的品质以及组合精度严重影响着产品的质量，加上操作设备的工人不熟悉设备的性能和机能、误操作、延误管理等，几方面因素导致设备维护成本不断增加。

为了解决这些问题，美国制造业对维护设备的经验进行了总结，提出了事后保养（BM），即在装备出现故障后马上采取应急措施进行事后处置。这一时期，设备管理最显著的特点即是不坏不修、坏了再修。这种设备管理模式从 20 世纪初一直持续到 20 世纪 30 年代。

在 20 世纪 50 年代，美国又提出了预防维修制度，苏联也提出计划预修制度，即 PM，通过对设备的物理性检查预防其故障的发生，从而达到延长设备使用寿命的目的。PM 的开展包括以下三个方面的活动：

（1）设备的日常维护（清洁、检查和润滑）。

（2）对设备进行定期检查，以便及时掌握设备的劣化状况。

（3）对设备的劣化采取复原活动。

从推行 PM 开始，设备管理开始由事后维修向定期预防维修转变，强调采用适当的方法和组织措施，尽可能地发现设备的隐患，通过预防和维修相结合，保证设备的正常运行。

管理学界把这两个时期称为传统的设备管理时期。

以后又陆续出现了为延长装备寿命的改善活动——改良保全（CM）。CM 是将预防保障发生扩展到通过对设备的改进，以减少故障的发生，并不简化对故障的检查和修复。CM 将维修人员和操作人员共同纳入到活动之中：

（1）记录日常检查结果和发生故障的详细情况。

（2）对故障发生源进行有效的改善。

为了保证设备不出故障、不制造不合格品，出现了保养预防（MP）。从设备的设计开始对设备故障进行控制，其最终目的是实现无故障和方便的日常维护。MP 是依据对设备的运行和维护情况的完整记录，帮助设计人员对设备的结构进行改进。

最终，美国通用公司将以上 BM、PM、CM、和 MP 四种活动结合起来称之为生产保养，从此出现了设备管理的科学方法，这就是 TPM 的雏形。

20 世纪 60 年代，日本引进 PM 活动并将其改造成以生产部门为主的 TPM 改善活动（即 Total Productive Maintenance，全面生产维护，通过全员参加的设备保养管理来提高生产效率，使生产效益最大化）。1971 年，日本设立了全日本 PM 奖，丰田公司的下属企业日本电装公司首先得奖。从 20 世纪 80 年代开始，TPM 得到了世界许多企业的广泛认同。同时，TPM 本身也在不断发展完善，拓展为全公司（包括非生产部门）、全员参与的管理行为。从最初的设备维护管理，发展到安全、健康、环保、质量、产品开发、供应链、人事培训和办公室管理等各个领域，形成一套综合性的企业管理体系。

2. 全面生产维护系统

TPM 的目标是从生产系统的整体优化着眼，通过推行从公司最高层到基层全员参与的现场管理改善活动，建立起一整套严谨的、科学的、规范化的设备管理模式，来提高设备的综合效率，构筑能预防管理生产过程中所有损耗（不良、故障、事故、浪费和灾害等）发生的良性机制，最终建立健全不断追求生产效益最大化的企业管理体系，培养自主、自立、自信、文明、进取的员工，建设环境整洁、设备完好、管理有序的工厂，降低成本、提高效率和强化企业竞争力，树立全新的企业形象。

TPM 是以 5S 活动为基础，以自主保养、计划保养、前期管理、个别改善、教育训练、质量保全、间接部门效率化、安全与卫生八大支柱为主体，追求零故障、零灾害、零不良、零损失，以全员参与、预防为主为核心，最终实现企业的全员效率化管理。

（1）自主保养。自主保养是指以设备的操作人员为主，依据事先制定的点检标准，以个人的五感（看、触、听、嗅、味）来对设备进行检查，并且对设备进行润滑、紧固、更换等保全技术的教育训练，使其能对常见的故障做简单、快速的修复工作。

（2）计划保养。通过建立设备保全管理体系，对设备进行点检保养、故障分析、模式预测等，来统计分析设备保全的各种信息，以期预先发现设备的潜在故障，来制定适当的对策，提高设备的可靠度，减少故障发生或缩短修理时间。

（3）前期管理。前期管理是指从生产线规划到设备购入投产的全部设备管理过程。其中包括设备选型、论证和决策；自制设备的设计、制造；外购设备的采购、订货；设备的安装、调试；效果分析、评价和信息反馈等。有效的前期管理能够充分发挥设备的投资效果，以减少运行过程中的故障次数和重大不良问题的发生率。

（4）个别改善。企业通过制度化的奖励措施，引导和鼓励员工积极主动地提出并实施有利于改善公司经营活动的革新建议、改进意见和发明创造等。

（5）教育训练。教育训练的目的是通过提高保全人员的操作技能，以减少设备的故障频次和保全成本。一般分两个内容展开：对自主保全的操作人员，进行设备构造及性能的保全技术基本技能等方面的教育；在前一项的基础上，对专业保养人员进行设备机能保养、改良保养、预防保养、故障模式分析和设备前期管理的培训。

（6）质量保全。利用 PM 分析法来研究产品的质量问题，查找产生不良现象的设备原因，将设备状态参数恢复到初始状态，并制定相应的点检项目，保证问题不再发生。

（7）间接部门效率化。间接部门效率化是指那些不直接参与生产活动的间接部门，通过推行 TPM，追求管理工作的效率化，充分发挥各部门的组织机能，培养具备维持和改善管理效率的人才，消除影响生产系统效率的各种因素。

（8）安全与卫生。安全、环境卫生和污染管理在工厂管理中的地位是相当重要的，它是保障生产活动正常进行、企业长久发展的基础。TPM 的目的是：通过建立能预防事故、灾害产生的组织机构和监督检查机制，将安全教育、事故防范同作业前、中的危险预知、班中点检等工作结合起来，把预防措施落实到岗位、作业，并进行日常跟踪管理，消除不安全的作业或行为。

3. TPM 的具体实施步骤

（1）点检保养（初期清扫）。在对设备进行点检保养的同时，清扫以设备本体为中心的垃圾、灰尘、污染，及时发现设备的潜在缺陷。

（2）发生源、问题点的对策。研究问题的发生源并进行改善，以缩短点检保养时间。

（3）自主保养临时基准的制定。编制临时（短期内）切实可行的点检（清扫）标准，并进行目视化管理。

（4）总点检（点检设备机能并复原）。学习有关设备的机构、性能和原理等方面的知识，掌握对设备性能及零部件机能的检查技术，以发现潜在的缺陷并采取措施。

（5）自主点检（有效、标准）。对临时基准进行完善并重新确认，提升自主点检的效率及针对性。

（6）标准化（管理项目）。对前五步进行检查与改善，以实现点检与现场作业的高效率和标准化。

（7）持续改善。坚持自主点检，并不断对其进行评价和改善，向零不合格、零故障、零停台的目标迈进。

4. 设备综合效率（OEE）管理

设备在购入安装、投产使用后，会因为各种原因（人为的误操作、保全工作不到位、加工状态设定问题和各部件运转过程中的自然老化等）出现故障，其表现形式一般是：停机损失、速度损失和废品损失。这三种损失有可能在一天内、在一台设备上出现，也可能在流水线的不同设备上出现不同故障，导致整个生产线停滞。这三种损失下的设备运行效率，分别是时间开动率、性能开动率和合格品率，将三种效率相乘所得的综合数据，就是设备综合效率。其计算公式为：

设备综合效率 = 时间开动率 × 性能开动率 × 合格品率

（1）时间开动率的计算公式为

时间开动率 = [（负荷时间 - 设备的六种损失）/负荷时间] ×100%

其中，负荷时间 = 每天的作业时间 -（非计划停机时间 + 管理停机时间）；设备的六种损失是指故障、品种转换、待料、检查调整、启动和工作检查。

（2）性能开动率的计算公式为

性能开动率 = [（生产节拍 × 生产数量）/稼动时间] ×100%

其中，稼动时间 = 负荷时间 - 设备的六种损失。

（3）合格品率的计算公式为

合格品率 =（终检合格品数/全部的生产数量）×100%

日本优秀企业的 OEE 达到 95%，我国优秀企业的 OEE 达到 90%，一般企业达到 80%就很不错了。

12.3　精益与六西格玛的结合①

12.3.1　精益生产与六西格玛的特点比较

1. 六西格玛管理的特点

六西格玛管理是一种基于顾客驱动的追求卓越绩效和持续改进的管理哲学。它以产品、流程持续改进和设计为基本策略，通过消除过程变异和提高质量，大量减少不良品，降低成本，强调提高顾客价值和顾客满意度，综合提高企业的竞争能力和盈利水平。它已经成为一种理念、文化和方法体系的集成。六西格玛方法管理通过 DMAIC 的持续不断的循环，不断地消除过程变异，提高过程质量，从而降低成本，增加顾客价值，获得顾客完全满意。

（1）强调以数据和事实为依据。六西格玛将所有工作都作为一种流程，重点以数据和事实为依据，对实际问题进行量化分析，确定影响企业绩效和顾客需求的关键质量特性，并找出主要原因，寻求满意的解决方案，进而迅速逼近实际解决方案。

（2）减少变异，优化流程，提高质量。从统计质量管理角度来看，变异是质量问题的主要原因，因为一方面，变异会导致生产失去均衡与协调，引起生产周期不稳定，交货期变得无法预测；另一方面，过程变异也会引起产出质量不稳定，无法满足顾客要求，造成巨大损失。

① 马林，何桢．六西格玛管理．2 版．北京：中国人民大学出版社，2007．

六西格玛管理采用统计过程控制、实验设计、质量功能展开等多种质量工具，通过产品和流程的系统设计和严格监控，大大提高了设计、生产过程的能力，消除了包括从设计到投产、从生产到销售所有流程的缺陷与波动，从而显著提高产品和服务质量。

（3）注重思想观念转变，改进行为方式。六西格玛并非单纯的质量标准，它是一种工作哲学，六西格玛推行的首要目的就是要通过教育培训，改变员工以及组织的思维模式、行为方式直至企业文化。

六西格玛的执行，首先是公司从上至下改变“我一直都这样做，而且做得很好”的思想，员工以主动参与取代被动的工作习惯；实施六西格玛，要努力培养员工“预防为主，第一次就把事情做对”、“决不能容忍缺陷存在”的意识，使员工形成一种观念：产品返修率哪怕只有千分之一，对顾客来说就是百分之百。并把这种意识和观念融入企业文化中，通过规范化的工作方法，力图使每一道工序、每一件产品和每一次服务都有接近完美的质量，也就是追求零缺陷。

（4）追求持续改进。六西格玛方法是一个连续性的螺旋式上升圈，通过对整个流程周而复始、反复不断地实施界定、测量、分析、改进、控制，使流程各个环节得到修正和补充，实现流程的螺旋式提升，产品质量得到持续改进。

六西格玛不是一个静止的目标，而是一个持续改进的方向。它是顾客驱动下的持续改进模式，顾客需求的动态变化使企业必须追求持续改进。今天企业在某个质量关键点上达到六西格玛水平，明天顾客可能就会提出更严格和更多更新的要求，企业要持续努力才能达到并超越六西格玛绩效。

（5）顾客驱动。顾客驱动就是以顾客需求为导向，它是六西格玛核心价值观之一。它贯穿六西格玛改进的始终，在六西格玛分析阶段绘制 SIPOC 图（供应商—输入—过程—输出—顾客），目的就是对流程进行整体考虑，从顾客源头出发，反向分析所做的每一件事情能否提高顾客价值。就流程而言，六西格玛要求企业深度理解顾客当前和未来要求及期望，找出“顾客关键需求”，完全以外部顾客驱动流程设计与改进，评估流程有效性。因此，只有顾客驱动的六西格玛管理，才能实现顾客完全满意和忠诚，企业才会得到相应回报。

（6）跨职能合作。六西格玛采用项目小组的工作方式，通过企业内部的研发、采购、财务、生产和营销等部门的跨职能合作和及时沟通与协调，能够整体上更快速、更彻底地消除变异，实现改进。

通过大量企业的实践，人们逐渐发现六西格玛管理在实施中也存在一些问题，如六西格玛强调精英的贡献。六西格玛的成功实施离不开资深黑带、黑带等一批精英人员的贡献，他们的强力支持和推动一方面保证了六西格玛项目的成功；另一方面由于缺乏对普通员工全员参与的强调和重视，也使企业普通员工的积极性不高，这些问题都会降低六西格玛实施的应有效果，甚至导致实施失败。另外，有些企业的黑带在项目中对现场的关注不够，大部分时间是在计算机前进行统计分析，这也容易使企业的其他人员对六西格玛黑带的作用产生怀疑。

2. 精益生产的特点

精益生产的指导思想是：从顾客需求出发，精确地确定顾客价值，识别和优化产品价值流，并通过顾客订单拉动生产，追求尽善尽美。其最终目的是通过流程整体优化，平顺物流，高效利用资源，消灭一切库存和浪费，达到用最少的投入（人员、设备、时间和场地等）向顾客提供最完美价值的目的，即持续不断地追求尽善尽美和精益求精。精益方法强调“适时、适量、适物”。

精益方法主要具有以下优势：

（1）关注顾客，创造完美价值。价值只能由最终顾客来确定，价值只有由具有特定价格、在特定时间内满足顾客需求的产品来表达时才有意义。关注顾客，企业真正要做的是从顾客的立场出发，重新审视价值，消灭一切浪费，向顾客提供完美价值。精益方法从顾客角度审视从设计到生产到交付的全部流程，将全过程消耗减至最少，消除一切不增加顾客价值的流程和产品功能，不将额外花销转嫁给顾客，实现顾客需求的最大满足。

（2）消除浪费，优化流程，降低成本。精益方法审查生产特定产品的所有活动，首先努力消除Ⅱ型 Muda，减低成本，然后使在制品在整个流程中流动起来。通过连续流动，进一步消灭浪费，优化流程，并且流动越快，所暴露出的浪费会越多，越有利于精简流程、降低成本。

（3）缩短流程周期，提高响应能力。减少流程周期会带来两方面的好处：一是企业库存和成本降低，二是缩短交货期，提高企业柔性。精益方法以最终顾客需求为起点，采用看板管理，以后道工序准时拉动前道工序，使价值连续流动，通过生产单元之间的均衡与协调，快速而可靠地减少流程周期和提前期，提高效率，同时减少大量浪费，加速资金流转，最终大大提高企业对市场变化的响应能力。精益方法通过消除流程瓶颈和等待以及并行工程和价值连续流动来加快流程速度，这种方法适应了多品种、小批量和定制化生产模式。

（4）强调全员参与。精益方法非常强调全员参与。员工是组织的根本资源，全员参与有效地集中了员工集体智慧和才干，为组织带来了巨大收益。全员参与激发了员工的积极性和热情，更加关注为顾客创造价值；能主动地发现流程中存在的问题，进行持续改进并强化自己的技能、知识和经验，承担起对组织目标和任务的责任；使得员工能够有效地对改进组织方针和战略目标做出贡献；也更容易获得对工作的满足感和对组织的自豪感。

精益方法的主要不足如下：

（1）缺乏严谨的定量分析。精益方法解决问题的特点是更多地依赖专家经验与直觉，不能使用量化方法与专业工具管理流程，难以解决复杂的、综合的以及不明确的问题，决策也不易做到科学、准确和高效，难以真正实现“精益”。

（2）缺乏系统性改进方法的整合。虽然精益能够从企业整体考虑消除浪费，但是它缺乏系统性改进方法的整合，过多追求短平快效果和短期利益，所以容易出现“非精益化反弹”现象。

（3）易受波动影响。企业实施精益方法失败绝大多数是因为波动造成的，这些波动因素概括为人员、机器、材料、方法、测量、环境，即 5M1E，实施精益生产前之所以要先导入 5S 和 TPM 等方法，就是要使 5M1E 因素的波动最小化。如果不能实现流程稳定，也就很难真正实现“精益”。

12.3.2　精益与六西格玛的有机结合

通过对六西格玛管理与精益生产的优势与不足的分析，可以看出，二者具有很强的互补性。六西格玛管理是解决问题的方法论，有一个非常好的解决问题的框架。它以数据分析为基础，旨在通过消除过程变异、持续改进获得近乎完美的质量，满足顾客。精益方法是一种消除浪费、优化流程、准时制造的方法。它把何处都可作为改善起点，其最终目的是尽善尽美的流程为顾客创造尽善尽美的价值。精益关注于成本和速度，其核心是降低成本、提高效率。如果能够把精益生产和六西格玛方法进行整合，就可以同时获得二者的优势，摒弃它们的不足。

精益六西格玛是精益生产与六西格玛管理的有机融合，作为一种先进管理模式，精益六西格玛不仅能通过六西格玛管理大幅度提升产品质量，增加顾客价值，同时能利用精益生产减少资本投入、提高效率和市场响应能力。

12.3.3　精益六西格玛的实施路线/技术路线

基于上面的分析，可以归纳总结精益六西格玛的实施过程如下：

第一阶段，首先通过市场调研以及竞争对手分析，确定影响顾客价值和顾客需求的关键质量特性以及需要改进的领域。

第二阶段，通过头脑风暴、因果分析以及失效模式与效果分析找到问题的原因，并利用质量功能展开（QFD）将关键顾客需求转化为产品特性措施以及生产工艺措施，找出影响全面质量控制的关键因素，并确定因素水平。

第三阶段，通过价值工程 VE 或价值分析 VA 或价值流分析，不断地消除产品和生产过程中的非增值环节以及瓶颈，平衡物流。

第四阶段，进行测量系统分析和多因素分析，在此基础上确定抽样方案，进行数据测量。

第五阶段，通过实验设计，找出各个因素的最优水平进行优化，同时对产品和生产过程进行顾客参与模块化设计。通过不断优化人、机、料、法、环、测 5M1E 因素，减少它们的波动。在此基础上，通过看板管理、快速换模、单件流、防呆措施以及生产与物流控制，实行拉动生产。

最后一个阶段，是控制与标准化。通过设定标准作业程序，实行统计过程控制等方法优化流程、巩固改进成果，并通过全企业的经验推广与学习交流，把改进成果进一步扩大。

通过以上步骤周而复始地推行，精益六西格玛最终可以帮助企业获得以下四方面的优势：

（1）消除库存和浪费，降低成本。

（2）消除过程波动，提高质量。

（3）实现多品种小批量生产，增加企业柔性。

（4）推行看板拉动生产，实现快速准时交货。

实际上，目前许多企业在推进六西格玛的过程中已经将精益的一些思想和工具应用于六西格玛项目，不管名称是六西格玛或精益六西格玛，精益和六西格玛的结合是企业六西格玛管理应用于企业系统的业务流程改进的必然。企业中需要精益和六西格玛的结合来解决的项目很多，如：

（1）减少原材料和零部件采购成本。

（2）减少备品备件采购成本。

（3）缩短新产品开发周期。

（4）缩短产品线换型时间。

（5）减少在制品占用。

（6）提高设备利用率。

（7）改善设备布置。

（8）改善生产系统的物流。

另外需要指出，许多服务业在推进六西格玛的过程中，也特别注意引入精益的思想和方法。与六西格玛一样，精益的思想在服务业也是大有作为的。

思考题

1. 精益生产的核心思想是什么？精益生产如何看待浪费？
2. 精益生产与传统生产模式有何不同？
3. 精益思想的五项基本原则是什么？并加以解释。
4. 描述精益生产的技术体系并加以解释。

■……………… 5. 请对看板管理、5S、自働化生产、全面生产维护加以解释。

■……………… 6. 请比较六西格玛和精益生产的特点。

阅读文献

[1] 马林，何桢. 六西格玛管理. 2 版. 北京：中国人民大学出版社，2007.

[2] 马林. 全面质量管理. 北京：中国科学技术出版社，2006.

[3] 张维德. 机械工业质量管理教程. 5 版. 北京：机械工业出版社，2008.

第 13 章　实验设计

实验设计是数理统计学的一种应用方法。在质量改进活动中，实验设计有着广泛的用途。本章着重讲述有关实验设计的基本概念，并结合实例说明怎样在工业实验中应用实验设计。

13.1　实验设计概述

13.1.1　实验设计的产生与发展

实验设计是英国学者费舍尔（R. A. Fisher）在 20 世纪 20 年代为使农业实验合理化而提出的一种用于安排实验和分析实验数据的数理统计方法。最初，欧美各国主要将此方法应用于生物学、医学等领域的科学研究。在生物现象中，各研究对象除受实验条件的影响之外，还会受到各种误差因素的影响，其特性值往往很分散，特别是当误差因素的影响较大时，容易使实验失去可比性，甚至掩盖事实的真相，导致错误的结论。因此，传统的实验设计方法是以描述上述诸因素对特性值影响大小的定量分析方法和尽量消除或减小误差因素对特性值影响的实验安排方法为中心内容的。

第二次世界大战之后，实验设计在工业中得到推广和应用。在工业生产中，经常要进行技术革新，寻求优质、高产、低消耗的方法，这些都离不开实验。怎样合理安排实验，怎样科学地分析实验数据，是广大科技人员和工人在生产活动、技术研究中经常会遇到的问题。对此，实验设计是十分有用的工具。特别是 20 世纪 50 年代以来，随着实验设计理论的不断发展、完善，其应用范围有了进一步的扩大。现代科学技术日新月异，新产品层出不穷，在激烈的市场竞争中，能否不断开发出物美价廉、适合顾客需要的新产品，是工业企业要认真研究的重大问题。日本学者田口玄一首先将实验设计成功地应用于新产品的开发设计，使实验设计的理论与实践上升到一个新的高度，受到世界各国的瞩目。对于一些复杂的电子、机械产品，利用实验设计合理选择元器件或零部件的参数，可以大大改善产品功能目标值的稳定性，也即所谓的稳健设计（Robust Design），达到既提高产品的固有质量水平，又降低产品成本的目的。

无疑，在现代工业生产中，实验设计与保证和提高产品质量有着密切的关系。作为方法论，它是现代质量管理中一种非常重要的应用方法。

13.1.2　实验设计中的基本术语

一般实际问题都是复杂的，任何数学模型都只是它的某种抽象概括，实验设计也不例外。我们先给出一些有关实验设计的简单基本概念的描述，稍后将给出一些更深入的概念的定义。

1. 因子：可控因子与非可控因子

过程模型可简化为图 13-1，其中 Y_1，Y_2，…，Y_s 是输出变量，称为“响应变量”（Response）或“指标”。一般情况下，常需要考虑多方面的指标，但在本书的实验设计中，只考虑单个响应变量的情况。如果问题中确实要同时考虑多项指标，这就使问题变得非常复杂，常常也是设法将之转化为单指标的情形来处理。将影响响应变量的那些变量称为实验问题的因子（Factor）。假定，X_1，X_2，…，X_k 是人们在实验中可以控制的因子（称为可控因子（Controlled Factor）），它们是输入变量，是影响过程最终结果的。这些变量可以是连续型的（通常是这样），也可以是离散型的。影响过程及结果的变量除了这些可控因子外还可能包含一些可以记录但不可控制的非可控因子（Uncontrolled Factor）：U_1，U_2，…，U_m，它们通常包括环境状况、操作员、材料批次等。这些变量可能取连续值，也可能取离散值。对于这些变量，通常很难将它们控制在某个精确值上，实际问题中它们确实也可能取不同的值。这些非可控因子称为噪声因子（Noise Factor），因为常把它们当作误差来处理。

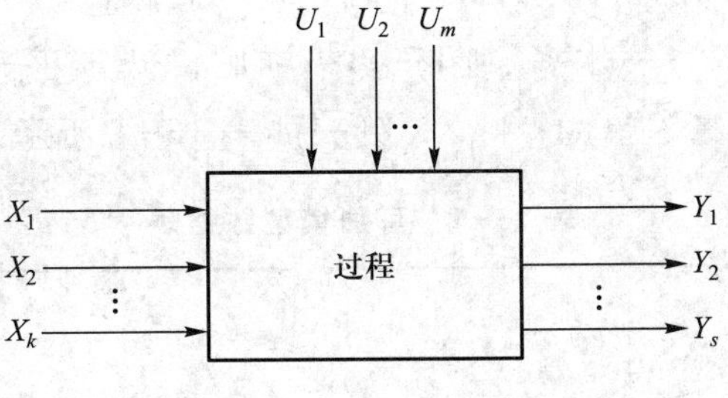

图 13-1　过程模型示意图

2. 水平及处理

为了研究因子对响应的影响，需要用到因子的两个或更多个不同的取值，这些取值称为因子的水平（Level）或设置（Setting）。各因子皆选定了各自的水平后，其组合被称为处理（Treatment）。一个处理的含义是：按照设定的因子的水平组合就能进行一次实验，可以获得一次响应变量的观测值，因此处理也可以称为一次“实验”（Trail 或 Experimental Run），也简称一次“运行”（Run）。

3．实验单元与实验环境

处理（即实验）应用中的最小单位称之为实验单元（Experiment Unit）。例如，按因子组合规定的工艺条件所生产的一件（或一批）产品，接受治疗的一个病人等。

以已知或未知的方式影响实验结果的周围条件，称之为实验环境（Experiment Environment）。这里通常包括温度、湿度、电压等。

4．模型与误差

考虑到影响响应变量 Y 的可控因子是 X_1，X_2，…，X_k，因此，在实验设计中建立的数学模型是：

$$Y = f(X_1, X_2, \cdots, X_k) + \varepsilon$$

式中，Y 是响应变量；X_1，X_2，…，X_k 都是可控因子；f 是某个确定的函数关系。本式中的误差 ε 除了包含有非可控因子（或噪声）所造成的“实验误差”（Experimental Error）外，还可能包含“失拟误差”（Lack of Fit）。这里，失拟误差是指所采用的模型函数 f 与真实函数间的差异。实验误差与失拟误差这两种误差性质是不同的，分析时也要分别处理。有时为了简化，常假定函数关系 f 是准确的，从而可以忽略失拟误差。从上述概念中还可以看到，实验误差本身包含了测量误差。为了不使测量误差影响分析结果，通常要在实验进行前先进行测量系统分析，只有测量误差满足了对测量系统的最低要求后，实验才能开始进行。

5．主效应与交互效应

举一个最简单的因子设计来说明主效应和交互效应的概念。

在农田实验中，考虑两个因子，每个因子皆为高和低两个水平。因子 A：浇水；低水平——水少，高水平——水多。因子 B：施肥；低水平——肥少，高水平——肥多。以产量 Y 为响应变量（单位：kg），列表如表 13-1 所示。

表 13-1　可加模型数据表　　单位：kg

B \ A	水少	水多
肥少	100	120
肥多	130	150

如何分析因子 A 浇水的效应呢？由于 A 处于低水平时（不考虑因子 B），得到的产量的平均值是（100+130）/2 = 115 kg，A 处于高水平时（不考虑因子 B），得到的产量的平均值是（120+150）/2 = 135 kg，产量由 115 kg 提高到135 kg完全是因子 A 的作用，这时，称因子 A 的主效应（Main Effect）为 135-115 = 20 kg。

A 的主效应 = A 处于高水平时 Y 的平均值 −A 处于低水平时 Y 的平均值

同样可以算出：

因子 B 的主效应 = [（130+150）/2 −（100+120）/2] = 140 −110 = 30 kg

不但如此，我们还发现，当 B（肥料）处于高水平时，因子 A 的效应为 150−130 = 20，当 B（肥料）处于低水平时，因子 A 的效应为 120−100 = 20，二者完全相同。如果以因子 A 为横轴，以响应变量（产量）为纵轴作图（见图 13−2），可以看出，两条线是平行的。

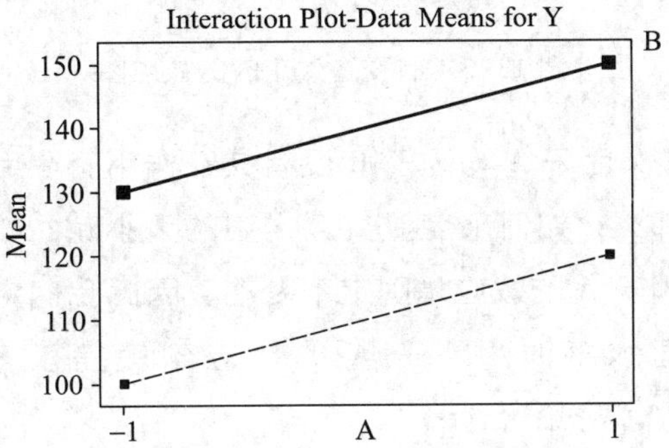

图 13−2　无交互作用时的效应图

如果数据换成另一组，如表 13−2 所示。

表 13−2　有交互作用的数据表　　单位：kg

B \ A	水少	水多
肥少	100	120
肥多	130	170

由于 A 处于低水平时产量的平均值是（100+130）/2 = 115 kg，A 处于高水平时产量的平均值是（120+170）/2 = 145 kg，因子 A 的主效应为 145 − 115 = 30 kg。同样可以算出：

因子 B 的主效应 = [（130+170）/2 −（100+120）/2] = 150 −110 = 40 kg

我们发现：当 B（肥料）处于高水平时，因子 A 的效应为 170−130 = 40，当 B（肥料）处于低水平时，因子 A 的效应为 120−100 = 20，两者大不相同。仍以因子 A 为横轴，以响应变量（产量）为纵轴作图（见图 13−3），可以看出，两条线是不平行的。

我们定义两因子间有交互作用为：如果因子 A 的效应依赖于因子 B 所处的水平时，则称 A 与 B 之间有交互作用（Interaction）。

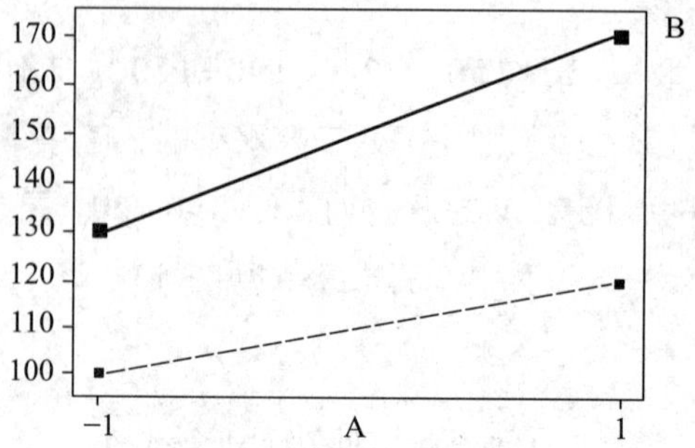

图 13-3　有交互作用时的效应图

显然，在前组数据中，因子 A 与因子 B 没有交互作用。在后组数据中，因子 A 与因子 B 是有交互作用的。那么，如何来度量交互作用的大小呢？如果没有交互作用，当因子 B 处于不同水平时，因子 A 的效应是固定不变的，因此我们定义交互效应的出发点就是：当因子 B 处于不同水平时，因子 A 的效应到底差了多少？因此，交互作用（Interaction Effect）定义为下式：

AB 交互效应 =（B 处于高水平时 A 的效应−B 处于低水平时 A 的效应）/2

在后一组数据中，AB 交互效应 = [（170 − 130）−（120 − 100）] /2 = 10。同样，交换 A 与 B 的顺序，可以得到公式：

BA 交互效应 =（A 处于高水平时 B 的效应−A 处于低水平时 B 的效应）/2

BA 交互效应 = [（170 − 120）−（130 − 100）] /2 = 10

显然二者是相同的，以后不再区分 A ×B 或 B ×A。另外，还可以得到变形的公式：

AB 交互效应 = [（A 高 B 高+A 低 B 低）−（A 高 B 低+A 低 B 高）] /2

用本例数据代入，即为

AB 交互效应 = [（170+100）−（130+120）] /2 = 10

要注意的是，如果两个因子间存在显著的交互作用，就不能只用主效应大小作为该因子是否重要的判断依据。有时一个因子主效应很小，只要某个包含它的交互作用效果显著，这个因子就是重要的，就应予以保留。

6. 实验设计示例——合成氨纯度实验

在提高合成氨纯度（%）的工艺研究中，发现三个因子很重要，分别是因子 A——温度；因子 B——压力；因子 C——反应时间。对每个因子都设定了高低两个水平。我们希望考察这三个因子中，哪些因子效应及交互效应是显著的。其具体取值如下：A 因子——温度，低水平：460（度）；高水平：500（度）。B 因子——压力，低水平：250（大气压）；高水平：270（大气压）。C 因子——时间，低水平：20（分钟）；高水平：30（分钟）。

如何安排实验呢？三个因子按两个水平全面搭配应该有 8 种组合。先看下面这张正交表（见表 13-3）。

表 13-3　三因子正交实验代码表

	A	B	C
1	−1	−1	−1
2	1	−1	−1
3	−1	1	−1
4	1	1	−1
5	−1	−1	1
6	1	−1	1
7	−1	1	1
8	1	1	1

我们将按照此表来安排实验，具体是这样进行的：凡表中列为−1，实验时取低水平；凡表中列为 1，实验时取高水平。这样可以进行 8 次实验。

之所以称这张表为正交表（Orthogonal Array），是因为它有两个特点：

（1）任一列中正负号出现次数各占一半，即在实验中，每个因子取低水平、高水平次数相同。

（2）任两列中，++，+−，−+，−−四种搭配出现的次数都是相等的。“搭配出现次数都相等”这种性质，用数学上的方法来表示，就是两列乘积和为 0，即代数上说的两列“正交”。这种“正交性”将导致对于实验结果的分析有“均衡分散，整齐可比”的特点，因而具有很多优良性质，而且很容易计算出相应的回归方程。这种实验设计方法称为“正交实验设计”（Orthogonal Experimental Design）。

在本例中，三个因子的水平都被取定后，就可以用它们的组合条件来进行实验了。例如，第 1 号实验条件是三个因子皆取低水平，温度取 460 度，压力取 250 大气压，时间取 20 分钟，生产一反应罐合成氨，从中取一个样品，化验出它的纯度 Y_1（%）。以此类推，总计可以得到 8 个纯度：Y_1，Y_2，…，Y_8。这里的实验单元就是化学反应中使用的“罐”，我们要分析的是这三个因子的主效应和交互效应。

把正交实验的代码表列在表中的前 3 列，分别记为 Ac，Bc 和 Cc，把各因子所取的真实值列在紧接着的三列中，将 8 次实验结果获得的纯度 Y（%）记录在最后一列，数据如表 13-4 所示。

表 13-4　三因子正交实验结果表

	Ac	Bc	Cc	A	B	C	Y
1	−1	−1	−1	460	250	20	94. 53
2	1	−1	−1	500	250	20	97. 17
3	−1	1	−1	460	270	20	93. 84
4	1	1	−1	500	270	20	95. 85
5	−1	−1	1	460	250	30	94. 59
6	1	−1	1	500	250	30	97. 50
7	−1	1	1	460	270	30	94. 17
8	1	1	1	500	270	30	96. 54
M−	377. 13	383. 79	381. 39				764. 19
M+	387. 06	380. 40	382. 80				95. 52
Effect	2. 482 5	−0. 847 5	0. 352 5				

从表 13-4 中，很容易得到各因子的主效应。首先讨论 A 因子，将 Ac 这列中对应“-1”的各次实验（即第 1、3、5、7 次）响应变量 Y 的总和计算出来，填入 M-行（本例，M-=94. 53+93. 84+94. 59+94. 17=377. 13）。同样将 Ac 这列中对应“+1”的各次实验（即第 2、4、6、8 次）响应变量 Y 的总和计算出来，填入 M+行（本例，M+=97. 17+95. 85+97. 50+96. 54=387. 06）。因此，可以得到，A 处于高水平时的平均值为 387. 06/4=96. 765，A 处于低水平时的平均值为 377. 13/4=94. 282 5，因而得知，A 因子的主效应是 Effect（A）=96. 765-94. 282 5=2. 482 5。同样方法可得，Effect（B）=-0. 847 5，Effect（C）=0. 352 5。

13. 1. 3　实验设计中的基本原则

有三个基本原则在实验设计中必须要考虑：重复实验（Replication）、随机化（Randomization）和区组化（Blocking）。

1. 重复实验

所谓重复实验是指一个处理施于多个实验单元。这些单元是统计推断中一个处理所形成的总体的代表，以便能够估计实验误差的大小。通常的显著性检验都是用不同处理间形成的差别与随机误差相比较，只有当处理间的差别显著大于随机误差时，才说“处理间的差别是显著的”。没有随机误差就无法进行任何统计推断，因此在实验设计中安排重复实验是必不可少的。需要注意的是：一定要进行不同单元的重复（Replicate），而不能仅进行同单元的重复（Repetition）。换言之，一定要重新做实验即重复实验，而不能仅是重复观测或重复取样。比如在上例中，一定要用同样的工艺条件生产两罐或多罐合成氨，而不能只从一罐合成氨中分次取不同的样品来测试纯度。显然，一罐合成氨中分次取不同的样品所测试出的纯度间差异要小，而不同罐合成氨中取不同的样品来测试纯度的差异要大。以同单元重复得到的差异来估计随机误差将会低估实验误差，所得到的结论是不可信的。实验中一定要包含真正的重复。

2. 随机化

随机化的含义是以完全随机的方式安排各次实验的顺序和/或所用实验单元。这样做的目的是防止那些实验者未知的但可能会对响应变量产生的某种系统的影响。对于上例，假如在同一天进行 8 次实验的顺序就是按照表中所列的顺序进行，那么会有什么问题呢？如果当天的电压有一种由高向低变化的趋势，而恰好电压的降低导致纯度的降低，那么很明显，前 4 次实验是在电压较高的情况下进行的，后 4 次实验是在电压较低的情况下进行的。如果后 4 次纯度明显低于前 4 次，而前 4 次实验恰好是因子 C（反应时间）处于低水平（20 分钟）时进行的，后 4 次平均值变低，究竟是因子 C 的作用还是电压的作用，是无论如何也分辨不清的。如果将这 8 次实验顺序完全打乱，则不会再出现上述问题了。随机化并没有减少实验误差本身，但随机化可以防止出现未知的但可能会对响应变量产生的某种系统影响。

3. 区组化

区组化是第三个原则。各实验单元间难免会有某些差异，如果能按某种方式把它们分组，而每组内可以保证差异最小，即它们具有同质齐性（Homogeneous），则可以在很大程度上消除由于较大实验误差所带来的不利影响。一组同质齐性的实验单元称为一个区组（Block），将全部实验单元划分为若干区组的方法称之为分区组或区组化。通过在同一个区组内比较处理间的差异，就可以使区组效应在各处理效应的比较中得以消除，从而对整个实验的分析更为有效。例如，假定在上（下）午时段内差异不大，而上午、下午两个时段的差异较大，那就把上午、下午当作两个区组。这时在分析中就可以去除掉上午、下午间差异的影响，或尽可能把实验全都安排在上午（或下午）进行。如果分区组有效，则这种方法在分析时，可以将区组与区组间的差异分离出来，能大大减少可能存在的未知变量的系统影响，这就是分区组的好处。当然，在区组内还应该用随机化的方法进行实验顺序及实验单元分配的安排。什么时候分区组，什么时候用随机化呢？在实验的设计中应遵照下列原则：“能分区组者则分区组，不能分区组者则随机化”（Block what you can and randomize what you cannot）。

13.1.4　实验设计的必要性

人类在认识自然界的过程中，进行着多方面的探索。实验是构成学习过程的一个要素。通过实验的学习是一种综合了人们的期望、需要、知识或资源的复杂过程。在实验的统计设计方法开始形成的 20 世纪 20 年代以前，科技工作者在实验中走了不少弯路。

发明家爱迪生一生艰苦奋斗，经历了无数次的失败之后，为人类发明了许多重要的科技产品。他的座右铭是“天才靠的是百分之一的灵感和百分之九十九的汗水”。他的助手特勒萨（Nicola Telsa）在 1931 年 10 月 19 日（即爱迪生去世后的第二天）的《纽约时报》发表纪念评论写道：“如果在爱迪生工作的黑屋中能有一支蜡烛照亮他前进的方向的话，以他蜜蜂般的勤奋，他将会获得远比他发明的东西多得多的成果”，“我非常同情地观察到他的工作状况，但凡有一点点理论或计算能帮助他的话，将节省他百分之九十的精力”。爱迪生是靠苦干拼出来的，他是在边实验边分析后确定下次实验该怎么做的。这种速度太慢，而且只能从已经得到的偶然出现的好结果出发，摸索着继续前进，无法形成理论上的知识，无法预测何处将会有更好的成果。这种凭直觉猜测逐步探索的方法已经无法适应当代快速发展的需要。

另一种在多因子分析实验中常用的方法是“单因子变化法”或“一次一因子法”（One Factor at One Time）。其做法是：多个因子中，每个因子依次改变，而其他因子则保持在固定的或选定的水平上。这样做所需要的实验次数肯定能比全面搭配时少，但它有许多缺点：与统计实验设计方法相比，要达到同样的效应估计的精度，需要更多的实验次数；不能估计某些交互效应；不能在实验区域内进行系统而全面的搜索，因而它的分析结论缺乏普遍性；它最后的结论对于固定因子初始值的选定太过敏感，因而可能错过最优的因子设置。这一方法现已弃之不用。

我们将全部因子全部水平的全部搭配都进行至少一次实验的安排方法称为全因子实验（Full Factorial Design）。这是人们易于想到的一个方法，而且可以获得相当多的信息。但是，是否永远可以使用全因子实验呢？答案是否定的，因为需要做的实验次数太多，人们无法接受。如果有 8 个因子，每个因子取 2 水平，那么全因子实验要 $2^8 = 256$ 次；每个因子取 3 个水平，那么全因子实验要 $3^8 = 6\,561$ 次。这在实际工作中是办不到的。我们只能从中选择一部分来进行。那么怎样来选择呢？要寻求好的设计，就是要用最少的实验次数，获得尽可能多的信息，这就需要运用统计分析工具。如果不使用统计分析工具，即使是全因子实验，在拿到实验结果后，也只是从中挑选最优值就结束，而浪费了大量有用的信息。实验设计的统计分析方法不但能从实验结果中找到最优值，而且可以判明哪些因子影响显著，哪些因子影响不显著，还可以得到有关的变化规律，预测将要达到的最佳值是多少以及这个最佳值将在什么范围内波动，而这个最佳值可能根本未在选定的条件中进行过实验。这些就是统计分析方法的威力。

13.1.5　实验设计的类型

根据不同的研究内容，可以对实验设计进行多种方法的分类。

根据实验的因子个数，可以分为单因子和多因子。根据实验的目的，可以分为因子设计和回归设计。在不考虑区组的设计中，常用的有完全随机化设计（Completely Randomized Design）；在考虑区组的设计中，常用的有：配对比较设计（Paired Comparison Design）、随机区组设计（Randomized Block Design）、均衡不完全区组设计（Balanced Incomplete Block Design）、部分均衡不完全区组设计（Partial Balanced Incomplete Block Design）等。因子效应可以分为固定效应和随机效应两大类。在固定效应中，又可以分为单向分类（One-way Layout）、双向分类（Two-way Layout）、多向分类（Multi-way Layout）。在随机效应中，主要是应用嵌套设计（Nested Design）或称方差分量模型（Variance Component Modeling）。这些实验设计用到的理论和方法都比较复杂，工程师们用的很少。

根据实验目的不同可分为两大类：因子设计和回归设计。本章开始的叙述中已经说明，进行实验有两个基本目的：一是明确哪些自变量 X 显著地影响 Y；二是找出 Y 与 X 间的关系式，从而进一步找出自变量 X 取什么值时会使 Y 达到最佳值。第一种实验的目的是为了确定在相当多的自变量中，哪些自变量 X 并不显著地影响 Y，应予以删除；哪些自变量 X 显著地影响 Y，应予以保留；我们称其为“因子筛选设计”（Screening Design）。由于这种实验的目的是针对因子的，因此这种实验设计属于“因子设计”（Factorial Design）或称“析因设计”或“因析设计”。第二种实验目的是为了确定 Y 和 X 间的关系式，找出 Y 对于 X 的回归方程。由于这种实验的目的是针对回归关系的，因此这种实验设计被称为“回归设计”（Regression Dsign）。

当然，这两类设计也有相通之处：一方面，筛选因子的方法其实也是先建立一个 Y 与 X 间的简单线性回归方程，然后根据各项系数的显著性来筛选。要注意的是，在实验设计中所说的“线性”，已经与通常数学概念中的“线性”有所不同。在“实验设计”中说的“线性”指的是在回归方程中除了可以包含各自变量的一次项外，还允许包含两个或多个自变量的乘积项，如可以含有 x_1x_2，$x_1x_2x_3$ 等，而通常的数学概念中的“线性”是不允许包含这些项的。在建立了线性回归方程后，除可以判断变量是否显著外，对于求最大值或最小值的问题也可以求出最佳值，以及达到此最佳值的自变量的最佳设置，这在实际工作中常常是很有用的。总之，筛选变量也是通过建立回归方程实现的。另一方面，建立了回归方程，特别是建立了含平方项的响应曲面方程后，也可以在方程中判断是否有效应不显著的因子，可以删除它们，达到筛选因子的目的。因此，因子设计和回归设计间确有相通之处：它们都要建立回归方程。但因子设计只要线性的，而这里的回归设计指的是二阶的。总的说来，因子筛选的要求是较粗糙的，实验次数较少；建立回归曲面方程要求就细致多了，实验次数要大增。

在因子设计中，可以按因子水平的个数分为二水平因子设计、三水平因子设计和混合水平因子设计几类。实践证明：在因子设计中，使用二水平正交实验法，再加若干中心点的设计方法最简单有效。在因子设计中，按照是否分析所有因子的所有水平的所有组合，可以分为全因子实验设计（Full Factorial Design）和析因实验设计（Fractional Factorial Design）两大类。

另一类很重要的实验目的是寻求系统的稳健性（Robust）。所谓稳健性，是指系统的抗干扰能力要强，即当系统受到难以控制的因子（或称为“噪声”）的严重影响时，系统输出的变异性（Variation）要足够的小。为做到这一点，应尽量选择那些使得系统对噪声变化不敏感的控制因子的某种水平的组合来达到目的，这就是稳健设计（Robust Design），常称为“田口方法”。

13.1.6　实验设计的策划与安排

人类认识自然界的过程是个循序渐进的过程。一般先根据已有的知识提出某种设想，设计一个实验去验证或否定它，从实验中获得的数据中帮人们验证或修正初始的设想，然后又提出了一个更新、更深入的设想，再设计新的实验，这个反复的过程会一直持续下去，直到形成较为完整的理论结果为止。进行实验也是一个学习的过程，不可能一蹴而就；不要企图“毕其功于一役”，进行一次实验就结束战斗。一般来说，实验要进行好几批，一般采用下面几个步骤。

1. 用析因实验设计进行因子筛选

最开始，情况不很清楚，考虑到影响响应变量的因子个数可能较多（大于或等于 5 个），这时应在较大的实验范围内，先进行因子的筛选（Screening），通常应使用析因实验设计，这样获得的结果可能比较粗糙，但实验次数可以大大减少，也能够达到筛选的目的。

2. 用全因子实验设计对因子效应和交互作用进行全面的分析

当因子的个数被筛选到小于等于 5 个之后，可以进一步在稍小范围内进行全因子实验设计以获得全部因子效应和交互作用的准确信息，并进一步筛选因子直到因子个数不超过 3 个。

3. 用响应曲面方法（Response Surface Methodology，RSM）确定回归关系并求出最优设置

当因子个数不超过 3 个时，就有条件采用更细致的响应曲面设计方法，在包含最优点的一个较小区域内，对响应变量拟合一个二次方程，从而得到实验区域内的最优点。

以上所说的当然是典型的步骤，在实际工作中，可能跳过某个环节，也可能在某个步骤上反复进行几次。总之，要不断地筛选因子，不断调整实验的范围和因子水平的选择，通过几轮实验后才能最终达到实验的总目标。

13.1.7　实验设计的基本步骤

粗略地说，实验设计应该包含计划、实施及分析三个阶段。

1．计划阶段

（1）阐述目标。所有团队成员都要讨论，明确目标及要求。究竟是为了筛选因子还是为了找寻关系式？最终要达到什么要求？

（2）选择响应变量。在一个实验中若有多种响应，则要选择起关键作用的。能用连续型指标做度量的响应变量要比只有二元响应（成、败）的响应变量好得多。

（3）选择因子及水平。用流程图及因果图先列出所有可能对响应变量有影响的因子清单，然后根据数据和各方面的知识进行细致分析做出初步筛选。不能确定该删除者就应该保留。对于水平的选择也要仔细处理，一般来说，各水平的设置应足够分散，这样效应才能检测出来，但不要太分散以致将各种其他的物理机械因素都包括进来，这会使统计建模和预测变得困难。

（4）选择实验计划。根据实验目的，选择正确的实验类型，确定区组状况、实验次数，并按随机化原则安排好实验顺序及实验单元的分配，排好计划矩阵（Planning Matrix）。

2．实施阶段

严格按计划矩阵的安排进行实验，除了记录影响变量的数据外，还要详细记录实验过程的所有状况，包括环境（气温、室温、湿度、电压等）、材料、操作员等。实验中的任何非正常数据都应予以记录，以便后来分析使用。

3．分析阶段

数据的分析方法应与所应用的设计类型相适应。分析中应包括拟合选定模型、残差诊断、评估模型的适用性并设法改进模型等。当模型最终选定后，要对此模型所给出的结果作必要的分析、解释及推断，从而提出重要因子的最佳设置及响应变量的预测。当认定结果已经基本达到目标后，给出验证实验（Confirmation Run）的预测值，并做验证实验以验证最佳设置是否真的有效。

13.2　单因子实验设计与分析[①]

单因子实验设计在实际工作中经常遇到，它比较简单，所用到的方法和理论在多因子实验中也会用到。

单因子实验设计通常有两个目的：一是想比较一下因子的几个不同设置间是否有显

① 马林，何桢．六西格玛管理．2 版．北京：中国人民大学出版社，2007．

著差异，如果有显著差异，哪个或哪些设置较好；二是建立响应变量与自变量间的回归关系（通常是线性、二次或三次多项式），判断建立的回归关系是否有意义。下面对此分别加以介绍。

13.2.1　单向分类设计

先举一个实例。比较四个车工 A、B、C、D 所加工的丝杆的直径是否相等。将 20 根坯料随机编好顺序，再采用随机抽取的方法，让每个车工选取 5 根，按序号在同台车床上加工。获得单向分类设计直径数据表（见表 13-5）。

表 13-5　单向分类设计直径数据表　　单位：mm

A	B	C	D
50.0	49.8	50.7	50.6
50.4	50.2	50.5	51.0
49.8	49.9	50.9	50.8
50.3	50.0	50.8	51.2
50.7	50.4	50.3	50.5

本实验是单因子实验，只有“车工”这个因子，它取 4 个水平（即四个车工），这就是单向分类设计（One-way Layout）；每个车工做 5 个实验，这就是“重复”。在安排实验时，采用了随机化方法，将实验单元（每根坯料加工成丝杆是一个单元）及序号两方面皆采用了随机化处理。所选取的 4 个车工是固定的，要比较的是他们各自加工的丝杆直径，这是固定效应的问题，可以直接采用单因子方差分析法（One-way ANOVA）。使用 MINITAB 软件可以先将数据经 Stack 合并成一列，然后从 STAT-ANOVA-One Way 入口，得到下列结果：

One-way ANOVA：A，B，C，D

Analysis of Variance

Source	DF	SS	MS	F	P
Factor	3	1.844 0	0.614 7	7.66	0.002
Error	16	1.284 0	0.080 3		
Total	19	3.128 0			

这里要检验的假设是：

$$H_0: \mu_A = \mu_B = \mu_C = \mu_D \leftrightarrow H_1: \text{至少一对 } \mu_i \neq \mu_j$$

由 ANOVA 结果可以看出，组内差（随机误差）离差平方和为 1.284，自由度为 16；组间差（操作工间的差异）离差平方和为 1.844，自由度为 3。算得 F 比为 7.66，其 P-value 为 0.002，显然应拒绝原假设，即应认为操作工之间有显著差异。

本例的分析只是方差分析的一次运用，但在安排实验时注意到了实验设计的随机化及重复两条原则。实际上，如果不能假定所有 20 根坯料性能基本相同，那就还必须安排划分区组，这里就不再讨论了。

在断言各组间有显著差异后，一个很自然的问题就是要回答：究竟哪些组间有显著差异，而哪些组间没有显著差异？这就要用到统计方法：多重比较（Multiple Comparison）。

由于要比较的总体共有 k 个（超过 2 个），使用比较两总体均值的 t 检验在这里是不适用的。这是因为，在零假设成立的条件下，如果设定误判任意两总体均值不等的第 I 类错误的概率为 α_0，则最后总的第 I 类错误的概率会变大。因为，这里要两两比较的总体个数为 $s=k(k-1)/2$ 个，最后总的第 I 类错误的概率为 $\alpha_Z=1-(1-\alpha_0)^s$。当 k 较大时，s 也较大，α_Z 就会变得很大。例如，$k=4$，$s=6$，$\alpha_0=0.05$，$\alpha_Z=1-(1-\alpha_0)^s=1-(1-0.05)^6=0.265$，这显然是太大了。为此，有一种较保守的方法（Bonferroni），它可以保证最后 α_Z 不超过原来设定的 α，只要取 $\alpha_0=\alpha/s$ 就行了。更精确的方法是 Tukey 法，它根据最后的总的第 I 类错误的概率，再根据参加比较的总体的个数，反过来算出比较两总体时容许犯第 I 类错误的概率 α_0，再由此算出任意两总体均值差的置信区间。可以根据此区间是否包含 0，判断出两总体间是否有显著差异。

在 MINITAB 软件中，在选定 ANOVA 后，点击打开“Comparisons”窗口，选中“Tukey's,Family error rate”缺省使用 5%，则可以得到下列结果：

Tukey's pairwise comparisons

Family error rate = 0.050 0

Individual error rate = 0.011 3

Critical value = 4.05

Intervals for (column level mean) — (row level mean)

	A	B	C
B	−0.333 1		
	0.693 1		
C	−0.913 1	−1.093 1	
	0.113 1	−0.066 9	
D	−1.093 1	−1.273 1	−0.693 1
	−0.066 9	−0.246 9	0.333 1

上述计算结果所列之数值是两总体之差的置信区间。例如，总体 A 的均值—总体 B 的均值落入（−0.333 1，0.693 1），由于 0 落入此区间内，因此，无法拒绝两总体均值相等的零假设，即应判定两总体均值无显著差异。同样，AC 间、CD 间均值也无显著差异。总体 A 的均值—总体 D 的均值落入（−1.093 1，−0.066 9），由于 0 未落入此区间

内，因此，拒绝两总体均值相等的零假设，即应判定两总体均值有显著差异。总体 A 的均值—总体 D 的均值总是负数，即总体 A 的均值小于总体 D 的均值，简记为 A<D。同样，B<C，B<D。总之，CD 间无显著差异，B 比他们显著地小，A 比 D 显著地小，而与 B、C 间均值无显著差异。

13.2.2 多项式回归

通常单因子实验的第二个目的是希望建立响应变量与因子（自变量）间的回归关系。先看一个例子，锻压温度显著影响锻件最终断裂强度。采用 800、850 和 900（摄氏度），各锻造 3 根钢轴，将钢轴的断裂强度记录下来，得到下列数据（见表 13-6）。

表 13-6 锻压温度与断裂强度数据表 单位：吨

温度/摄氏度	800	850	900
1	35.8	39.4	40.1
2	36.2	39.6	39.6
3	37.1	38.5	38.9

先进行 ANOVA，可以看出锻压温度确实显著地影响着锻件最终断裂强度。

Analysis of Variance for strength

Source	DF	SS	MS	F	P
temp	2	18.002	9.001	23.48	0.001
Error	6	2.300	0.383		
Total	8	20.302			

由于 P-value 为 0.001，拒绝均值相等的原假设，即判定不同温度的各总体断裂强度显著不同。那么断裂强度与锻压温度间具有什么关系呢？我们希望建立断裂强度与锻压温度间的回归方程。将数据重新整理为下列形式（见表 13-7）：

表 13-7 锻压温度与断裂强度数据表（计算机数据格式）

温　度	强　度
800	35.8
800	36.2
800	37.1
850	39.4
850	39.6
850	38.5

续表

温　　度	强　　度
900	40. 1
900	39. 6
900	38. 9

用 MINITAB 软件，先拟合线性方程：从 STAT-Regression-Fitted Line Plot 入口，设定自变量和响应变量后，选定“Linear”（线性）得到图 13-4。粗略看即可知数据有弯曲趋势，因此拟合线性方程回归效果不够好。判断拟合好坏的准确方法要用“残差诊断”（Residual Diagnostic）。

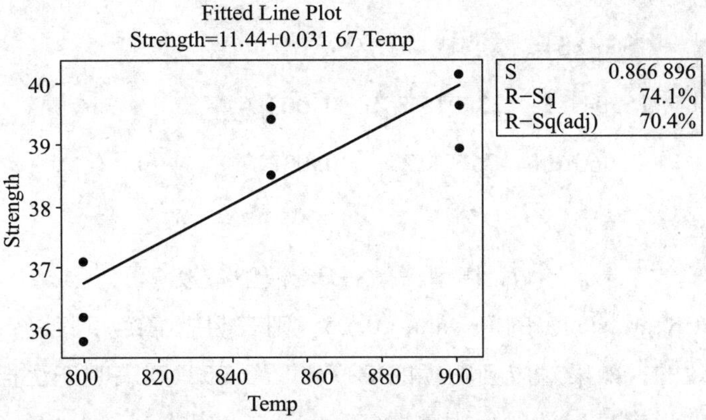

图 13-4　锻压温度与断裂强度间的线性回归示意图

由于自变量取值已达到 3 个不同的值，因此可以拟合二次函数。同样从 STAT-Regression-Fitted Line-Plot 入口，选定“Quadratic”（二次函数），可得下列结果（见图 13-5）。

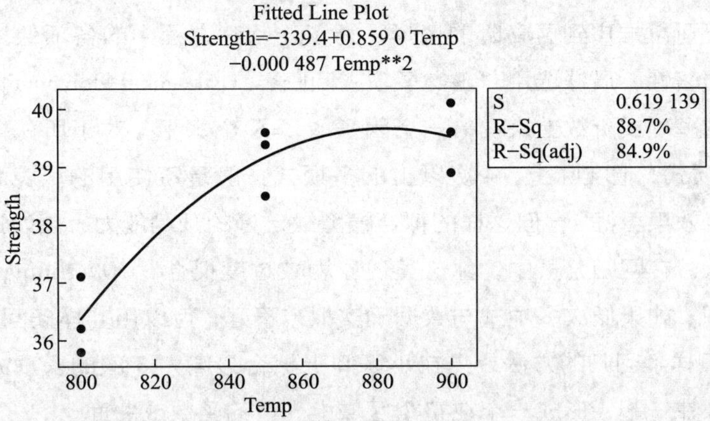

图 13-5　锻压温度与断裂强度间的二次回归示意图

先看 ANOVA 表中的总效果：

Polynomial Regression Analysis：strength versus temp

The regression equation is

strength = −339. 367+0. 859 temp−0. 000 486 7 temp ** 2

S = 0. 619 139　R−Sq = 88. 7%　R−Sq（adj）= 84. 9%

Analysis of Variance

Source	DF	SS	MS	F	P
Regression	2	18. 002 2	9. 001 11	23. 481 2	0. 001
Error	6	2. 300 0	0. 383 33		
Total	8	20. 302 2			

Source	DF	Seq SS	F	P
Linear	1	15. 041 7	20. 015 3	0. 003
Quadratic	1	2. 960 6	7. 723 2	0. 032

建立假设检验：

$$H_0: \text{模型无效} \leftrightarrow H_1: \text{模型有效}$$

如果对应回归项（Regression）的 P−value<0. 05，则表明应拒绝原假设，即可以判定本模型总的说来是有效的；如果对应回归项的 P−value>0. 05，则表明无法拒绝原假设，即可以判定本模型总的说来是无效的。本例中，Regression 项的 P−value 为 0. 001，可见模型是显著有效的。ANOVA 表下方是将回归按“线性”和“二次项”分开列出的计算结果，从中可以看到：

线性（Linear）项，P−value 为 0. 003，可见线性趋势是显著的。

二次（Quadratic）项，P−value 为 0. 032，可见二次项趋势也是显著的。

上述方法还可以推广到更高阶的情形。为了让回归方程中的各项保持独立以便于检查各项效应的显著性，最好选用“正交多项式回归”（Orthogonal Polynomial Regression）。另外，从拟合的多项式阶数上来说，一个因子取了 K 个水平，对于所获得数据可以拟合一个 K−1 阶多项式。但实际上，4 次以上的多项式一般是不使用的。表面上看，次数增高可以使“拟合效果更好”，但这样的拟合模型缺乏好的预测能力，因为这会使估计和预测值的方差变大。在回归分析中，称这类现象为“过度拟合”（Overfitting），应尽量避免这种情形的出现。如果低次多项式与数据确实拟合不好，可以用“样条回归”（Spline Regression）或分段样条回归的方法，先在小区间上拟合最高为 3 次的多项式，然后将这些多项式拼接修补在一起，形成一个在整个区域上光滑的函数或曲面。

13.3　析因实验设计概述

13.3.1　析因实验设计的必要性

全因子实验设计是指所有因子的所有水平的所有组合都至少要进行一次实验。进行二水平全因子实验设计时，全因子实验的总实验次数将随因子个数的增加而急剧增加。例如，5 个因子需要 32 次实验，8 个因子就需要 256 次实验。但仔细分析所获得结果可以看出，所建立的回归方程包括哪些项呢？除常数项外，估计的主效应项有 8 项，二阶交互项有 28 项，三阶交互项有 56 项……八阶交互项有 1 项，详细结果见表 13-8。

表 13-8　全因子实验系数分布表(8 因子)

项别	常数	1	2	3	4	5	6	7	8
项数	1	8	28	56	70	56	28	8	1

容易看出，回归方程中除了常数、一阶及二阶项外，共有 219 项是三阶及三阶以上的交互作用项，而这些项实际上已无具体的物理意义。这自然会引出一个问题：能不能少做些实验，但又照样能估计方程中的常数、一阶及二阶项系数呢？如果能够这样，那就有很重要的应用价值。析因实验就是利用这种思想，可以用在因子个数较多（如 5 个以上）时，只分析各因子主效应和二阶交互效应是否显著而不考虑高阶交互效应。下面用简单的例子说明析因实验的方法原理。

13.3.2　析因实验设计的原理

有 A、B、C、D 共 4 个可控的实验因子，每个因子都为两个水平。如何能在 8 次实验中分析出每个因子的主效应？

方案 1：删节实验方法。设想：4 个实验因子，每个因子都为两个水平，作全因子实验设计要 16 次。从这 16 次实验中，选出 8 次来做，希望照样能分析主效应，是否可行？如何做？

先列出全因子设计的 16 次实验的计划表（见表 13-9）。

表 13-9　4 因子全因子实验计划表

	A	B	C	D	AB	AC	AD	BC	BD	CD	ABC	ABD	ACD	BCD	ABCD
1	−1	−1	−1	−1	1	1	1	1	1	1	−1	−1	−1	−1	1
2	1	−1	−1	−1	−1	−1	−1	1	1	1	1	1	1	−1	−1
3	−1	1	−1	−1	−1	1	1	−1	−1	1	1	1	−1	1	−1

续表

	A	B	C	D	AB	AC	AD	BC	BD	CD	ABC	ABD	ACD	BCD	ABCD
4	1	1	−1	−1	1	−1	−1	−1	−1	1	−1	−1	1	1	1
5	−1	−1	1	−1	1	−1	1	−1	1	−1	1	−1	1	1	−1
6	1	−1	1	−1	−1	1	−1	−1	1	−1	−1	1	−1	1	1
7	−1	1	1	−1	−1	−1	1	1	−1	−1	−1	1	1	−1	1
8	1	1	1	−1	1	1	−1	1	−1	−1	1	−1	−1	−1	−1
9	−1	−1	−1	1	1	1	−1	1	−1	−1	−1	1	1	1	−1
10	1	−1	−1	1	−1	−1	1	1	−1	−1	1	−1	−1	1	1
11	−1	1	−1	1	−1	1	−1	−1	1	−1	1	−1	1	−1	1
12	1	1	−1	1	1	−1	1	−1	1	−1	−1	1	−1	−1	−1
13	−1	−1	1	1	1	−1	−1	−1	−1	1	1	1	−1	−1	1
14	1	−1	1	1	−1	1	1	−1	−1	1	−1	−1	1	−1	−1
15	−1	1	1	1	−1	−1	−1	1	1	1	−1	−1	−1	1	−1
16	1	1	1	1	1	1	1	1	1	1	1	1	1	1	1

若随机挑 8 次，行吗？显然不行。因为很可能挑成这样：某些因子在 8 次实验中，取高水平及低水平次数并不恰好相等。这时，原来正交实验的“均衡分散，整齐可比”的优点不复存在，分析方法要另搞一套才行，这当然是不希望看到的。我们知道，在上述正交表中，任何一列都与另外一列“正交”，因此，固定将某列（如最后一列“ABCD”）取“1”的 8 行予以保留，而删去取“−1”的 8 行，这样可以保证保留的 8 行表中，A、B、C、D 这 4 列中皆有 4 行取“1”，4 行取“−1”，且各列间仍然保持“均衡分散，整齐可比”，即保持了正交性。设定取 ABCD = 1，结果见表 13−10。

表 13−10　减半实施的 4 因子全因子实验计划表(ABCD = 1)

	A	B	C	D	AB	AC	AD	BC	BD	CD	ABC	ABD	ACD	BCD	ABCD
1	−1	−1	−1	−1	1	1	1	1	1	1	−1	−1	−1	−1	1
4	1	1	−1	−1	1	−1	−1	−1	−1	1	−1	−1	1	1	1
6	1	−1	1	−1	−1	1	−1	−1	1	−1	−1	1	−1	1	1
7	−1	1	1	−1	−1	−1	1	1	−1	−1	−1	1	1	−1	1
10	1	−1	−1	1	−1	−1	1	1	−1	−1	1	−1	−1	1	1
11	−1	1	−1	1	−1	1	−1	−1	1	−1	1	−1	1	−1	1
13	−1	−1	1	1	1	−1	−1	−1	−1	1	1	1	−1	−1	1
16	1	1	1	1	1	1	1	1	1	1	1	1	1	1	1

仔细分析可以发现，在拥有 16 行的正交表 13-9 中，15 列是完全不同的。但删去 8 行后（见表 13-10），除去一列全为 1 外，在其余 14 列中，每列都有与之完全相同的另一列。例如，ABCD=1 的表 13-10 中，D 与 ABC 就完全相同，记为 D=ABC。完全相同的两列，在作分析时，计算出效应或回归系数结果完全相同，这两列的效应就被称作“混杂”（Confounded）。也可以换个说法：这时，D 与 ABC 互为别名。

当然，也存在着依据其他条件删去 8 行的方法。但经过比较后，可知ABCD=1的这种安排方法是所有安排中效果最好的。

混杂总是坏事，能否不产生混杂呢？答案是：任何析因实验，混杂是不可避免的。我们只是希望混杂安排得更好些，尽量让感兴趣的因子或交互作用只与更高阶的交互作用相混杂，而在通常情况下，高阶的交互作用项可以忽略不计，这时，感兴趣的因子或交互作用就都可以估计了。

方案 2：增补因子方法。设想：总计 8 次实验，由于每个因子都为二个水平，做全因子实验可以安排 3 个因子，假设 A、B、C 这 3 个因子已安排在前 3 列了，现在有 4 个因子要安排，如何安排这新的第 4 个因子呢？如何做才好？此问题的描述见表 13-11。

表 13-11　3 因子全因子实验计划表

	A	B	C	AB	AC	BC	ABC	D
1	−1	−1	−1	1	1	1	−1	?
2	1	−1	−1	−1	−1	1	1	?
3	−1	1	−1	−1	1	−1	1	?
4	1	1	−1	1	−1	−1	−1	?
5	−1	−1	1	1	−1	−1	1	?
6	1	−1	1	−1	1	−1	−1	?
7	−1	1	1	−1	−1	1	−1	?
8	1	1	1	1	1	1	1	?

原来的这个表有 8 行 7 列，任意两列间是相互正交的。希望增加一列来安排因子 D，而且希望此列仍然能与前面各列保持正交性。能否找出一个与前 7 列不同的列而与前 3 列保持正交呢？数学上可以证明，这是不可能的。换言之，D 这列必然与前面第 4、5、6、7 列中某列完全相同。权衡之下，我们认为，取 D=ABC 是最好的安排。将 D 取值设定与 ABC 列相同，并将其前移至第 4 列，可以得到下表（见表 13-12）。

表 13-12　减半实施的 4 因子实验计划表

	A	B	C	D	AB	AC	BC	D=ABC
1	−1	−1	−1	−1	1	1	1	−1
2	1	−1	−1	1	−1	−1	1	1
3	−1	1	−1	1	−1	1	−1	1
4	1	1	−1	−1	1	−1	−1	−1
5	−1	−1	1	1	1	−1	−1	1
6	1	−1	1	−1	−1	1	−1	−1
7	−1	1	1	−1	−1	−1	1	−1
8	1	1	1	1	1	1	1	1

将 ABCD=1 的表 13-10 重新排序后，与表 13-12 完全相同。

很明显，ABCD=1 这个约定非常重要。这将导致 A=BCD、B=ACD、C=ABD、D=ABC、AB=CD、AC=BD 及 AD=BC，即某些主效应将与三阶交互效应混杂，某些二阶交互效应将与另一些二阶交互效应混杂。从上述结果很容易发现混杂的规律。可以用下列法则来表述：在 ABCD=1 这个等式两边都乘以 A，由于 AA=1，因此就能得到：BCD=A。同样，也可以得到 D=ABC 及AB=CD等。这种运算规则简单易用，相当于任何字母在等式两侧可以随意移动，只要不“无中生有”就行。这个法则对二水平的析因实验设计总是成立的。

现在，计算机已能自动提供最佳的设计，因此，一般使用实验设计时，不必掌握这些烦琐的理论内容。但有关的概念很重要，即使直接使用计算机，也需要深刻理解这些基础概念。

先认识一个记号：2^{k-p}。这里，k 代表全部因子的个数，p 代表新安排的因子个数。例如，前面的例子中，4 个因子安排在 8 次实验中，此实验应记作 2^{4-1}，这里 4 代表全部因子的个数，如果做全因子实验，8 次实验只能安排 3 个因子，原有因子个数为 3，因此新安排的因子个数为 1。当然也可以这样解释：$2^{4-1}=2^4/2$，分子为因子个数是 4 时的全因子实验次数 16，分母为“2”的 1 次方，表示只实施了 1/2。两种理解都有意义。因此，2^{k-p}是析因实验设计常用的记号。

我们称 D=ABC 为“生成元”（Generator），称 ABCD=1（或写为 I=ABCD）为“定义关系”（Defining Relation），简称“字”（Word）。一旦给定了全部生成元（2^{k-p}中共有 p 个生成元），则此析因实验设计就完全确定。接着，由它可以形成全部的字（2^{k-p}中全部的字共有 2^p-1 个）。每个字都有其“字长”（Word Length），例如，I=ABCD 的字长为 4。称所有的字中字长最短的那个字的长度为整个设计的分辨度（Resolution）。例如，2^{4-1}设计中，若定义关系为 I=ABCD，则这是一个分辨度为Ⅳ的设计（通常分辨度用罗马数字给出），我们记这个设计为 2_{IV}^{4-1}，右下角是分辨度。一般的，分辨度为 R 的析因设计记为 2_{R}^{k-p}。

我们有必要再详细解释一下分辨度的含义。

分辨度为Ⅲ的设计：各主效应间没有混杂，但某些主效应可能与某些二阶交互效应相混杂。

分辨度为Ⅳ的设计：各主效应间没有混杂，主效应与二阶交互效应间也没有混杂，但主效应可能与某些三阶交互效应相混杂，某些二阶交互效应可能与其他二阶交互效应相混杂。

分辨度为Ⅴ的设计：某些主效应可能与某些四阶交互效应相混杂，但不会与三阶或更低阶交互效应混杂；某些二阶交互效应可能与三阶交互效应相混杂，但各二阶交互效应之间没有混杂。

以下以此类推，但常用的到分辨度为Ⅴ的设计就可以了。

如果能够认为三阶以上的交互作用全都可以忽略不计，与三阶及三阶以上的交互作用相混杂的因子效应或交互效应则称为是可以估计的（Estimable），也称是纯净的（Clear）。那么，分辨度为Ⅳ的设计中各主效应都是可以估计的，那么未相互混杂的二阶交互效应也是可以估计的；分辨度为Ⅴ的设计中，全部主效应及二阶交互效应都是可以估计的。

怎样才能根据 k 和 p 的数值确定分辨度的数值呢？这是个很难给出一般结论的问题，也没有简单的公式可用，只能查表 13-13，这是进行析因实验必须熟悉的一张表。

表 13-13 析因实验分辨度表

	2	3	4	5	6	7	8	9	10	11	12	13	14	15
4	Full	Ⅲ												
8		Full	Ⅳ	Ⅲ	Ⅲ	Ⅲ								
16			Full	Ⅴ	Ⅳ	Ⅳ	Ⅳ	Ⅲ	Ⅲ	Ⅲ	Ⅲ	Ⅲ	Ⅲ	Ⅲ
32				Full	Ⅵ	Ⅳ	Ⅳ	Ⅳ	Ⅳ	Ⅳ	Ⅳ	Ⅳ	Ⅳ	Ⅳ
64					Full	Ⅶ	Ⅴ	Ⅳ	Ⅳ	Ⅳ	Ⅳ	Ⅳ	Ⅳ	Ⅳ
128						Full	Ⅷ	Ⅵ	Ⅴ	Ⅴ	Ⅳ	Ⅳ	Ⅳ	Ⅳ

表 13-13 中，第一行代表实验因子的个数，第一列代表实验的总次数（不含中心点），表中所列出的数值就是最佳设计所具有的分辨度值。例如，第一行选因子个数为 4，第一列选实验总次数 8（全因子实验可以安排 3 个因子），这就是析因设计 2^{4-1}。表中所列的就是最佳设计所具有的分辨度值Ⅳ，也就是说可以使用设计 2_{IV}^{4-1}。至于这里如何选

定生成元，全部的定义关系（字）是什么，哪些效应会产生混杂，这些都将由计算机软件自动给出。

表 13-13 还可以有更多的用途。例如，要考察 8 个因子，做多少次实验可以保证分辨度不低于Ⅳ？从表中对应因子数为 8 的那列可以看到，做 16 次或 32 次实验分辨度都是Ⅳ，做 64 次实验分辨度才能达到Ⅴ。这样一来，就可以决定，做 16 次实验就够了。再例如，如果条件限定最多做 16 次实验，如果保证分辨度不低于Ⅳ，最多可以安排多少因子？从表中对应实验次数为 16 的那行可以看到，安排 6、7、8 个因子都可以使分辨度为Ⅳ，故最多可以安排 8 个因子。

13.4　稳健设计

稳健设计是日本学者田口玄一率先提出的方法（国际上通常称为“田口方法”），是建立在实验设计基础上的一种在新产品开发设计过程中使用的设计方法。稳健设计以实验设计为基本工具，在产品设计上采取措施，系统地考虑问题，通过对零部件或元器件的参数进行优选，以求减少各种内、外因素对产品功能稳定性的影响，从而达到提高产品质量的目的。

13.4.1　引起质量波动的原因

概括而言，引起产品质量波动或引起产品功能偏离目标值的原因（又称噪声或干扰）来自以下三个方面：

1. 外噪声

由于环境因素与使用条件变化，会使产品不能正常发挥其功能。例如，一台电动机的转速随外部环境条件，诸如温度、湿度、电源电压等的波动而有较大变化时，则此电动机是抗外噪声能力差的电动机。

2. 内噪声

产品在贮存或使用中，由于材料老化或零部件磨损，将逐渐使产品功能发生变化。例如，由于绝缘材料老化、润滑油干燥、轴承磨损等原因，使电动机不能正常运转。这种使产品功能波动的原因存在于产品内部，故称为内噪声。

3. 随机噪声

按同一规格和条件生产出来的一批产品，在同样的环境条件下使用，各产品的质量也会有差别。这种差别虽无法预测，但它们服从一定的统计规律，因此引起这种质量波动的原因称为随机噪声。例如，同类型钟表均能走时准确，则这些钟表的功能没有差别，是制造质量优良的产品。

一般来说，抑制随机噪声是制造过程质量管理应解决的问题，而减少内、外噪声的影响，则主要是设计阶段应考虑的问题。稳健设计正是解决后一问题的有效方法。

13.4.2 稳健设计的含义

稳健设计是系统设计、参数设计、容差设计这三种设计的统称。

1. 系统设计

系统设计就是指产品的功能设计。系统设计阶段是应用专业技术进行产品的功能设计和结构设计的阶段。在一定的意义上，系统设计可以认为就是传统的产品设计。但是，它是稳健设计的基础。对于结构复杂的产品，要全面考察各种参数对质量特性值的影响，单凭专业技术进行定性的判断是不够的，因为这样无法定量地找出经济合理的最佳参数组合。通过系统设计可以帮助我们选择需要考察的因子及其水平。这里所说的因子是指构成产品这一系统的元件或构件，水平是指元件或构建的参数（或取值）。

2. 参数设计

参数设计阶段是确定系统中各参数的最佳组合的阶段。参数设计与实验设计有密切的关系。它巧妙地利用实验设计能解决系统的各参数与质量特性值之间呈非线性关系的优化问题的特点，通过选择控制因子的水平，确定系统中元器件或零部件参数的一组最佳组合，从而衰减内、外噪声，达到提高产品质量的目的。参数设计是稳健设计的核心内容。

3. 容差设计

容差设计可以认为是参数设计的补充。容差也就是容许偏差或公差。通过参数设计确定了系统各零部件或元器件参数的最佳组合之后，进一步确定这些参数波动的容许范围，就是容差设计。例如，虽然进行了系统参数的优选，但各零部件或元器件参数的最佳组合仍不能满足对产品质量的要求时，就需要分析各参数对质量目标值影响的大小，并要将影响大的参数的波动控制在狭小的范围之内，即要确定它们的容差，也就是要提高零部件或元器件的质量等级。由于零部件或元器件质量等级的提高是与产品成本的提高联系在一起的，因而将评定质量特性值的波动引起的经济损失与确定容差结合起来考虑很重要。另外，此阶段常要研究各参数波动对质量特性值的影响，所以也要用到实验设计。

13.4.3 稳健设计的具体说明

下面结合一个例子，进一步对稳健设计做些比较具体的说明。图 13-6 所示为一晶体管稳压电路。此电路的功能是将 220 V 的交流电变成 115 V 的直流电。无论什么电路，使它具有一定基本功能的设计就是系统设计。

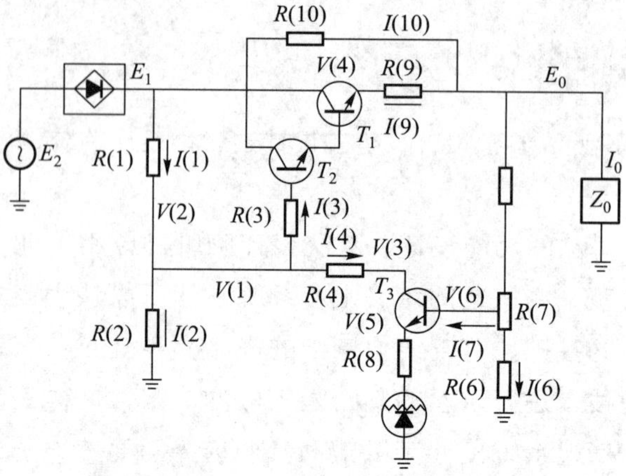

E_2:AC输入电压 E_1:整流电压 E_0:输出电压
Z_0:负荷阻抗 I_0:负荷电流 $R(1)$~$R(10)$:电阻

图 13-6　稳压电路

按照传统的设计思想，只要输入 220 V 的交流电能获得 115 V 的直流电，就认为设计是成功的，而不深入地去研究电路中各元件参数值的波动将会对输出电压产生什么样的影响。假定现在电路输出的直流电压只有 80 V，为了补足与目标电压之间的 35 V 的差，选取电路中认为对输出电压影响最大的元件，如电阻 R（8），研究此阻值的变化对输出电压的影响。R（8）的阻值取 $A_1=30\ \Omega$、$A_2=60\ \Omega$、$A_3=90\ \Omega$ 时，通过实验或理论计算，得到如图 13-7 所示的阻值 A 与输出电压 y 之间的关系曲线。从曲线上看，要使输出的直流电压达到 115 V，R（8）的阻值取 40 Ω 最适宜。这种不假思索的选择，正是传统设计中认为符合设计要求的成功选择，但这是稳健设计思想所认为不能接受的选择。这是因为，将质量等级低、价格便宜的电阻用于 R（8）时，阻值的波动将引起输出电压的大幅波动。假定电路的目标寿命是 10 年，此阻值在 10 年之内可能在其标示值上下变化 10%，则输出电压将可能表现为 102 ~ 124 V 范围内的某个值，这将大大降低功能质量。再考察一下 R（8）的阻值取 75 Ω 的情况。此时，虽然输出电压与目标值有较大的差，但此阻值有 10% 的变化时，输出电压的波动大约只有 2 V。无疑，合理地选择参数，对提高系统质量的稳定性有极大的作用。要消除实际输出电压与目标电压之间的差，只需改变对输出电压产生线性影响的其他电阻或晶体管的参数即可。这种工作称为修正或校准，而不是设计。上述关于怎样选择参数的论述，可以说是最简单的参数设计。对于复杂的系

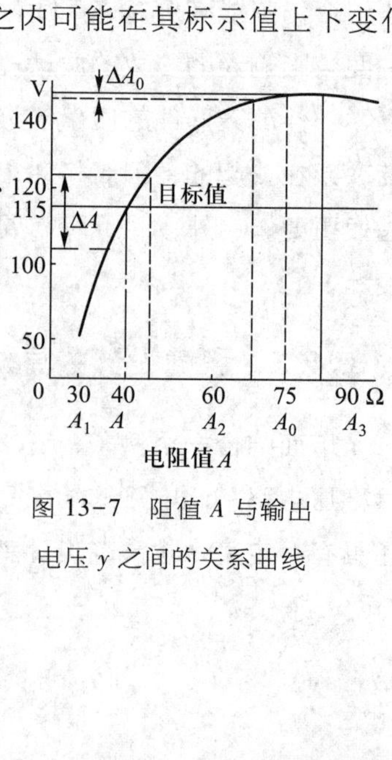

图 13-7　阻值 A 与输出电压 y 之间的关系曲线

统，往往由多个零部件或元器件组成，即多个影响质量特性的因子，这时就要利用实验设计进行综合考虑了。

当然，对于上述电路，也可采用限制电阻和晶体管参数的变化范围，即采用波动小、抗劣化性能好的高级元件的方式来控制它们对输出目标特性的影响。但是，这是一种提高成本的方式。因此，只有在参数设计满足不了输出特性的要求时，才需要容差设计。容差设计要和经济性研究结合起来进行。既不提高成本，又可减小输出特性波动的方法主要是参数设计。

思考题

1. 解释下列概念：因子、水平、处理、主效应、交互效应、外噪声、内噪声和随机噪声。
2. 实验设计有哪些基本原则？
3. 实验设计如何分类？
4. 全因子实验、析因实验、响应曲面方法如何组合来有效地进行实验设计？
5. 为什么要进行析因实验？
6. 稳健设计包括哪几种设计？

阅读文献

[1] 张公绪，孙静. 新编质量管理学. 2 版. 北京：高等教育出版社，2003.

[2] 马林，何桢. 六西格玛管理. 2 版. 北京：中国人民大学出版社，2007.

[3] 韩之俊，许前，钟晓芳. 质量管理. 北京：科学出版社，2007.

第 14 章 质量功能展开

本章对质量功能展开的产生、发展与推广进行了简单介绍，阐述了质量功能展开的原理，对质量屋进行了详细论述，最后简单讨论了质量功能展开的分解模型。

14.1 质量功能展开概述

14.1.1 质量功能展开的产生和发展

当日本企业的质量管理发展到全面质量控制（TQC）阶段，普遍存在一个疑问，即为保证设计质量，能否在产品尚未生产之前，就对后续过程中质量控制的重点和存在的问题作出明示。实际上，在设计质量确定后，后续过程中相关的质量控制的重点和瓶颈已客观存在，为了提前发现和展示这些内容，这成为质量功能展开出现的最初动因。

1978 年 6 月，水野滋和赤尾洋二教授编写的《质量功能展开》由日科技连出版社出版。该书从全公司质量管理的角度系统介绍了质量功能展开的主要内容。

1988 年，质量功能展开经过 10 年的推广应用，从制造业发展到建筑业、医院、软件生产及服务业。在总结各行业企业应用质量功能展开经验的基础上，由赤尾洋二教授编写的《灵活应用质量展开的实践》出版发行。1990—1994 年，陆续出版了赤尾洋二教授以及大藤正和小野道教授编写的《质量展开入门》、《质量展开法——质量表的制作和练习》及《质量展开法——包括技术、可靠性、成本的综合展开》，从而建立起质量功能展开的基本理论框架和方法论体系。

目前，质量功能展开不仅作为提前揭示后续过程中可能存在的瓶颈的技术方法，同时，也成为产品从概念产品阶段向具体设计阶段过渡的最佳支持工具之一。通过对把握顾客质量要求、产生创意和概念产品设计等工具的应用，质量功能展开为新产品策划和设计提供了系统的方法，受到国内外企业的广泛关注。

14.1.2 质量功能展开在世界各国和地区的应用

质量功能展开不仅在日本，在欧美、南美、澳大利亚以及亚洲的一些国家和地区也得到了广泛应用，并收到显著效果。

1. 质量功能展开在美国的应用

1983 年，福特汽车公司邀请石川馨教授带领的日科技连成员，对公司的全面质量管理进行指导。同年，木暮正夫教授和赤尾洋二教授在原美国质量管理协会（ASQC）发行的杂志《质量进展》（Quality Progress）第 10 期上，发表了题为《日本的 QFD 和 CWQC》的论文。当月下旬，由当时剑桥研究公司的今井正明在芝加哥召开了为期四天的题为“全公司质量管理和质量展开”的研讨会，赤尾洋二、木暮正夫和布留川靖教授出席了会议。大多数美国工商企业是通过《哈佛工商评论》（Harvard Business Review）的一篇题为《质量屋》（The House of Quality）的论文开始接触到质量功能展开。

1988 年，美国国防部颁布的指令“Total Quality Management”（DoDD5000. 51）中明确规定质量功能展开为承制美军产品的厂商必须采用的技术。由美国三大汽车公司为主起草的质量体系标准 QS-9000 中也多次提到该方法的使用。

2. 质量功能展开在欧洲、南美和亚洲的应用

（1）质量功能展开在欧洲。欧洲于 1981 年开始关注设计质量的管理，但直到 20 世纪 80 年代末也尚未对质量功能展开引起重视。1985 年，意大利的 Galganol & Associati 首先开始介绍质量功能展开，不仅在意大利，而且还利用全欧洲所有重要的研讨会、发表会的机会，宣传推广质量功能展开。

（2）质量功能展开在巴西。巴西的质量功能展开是在日本海外发展协力团和日科技连的帮助下导入的。其中，大藤正教授先后 6 次赴巴西讲学指导。

（3）质量功能展开在我国台湾地区。我国台湾地区以赤尾洋二教授赴台讲授质量功能展开，以及教授的著作在台湾出版发行作为契机，于 1985 年首次系统地介绍质量功能展开。1988 年起，加大了推广力度，逐渐为企业所采用。

（4）质量功能展开在我国。到 1994 年，我国有关部门和人员也翻译过一些国外资料，但在总体上，我国企业质量功能展开的知识是零星的，不够系统和全面。由于资料来源不同，其中一部分来自于日本之外的第三国（如美国、德国和巴西等），因此经常在国内被提到的 ASI 式质量功能展开只是质量功能展开的省略形式，只能实现质量信息的传递，而不能把握质量功能展开的全部内容，特别是很重要的技术展开、成本展开及可靠性展开等一系列内容都没有涉及。

1994 年和 1995 年，国家技术监督局两次邀请著名日本质量管理专家赤尾洋二教授，分别在北京和上海举行了质量功能展开讲习班。1996 年 7 月，又邀请了大藤正教授来华与北京科立特管理咨询公司共同举办讲学，全面系统地介绍了质量功能展开的应用步骤和新产品策划的有关技法，使我国企业第一次了解到了质量功能展开的全貌。

14.1.3　质量功能展开对我国企业的现实意义

1. 解决固有技术与管理方法的接口问题

为解决质量功能展开活动中固有技术与管理方法的中介问题，TQC 的各项原则应体现在具体工作与操作中。应用质量功能展开从市场对产品的要求出发，经过层层分解展开和变换，经过技术展开后，抽出关键技术和重点工序并组织攻关，或寻求其他解决途径，为固有技术与管理方法之间架设了桥梁，从而实现企业能顺利生产出产品，并使其更好地满足顾客要求的最终目的。

2. 提高企业改造老产品、开发新产品能力的重要手段

质量功能展开是将新产品开发至批量生产各步骤和技术具体化，同时兼顾产品质量、成本和可靠性的多元设计手段。无疑，它可帮助企业找出自身的薄弱环节，重点攻关，对症下药。同时，对有效培养高水平的新产品开发和老产品改造的设计生产人员起到关键作用。

3. 积累企业的无形资产

质量功能展开通过一系列展开表和管理图表，为企业建立了一个积累、共享信息的可视化平台。在该平台中，企业产品的大量信息被记录下来，从而促进企业内信息的不断积累和共享，为企业进一步发展积蓄后劲。

14.2　质量功能展开的定义和原理

14.2.1　质量功能展开的基本定义

质量功能展开（Quality Function Deployment，QFD），是质量展开（Quality Deployment，QD）与狭义的质量功能展开（质量职能展开）的总称。

质量展开（QD）由赤尾洋二定义为：“将顾客的需求转换成代用质量特性，进而确定产品的设计质量（标准），再将这些设计质量系统地（关联地）展开到各个功能部件的质量、零件的质量或服务项目的质量上，以及制造工序各要素或服务过程各要素的相互关系上”，使产品或服务事前就完成质量保证，符合顾客要求。这是一种系统化的技术方法。

狭义的质量功能展开，由水野滋博士定义为：“将形成质量保证的职能或业务，按照目的、手段系统地进行详细展开”，通过企业管理职能的展开实施质量保证活动，确保顾客的需求得到满足。这是一种系统化的管理方法。

全面质量控制（TQC）的提倡者费根堡姆将质量系统定义为：质量系统是按既定质量标准生产，以及为了交付产品所需的管理、程序的集合。朱兰博士将质量功能定义为

“形成质量的职能”。

质量展开与质量功能展开的概念如图 14-1 所示，下侧的“规划”、“设计”等都可表示为形成右侧箭头所指的质量职能，那么费根堡姆的质量系统就是指职能的明确化，也就是指对确保质量的组织、程序、过程进行体系化，即为满足组织内部管理的需要而设计的质量保证体系。

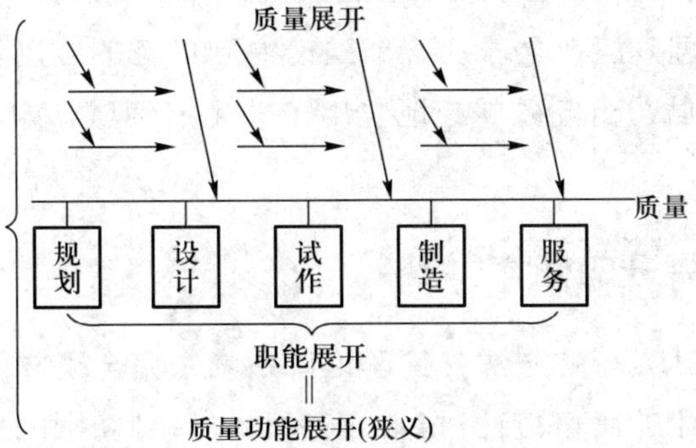

图 14-1　质量展开与质量功能展开

这里将图 14-1 中的下侧部分称为“职能展开”。由此可以构造费根堡姆所定义的质量系统。ISO 9000 国际标准也是针对图 14-1 的下侧部分，以企业管理职能为中心的一种质量保证系统。不用说，以企业管理职能为中心的质量功能展开是非常重要的，这也是 ISO 9000 国际标准受到各国重视的原因。但论及质量的系统，不仅是组织程序的集合，明确质量本身的集合即图 14-1 的上侧部分也是很重要的。因为产品整体的质量保证，是建立在产品各个零部件质量都得到保证的基础之上的。这里将图 14-1 的上侧部分称为“质量展开”。

广义的质量功能展开（Quality Function Deployment，QFD），包括质量展开（QD）和狭义的质量功能展开。广义的质量功能展开也就是广义的质量职能展开。广义的质量职能指企业为使产品、过程或服务满足规定的要求或顾客的需要而进行的全部活动的总称。在整个质量工作中，企业各部门应该发挥什么作用，承担什么职责，开展哪些活动，都是广义的质量职能所要研究的内容。如在工业企业的设计部门要按照顾客的质量需求，决定产品结构、规格、性能和原材料标准等，设计出符合顾客质量需求的产品；生产制造部门要实现均衡生产，生产车间和工人则要经过严格训练，熟练掌握产品质量标准要求和保证质量的操作方法与控制方法，以便生产出符合设计质量的产品；检验部门要按产品工艺流程和质量标准进行检查和验收；销售部门在推销产品的同时做好市场调查，收集顾客意见，进行质量分析等。上述部门的工作及活动直接与产品质量有关，是直接的质量职能。此外，企业还有一些部门的工作与产品质量是间接产生影响的，如宣传教育部门进行人员的培训教育，着眼于人的素质的提高，从而保证企业产品质量；

财务部门强化各类资金的管理，以获得更好的经济效益。这些都是间接的质量职能。

当初，质量展开（QD）由日本传入美国时，被称为 QFD，即美国人所谓的 QFD 其实是日本的 QD。从严格定义来讲，QFD 与 QD 有上述的区别，但在实际应用中它们是同义词。

质量功能展开由赤尾洋二博士提出，逐渐被一些西方工业国家引入，特别是美国引入质量功能展开技术后，在汽车工业和国防工业进行推广，进一步提高了质量功能展开技术。目前，质量功能展开已在全球几十个国家得到广泛的应用。质量功能展开已经不只应用于最初的生产领域，而且被广泛地应用于非生产领域，如服务业、软件业、医疗卫生等。

14.2.2　质量功能展开的概念模型

质量功能展开是实践先行的方法，其理论体系尚未完全确立。熊伟博士和新藤久和博士考察质量功能展开中的质量设计过程，同时与机械制图中的产品设计过程相比较，提出了质量功能展开的概念模型，并用该模型解释其本质，从而阐明了质量功能展开的根本原理，奠定了质量功能展开的理论基础。①

机械工程中，对机械产品的结构、性状和尺寸，按一定的规则进行描述的图称为设计图，而其规则已纳入制图标准。机械制图原理如图 14-2 所示，考察机械制图原理可以认为其实质是把从正交的三个方向观察到的复杂对象的侧面信息进行展开，并将它们的相互关系用图的形式表现，使人容易理解。

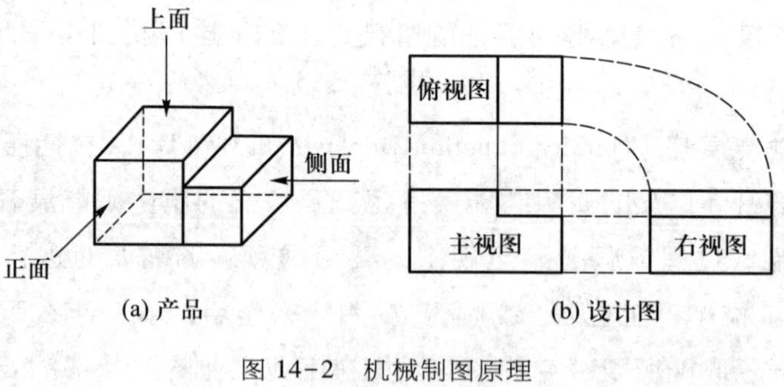

图 14-2　机械制图原理

考察质量功能展开的定义及其实施过程，可以认为其实质是从质量需求和质量特性等不同的侧面对产品进行描述，然后用二维表的形式展开它们及其相互关系，并且从质量保证的角度分析、设计质量，同时平衡它与技术、成本、可靠性的关系。从根本上说，这与机械制图是同样的思考方法。

将这种对质量功能展开的理解与机械制图原理对比，并由机械制图原理类推，可以将

① 熊伟．质量机能展开．北京：化学工业出版社，2005.

质量功能展开的概念进行模型化，质量功能展开的概念模型如图14-3（a）所示。从质量保证的观点出发，必须首先注重顾客的需求，这些需求可以整理、归纳到超立方体的一个侧面上。此外，还可以考虑质量特性、成本、技术、可靠性等各种各样的侧面。一般情况下，这些因素会在超立方体的内部复杂地绞合在一起，使得产品难以理解。因此，用展开图的形式整理、归纳产品侧面的信息及相互关系，超立方体的展开图 14-3（b）所示。但展开的形式并不是固定的，应该取什么样的侧面，采用何种形式，要根据不同的目的选择最容易理解的形式。以这些展开图为基础，对各侧面的信息及它们之间的关系进行研讨，再组合成一个整体，这样就合成为一个具有希望质量的产品。

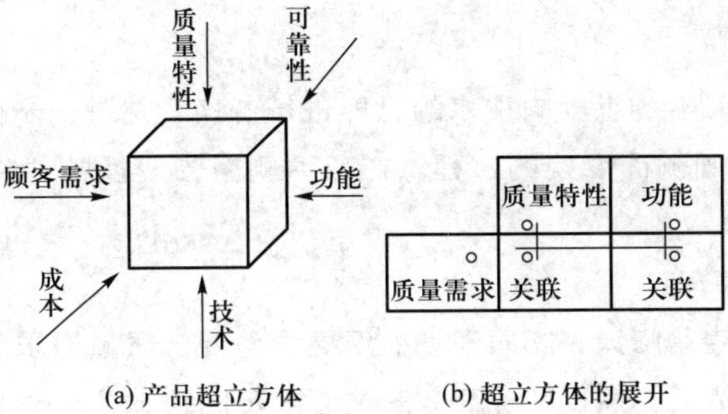

图 14-3　质量功能展开的概念模型

14.2.3　质量功能展开的基本原理

大藤正将质量功能展开的原理归纳为“展开的原理”、“细分化与统合化的原理”、“多元化与可视化的原理”、“全体化与部分化的原理”，赤尾洋二教授又追加了“变换的原理”和“面向重点的原理”。

1. 展开的原理

质量功能展开中的展开形式有在各种展开表中可以见到的树状展开以及从顾客需求到生产现场的全体性展开。前者是在质量需求展开表、质量要素展开表及功能展开表中，系统地展开成 1 次水平、2 次水平、3 次水平等，越是层次低的抽象度越高，随着展开的深入而变得更加具体。后者是从把握顾客质量需求开始，向规划质量、设计质量、功能质量、零部件质量、生产工序管理点方向，从上游向下游地展开。

2. 细分化与统合化的原理

质量由各个质量要素构成，顾客要求的强度不同，质量不进行细分化，其实际状态就不明确。但仅靠细分化，质量整体形象就不清楚，因此要像 3 次、2 次、1 次水平一样进行统合化，并用展开表进行归纳各质量要素的层次水平和权重合计等，具体确定整体质量水平。对服务质量等可以进行同样的评价。

3. 多元化与可视化的原理

质量功能展开由各种展开表构成，这些可以被视为“多元的”。以前质量要素没有在企业高度进行体系化设计，而是依存于设计者个人的经验，缺乏客观性。通过“可视化”不仅可以进行相互交流，而且使得经营者进行客观的质量决策也成为可能。

4. 全体化与部分化的原理

质量的集合是膨大的，通过将其展开为 1 次、2 次、3 次水平等，“全体化”和“部分化”就可以自由地进行。例如，到 2 次水平展开为止能把握整体的概要，利用计算机能将其中一部分进一步展开成 3 次、4 次水平，并平衡部分最佳与整体最佳之间的关系。

5. 变换的原理

质量表是一种从顾客的世界向技术的世界进行变换，并进一步向子系统、零部件、生产和质量信息等不同侧面变换的过程。在两种侧面的变换中，关系矩阵起着重要的作用。

6. 面向重点的原理

正因为展开容易变得膨大，此原理就显得更为重要。质量需求展开表注重网罗性，重点事项并不明确。为此，通过了解顾客的关心度及比较本公司与其他公司，选定战略性重点项目。利用各种展开表将重要度向下游进行变换，换言之，不是笼统地，而是将质量信息的重点经过膨大的质量体系，系统地向生产阶段传达。

14.2.4 质量功能展开的效果

在第 25 届美国质量管理协会年会上，乔治 · R. 佩瑞对质量功能展开的有效性做了如下总结：

1. 有形的效益

（1） 大大减少研制时间。

（2） 有效地减少后期的设计更改。

（3） 在开发设计阶段就开始降低成本。

（4） 提高设计可靠性。

（5） 降低企业的管理成本。

2. 无形的效益

（1） 使顾客更加满意。

（2） 健全企业质量保证活动。

（3） QFD 数据库：可应用于同一系列或类似的其他产品上；开发设计和生产工序中各种技能、技术诀窍的积累。

（4） 改进产品规划的基础。

3. 积累的价值

（1）强化了当前的研制过程：

① 在市场和经营需求的基础上，尽早明确目标。

② 同时注意产品和工艺技法。

③ 使主要问题一目了然，以便优化资源分配。

④ 改进部门间的协作与联系。

⑤ 提高了企业开发设计人员的水平。

（2）有效地获得了顾客真正所需的产品：

① 更好地满足了顾客的需求。

② 产品更具竞争优势。

14.3 质量屋（HOQ）技术

14.3.1 质量屋的基本概念

1. 质量表与质量屋

质量功能展开过程是通过一系列图表和矩阵来完成的，其中起重要作用的是质量表。赤尾洋二教授对质量表的定义为："质量表是将顾客要求的真正的质量，用语言表现，并进行体系化，同时表示它们与质量特性的关系，是为了把顾客需求变换成代用特性、并进一步进行质量设计的表。"质量表就被认为是进行质量设计的基本工具，如图 14-4 所示。它是由质量需求与质量特性构成的二维表。质量需求来自顾客，由顾客给出，生产者把它们忠实地融入产品中，这是真正意义地面向顾客。但仅根据顾客的语言

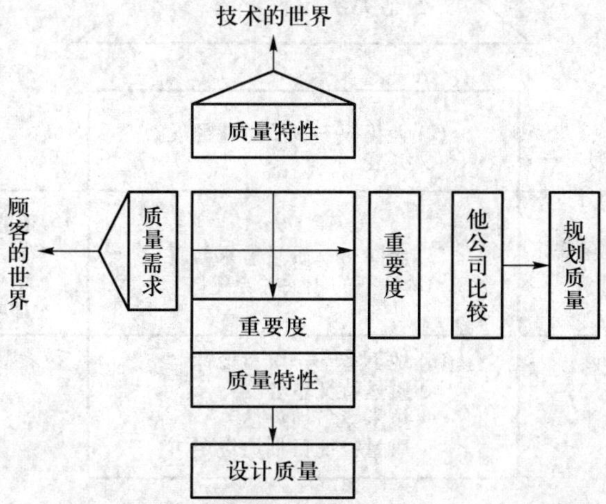

图 14-4　质量表

难以构筑产品，这里将它们变换成质量特性。质量特性是生产者的语言，归属于技术领域。质量表的意义在于对不同的领域，用关系矩阵进行变换，即从顾客的世界转换成技术的世界。

日本的质量表传入美国后，由于它的形状很像一个房屋，所以被形象地称为“质量屋”（House of Quality，HOQ），后来也将质量功能展开中一系列的图表和矩阵统称为质量屋。因此，质量屋一般指质量表，而广义的质量屋是指质量功能展开中的所有关系矩阵。现在有些人甚至用质量屋作为质量功能展开的代名词。质量屋是建立质量功能展开系统的基础工具，质量功能展开可用于新产品的开发过程，而且可以灵活运用于工程设计的局部，例如，可以单独应用于产品的规划设计或生产工艺设计等过程。

2. 质量屋的形式

质量功能展开是一种思想，一种产品开发和质量保证的方法论，它要求在产品开发中直接面向顾客需求，在产品设计阶段就考虑工艺和制造问题。质量功能展开的核心内容是需求转换，质量屋是一种直观的矩阵框架表达形式，它提供了在产品开发中具体实现这种需求转换的工具。质量屋将顾客需求转换成产品和零部件特征并配置到制造过程，是质量功能展开方法的工具。

通常，狭义的质量屋如图 14-5 所示，也就是日本所称的质量表。一般情况下，狭义的质量屋作为质量功能展开过程的第一个质量屋，在产品规划阶段中普遍使用。而广义的质量屋是指质量功能展开过程中的一系列矩阵，如图 14-6 所示。

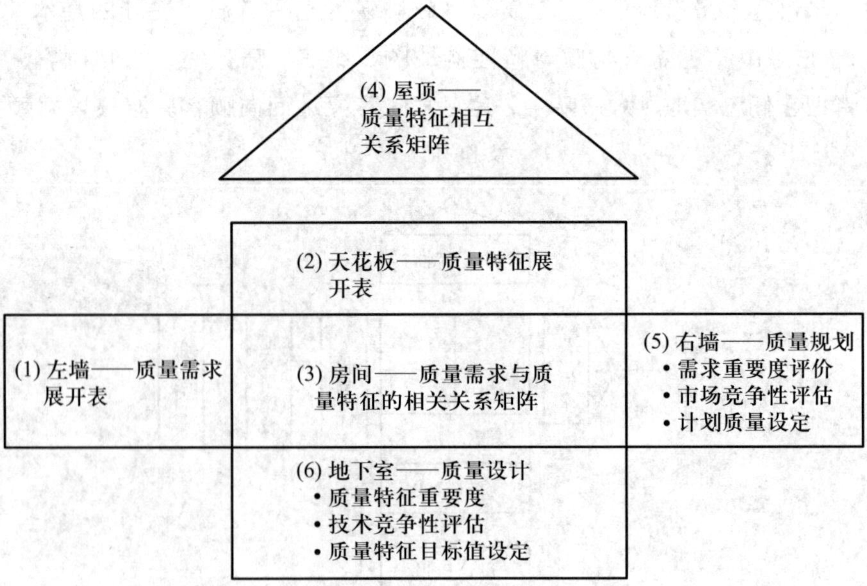

图 14-5　狭义的质量屋

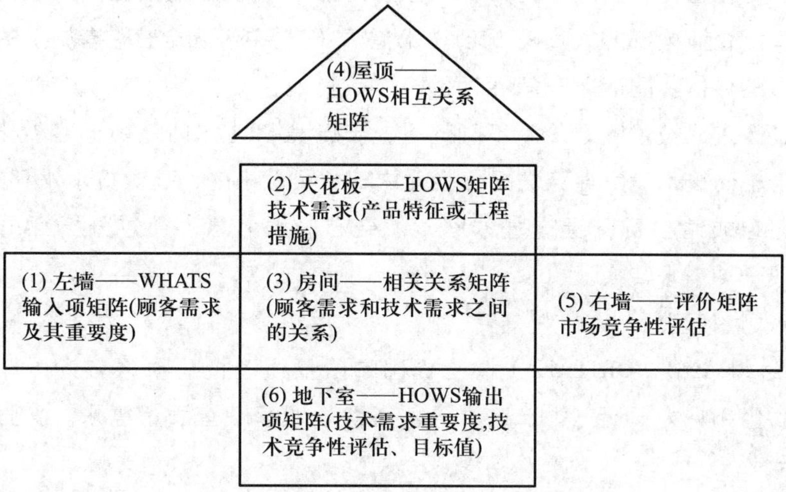

图 14-6　广义的质量屋

广义的质量屋一般由以下几个广义矩阵组成：

（1）左墙——WHATS 输入项矩阵。它表示需求什么，包含顾客需求及其重要度，是质量屋的“什么”。顾客需求是指由顾客确定的产品或服务的特性。重要度是指顾客对其各项需求进行定量评分，以表明各项需求对顾客到底有多重要。

（2）天花板——HOWS 矩阵。它表示针对需求怎样去做，是技术需求（产品特征或工程措施），是质量屋的“如何”。技术需求（产品特征或工程措施）是指由顾客需求转换得到的、可执行且可度量的技术要求或方法。

（3）房间——相关关系矩阵。它表示顾客需求和技术需求之间的关系。关系矩阵是指描述顾客需求与实现这一需求的技术需求（产品特征或工程措施）之间的关系程度，将顾客需求转化为技术需求（产品特征或工程措施），并表明它们之间的关系。

（4）屋顶——HOWS 的相互关系矩阵。它表示 HOWS（技术需求）阵内各项目的关联关系。相关矩阵是指表明各项技术需求（产品特征或工程措施）间的相互关系。

（5）右墙——评价矩阵。评价矩阵指竞争性或可竞争力或可行性分析比较，是顾客竞争性评估，从顾客的角度评价产品在市场上的竞争力。市场竞争性评估是指对顾客需求进行评价，用来判断市场竞争能力。企业产品评价是指顾客对企业当前产品或服务满意的程度。竞争对手产品评价是指顾客对企业竞争对手的产品或服务的满意程度。改进后产品评价是指企业产品改进后希望达到的顾客满意的程度。

（6）地下室——HOWS 输出项矩阵。它表示 HOWS 项的技术成本评价等，包括技术需求重要度、目标值的确定和技术竞争性评估等，用来确定应优先配置的项目。通过定性和定量分析得到输出项——HOWS 项，即完成“需求什么”到“怎样去做”的转换。技术需求重要度是指表示技术需求（产品特征或工程措施）的重要程度。目标值是指为了具有市场竞争力，企业所需达到的技术需求（产品特征或工程措施）的最低标准。技术竞争性评估是指企业内部的人员对此项技术需求（产品特征或工程措施）的技术水平的先进程度所做的评价。同市场竞争性评价一样，它包括对本企业技术的评价和对手企业技术的评价及改进后技术的评价。不同的是，市场竞争性评估是由顾客做出的，是对产品特性的评价；而技术竞争性评估是由企业内部人员做出的，是对技术水平的评价。

通过上述组成建立质量屋的基本框架，给定输入信息，通过分析评价得到输出信息，从而实现一种需求转换。

3. 狩野质量模型

狩野纪昭（KANO NORITAKI）博士提出的质量模型把质量区分为：理所当然的质量、期望的质量和魅力质量三类，这种分析有助于理解顾客质量需求。狩野质量模型如图 14-7 所示。

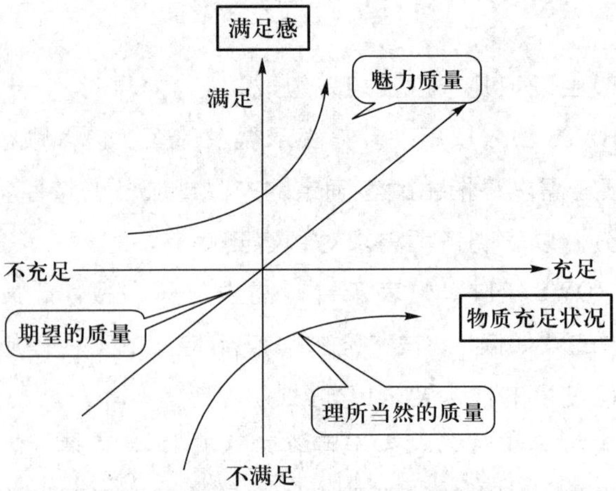

图 14-7　狩野质量模型

（1）理所当然的质量是顾客认为在产品中应该具有的基本质量或功能特性。它们对于对象产品是隐式的，并且可能是非常基础的、理所当然的，以至于顾客没有显式地陈述。在一般情况下，顾客不会在调查中提到理所当然的质量，除非顾客近期刚好遇到产品失效事件。按价值工程的术语来说，这些理所当然的质量需求就是产品应该具有的功能特性。如果产品没有满足这些质量需求，顾客就会很不满意；相反，当理所当然的质量得到完全满足时，顾客也不会表现出特别满意。因为他们认为这是产品应该具有的基本功能。例如：汽车发动机发动时正常运行就属于理所当然的质量需求。一般顾客不会注意到这种需求，因为他们认为这是理所当然的。然而，如果汽车不能发动或经常熄火，顾客就会对其非常不满。

（2）期望的质量是在市场调查中，顾客所讨论的期望型的质量目标。期望型的质量在产品中实现得越多，顾客就越满意；当没有满足这些质量时，顾客就不满意。这就迫使企业不断地调查和了解顾客质量需求，并通过合适的方法在产品中体现这些要求。以汽车为例，耗油量少和驾驶舒适就属于期望型的质量需求。

（3）魅力质量是令顾客意想不到的产品特征，它在顾客的期望范围之外，它们的存在将是出人意料的、非常令人满意的。如果产品没有提供这类质量，顾客不会不满意，因为他们通常没有想到这些质量需求。相反，当产品提供了这类质量时，顾客对产品就非常满意。魅力质量通常是在观察顾客如何使用产品时发现的。

但随着时间的推移，魅力质量会向期望型质量和理所当然的质量转变。因此，为了使企业在激烈的市场竞争中立于不败之地，应该不断地了解顾客质量需求，并在产品设计中体现这些需求。

14.3.2　质量需求展开

1. 顾客需求的获取

顾客需求的获取是质量功能展开过程中最为关键也是最难的一步。对象产品无论是既存改良型还是全新开发型，都必须充分地把握顾客要求。将顾客关于产品的信息，以文字形式进行的表述称为原始数据，而属性数据是指提出原始数据的顾客的特性。对于既存改良型产品，原始数据和属性数据是通过对顾客关于对象产品的要求，实施询问调查、面谈调查或通过收集来自顾客的投诉信息而得到。对于全新开发型产品，因为直接从顾客获得需求比较困难，必须建立市场需求的数据库进行解析，或利用市场营销领域中的方法，来把握市场潜在的需要。

原始数据和属性数据的收集可以通过询问调查、面谈调查等客户市场的调查，也可以活用顾客投诉、意见卡、企业内信息、行业新闻等信息，但最重要的是要有把握顾客真正需求的态度。为了获得更准确的原始数据，平时就应该用心积累各种信息，关注对什么信息应该怎样进行积累等问题，还有当需要时如何迅速地抽出必要的信息，也就是信息的管理也是非常重要的。另外，原始数据是否确定是顾客的原声，按照属性数据是以怎样的途径发生的，这些情况的把握是获取顾客真正需求的关键。很多情况下，来自营销人员的信息已经过营销人员大脑的变换，而企业内推测的顾客需求很难说百分之百地代表了顾客的心声，因此，为了得到顾客的原始要求，最好实施市场调查。

（1）顾客需求的获取，必须按照正确的步骤和运用科学的方法。通常获取顾客需求有以下步骤：

① 合理地确定调查对象。一般来说，在开发新产品时应重点调查与开发产品类似的产品顾客，在对现有产品进行更新换代时，应重点调查现有产品顾客。在确定调查对象时，还应考虑调查对象的地理位置分布、年龄结构、教育程度、家庭收入等因素，因为这些因素都有可能会影响顾客需求。

② 选择合适的调查方法。市场调查的方法很多，必须根据调查对象、地点、人数等

因素进行合理选择。在选择好调查方法后，还要根据调查方法的要求做好充分的调查准备工作，如调查人员的选择、调查组织的建立、调查程序的拟定、调查表格的设计等。

③ 实施市场调查。按照选择的调查方法及设计的调查表格实施市场调查，获取第一手的顾客需求信息。

④ 整理、分析顾客需求。对调查所取得的所有信息资料，要进行“去粗取精，去伪存真”和整理、分析工作，以求全面地、真实地反映顾客需求。

（2）市场调查方法。各种市场调查方法各有其缺点，必须对它们进行了解并结合实际情况进行适当地选择。常见的市场调查方法可以进行如下的归纳和分类：

① 询问调查法。询问调查法是调查人员以询问为手段，从调查对象的回答中获得信息的一种方法。它在市场调查中是比较常用的方法，按传递询问内容的方式以及调查者与被调查者接触的方式不同，又可分为当面询问、电话询问、邮寄询问和问卷询问等方法。

② 面谈调查法。面谈调查法是调查人员直接面对被调查者，通过面谈的形式了解情况、获得信息的方法。此法的优点是可当面确认被调查者的意见和要求，深入了解被调查者的现在需求和未来需求趋势。其缺点是调查成本较高，时间较长，对调查者要求高。此法适用于调查对象不多，但需要深入了解情况的调查中。面谈调查也可以采取集体座谈的方式，由于众多的被调查者同时出席，往往可以互相启发，使调查者获得更多的信息。集体座谈一般包括 8 ~ 12 人。

③ 电话调查。电话调查是调查人员通过电话与被调查者交谈，从而获得顾客需求信息的方法。电话调查的优点是速度快，成本低。但其缺点是不能询问较复杂的问题。此法比较适用于探索性的初步调查，为今后进一步深入调查奠定基础。

④ 邮寄调查。邮寄调查就是将预先设计好的调查表邮寄给被调查者，由被调查者自行填写好后寄回。其优点是调查面广，成本低。缺点是回收率低，回收期长，容易产生偏差。

⑤ 留卷调查。即调查人将调查表当面交给调查对象，并对有关问题作适当解释说明，然后让调查对象自行填写，调查人约定日期取回。此法的优点是偏差小，受调查者主观影响小。其缺点是调查面不太广，成本也较高。

⑥ 观察调查法。观察调查法是调查人员在调查现场对调查对象的情况直接进行观察和写实，获取所需信息资料的一种调查方法。观察调查法根据其观察地点的不同又可分为柜台观察法和产品使用现场观察法。观察法的优点是调查较为客观，真实性高，受调查人员偏见影响小。其缺点是所获得的信息往往有一定局限性，很难了解到顾客真正的需求。

企业在具体运用各种调查方法时，要根据它们各自的特点，适用条件，结合调查的具体目的和要求，选择其中一种或几种合适的调查方法。

随着科学技术的迅速发展和人们生活水平的不断提高，顾客对产品的要求在不断地变化。顾客需求重要度以及顾客对各种产品在满足他们需求方面的看法也在变化。因此，对于企业来说，要想在激烈的市场竞争中立于不败之地，必须不断地同顾客接触。只有通过不断的市场调查，企业才能了解当前的顾客需求信息和预测将来的需求信息，从而生产出适应顾客要求的产品。

2. 质量需求的变换

通过以上调查从顾客那里获取的原始数据，是顾客的原声，具有意见、投诉、评价、希望等各种各样的形式。其内容方面也是多样的，需求中有对质量的需求，也有对价格、功能的需求。而且许多需求项目的概念范畴也不相同。因此，每次调查结束后，调查人员应及时对原始数据进行翻译、变换、整理，由于把原始数据直接变换成质量需求有一定的困难，所以，先从原始数据抽出需求项目，然后再将需求项目变换成质量需求。具体操作有以下步骤：

（1）考察原始数据。对原始数据，以 5W1H（Who、Where、When、Why、What、How）考察下列项目：

① 什么顾客提及这个问题。

② 想象情景实例。

③ 功能需求项目。

（2）抽出需求项目。以原始数据为基础，抽出需求项目，实施要领如下：

① 否定形式的表现也可以。

② 不问其抽象程度。

③ 不拘于表现形式。

④ 想到的就行。

⑤ 不管什么都可以。

⑥ 用自己的语言写下即可。

（3）需求变换。从需求项目变换成质量需求，变换操作需注意如下几点：

① 首先一个人思考并用自己的语言定义。

② 对需求项目持怀疑态度。

③ 对抽出的质量需求不评价其好坏。

④ 抽出质量需求的立场和观点越是接近顾客越好。

⑤ 尽量从一个需求项目抽出多项质量需求。

⑥ 对其他人抽出的质量需求进行改良、组合，从而创造出新的质量需求项目。

⑦ 检查质量需求中有无矛盾。

⑧ 检查质量需求是否被现有的产品所束缚。

⑨ 从需求项目及其背景进行推测、类推。

⑩ 针对质量需求与他人进行讨论。

（4）质量需求的表述。在质量需求的表述上应注意以下几点：

① 采用不包含 2 个以上意思的简洁表述。

② 加入质量性表述。质量需求的表述避开“能做什么”“想做什么”，尽量以“是什么”进行表述。

③ 不能包含质量特性等，即不能用“什么性”“什么率”之类的表述。

④ 不能包含方针、对策。

⑤ 避免否定形式的表述，尽量用肯定形式。

⑥ 对象必须明确。

⑦ 对抽象的描述尽量具体化。

⑧ 追求顾客真正的需求，考察质量并分解成理所当然的质量、期望的质量、魅力质量，并把这些质量融入质量需求项目中。

⑨ 表达状态，而不是希望形式的表现。

⑩ 要用朴素的表现形式。

3. 质量需求分析

在顾客需求细分后再进行汇总时，亲和图（KJ）是一种有效的分组手段。首先将质量需求各项目分别记在卡片上，朗读卡片上的质量需求，在确认其内容的基础上，废弃内容重复的卡片，并将卡片排列成能够一览的形式。对于从市场收集到的实际信息，不仅仅是废弃，必须记录它们重复的频度。然后，将觉得其内容意思相近的卡片集中到一起，找出能代表这一群卡片意思的表达语句，将代表性语句记入新的卡片。此时，不要受卡片上的表述所限制，将意思相近的进行集中。要注意的是不要在大脑中先构想一个项目，再将卡片向项目凑合。对上层卡片也同样地进行归类分组。这种操作称为亲和图（KJ）法分组。

亲和图（KJ）分组的步骤要领如下：

步骤 1：为避免重复，将意思内容相同的废弃，卡片排列成能够一览的形式。

步骤 2：将内容意思相近的卡片集中 4 ~ 5 张，整理成几个组。

步骤 3：命名能代表各组内容的名称，记入蓝色卡片。

步骤 4：再将步骤 3 的蓝色卡片上的内容意思相近的卡片集中成一组。

步骤 5：命名能代表步骤 4 中各组内容的名称，记入红色卡片。这样步骤 5 中，红色卡片的名称为 1 次水平，步骤 3 中蓝色卡片的名称即为 2 次水平，步骤 2 中原来卡片的内容就是 3 次水平的质量需求。

最后，将层次结构的质量需求整理成质量需求展开表。

质量功能展开中用亲和图（KJ）法对需求分类成组。它强调小组成员协同工作，把相关的顾客质量需求分到同一类中，并尽量用顾客的语言给每个类冠以类名，这样就获得了上层顾客需求，如果有必要，还可以再对上层顾客需求进行分类成组，直到小组满意为止。

熊伟教授等曾用数量化理论 3 类（Quantification Method of type 3，QM3）将功能需求和质量需求定量地整理成层次化结构形式，提出了一种基于 QM3 的需求定量分析法。例如：刻录机质量需求的定量分析结果如表 14-1 所示。

表 14-1　刻录机质量需求的定量分析结果

一次水平需求	二次水平需求	三次水平需求
刻写光盘品质高	刻写速度快	译码速度快 光盘转速高
	刻写过程稳定	缓存内存容量大 缓存欠载现象少 烧盘概率小
	刻写方式多	能像软盘一样随机刻写 刻写方式多样
	对应规格多	对应规格齐 可写光盘品牌多
刻写光盘品质高	刻写精度高	刻盘参数最佳 刻写激光强度可调整 故障自我诊断
	数据传输快	传输方式多 传输速率高 抗干扰性强

14.3.3　质量特性展开

通过将以顾客语言表达的质量需求转换成技术语言的质量特性，可以使抽象的顾客需求实现具体的产品化。质量特性是指成为质量评价对象的特性、性能，是关于顾客真正需求的代用特性。如果对象商品是硬件商品或专业技术比较成熟，那么抽出的质量特性无论是量还是质一般都比较理想。但现实中有感性方面的特性，特别是对于服务这样的对象很难抽出可以计测的质量特性，为此，这里先从质量需求抽出质量要素。质量要素是指评价质量的尺度，当这种尺度可以计测时就称为质量特性。在抽出质量要素时，考察、测定质量需求是否满足的尺度是什么，在这个阶段，没有必要考虑构成产品的零部件的质量特性。质量要素一览表如表 14-2 所示。

表 14-2　质量要素一览表

物理要素	外观特征	大小，长度，重量，体积
	力学特征	速度，牵引力，强度，脆性
	物理特性	透气性，保湿性，耐热性，伸缩性
	光学特性	透明度，遮光性，夜光性
	音响特性	音色，隔音性，音响输出，S/N 比
	信息特性	信息量，正确性
	化学特性	耐蚀性，不燃性，防爆性
	电气特性	绝缘性，电导性，诱电性
机能要素	效率性	能量效率，操作容易性，自动化
	安全性	无害性，安全保护设计
	功能性	多功能品，经组合的多样化
	携带性	携带方便
	顾客范围	一般，专业人士
人类（功效）要素	印象	高级品，知名度
	稀少性	特卖品，进口货，天然品
	习惯	传统，新产品
	感官特性	感觉，手感，味，居住性
	充实度	充实感，心理上的充实感
	待客方面	笑容，关心，用语，清洁度
时间要素	环境性	耐寒性，耐湿性，防污染
	时间	效果的持续性，速效性
	耐久，保有性	耐用年数，故障率，修理容易性
	报废	报废容易性，报废率
经济要素	有利性	维持费低
	互换性	零部件互换性
生产要素	作业性	作业时间少，返工少，不要特殊机能，作业标准的弹性
	原材料	质量稳定，仓储容易，检查容易
市场要素	适时性	流行，季节性
	品种多样性	可选品多
	可信性	信用度
	购买影响因素	各自的选择标准，上司决定，第三者检定
	生命周期	生命周期长

质量要素一览表中包含有质量特性，为了设定设计质量，必须抽出可测量的质量特性。对于只能抽出质量要素的情况下，确定其为重要质量要素并把它作为质量特性考虑。质量要素的抽出一般由技术部和制造部一起参与实施。质量要素抽出的要领如下：

（1） 考察质量需求。影响质量需求的因素如下：

① 能够计测的（速度、尺寸、重量、精度）。

② 不能计测的（设计性、话题性）。

（2） 抽出质量要素。将质量需求先变换成功能表现后，再抽出质量要素。抽出时的参照条件如下：

① 针对性，即质量特性是针对相应的质量需求而确定的。

② 可测量性，即为了对质量特性进行控制，它们应是可测量的产品特征。

③ 全局性，即质量特性不能涉及具体的设计方案。

另外，抽出时的注意事项如下：

① 将顾客/市场的世界变换成技术的世界。

② 不拘于测定可能性，抽出影响因素。

③ 尽可能抽出能测量的质量特性。

（3） 考察质量要素。当计测可能时，就作为质量特性。

质量要素抽出完成后，用亲和图法整理抽出的质量特性，构造质量特性展开表。

14.3.4　质量屋的构造

1. 质量屋的构造流程

由质量表的定义可知，质量表即质量屋，是把市场上抽象的语言信息变换成企业内部为了设计产品的具体的技术信息的一种表。它是由质量需求展开表与质量特性展开表相组合而构成的矩阵形状的二维表。广义的质量屋是为了传达顾客需求的全部图表的总称。狭义质量屋的构造流程如图 14-8 所示。

（1） 质量屋的构造步骤如下：

① 质量需求展开表的构造。

② 质量特性展开表的构造。

③ 将两者组合成二维表。

④ 探讨对应关系，以◎、○、△符号记入。

（2） 记入对应关系时应注意以下事项：

① 对每一对进行独立评判；

② ◎、○、△符号的意思是◎为强相关、○为相关、△为弱相关。

③ 对于各项质量需求，至少有一个◎。

④ ◎不能集中于某一地方。

⑤ 没有过多地记入◎、○、△项目。

⑥ 不能仅在对角线上记入◎、○、△。

表 14-3 是按上述步骤和注意事项构造的光碟刻录机的质量屋。

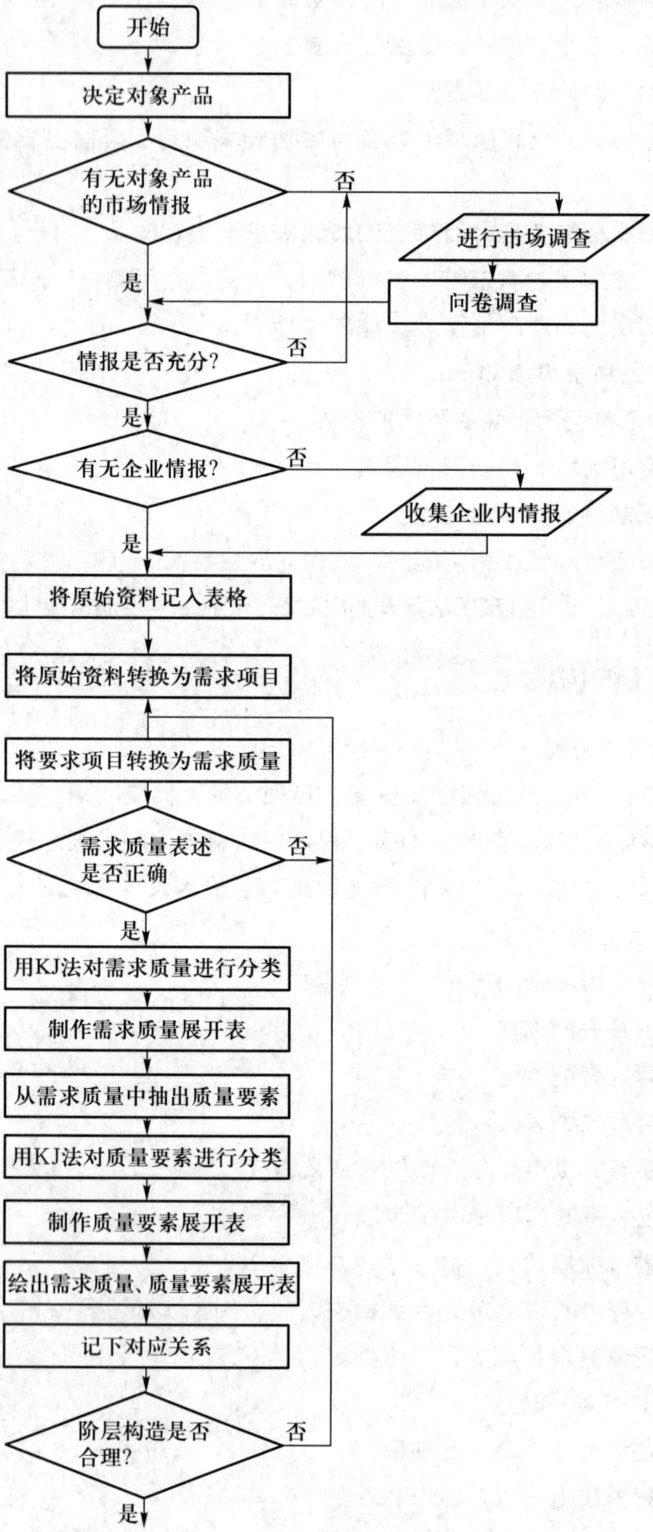
开始
决定对象产品
有无对象产品的市场情报
否
进行市场调查
问卷调查
是
情报是否充分?
否
是
有无企业情报?
否
收集企业内情报
是
将原始资料记入表格
将原始资料转换为需求项目
将要求项目转换为需求质量
需求质量表述是否正确
否
是
用KJ法对需求质量进行分类
制作需求质量展开表
从需求质量中抽出质量要素
用KJ法对质量要素进行分类
制作质量要素展开表
绘出需求质量、质量要素展开表
记下对应关系
阶层构造是否合理?
否
是

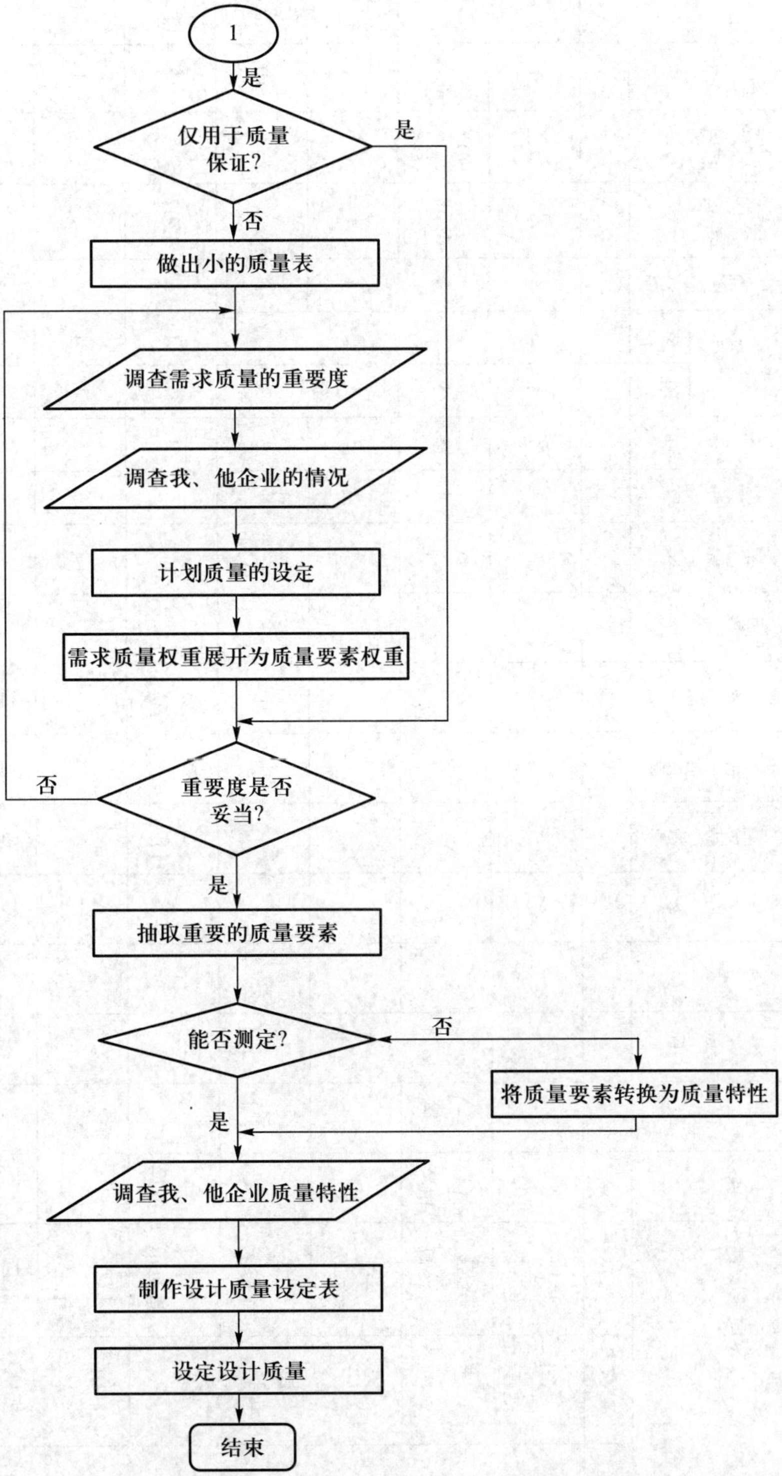

图 14-8　狭义质量屋构造流程图

表 14-3 光碟刻录机质量屋

质量需求		质量特性（质量要素）	速度	缓存量	烧盘率	方式数	规格数	品牌数	激光强度	调整激光	故障率	传输率	质量规划：重要度	竞争性评估：本公司	竞争性评估：竞争对手 理光	竞争性评估：竞争对手 索尼	计划目标：计划质量	计划目标：水平提高率	计划目标：产品特性点	权重：绝对重要度	权重：相对权重
一次	二次	三次水平																			
光碟刻录品质高	刻录速度快	译码速度快	◎ 10.2		△ 3.4								3	4	4	4	4	1		3	3.4
		光盘转速高	○ 14.8	△ 7.4						△ 7.4		△ 7.4	4	3	4	3	4	1.33	○/ 1.2	6.4	7.4
	刻录过程稳	缓冲内存大		◎ 7.2	○ 4.8								2	3	3	3	3	1		2	2.4
		欠载现象多		○ 22.8	◎ 34.2						△ 11.4	△ 11.4	4	3	3	3	5	1.67	◎/ 1.5	10	11.4
		烧盘概率小	△ 11.4					△ 11.4	△ 11.4	△ 11.4	○ 22.8		5	3	4	4	5	1.67	○/ 1.2	10	11.4
	规格方式多	记录方式多				◎ 10.2	△ 3.4						3	4	4	4	4	1		3	3.4
		对应规格齐					◎ 10.2	○ 6.8	△ 3.4	△ 3.4			3	4	4	4	4	1		3	3.4
		可写品牌多					○ 14.8	◎ 22.2		△ 7.4			4	3	5	4	4	1.33	○/ 1.2	6.4	7.4

续表

质量需求 \ 质量特性（质量要素）			速度	缓存量	烧盘率	方式数	规格数	品牌数	激光强度	调整激光	故障率	传输率	质量规划								
													重要度	竞争性评估			计划目标			权重	
														本公司	竞争对手		计划质量	水平提高率	产品特性点	绝对重要度	相对权重
															理光	索尼					
一次	二次	三次水平																			
光碟刻录品质高	刻录精度高	记录条件最佳	△ 3.4			△ 3.4			◎ 10.2	○ 6.8	△ 3.4		3	4	4	5	4	1		3	3.4
		激光强度可调	△ 21.6		○ 43.2		△ 21.6		○ 43.2	◎ 64.8	△ 21.6		5	2	2	2	5	2.5	◎/1.5	18.8	21.6
		故障自我诊断			△ 5.5					△ 5.5	◎ 16.5		3	3	3	3	4	1.33	○/1.2	4.8	5.5
	数据传输快	传输方式多				△ 4.5				△ 4.5		◎ 13.5	3	3	4	4	4	1.33		4	4.5
		传输速率高									△ 11.4	◎ 34.2	5	3	4	4	5	1.67	○/1.2	10	11.4
		抗干扰性强						△ 3.4			△ 3.4	◎ 10.2	3	3	3	3	3	1		3	3.4
质量特性重要度			61.3	37.4	125.3	18.1	50	32.4	56.8	111.2	90.5	76.7								87.4	100
技术竞争性评估	本公司		4	3	3	4	4	3	3	3	4	3									
	竞争者		4	3	4	4	4	3	3	3	4	3									
质量设计目标值			8 倍	4 MB	<1%	4	5	12	较强	可调	<1%	33.3									

注：◎为 3；○为 2；△为 1。

对于“产品特性点”一栏，◎为 1.5；○为 1.2；空白为 1。

2．质量屋的分析与改良

在质量需求展开表或质量特性展开表的构造中，虽然经过抽出具体项目、分类成组，并进行了层次化，但各层次水平是否与实际相符却很难把握。因此，必须在质量屋构造完成，记入对应关系之后，调整层次结构的水平，进行各种检查分析与改良。

（1）观察构造完成的质量屋，检查对应关系符号是否仅仅在对角线上。这种情况下，质量需求中可能混有质量要素项目。在订货生产方式下，顾客有时将产品的规格和质量特性作为要求，如果直接将顾客的这种要求作为质量需求，构造质量需求展开表，那么就有可能出现对应关系符号仅在对角线上的现象。这时应该修正质量需求项目，考虑顾客要求的特性为什么是必要的，顾客为什么要提出这个特性，从而探求真正的质量需求，修正质量需求展开表。

（2）检查一行（或一列）的对应关系符号是否过多。检查各质量需求项目的横向对应关系符号，看有没有符号过多的现象。这种情况下，有可能在质量需求项目中混杂着层次水平偏高的质量需求。极端地说，如果有“产品质量高”这样的质量需求存在，那么所有的质量要素都与之有关。这种现象是质量需求的水平不相符的一例，必须对质量需求的层次结构进行修正，同样观察质量要素纵向的对应关系符号，如果有符号过多的现象，说明质量要素的水平不相符，必须对质量要素的结构进行修正。

（3）检查质量屋中是否有强相关项目集中于某一地方形成块状的现象。这种情况下，有可能是在高层水平的质量需求中混杂着低层水平的质量需求项目，同时在高层水平的质量特性项目中混杂有低层水平的质量特性。在实际中，有些项目只能展开至 3 次水平，而有些项目却能展开至 4 次水平，这时应该把 4 次水平作为辅助信息，统一用3 次水平构造质量屋。

以上质量屋的评审和确认方法是实用的，但其结果很依赖于操作者的经验。前文提到的需求定量分析法的操作用于质量屋，也可作为一种质量屋的改良方法。此外，为了科学地构造质量屋，还有应用图论、因子分析的方法等。

14.3.5　质量规划与设计

1．需求重要度评判

质量需求重要度是质量功能展开中极其重要的数量指标，它通常是顾客对其各项需求进行的定量评分，以表明各项需求对顾客到底有多重要。质量需求重要度是市场顾客对各项质量需求程度的表示尺度。因此，它必须反映顾客的原声。为了把握这些需求程度，一般有直接从顾客获取的方法和间接从顾客获取的方法。重要度评判的方法很多，如询问调查、重复频度、层次分析法。这里着重介绍用重复频度的重要度评判法。

利用从原始数据向质量需求变换过程中的重复频率来算出重要度的方法是一种间接地从顾客获取重要度的方法。这种方法的结果也许与顾客原声有一定的误差，但它能算出下层水平质量需求的重要度，譬如 3 次、4 次等。由于 3 次水平以后的质量需求项目太多，直接要求顾客评分不太现实，容易引起顾客的反感，因此，对于获取下层水平需求项目的重要度，从重复频度算出的方法是有效的。赤尾洋二教授等在构造航空业顾客服务质量需求展开表时，“飞行中喝啤酒”的要求很多，这类要求重复出现，说明该项目的关心程度很高。因此，赤尾洋二教授等就考虑直接利用重复频度作为需求项目的重要度。这时要注意的是最初的原始信息来自何方，如果出处有偏差就不能得到正确的重要度。

为此，必须根据市场调查法预先考虑怎样选定顾客对象，这些顾客对象是随机样本，还是分层确定的样本。如果不这样，就很难保证得到的重要度没有偏差。当然最好还是按照质量需求展开表重新进行询问调查。

以下是调查问卷的例子，调查问卷的问题有两部分，要同时问答。

问题 1：购买××商品时，可能成为选购某品牌的判断基准的项目如表中所记，请您选择该项目对您的判断的影响程度（用○符号标记）。

问题 2：您现在使用的商品是哪家产品，请您将制造商名称记入(　　)内。

X 公司……制造商名（　　）

Y 公司……制造商名（　　）

Z 公司……制造商名（　　）

对于各家公司，针对影响选购的各因素，请回答使用状况的好坏程度（在回答栏Ⅱ用○符号标记）。

2. 质量规划

根据顾客要求程度的重要度和与其他企业比较分析结果，设定营销重点及计划质量。对于重要度高，且本企业达成水平高，而他企业达成水平低的质量需求，可以直接作为产品特性点用于营销战略。对于重要度高，但本企业达成水平低，而他企业达成水平高的质量需求项目，至少要将计划质量目标设定为与他企业同等，这类项目不能成为产品特性点。对于重要度高，但本企业达成水平低，而他企业达成水平也低的质量需求项目，通过将计划质量设定为比他公司高，这样该项目可成为营销重点。以这些想法为基础，设定计划质量。这时如果能区别需求项目的类型是魅力质量、期望的质量还是理所当然的质量，那么对营销重点的设定是有帮助的。

计划质量设定时的注意事项如下：对于本企业现状水平比他公司低的质量需求，至少设定成与他企业同等水平；对于本企业现状水平比他公司高的质量需求，维持现状并作为营销重点。并不是不管什么项目都瞄准高水平，必须考虑面向重点。

计划质量设定完成后，就可计算其水平上升率，它是表示本企业现状水平在质量规划中提高程度的尺度，用本企业水平作为分母，计划质量作为分子算出。对营销重点给出数值，并乘以重要度及水平上升率，这样就算出了绝对重要度。

绝对重要度 = 重要度 × 水平上升率 × 营销重点

一般以◎为 1.5，○为 1.2，空白为 1，对营销重点进行量化，将绝对重要度合计，各项目所占的百分比（%）就是质量需求的权重。

在光碟刻录机的例子中，以定量分解后的质量需求项目及其重要度评判结果为基础，构造刻录机质量规划矩阵（如表 14-3 右侧部分所示）。

质量规划包括市场竞争性评估、质量计划和权重计算。

首先，针对每项质量需求项目实施市场竞争性评估，它是对应顾客需求进行的对本企业产品和竞争者产品在满足顾客需求方面的评估，用来判断市场竞争能力。市场竞争性评估主要有两部分内容：本企业产品评价，即顾客对本企业当前产品的满意程度；竞争对手产品评价，即顾客对竞争对手产品的满意程度。

竞争性评估反映了市场上现有产品的优势和劣势以及产品需要改进的地方。竞争性评估数据是通过市场调查得到的。一般用数字 1 ~ 5 来表示顾客对产品的某项质量需求的满意度，其中 5 表示非常满意，1 则表示非常不满意。

然后，开展质量计划，它包含目标计划质量评估、质量水平上升率设定、产品特性点评估。目标计划质量评估是本企业产品改进后希望达到的顾客满意程度。质量水平上升率是目标质量评估相对于本企业产品评价值的上升比率。产品特性点评估是从市场营销战略角度评估该需求项目能否成为产品特性点，评估该项目能否让顾客更好地感知本企业与竞争对手的差异，为顾客创造更多的附加价值。

最后，计算重要度权重，它包含绝对重要度和质量相对权重计算。绝对重要度 = 质量需求重要度 × 质量水平上升率 × 产品特性点系数。将绝对重要度合计并转换成百分比即为质量相对权重，这些数值代表产品的质量规划目标，并给出了质量需求的重点方向。

关于质量规划表中的项目，例中给出了重要度、比较分析、计划质量、水平上升率等，可以根据具体情况追加其他项目进行探讨。例如，由营销人员设定质量计划之后再由设计人员设定，并进一步考察企业内部各种立场的人设定的质量计划有何区别。有些质量需求现状不可能实现，但考察如果无视价格和技术条件而设定的计划质量，有时也是有意义的。从市场的角度来看重要度，它的值根据顾客属性也许会不一样，有时需要按顾客属性分别求重要度。总之，应该根据实际情况来确定质量规划表的项目，进行质量规划。

3. 重要度变换

利用质量屋的对应关系将市场要求的质量需求重要度变换成技术特性的质量要素重要度。质量展开中，展开一词的意思有需求项目的层次化和将质量需求重要度变换成质量要素重要度、功能重要度等两种意思。前者的展开是质量需求展开表和质量要素展开表中使用的层次展开，后者的展开是广义的重要度展开。重要度变换是指质量需求权重变换成质量要素权重，质量要素权重变换成功能权重，功能权重变换成机构权重，机构权重又变换成零部件权重等。也就是市场的重要度被顺次地展开至零部件的重要度。这种将市场要求程度变换成企业内能够管理的水平的过程称为重要度变换。重要度变换的方法一般有比例分配法和独立配点法。这里主要介绍比例分配法。

在质量屋中，对◎、○、△进行数值化，求行的重要度的总和，将总和根据◎、○、△的数值大小，按比例进行分配，然后将纵向合计作为质量要素重要度的方法，称为比例分配法。比例分配法的优点是求得的数值结果直接就是百分比的形式。

刻录机 2 次水平质量需求重要度的变换如表 14-4 所示。例如，将刻录过程稳的重要度 5 个，◎、○、△符号按 3 : 2 : 1 的比例进行分配，那么△为 0.5，○为 1.0，◎为 1.5，行合计为 1.5+0.5+1.0+1.0+1.0=5。

表 14-4　用比例分配法的重要度变换

质量特性 / 质量需求	重要度	速度	烧盘率	兼容性	可靠性	使用性	效率性	安全性
刻写速度快	4	○/1.6					◎/2.4	
刻写过程稳	5		◎/1.5	△/0.5	○/1.0		○/1.0	○/1.0
刻写方式多	4			◎/2.4		○/1.6		
对应规格多	4		○/1.6	○/1.6		△/0.8		
刻写精度高	5		○/2.0		△/1.0	○/2.0		
数据传输快	3	○/0.86			△/0.43		○/0.86	○/0.86
	比例分配法	2.46	5.1	4.5	2.43	4.4	4.26	1.86

注：◎为强相关；○为相关；△为弱相关；空白为不相关。

4. 质量设计

对象产品或服务都需要有测定质量需求是否得到满足的尺度，以及此尺度要达到什么样的目标值，这个目标值就是设计质量。

在设定这个设计质量时，像市场竞争性评估中对质量需求项目实施比较分析一样，对质量要素也必须进行比较分析。通过实验、查阅有关文献等方式评估本企业产品和竞争者产品的质量特性指标。技术竞争性评估是企业内部人员对质量特性的技术水平的先进程度所做的评价，同市场竞争性评价一样，它包括对本企业技术的评价和对手企业技术的评价。不同的是，市场竞争性评估是以顾客为主做出的，是对产品特性的评价，而技术竞争性评估是由企业内部人员做出的，是对技术水平的评价。根据从质量需求权重变换得到的质量要素权重，和对各质量要素的竞争对手现状的调查结果，以及本企业与竞争对手的比较情况，来设定设计质量。

一般来说，市场竞争性评估同技术竞争性评估结果是一致的。但是，在某些情况下，两者也可能相互矛盾。通常造成两种评估相互矛盾主要有以下几个原因：

（1）质量特性测试并没有真正反映质量需求。

（2）除了已选择的质量特性外，还有某些尚未列入的质量特性对该质量需求存在"强"相关。此时，应补充新的质量特性。

（3）顾客使用产品的方式可能和测试不一致。因此，需要增加其他质量特性和技术测试。

质量设计的设定过程可以整理成设计质量设定表，在这个表中可以用来对本企业类似的产品进行探讨。一般来说，质量表的质量特性中，只有一部分项目的状况被掌握，而大部分项目的情况并不十分清楚。有些情况下，信息存在于设计者的大脑中，这些信息应变换成其他人也能看得见的形式，积累到设计质量设定表中。对于没有充分掌握的质量特性，可以借助营销部门的力量进行调查，或者购入几件其他企业的同类产品，在调查分析的基础上把握其他企业质量特性的动向，并用设计质量设定表进行信息积累。

根据质量特性的重要度来确定质量保证的重点方向，以便将时间、资源集中用于真正重要的地方。综合考虑质量特性重要度、技术竞争性评估结果、技术实施难度和成本、质量需求与质量特性的关系矩阵和当前产品的优势和劣势，设定具体的质量特性的目标值，使其成为使产品具有竞争力而所需达到的规格值等的最低标准。它是质量设计中最复杂也是最关键的决策过程。

质量设计完成之后，为了确保这些设计质量目标值，需要将其向下游传达。

14.4　质量功能展开的分解模型

调查和分析顾客需求对于实施质量功能展开是至关重要的。在了解了顾客需求之后，需要采用科学、实用的工具和方法，将顾客需求一步步地展开，从而转换成产品的质量特性。这里将简要讨论顾客需求在产品开发中的瀑布式分解过程，包括：产品规划、零件配置、工艺设计和生产/质量控制四个阶段，如图 14-9 所示。

（1）产品规划阶段。通过产品规划矩阵，将顾客需求转换为质量特性，并根据顾客竞争性评估和市场竞争性评估结果确定各个质量特性的目标值。

（2）零件配置阶段。利用前一阶段定义的质量特性，从多个设计方案中选择一个最佳方案，并通过零件配置矩阵将其转换为关键的零件特征。

（3）工艺设计阶段。通过工艺设计矩阵，确定为保证实现关键的质量特性（产品特征）和零件特征所必须保证的关键工艺参数。

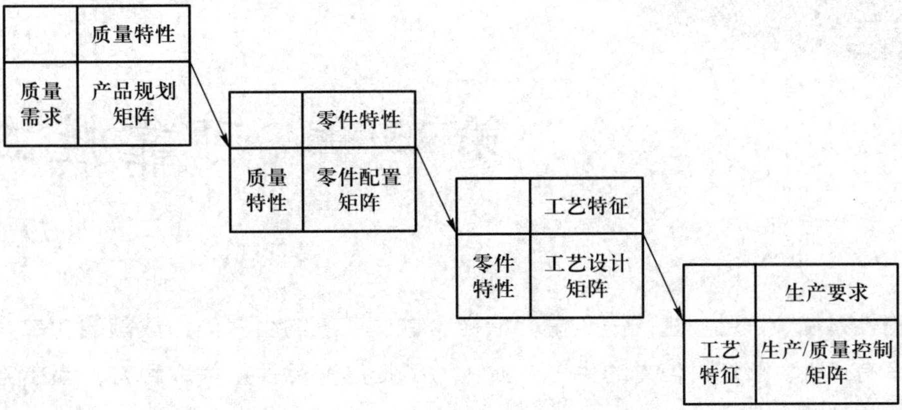

图 14-9　典型的瀑布式分解模型

（4）生产/质量控制阶段。通过生产控制矩阵将关键的零件特征和工艺参数转换为具体的生产质量控制方法或标准。

采用 QFD 瀑布式分解模型，可以一步一步地将顾客需求分解和配置到产品开发的各个过程中。但是，针对具体的产品和实例，没有固定的分解模式，可以根据不同的目的，按照不同的路线，采用不同的分解方法。

思考题

1. 质量功能展开对中国企业的意义何在？
2. 质量功能展开的基本原理有哪些？并加以解释。
3. 质量功能展开的效果如何？
4. 请对质量屋加以解释。广义的质量屋是如何构成的？
5. 请对 KANO 模型加以解释。
6. 请对 QFD 瀑布式分解模式加以解释。

阅读文献

[1] 熊伟. 质量机能展开. 北京：化学工业出版社，2005.
[2] 张公绪，孙静. 新编质量管理学. 2 版. 北京：高等教育出版社，2003.
[3] 邵家骏. 质量功能展开. 北京：机械工业出版社，2004.

第 15 章 可靠性工程

可靠性是衡量产品质量的一个重要指标，它与系统的生产能力或额定功率一样，是系统的固有属性。一切讲信誉的生产企业，为了提高产品质量争取顾客，都在努力提高产品的可靠性。

15.1 可靠性概述

15.1.1 产品质量与可靠性

质量的观念一直在不断地发展变化着，从过去狭义的注重产品性能的质量观念到现代全面系统的质量观。对于硬件产品来说，通常其质量特性包括功能、准时性、可靠性、安全性等。产品的可靠性不但得到了工业部门的重视，而且越来越得到顾客的关注。顾客购置产品，不但要求产品具有良好的性能，而且要求产品具有“高可靠性”“长寿命”“便于维修”等。

现在，在任何工程设计中都必须把可靠性作为一个重要因素加以考虑，主要原因有以下几点：

（1）设备系统的复杂化。随着科学技术的发展，设备和系统越来越复杂，系统相关的任一部分失效而导致整个系统失效的机会增多。设备复杂化可以更多地代替人的操作，但复杂化降低了设备的可靠性，容易发生故障。

（2）使用环境日益恶劣。随着军事、科研的需要，产品所处的工作环境越来越恶劣，温度、冲击、振动和辐射等条件，使产品的可靠性受到影响。

（3）产品生产周期的缩短。传统的产品生产要经过设计、试制、生产、检验等过程，然后交付顾客使用。随着现代科技的进步和市场竞争的加剧，一些设计和工艺技术更加成熟，生产周期缩短，要求产品本身有高可靠性。

15.1.2 可靠性的诞生与发展

千里之堤，溃于蚁穴。有些元器件、零部件在使用的关键时刻出现故障，从而造成巨大的经济损失。成千上万工程技术人员的辛勤研究，几千万元甚至上亿元的投资，就因为一个小小的元器件、零部件甚至一根导线的失效而毁于一旦。美国 1957 年发射的“先锋号”卫星，由于一个价值 2 美元的器件出现了故障，造成了价值 220 万美元的直接经济损失；1986 年 1 月 28 日，美国航天飞机“挑战者号”起飞 76 秒后爆炸，7 名宇航员丧生，直接损失达 12 亿美元，使得美国的民族精神受到重创，这次事故的直接原因是一个密封圈不密封。

早在 20 世纪 50 年代，国外就进行了可靠性技术的研究。在朝鲜战争中，由于武器设备的可靠性问题，使美国军方投入了大量的人力、物力来维修，并影响了武器设备的可用性。于是，美国在 1952 年 8 月成立了国防部电子设备可靠性顾问团（Advisory Group on Reliability of Electronic Equipment， AGREE），研究电子元件和系统的可靠性。20 世纪 60 年代以后，可靠性问题的研究取得了长足的进展，许多国家相继建立了可靠性研究机构。随着空间科学和宇航技术的发展，可靠性的研究水平逐步提高，其研究的范围也相应扩展，由尖端工业部门扩展到一般产业部门，扩展到工业产品的各个领域。

我国原机械电子工业部 1990 年颁布的《加强机电产品设计工作的规定》中规定，可靠性、适应性、经济性三性作为我国机电产品设计的原则。在新产品鉴定定型时，必须要有可靠性设计资料和试验报告。在现代生产中，可靠性技术已成为质量保证不可缺少的依据和手段。提高产品的可靠性，已成为提高产品质量的关键。

15.2 可靠性基本概念

15.2.1 可靠性

1. 可靠性的含义

从工程的角度，可靠性可定义为产品无故障完成任务的能力。从统计的角度，1957 年美国电子设备可靠性顾问团发表的报告中把可靠性定义为：“在规定的时间和给定的条件下，无故障完成规定功能的概率”，即可靠度。我国军标 GJB 451—1990 把可靠性定义为“产品在规定条件下和规定时间内，完成规定功能的能力”，简写为 R。

（1）产品的可靠性与规定的条件分不开。所谓规定的条件，包括：使用时的环境条件，如温度、湿度、振动、冲击、辐射，使用时的应力条件、维护方法，存储时的储存条件，以及使用时对操作人员技术等级的要求等。

（2）产品的可靠性与规定的时间密切相关。随着时间的增长，产品的可靠性是下降的。另外，不同的产品对应的时间指标也是不同的。在应用中，时间是一个广义的概念，可以用周期、次数、里程和其他单位代替，也可用这些单位与时间的隶属函数加以描述。

（3） 产品的可靠性与规定的功能密切相关。所谓规定的功能就是产品应具备的技术性能指标。只有对规定的功能有清晰的概念，才能对产品是否发生故障有确切的判断。

2. 可靠性的分类

从应用的角度，可靠性可分为固有可靠性和使用可靠性。前者考虑承制方在设计和生产中能控制的故障时间，用于描述产品设计和制造的可靠性水平；后者综合考虑产品设计、制造、安装环境、维修策略和修理等因素，用于描述产品在计划的环境中使用的可靠性水平。

从设计的角度，可靠性可分为基本可靠性和任务可靠性。前者考虑要求保障的所有故障的影响，用于度量产品无须保障的工作能力，包括与维修和供应有关的可靠性，通常用平均故障间隔时间（Mean Time Between Failure，MTBF）来度量；后者考虑造成任务失败的故障影响，用于描述产品完成任务的能力，通常用任务可靠度（Mission Reliability，MR）和致命性故障间隔任务时间（Mission Time Between Critical Failure，MTBCF）来度量。

15.2.2 维修性

1. 维修性的含义

产品（或系统）发生故障后，寻求故障部位和原因，排除、修复故障，验证是否恢复到正常工作状态等一系列的活动称为维修。维修可进一步分为预防性维修和故障后维修。维修性通常指后者。

维修性指的是产品维修的难易程度，是产品设计所赋予的一种简便、迅速和经济的固有属性。通常定义为："产品在规定条件下和规定时间内，按规定的程序和方法进行维修时，保持或恢复到规定状态的能力"，简写为 M。其概率度量称为维修度。

所谓规定的条件，主要是指维修的机构和场所及相应人员与设备、设施、工具、备件、技术资料等资源条件。所谓规定的程序和方法，是指按技术文件规定采用的维修工作类型、步骤和方法。

2. 维修性的常用指标

维修性常用的指标有：维修度 $M(t)$、平均修复时间（Mean Time to Repair，MTTR）等。

一个产品不工作的时间包括以下两部分：

（1） 设备、备件、维修人员和维修规程等齐全的条件下，用于直接维修工作的时间，称为直接维修时间（Maintenance Time，MT）。

（2） 由于保障资源补给或管理原因等而延误的时间，称为延误时间（Delay Time，DT）。

平均修复时间 $MTTR$ 是直接维修时间的平均值。即

$$MTTR=\frac{\text{直接维修时间}}{\text{故障次数}}=\frac{MT}{n}$$

例如，产品累计 $n=100$ 次故障的总维修时间 MT 为 10 000 h，则 $MTTR=MT/n=$ 10 000 h/100 次 = 100 h/次。显然，$MTTR$ 越小说明维修性越好。

3. 提高维修性的途径

提高维修性的主要途径有：定期更换零部件或早期发现故障，进行维护保养；从设计和制造时就考虑使其结构易于早期发现故障，易于进行维修。

15.2.3　保障性

保障性在我国国防科技系统称为综合保障工程，国外称为综合后勤保障（Integrated Logistics Support，ILS）或后勤工程（Logistical Engineering）。综合保障工程最初是针对军方的武器装备，是研究在装备研制时如何处理与保障有关问题的一门学科，其目的是在获得装备的同时得到与其匹配的保障资源，建立保障系统，及时形成战斗力。维修保障工作只是综合保障工程中的一个方面。

所谓保障性，是指产品设计特性和计划的保障资源能满足使用要求的能力，简写为 S。表征保障性的指标是平均延误时间（Mean Delay Time，MDT）。即

$$MDT=\frac{\text{维修延误的总时间}}{\text{故障次数}}=\frac{DT}{n}$$

例如，产品累计 $n=100$ 次维修的累计延误时间（DT）为 1 000 h，则 $MDT=DT/n=$ 1 000 h/100 次 = 10 h/次。显然，MDT 越小越好。它反映了产品使用者的管理水平以及提供资源的能力。

15.2.4　测试性

在维修过程中，极为重要的环节是确定产品是否出故障及哪个部位出故障。所谓测试性，是指产品能及时并准确地确定其状态（可工作、不可工作或性能下降）的一种设计特性，简写为 T。

测试性与维修性及可靠性密切相关，因为具有良好测试性的设备将减少故障检测及隔离时间，进而减少维修时间，改善维修性；任何不能被检测出的故障状态将直接影响产品的可靠性。通过采用测试性好的设备可及时检测出故障，排除故障，进而提高产品的使用可靠性。

测试性通常用故障检测率（Fault Detection Rate，FDR）、故障隔离率（Fault Isolation Rate，FIR）和虚警率（Fault Alarm Rate，FAR）来度量。

15.2.5　可用性

可用性是产品可靠性、维修性和保障性三种固有属性的综合反映，是指产品处于可工作状态或可使用状态的能力，也称为有效性。可用性的概率称为可用度。可用度有多种分类，常用的有以下两种：

（1）产品能工作时间（Up Time，UT）与总时间（能工作时间与不能工作时间之和）之比，称为使用可用性（Operational Available），记为 A_0。不能工作时间（NT）包括累计直接维修时间（MT）、累计延误时间（DT），则

$$A_0 = \frac{UT}{UT + NT} = \frac{UT}{UT + MT + DT}$$

（2）理想状态，即平均延误时间（MDT）为 0 的状态，此时将产品的平均故障间隔时间（MTBF）与平均故障间隔时间（MTBF）及平均修复时间（MTTR）的和之比，称为固有可用性（Inherent Availability），记为 A_i。有

$$A_i = \frac{MTBF}{MTBF + MTTR}$$

A_i 反映了设计、制造和管理的综合水平。显然，A_i 越大越好。

15.2.6　可信性

可信性的概念是随着科学技术的发展，尤其是随着军事技术的发展而发展起来的。可信性是一个非定量的集合性术语，表述可用性及其影响因素——可靠性（R）、维修性（M）、保障性（S）、测试性（T），简写为 R・M・S・T・。可信性已不是一个定量的术语，对可信性的定量要求，就是对 R・M・S・T・的定量要求；可信性大纲即 R・M・S・T・大纲；可信性要求即 R・M・S・T・要求。美国军标、中国军标有分别的 R 大纲、M 大纲、S 大纲、T 大纲。ISO 把这些大纲的主要内容及要素综合为可信性大纲及可信性要素。

产品在完成规定任务的这段时间内所经历的事件和环境按时间次序描述，称为“任务剖面”。产品在任务开始时可用的条件下，在规定的任务剖面中，能完成规定功能的能力称为产品的“（狭义）可信性”，简写为 D。产品在执行任务中的状态及可信性取决于与任务有关的产品可靠性及维修性的综合影响。

产品在规定的条件下满足给定定量特性要求的自身能力称为产品固有能力（Capability），简写为 C，一般就是产品的性能。固有能力参数是一系列指标体系。产品在规定的条件下满足给定定量特征和服务要求的能力称为产品的效能（Effectiveness），简写为 E，是产品可用性（A）、可信性（D）及固有能力（C）的综合反映。

在产品的寿命周期或其预期的有效寿命内，产品研制、生产、使用、维修及保

障中发生的或可能发生的一切直接、间接、派生或非派生的所有费用的总和称为寿命周期费用（Life Cycle Cost，LCC）。

效能 E 与 LCC 之比，称为效能—费用比，是在方案比较中重要的决策依据。可信性工作的目标是：提高产品的可用性，提升产品的任务成功性，减少维修人力，降低保障费用。因此，它对装备的作战能力、生存力、部署机动性、维修人力和使用的保障费用产生重要的影响。为了适应科学技术发展的新形势，必须在质量观念上进行根本改变，明确性能、可信性（广义的，即 R · M · S · T · ）、费用、进度是决策衡量的四个首要参数，在研制的开始就不断进行综合权衡，以取得系统最佳的效能与 LCC。

15.3　可靠性特征量

对可靠性做出定量描述的量称为可靠性特征量。研究可靠性主要是研究产品寿命的概率分布。可靠性特征量主要是关于寿命 T 的一些描述量，有可靠度、失效分布、失效率、寿命特征等。

15.3.1　可靠度

可靠度是指产品在规定条件下和规定时间内完成规定功能的概率。它是时间的函数，记为 $R(t)$。设 T 为产品寿命的随机变量，则

$$R(t)=P(T>t)$$

可靠度是产品寿命 T 超过规定时间 t 的概率，或产品在规定时间 t 内完成规定功能的概率。显然，$0\leqslant R(t)\leqslant 1$；$R(0)=1$，$R(\infty)=0$。

例如，$R(5\,000)=0.98$，意味着在 5 000 h 内，平均 100 件产品中大约有 98 件能完成规定的功能，大约有 2 件产品会失效。

可靠性特征量的理论值称为真值，由产品失效的数学模型确定。虽然真值是客观存在的，但实际上是未知的。在实际应用中，只能通过对 n 个样本的观测，经过统计计算得到真值的估计值，称之为可靠性特征量的估计值，记为 $\hat{R}(t)$。

$$\hat{R}(t)=\frac{n_s(t)}{n}=\frac{n-n_f(t)}{n}$$

式中，$n_s(t)$ ——在规定时间 t 内完成规定功能的产品数量；$n_f(t)$ ——在规定时间 t 内失效的产品数量。

例如，在某电子器件 110 只的失效时间经分组整理后如表 15-1 所示，试估计它的可靠度函数。

表 15-1　某电子器件失效时间分布

组序	失效时间范围/h	失效数量/个	累计失效数量/个	未失效数量/个
1	0 ~ 400	6	6	104
2	400 ~ 800	28	34	76
3	800 ~ 1 200	37	71	39
4	1 200 ~ 1 600	23	94	16
5	1 600 ~ 2 000	9	103	7
6	2 000 ~ 2 400	5	108	2
7	2 400 ~ 2 800	1	109	1
8	2 800 ~ 3 200	1	110	0

根据估计公式 $\hat{R}(t)=\dfrac{n_s(t)}{n}=\dfrac{n-n_f(t)}{n}$，可计算得到

$$\hat{R}(0)=1\quad \hat{R}(400)=\frac{104}{110}=0.945$$

$$\hat{R}(800)=\frac{76}{110}=0.691\quad \hat{R}(1\,200)=\frac{39}{110}=0.355$$

$$\hat{R}(1\,600)=\frac{16}{110}=0.145\quad \hat{R}(2\,000)=\frac{7}{110}=0.064$$

$$\hat{R}(2\,400)=\frac{2}{110}=0.018\quad \hat{R}(2\,800)=\frac{1}{110}=0.009$$

若把这些计算结果描在坐标纸上，并用光滑曲线把这些点连接起来，就可得到一条下降的可靠度分布函数曲线，如图 15-1 所示。

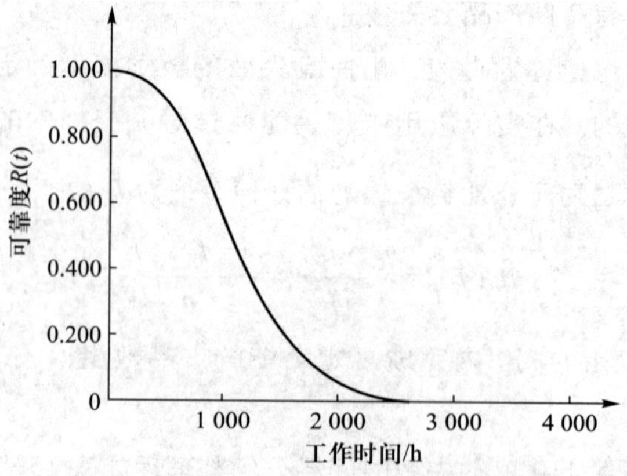

图 15-1　某电子器件可靠度分布曲线

15.3.2　失效分布

可靠度是从完成规定功能的角度去研究产品的可靠性，下面再从丧失功能（即失效）的角度去看产品的可靠性。产品在规定条件下和规定时间内失效的概率，称为不可靠度。它显然也是时间的函数，记为 $F(t)$。根据定义有

$$F(t)=P(T\leqslant t)=1-P(T>t)=1-R(t)$$

显然，可靠度与不可靠度之间具有关系：$F(t)+R(t)=1$。

不可靠的估计值 $\hat{F}(t)$ 为

$$\hat{F}(t)=\frac{n_f(t)}{n}$$

一般不可靠度也称为累积失效概率、失效分布函数和寿命分布函数。它的导数就是失效分布概率密度函数，记为 $f(t)$。

$f(t)$ 表示产品连续工作时间 t 之后的一个单位时间 Δt 内，产品失效数量与 $t=0$ 时刻的产品总数之比。即

$$f(t)=\lim_{\Delta t\to 0}\frac{n_f(t+\Delta t)-n_f(t)}{n\Delta t}=\frac{\mathrm{d}F(t)}{\mathrm{d}t}=F'(t)=-R'(t)$$

因此，$f(t)$、$F(t)$ 和 $R(t)$ 之间的关系为

$$F(t)=\int_0^t f(t)\,\mathrm{d}t$$

$$R(t)=\int_t^{\infty} f(t)\,\mathrm{d}t=1-\int_0^t f(t)\,\mathrm{d}t$$

三者之间的关系可以用图 15-2 加以描述。即累积失效分布函数 $F(t)$ 是失效分布概率密度函数 $f(t)$ 在 $0\sim t$ 之间的积分面积；可靠度函数 $R(t)$ 是 $f(t)$ 在 $t\sim\infty$ 之间的积分面积。

根据定义，失效分布概率密度函数的估计值 $\hat{f}(t)$ 为

$$\hat{f}(t)=\frac{n_f(t+\Delta t)-n_f(t)}{n\Delta t}=\frac{\Delta n_f(t)}{\Delta t}\bigg/ n$$

上式表示产品连续工作时间 t 之后的 $t\sim t+\Delta t$ 单位时间内，产品失效数量与 $t=0$ 时刻的产品总数之比。

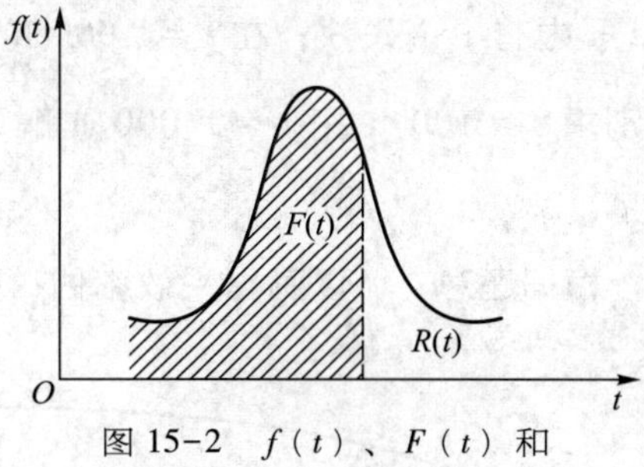

图 15-2　$f(t)$、$F(t)$ 和 $R(t)$ 之间的关系曲线

15.3.3　失效率

对于产品丧失规定的功能，或产品不能完成规定功能的事件或状态，若是不可修复的产品，称这种状态为失效；若是可修复的产品，称这种状态为故障。

产品的失效率是可靠性理论中的一个重要概念。它是某些产品可靠性的重要指标，许多产品用失效率确定等级。

1. 失效率的定义

失效率是：产品连续工作时间 t 之后尚未失效的产品在 $t \sim t+\Delta t$ 的单位时间内发生失效的条件概率，也称为瞬时失效率，记为 $\lambda(t)$。即

$$\lambda(t)=\lim_{\Delta t\to 0}\frac{1}{\Delta t}P(t<T\leqslant t+\Delta t\mid T>t)$$

$$=\lim_{\Delta t\to 0}\frac{P(t<T\leqslant t+\Delta t)}{P(T>t)\Delta t}=\lim_{\Delta t\to 0}\frac{F(t+\Delta t)-F(t)}{P(T>t)\Delta t}$$

$$=\frac{\mathrm{d}F(t)}{\mathrm{d}t}\frac{1}{R(t)}=\frac{f(t)}{R(t)}$$

经过数学变换，可得

$$\lambda(t)=\frac{f(t)}{R(t)}=-\frac{\mathrm{d}R(t)}{\mathrm{d}t}\frac{1}{R(t)}=-\frac{\mathrm{d}[\ln R(t)]}{\mathrm{d}t}$$

$$R(t)=e^{-\int_0^t\lambda(t)\mathrm{d}t}$$

失效率的估计值 $\hat{\lambda}(t)$ 为

$$\hat{\lambda}(t)=\frac{n_f(t+\Delta t)-n_f(t)}{[n-n_f(t)]\Delta t}=\frac{\Delta n_f(t)}{n_s(t)\Delta t}$$

或

$$\hat{\lambda}(t)=\frac{n_f(t+\Delta t)-n_f(t)}{n\Delta t}\Big/\frac{[n-n_f(t)]}{n}=\frac{\hat{f}(t)}{\hat{R}(t)}$$

例如，对 100 个某种型号的产品进行寿命试验，在 $t=100$ h 前有 2 个失效，在 100 ~ 105 h 内有 1 个失效；在 $t=1\ 000$ h 前有 40 个失效，在 1 000 ~1 005 h内有 1 个失效，分别求 $t=100$ h 和 $t=1\ 000$ h 时，产品的失效率估计值 $\hat{\lambda}(t)$ 和失效密度估计值 $\hat{f}(t)$。

根据题意，可以画出失效率估计的示意图，如图 15-3 所示。

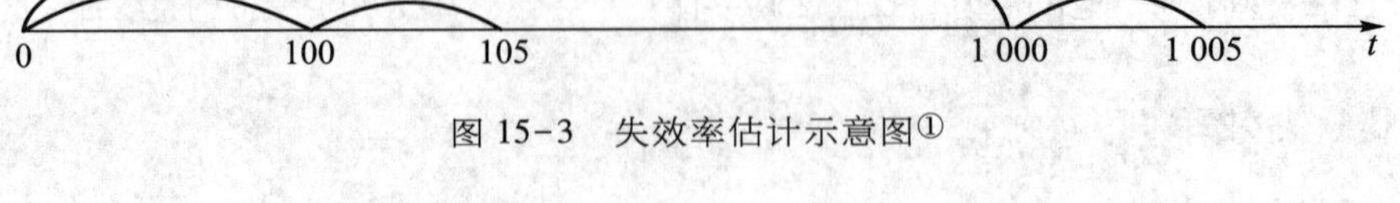

图 15-3　失效率估计示意图[①]

---

① 韩福荣. 现代质量管理学. 2 版. 北京： 机械工业出版社， 2007.

根据估计值公式有

$$\hat{f}(100)=\frac{1}{5\times 100}=0.002,\quad \hat{\lambda}(100)=\frac{1}{5\times 98}=0.002\ 04$$

$$\hat{f}(1\ 000)=\frac{1}{5\times 100}=0.002,\quad \hat{\lambda}(1\ 000)=\frac{1}{5\times 60}=0.003\ 33$$

比较上述计算结果可以看出，从失效密度看，在 $t=100$ h 和 $t=1\ 000$ h 之后的单位时间内失效数量是相同的，因此失效密度是相同的；而从失效率来看，工作到 $t=100$ h 和 $t=1\ 000$ h 时刻还在正常工作的产品数是不同的，条件不同，失效率也是不同的。因此，失效密度 $f(t)$ 不如失效率 $\lambda(t)$ 灵敏度高。

2. 平均失效率

失效率是标志产品可靠性常用的指标之一。在工程实践中，往往取平均失效率表示产品的这一特性。

$$\bar{\lambda}=\int_0^T \lambda(t)\,\mathrm{d}t/T$$

平均失效率的估计值 $\hat{\bar{\lambda}}$ 为

$$\hat{\bar{\lambda}}=\frac{n_f}{UT}$$

式中，UT——总累积工作时间。

例如，某产品 100 只，每天工作 12 h，第一年年末有 1 只失效，第二年年末有 1 只失效，第三年六月末有 2 只失效，其余 96 只工作了 3 年，求此产品的平均失效率。（1 年按 360 天计算）

根据题意，有

$$\begin{aligned}UT&=360\times 12\times(1\times 1+2\times 1+2.5\times 2+3\times 96)\ \mathrm{h}\\&=1\ 278\ 720\ \mathrm{h}\end{aligned}$$

$$\hat{\bar{\lambda}}=\frac{n_f}{UT}=\frac{4}{1\ 278\ 720\ \mathrm{h}}=0.313\times 10^{-5}/\mathrm{h}$$

3. 失效率的单位及失效率等级

从失效率估计值的公式，就可以推导出失效率的单位。即

$$\hat{\lambda}(t)=\frac{\Delta n_f(t)}{n_s(t)\Delta t}=**\%/\mathrm{h}$$

失效率的基本单位是菲特（Fit），定义为：$1\ \mathrm{Fit}=10^{-9}/\mathrm{h}$。

$$1\ \mathrm{Fit}=\frac{1（个）}{1\ 000（个）\times 10^6\mathrm{h}}=\frac{1（个）}{10\ 000（个）\times 10^5\mathrm{h}}$$

上式表示每 1 000 个产品工作 100 万小时后只有 1 个失效；或者每 10 000 个产品工作

10 万小时后只有 1 个失效。这是一个很小的数，只有可靠性很高的产品才能达到，所以失效率常常表示高可靠产品的可靠性指标，它越小可靠性越高。国家标准 GB 1772—1979 规定我国电子元器件的可靠性按失效率共分为七级，如表 15-2 所示。

表 15-2　我国电子元器件的可靠性等级标准

名称	符号	最大失效率
亚五级	Y	3×10^{-5}/h
五级	W	1×10^{-5}/h
六级	L	1×10^{-6}/h
七级	Q	1×10^{-7}/h
八级	B	1×10^{-8}/h
九级	J	1×10^{-9}/h
十级	S	1×10^{-10}/h

4. 产品失效率曲线

人们在各种的使用和试验中得到大量的寿命数据，经过统计分析后发现，许多产品都服从一条典型的失效率曲线，这条曲线具有两头高、中间低的特点，呈现“U”形，习惯称为浴盆曲线。这条曲线明显分为三段，对应着三个时期，如图 15-4 所示。

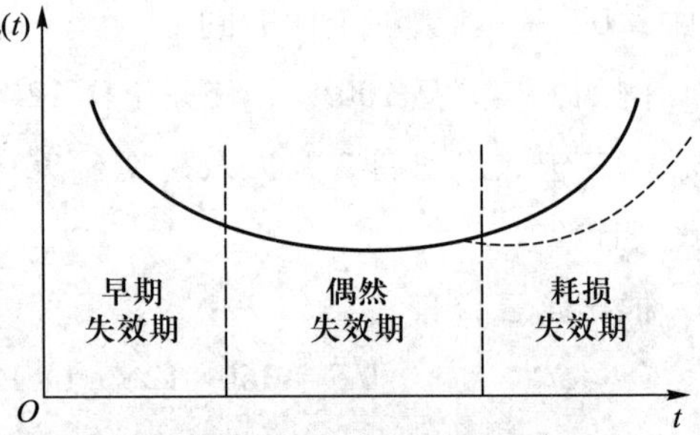

图 15-4　产品失效率曲线

（1）早期失效期。其特点是：失效率较高，但随着工作时间的增加，失效率迅速下降。这一时期产品失效的主要原因是由于原材料不均匀和制造工艺缺陷等引起的。应采取如下措施：加强原材料检验，改进设计，采用合理的筛选技术，利用负荷试验将有缺陷、不可靠的产品尽早暴露出来，使剩下的产品有较低的失效率。一旦产品失效率达到交付使用点，产品就可出厂交付使用。

（2）偶然失效期。其特点是：失效率低而稳定，失效率是一常数或近似常数，这是产品最好的工作时间。在这一时期内，产品失效常常是由多种因素（内在的和外界的）造成的，而每种因素都不太严重，因此失效纯属偶然。在这一阶段要尽力做好产品的维护和保养工作，让这一时期尽量用足。

（3）耗损失效期。其特点是：失效率随着工作时间的增长而上升。这类失效是由于材料老化、疲劳、磨损而引起的。在可靠性工作中常采用预防性措施，提前更换接近耗损期的零部件或元器件，或者采用长寿命的元器件来延长产品的使用寿命，如图 15-4 中的虚线所示。

15.3.4　寿命特性

1. 平均寿命

在寿命特性中最重要的是平均寿命，即寿命的数学期望，以 θ 或 $E(t)$ 表示：

$$\theta = \int_0^{\infty} tf(t)\,\mathrm{d}t = E(t)$$

（1）对于可修复产品，平均寿命是指相邻两次故障期的工作时间的平均值，即平均故障间隔时间（Mean Time Between Failure，MTBF）。

（2）对于不可修复产品，平均寿命是指产品失效前的工作时间平均值，即“失效前平均工作时间 MTTF（Mean Time To Failure）”。

平均寿命 θ 与失效密度函数 $f(t)$、可靠度 $R(t)$ 之间的关系为

$$\theta = \int_0^{\infty} tf(t)\,\mathrm{d}t = \int_0^{\infty} t\frac{-\mathrm{d}R(t)}{\mathrm{d}t}\mathrm{d}t = \int_0^{\infty} -t\mathrm{d}R(t)$$

$$= -\left[tR(t)\Big|_0^{\infty} - \int_0^{\infty} R(t)\,\mathrm{d}t\right] = \int_0^{\infty} R(t)\,\mathrm{d}t$$

平均寿命的估计值 $\hat{\theta}$ 的表达式为

$$\hat{\theta} = \frac{\text{所有产品的总工作时间}}{\text{总失效数}} = \frac{UT}{n_f}$$

2. 可靠寿命与中位寿命

当产品可靠度下降到某一可靠度 r 时对应的工作时间，称为可靠寿命，记为 t_r。

$$R(t_r) = r,\quad F(t_r) = 1-r$$

当产品可靠度下降到 0.5 时相应的工作时间，称为中位寿命，记为 $t_{0.5}$。

$$R(t_{0.5}) = 0.5,\quad F(t_{0.5}) = 0.5$$

15.4　基于指数分布的失效分析

指数分布在可靠性研究中是最重要的一种分布，几乎是专门用于描述电子设备可靠性的一种分布。理论证明，指数分布在一定条件下可以用来描述大型复杂系统故障间隔时间的分布。经过老化筛选，消除了早期故障且进行定期更换的产品，其工作基本控制在偶然失效阶段，可认为服从指数分布。

从产品失效率曲线可以看出，产品在偶然失效期内，失效率近似为常数，可以用指数分布描述它的失效分布。由于其失效率为常数，与时间无关，所以失效（故障）的出

现与以往的情况无关，是独立的（无记忆的）。即某产品在工作了一段时间 t_0 后，仍与新产品一样，不影响未来工作寿命的长度。

失效概率密度函数为

$$f(t) = \lambda e^{-\lambda t} \quad (t \geq 0)$$

可靠度函数为

$$R(t) = \int_t^\infty f(t)\,dt = \int_t^\infty \lambda e^{-\lambda t} dt = -e^{-\lambda t}\Big|_t^\infty = e^{-\lambda t}$$

累积失效分布函数（不可靠度）为

$$F(t) = \int_0^t f(t)\,dt = 1 - R(t) = 1 - e^{-\lambda t}$$

失效率函数为

$$\lambda(t) = \frac{f(t)}{R(t)} = \frac{\lambda e^{-\lambda t}}{e^{-\lambda t}} = \lambda \text{（常数）}$$

平均寿命为

$$\theta = \int_0^\infty R(t)\,dt = \int_0^\infty e^{-\lambda t} dt = -\frac{1}{\lambda} e^{-\lambda t}\Big|_0^\infty = \frac{1}{\lambda}$$

当失效分布为指数分布时，失效率是一个与时间无关的常数，失效率与平均寿命互为倒数。

可靠寿命为

$$R(t_r) = e^{-\lambda t_r} = r$$

因为

$$-\lambda t_r = \ln r$$

所以

$$t_r = -\frac{1}{\lambda}\ln r$$

当 $r = 0.5$ 时，有中位寿命 $t_{0.5} = -(1/\lambda)\ln 0.5 = 0.693\theta$。

当 $t = \theta = 1/\lambda$ 时，称为特征寿命。这时

$$R\left(t = \theta = \frac{1}{\lambda}\right) = e^{-\lambda(1/\lambda)} = e^{-1} = 0.368$$

$$F\left(t = \theta = \frac{1}{\lambda}\right) = 1 - 0.368 = 0.632$$

这表明失效分布服从指数分布的产品能正常使用到平均寿命的概率为 36.8%，或者说有 63.2%的产品连续正常工作不到平均寿命就要发生失效。失效分布为指数分布的 $f(t)$、$R(t)$ 和 $F(t)$ 的示意图如图 15-5 所示。

例如，已知某公司生产的 X 型号彩色电视机的可靠性指标 $MTBF = 15\,000$ h，经可靠性测试试验，证实该产品失效分布服从指数分布，求下列可靠性指标：

（1）产品的失效率 $\lambda(t)$。

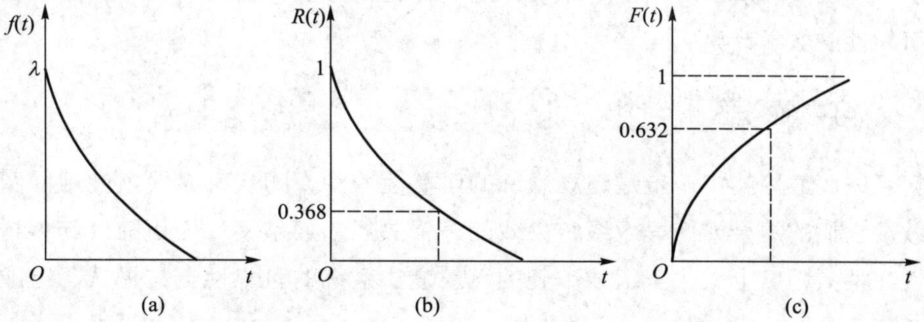

图 15-5　失效分布为指数分布时 $f(t)$、$R(t)$ 和 $F(t)$ 的示意图

（2）当产品工作时间 $t=(1\times 30\times 24)\ \text{h}=1\,440\ \text{h}$ 时，可靠度 $R(t)$ 和累积失效概率函数 $F(t)$。

（3）已知该产品的平均修复时间 $MTTR=8\ \text{h}$，求产品的固有可用度 A_t。

根据题意，有

（1）产品的失效率为

$$\lambda(t)=\lambda=\frac{1}{MTBF}=\frac{1}{15\,000\ \text{h}}=6.7\times 10^{-5}/\text{h}$$

（2）产品工作时间 $t=1\,440\ \text{h}$ 时的可靠度为

$$R(t=1\,440)=e^{-6.7\times 10^{-5}\times 1\,440}=e^{-0.096}=0.908$$

累积失效概率函数为

$$F(t=1\,440)=1-R(t=1\,440)=1-0.908=0.092$$

（3）产品的固有可用度为

$$A_t=\frac{MTBF}{MTBF+MTTR}=\frac{15\,000}{15\,000+8}=0.999$$

15.5　系统可靠性分析模型

系统是由相互作用和相互依赖的若干单元（元件或子系统）组成的具有特定功能的有机整体。在系统设计过程中，在选择元件时，除了确保能完成特定的功能外，还应权衡元件的质量与成本。一个系统的可靠性不仅与组成系统的各个单元的可靠性有关，而且与系统的结构具有十分密切的关系。一个系统中的单元可能是串联、并联或混联的，或以更复杂的可靠性逻辑结构模式相连接。给定任一系统的可靠性逻辑结构模式以及所选元件可靠性指标，设计者必须计算系统可靠性指标。如果系统可靠性指标达不到预定水平，则必须修改该系统设计，直到所设计系统达到预定水平。

系统的可靠性模型，包括可靠性框图和可靠性数学模型两部分内容。系统的可靠性

框图说明子系统故障对系统性能的影响，是一种逻辑分析，系统的可靠性数学模型则完成系统可靠性的数学计算。

15.5.1　可靠性框图

计算系统可靠性的第一步是建立系统的可靠性框图，即从可靠性角度用框图来描述单元失效及它们的组合如何导致系统失效的逻辑关系，通常又称为可靠性结构模式。系统可靠性在很大程度上取决于组成单元的可靠度、系统的可靠性结构模式、组成单元的数量。

例如，汽车可以分为 5 大子系统：发动机、变速箱、制动、转向与轮胎。为了保证一辆汽车能正常工作，这 5 大系统缺一不可。因此，汽车的可靠性框图如图 15-6 所示。

图 15-6　汽车系统的可靠性框图

图 15-6 所示的可靠性框图并不代表这些子系统在汽车中的实际连接方式。它只表示每个子系统都要正常工作，才能确保汽车正常工作。此外，在可靠性框图中，方框可以代表一个基本元件、部件，也可以是子系统。如果需要详细分析图 15-6 中各个元件的可靠性，则可进一步分解每个子系统。一个子系统的方框则会被另一个可靠性框图所代替。

得到系统可靠性框图以后，下一步就是计算系统的可靠性。下面将分别讨论几种可靠性模型的系统可靠性计算。为了阐述方便，在下面的讨论中采用下列假设：① 各单元只可能有两种工作状态：正常与失效（故障），而没有中间状态；② 各单元工作与否是相互独立的，即任一单元的正常工作与否不影响其他单元的正常与否。

15.5.2　串联模型

串联系统的 n 个单元必须全部工作，系统才会正常工作，任一单元故障都会导致系统故障。串联模型是最常用的系统可靠性模型，其可靠性框图如图 15-7 所示。

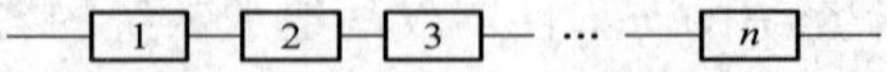

图 15-7　串联系统的可靠性框图

根据串联系统的定义及其逻辑框图，系统可靠性函数 $R_s(t)$ 等于所有单元可以同时正常工作到时间 t 的概率。利用单元工作与否的独立性假设，系统的寿命 T 是第一个出现故障的单元的寿命，系统可靠性函数 $R_s(t)$ 即为所有单元可靠性函数 $R_i(t)$ 的乘

积。即

$$T_s = \min\{T_1, T_2, \cdots, T_n\}$$

$$R_s(t) = \prod_{i=1}^{n} R_i(t)$$

或者利用累积故障函数，有

$$F_s(t) = 1-\prod_{i=1}^{n}[1-F_i(t)]$$

式中，T_i ——第 i 个单元的寿命，$i=1, 2, \cdots, n$；T_s ——系统的寿命；$F_i(t)$ ——第 i 个单元的累积故障函数；$F_s(t)$ ——系统累积故障函数。

由于单元可靠度 $R_i(t) < 1$，则系统可靠性函数 $R_s(t)$ 的公式说明，串联系统中单元数量越多，系统可靠性越低。

若各单元寿命分布均为指数分布，即

$$R_i(t) = e^{-\lambda_i t} \quad (i = 1, 2, \cdots, n)$$

系统可靠度函数 $R_s(t)$ 为

$$R_s(t) = \prod_{i=1}^{n} R_i(t) = \prod_{i=1}^{n} e^{-\lambda_i t} = e^{-\left(\sum_{i=1}^{n}\lambda_i\right)t}$$

系统故障率 $\lambda_s(t)$ 和平均寿命 θ_s 分别为

$$\lambda_s(t) = -\frac{R_s'(t)}{R_s(t)} = \sum_{i=1}^{n}\lambda_i$$

$$\theta_s = \int_0^{\infty} R_s(t)\,\mathrm{d}t = 1\Big/\sum_{i=1}^{n}\lambda_i$$

式中，λ_i ——第 i 个单元的故障率，$i = 1, 2, \cdots, n$。

当串联模型中各单元寿命为指数分布时，系统的寿命也为指数分布。

15.5.3　并联模型

当构成系统的所有单元都发生故障时，系统才发生故障的系统称为并联系统。在一个并联系统中，只要有任何一个单元工作，系统就处于工作状态。因此，并联系统可以提高系统的可靠性。并联系统的可靠性框架如图 15-8 所示。

设初始时刻 $t=0$，所有单元同时开始工作，则并联系统的寿命 T 为最后发生故障的单元的寿命。即

$$T_s = \max\{T_1, T_2, \cdots, T_n\}$$

根据并联系统的定义及其逻辑框图，系统累积故障函数 $F_s(t)$ 为所有单元累积故障函数 $F_i(t)$ 的乘积。即

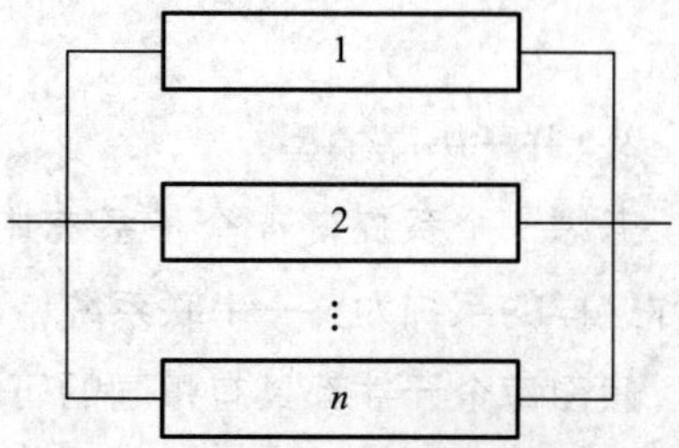

图 15-8　并联系统的可靠性框图

$$F_s(t)=\prod_{i=1}^{n}[1-R_i(t)]$$

那么，系统可靠性函数 $R_s(t)$ 为

$$R_s(t)=1-F_s(t)=1-\prod_{i=1}^{n}[1-R_i(t)]$$

由于单元可靠度 $R_i(t)<1$，则 $F_s(t)$ 会随着系统中单元数量 n 的增大而减小，相应的系统可靠度 $R_s(t)=1-F_s(t)$ 会随着系统中单元数量 n 的增大而增大，即并联系统中单位数量越多，系统可靠性越大。

15.5.4　串—并联混合模型

实际系统中，经常会出现如下三类串—并联混合模型：

1. 串—并联模型

考虑一个系统由 m 个子系统串联而成，而每个子系统是由 n 个元件并联而成的。我们称这样一个系统为串—并联模型。其可靠性框图如图 15-9 所示。

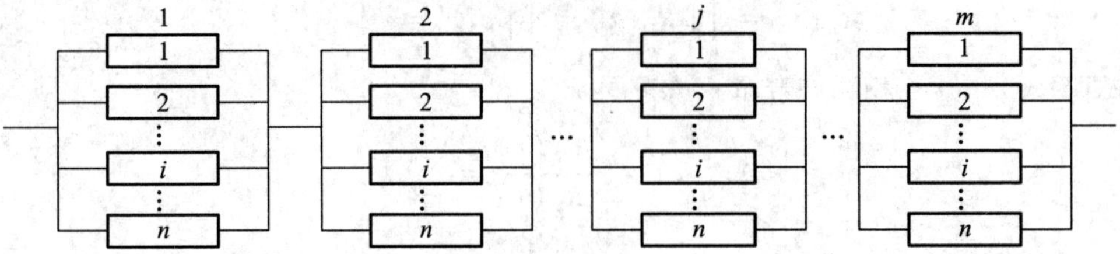

图 15-9　串—并联模型可靠性框图

假设每个元件都具有相同的累积故障分布 $F(t)$，则串—并联模型的可靠性函数为

$$R_s(t)=[1-F^n(t)]^m$$

串—并联模型可视为是从串联模型变化而来的，考虑一个有 m 个元件的串联系统，如果将每一个元件都加上 $n-1$ 个工作储备元件（Active Redundancy），则得到图 15-9 所示的串—并联模型。由于串—并联模型中具有工作储备元件，因此其系统可靠性比单纯的串联系统可靠性高。但是，串—并联系统成本也较高，存在系统可靠性优化设计问题。

2. 并—串联模型

考虑一个系统有 m 个子系统并联而成，而每个子系统是由 n 个元件串联而成的。我们称这样的系统为并—串联系统，其可靠性框图如图 15-10 所示。

假设每个元件都具有相同的可靠性函数 $R(t)$，则并—串联模型的可靠性函数为

$$R_s(t)=1-[1-R^n(t)]^m$$

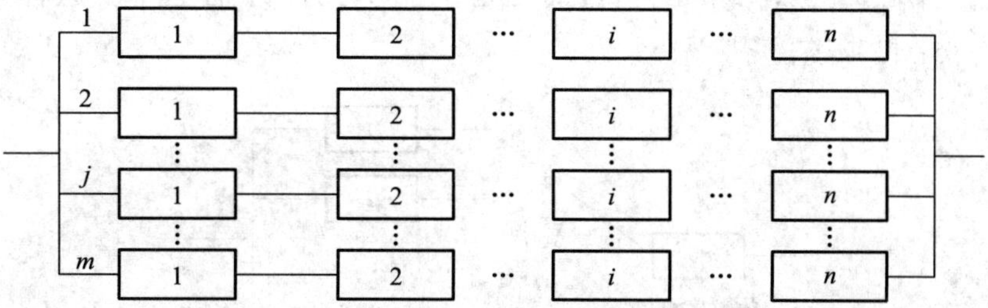

图 15-10　并—串联模型可靠性框图

并—串联模型可视为由并联系统变化而来的。考虑一个子系统由 n 个元件串联而成，将 m 个这样的子系统并联在一起即构成图 15-10 所示的并—串联模型。因为使用了工作储备，并—串联模型的可靠性高于任一子系统。对于一个并—串联模型也存在系统可靠性优化设计的问题。

3. 串—并联混合系统

有些系统中各个元件之间的关系既有串联也有并联。图 15-11 所示就是属于这类系统的一种可靠性框图。

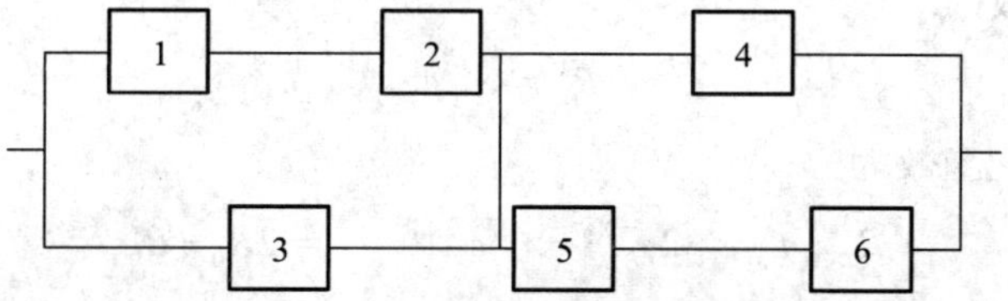

图 15-11　串—并联混合系统可靠性框图

在图 15-11 中，元件 1 与元件 2 串联构成子系统 1，元件 5 和元件 6 串联构成子系统 2，子系统 1 和元件 3 并联构成子系统 3，子系统 2 和元件 4 并联构成子系统 4，最后子系统 3 和子系统 4 串联而成整个串—并联混合系统。假设图 15-11 中元件的可靠性函数均为 $R(t)$，则利用串联模型和并联模型系统可靠性计算公式，可以得到串—并联混合系统的可靠性函数为

$$\begin{aligned} R_s(t) &= \{1-[1-R^2(t)][1-R(t)]\}\{1-[1-R^2(t)][1-R(t)]\} \\ &= \{1-[1-R^2(t)][1-R(t)]\}^2 \end{aligned}$$

15.5.5　旁联模型

前面讨论的并联模型利用工作储备来提高系统的可靠性，但未必能有效地提高系统的工作寿命，原因是在这种模型中系统的寿命等于 n 个并联元件中最好的元件的寿命。因此引入旁联模型（Stand-by System Model）。在一个由 n 个元件组成的旁联系统中，只有一个元件在工作，其他元件则处于非工作状态。当一个工作元件发生故

障时，通过一个故障检测和转换装置而使得另一个元件开始工作。这种系统的可靠性框图如图 15-12 所示。

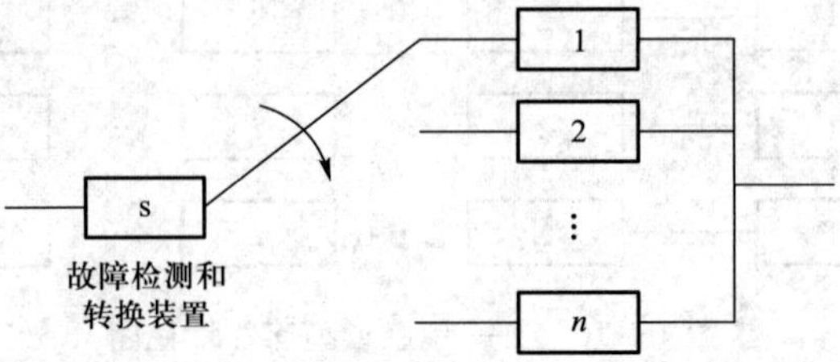

图 15-12 旁联模型可靠性框图

假设故障检测与转换装置的可靠性均为指数分布，故障率均为 λ 时，可以证明，旁联系统的可靠性函数为

$$R_s(t)=e^{-\lambda t}\left[1+\lambda t+\frac{(\lambda t)^2}{2}+\frac{(\lambda t)^3}{3}+\cdots+\frac{(\lambda t)^{n-1}}{n-1}\right]=\sum_{i=1}^{n}\frac{(\lambda t)^{i-1}}{(i-1)}e^{-\lambda t}$$

例如，以一个备用元件（$n=2$）的系统进行比较。假定各工作元件均相同，故障率为 λ_0。试比较单个元件、旁联系统和并联系统的可靠度。

元件可靠性函数为

$$R_0=e^{-\lambda_0 t}$$

并联系统可靠性函数为

$$R_D(t)=2e^{-\lambda_0 t}-(e^{-\lambda_0 t})^2=2R_0-R_0^2$$

旁联系统可靠性函数为

$$R_s(t)=(1+\lambda_0 t)e^{-\lambda_0 t}=(1-\ln R_0)R_0$$

将这三个可靠性函数作图描述，如图 15-13 所示，可以得到 $R_s \geqslant R_D \geqslant R_0$，这是因为并联系统的备用元件与工作元件都同时处于工作状态，旁联系统则是当工作元件发生故障后，才使用备用元件进行工作。

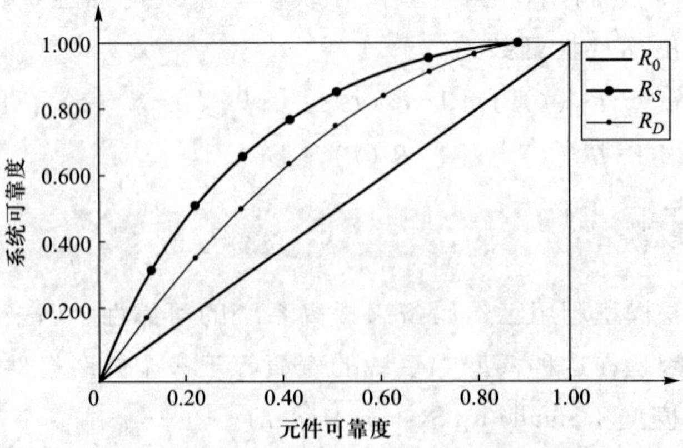

图 15-13 $R_S \geqslant R_D \geqslant R_0$ 三者之间的关系

15.5.6　网络模型

有些复杂的系统无法用前述的可靠性模型去描述，这时需要利用网络理论去描述及计算系统的可靠性。下面以一个桥型网络来说明如何计算此类系统的可靠性函数。

在这里，利用条件概率或分解法来计算该系统的可靠性。在图 15-14 的桥型网络系统中选取元件 3 作为分解元件，分两种情况讨论：

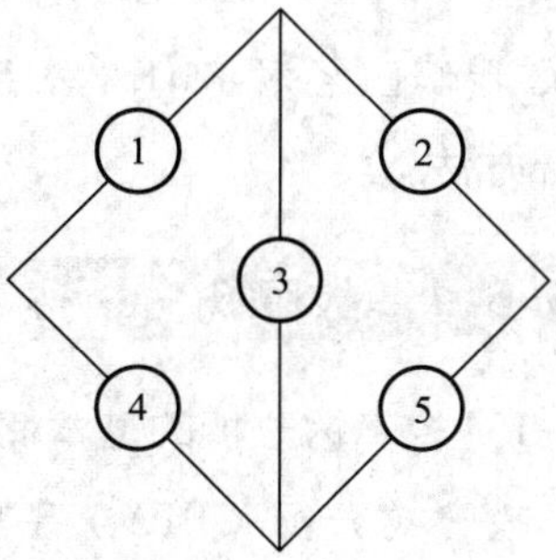

图 15-14　桥型系统可靠性框图

（1）若元件 3 正常工作，系统可靠性框图等价于图 15-15 所示的 R_{s1} 可靠性框图。则

$$R_{s1}(t)=\{1-[1-R_1(t)][1-R_4(t)]\}\{1-[1-R_2(t)][1-R_5(t)]\}$$

（2）若元件 3 发生故障，系统可靠性框图等价于图 15-16 所示的 R_{s2} 可靠性框图。则

$$R_{s2}(t)=1-[1-R_1(t)R_2(t)][1-R_4(t)R_5(t)]$$

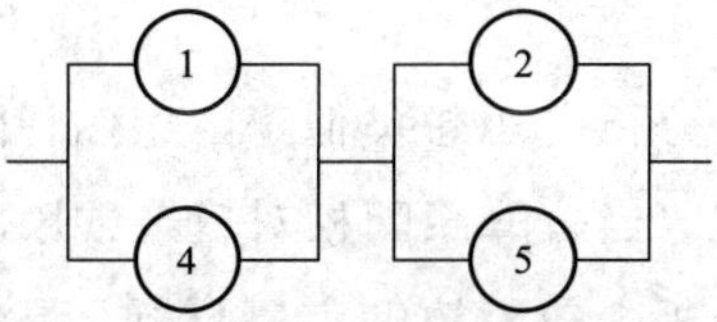

图 15-15　元件 3 正常工作时的系统可靠性框图

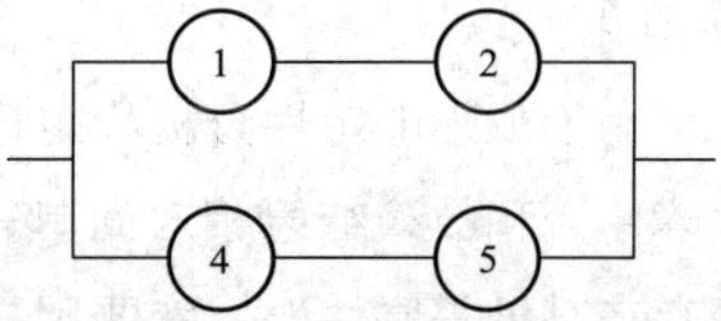

图 15-16　元件 3 失效时的系统可靠性框图

利用全概率公式，则图 15-14 的系统可靠性 R_s 为

$$\begin{aligned}R_s(t)&=P(\text{系统正常工作})\\&=P(\text{元件 3 正常工作})\times P(\text{系统正常工作 / 元件 3 正常工作})\\&\quad+P(\text{元件 3 发生故障})\times P(\text{系统正常工作 / 元件 3 发生故障})\\&=R_3(t)R_{s1}(t)+[1-R_3(t)]R_{s2}(t)\\&=R_3(t)\{1-[1-R_1(t)][1-R_4(t)]\}\{1-[1-R_2(t)][1-R_5(t)]\}+[1-R_3(t)][1-R_1(t)R_2(t)][1-R_4(t)R_5(t)]\end{aligned}$$

15.6　可靠性分析方法

保障产品可靠性要从设计开始，为保障设计的可靠性，就要对系统的设计方案进行可靠性分析。系统可靠性分析是利用归纳、演绎的方法对系统可能发生的故障

（失效）进行研究，研究故障的原因、后果和影响及危害程度，确定薄弱环节，并预测系统的可靠性，从而为系统设计提供改进建议。常用的分析方法有潜在失效模式与后果分析（FMEA），以及潜在失效模式、后果及危害性分析（FMECA）和故障树分析（FTA）。FMEA及FMECA的应用范围比较广，不仅限于可靠性分析，在第11章我们已经对FMEA做了介绍，这里介绍故障树分析，随后比较了这几种可靠性分析方法。

15.6.1 故障树分析

1. 故障树分析的基本概念及主要用途

故障树分析（FTA）是美国电话试验室的维森于1962年首先提出的，当时主要用于航天产品。20世纪60年代中期，FTA从宇航范围扩展至核工业及其他工业部门。1974年美国原子能管理委员会组织撰写的、分析商用原子能反应堆安全性的WASH-1400报告发表，成功地应用FTA进行安全性分析，获得了巨大成功。迄今为止，FTA已被国内外公认为是对复杂系统进行安全性、可靠性分析的一种好方法。1978年，我国颁布了GB 7829《故障树分析程序》，使FTA分析在我国的应用达到了规范化。

FTA可用于故障的定性分析和定量分析。定性分析的思想类似于因果图，因果图一般用于故障原因和故障结果相对简单、直观的情况。当故障原因相对复杂或原因之间或因果之间存在某种关联性时，就要用故障树进行分析。故障树的定量分析，是依据底事件（基本事件）的发生概率，按故障树的逻辑关系计算出顶事件（结果事件）的发生概率。

FTA的主要用途包括以下几个方面：

（1）从安全性角度出发，比较各种设计方案；或者已确定了某种设计方案，评估是否满足了安全性要求。

（2）对于大型复杂系统，通过FTA可能会发现由几个非致命的故障事件组合导致的意外致命事件，并据此采取相应的改进措施。

（3）为制定使用、试验及维修程序提供依据。

（4）为系统设计的管理和使用维修人员，提供一个形象的管理、使用维修“指南”或查明故障的“线索图”。

2. 故障树的建立

故障树是一种倒状逻辑因果关系图，用一系列事件符号、逻辑门符号和转移符号描述产品（系统）中各种事件之间的因果关系。常用的故障树符号如表15-3所示。

表 15-3　常用的故障树符号

分类	符　　号	说　　明
事件		结果事件（包括顶事件与中间事件）
		基本事件
		未展开事件：其输入为无须或无法进一步分析的事件
		房形事件：作触发事件用，或作开关用
逻辑门	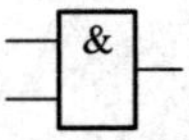	与门
	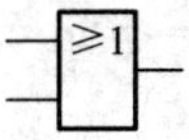	或门
	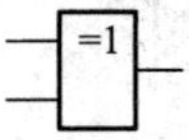	异或门：仅当一个输入存在时才有输出
		禁止门：若禁止条件不成立，即使有输入也无输出
	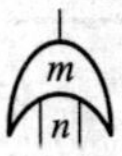	表决门：n 个输入至少有 m 个存在，则有输出
子树转移相同	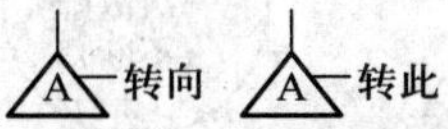	将树的一个完整部分（子树）转移到另一处复用，A 是标号
子树转移相似		转移前后的子树结构相同，但事件不同

故障树的构造是 FTA 的关键，因为故障树的完善程度将直接影响定性分析和定量计算的准确性。现以演绎法为例，对故障树的构造作简单介绍。

先写出顶事件（即系统不希望发生的故障事件）表示符号作为第一行，在其下面列出导致顶事件发生的直接原因（包括软件、硬件、人及环境因素等）作为第二行。把它们用相应的符号表示出来，并用适合的逻辑门与顶事件相连。再将导致第二行的那些故障事件（称中间事件）发生的直接原因作为第三行，用合适的逻辑门与中间事件相连。按这个线索步步深入，一直追溯到引起系统发生故障的全部原因，直到不需要继续分析为止（称为底事件）。这样就形成了一棵以顶事件为“根”、中间事件为“节”、底事件为“叶”的倒置的故障树。

图 15-17 是一个电动机工作原理图，图 15-18 是以“电动机过热”为顶事件的故障树图。

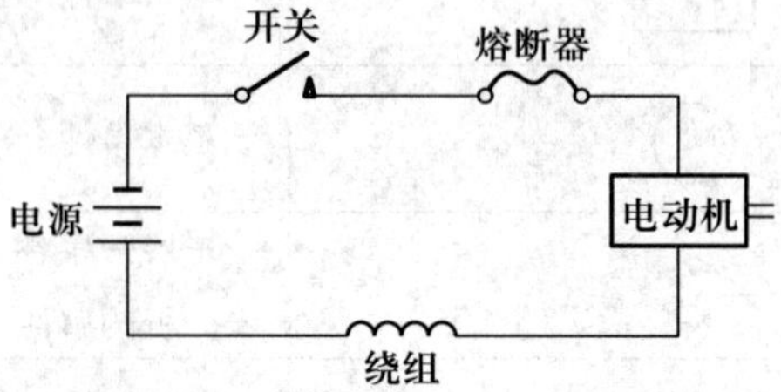

图 15-17　电动机工作原理图

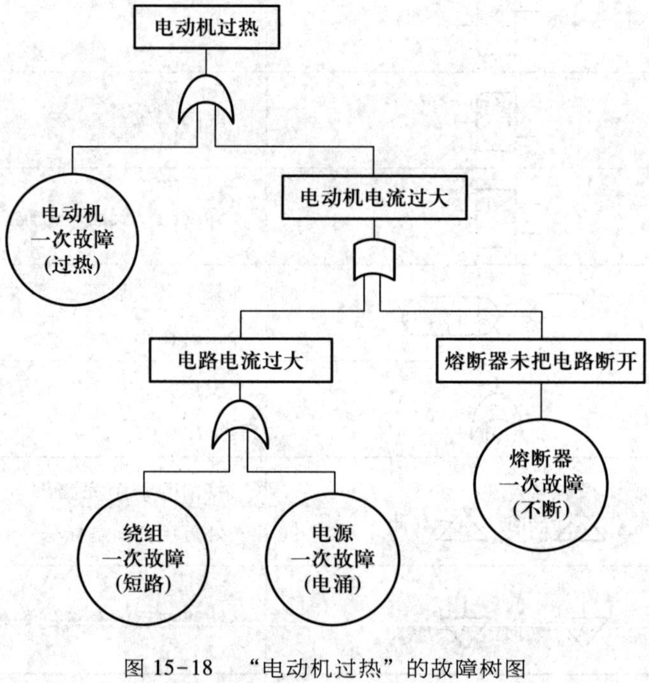

图 15-18　“电动机过热”的故障树图

3. 故障树的定性、定量分析

故障树定性分析就是找出导致顶事件发生的原因和原因组合，即找出全部最小割集。最小割集是指一些底事件的集合，它们都发生时顶事件必然发生，而这些底事件中缺一个就不会导致顶事件发生。如图 15-18 中，最小割集就是：电动机一次故障、绕组一次故障及熔断器一次故障、电源一次故障及熔断器一次故障，共三个。最小割集中底事件的数量称为阶数。一般阶数越低的最小割集越重要；在低阶最小割集中的底事件比高阶中的重要；在不同最小割集中重复出现次数越多的底事件越重要。根据上面三条原则，即可将底事件及最小割集按重要性进行排序，以便确定改进措施的方向。

故障树的定量分析，就是根据底事件的发生概率，按故障树逻辑门关系，计算顶事件发生的概率，以判断是否满足规定的安全性和可靠性的要求。

4．故障树分析流程

故障树分析属于演绎法。自上而下，由顶事件出发，分析顶事件的一切可能原因和原因组合，这种分析面向系统。其流程为：

（1）选择顶事件。

（2）构造故障树。

（3）定性分析识别系统故障模式。

（4）定量分析计算顶事件发生概率及单元重要度。

（5）识别设计的薄弱环节。

（6）采取改进措施，提高系统的可靠性。

15.6.2　可靠性分析方法比较

潜在失效模式、后果及危害性分析（Failure Mode，Effect and Criticality Analysis，FMECA）方法，如果不作危害性分析，则为潜在失效模式与后果分析（Failure Mode and Effect Analysis，FMEA）。因此，潜在失效模式、后果及危害性分析法可分为两步，即潜在失效模式与后果分析（FMEA）和危害性分析（CA），合起来称为 FMEACA。FMEACA 是 FMEA 的发展。

FMEA 方法是自底向上的分析方法，属于归纳分析法，先确定系统可能出现故障的一切方式，并确定这种故障对系统的影响。它是面向系统的各个组成部分的分析方法，即从最基本的零部件故障分析到整个系统的故障分析，是一种从原因到后果的分析方法。故障树分析（FTA）是自顶向下的一种分析方法，属于演绎分析方法。它是先假设系统出现故障，并分析出现故障的可能原因，它是面向整个系统的分析方法，即从最终出现故障的事件分析到各个基本的零部件的故障，是一种从后果到原因的分析方法。

进行 FMEA 分析时，不应漏掉任何一种可能的故障模式。对于新研究设计的产品，原则上要普遍分析每一个组成部分可能发生的故障对系统的影响。因此，在产品设计过程中，总是先进行 FMEA 分析，FMEA 适合于分析单个零部件的故障情况。根据 FMEA 的分析结果，可以确定一切灾难性和严重性的系统故障事件。FTA 是一种逻辑图解法，直观地确定故障组合和传递的逻辑关系，便于分析多重故障。一般对于复杂系统的分析都是根据 FMEA 的分析结果，选取一切重要的系统故障事件进行故障树分析。因此，FMEA 和 FTA 是相辅相成的。

思考题

1. 解释下列概念：可靠性、维修性、保障性、测试性、可用性、可信性。
2. 对可靠性的特征量：可靠度、失效分布、失效率、寿命特征，进行解释。
3. 如何理解产品失效率曲线？
4. 如何基于指数分布进行失效分析？
5. 对串联、并联、串并混联、旁联、网络模型的系统可靠性进行分析。
6. 比较故障树分析、FMEA 和 FMEACA。

阅读文献

[1] 张公绪. 新编质量管理学. 北京：高等教育出版社，1999.
[2] 韩福荣. 现代质量管理学. 2 版. 北京：机械工业出版社，2007.
[3] 苏秦. 质量管理与可靠性. 北京：机械工业出版社，2006.

参考文献

[1] 汪之婴，孙静．质量管理三巨头——戴明、克劳士比、朱兰．中国质量，2005（3）．

[2] Juran J M，Godfrey A B．朱兰质量手册．焦叔斌，等译．北京：中国人民大学出版社，2003．

[3] 张公绪，孙静．新编质量管理学．2版．北京：高等教育出版社，2003．

[4] 苏秦．质量管理与可靠性．北京：机械工业出版社，2006．

[5] 魏万鹏．汽车行业 ISO/TS 16949：2002 标准实用教程．北京：中国标准出版社，2006．

[6] 应可福．质量管理．北京：机械工业出版社，2005．

[7] 韦福祥．服务质量评价与管理．北京：人民邮电出版社，2005．

[8] 崔立新．服务质量评价模型．北京：经济日报出版社，2003．

[9] 马克·戴维斯，贾内尔·海内克．服务管理．王成慧，郑红，译．北京：人民邮电出版社，2006．

[10] 张宁俊．服务管理．北京：经济管理出版社，2006．

[11] 俞明南，丁正平．质量管理．大连：大连理工大学出版社，2005．

[12] 派兹德克．六西格玛手册．孙静，译．北京：清华大学出版社，2003．

[13] 朴永宅，孙静，郑泽震．CEO 的六西格玛——变革的成功之路．北京：清华大学出版社，2007．

[14] 龚益鸣．现代质量管理学．北京：清华大学出版社，2007．

[15] 孙静．最新国家标准 GB/T 4091—2001《常规控制图》理解与实施．北京：中国标准出版社，2002．

[16] 孙静．接近零不合格过程的有效控制．北京：清华大学出版社，2005．

[17] 戚维明．全面质量管理．3版．北京：中国科学技术出版社，2010．

[18] 马林，何桢．六西格玛管理．2版．北京：中国人民大学出版社，2007．

[19] 郑嵩祥，柴邦衡．ISO/TS 16949 国际汽车供应商质量管理体系解读和实施．北京：机械工业出版社，2005．

[20] 谢建华．汽车行业质量管理体系 ISO/TS 16949：2002 最新实施实务．北京：中国经济出版社，2008．

[21] 张维德. 机械工业质量管理教程. 5 版. 北京：机械工业出版社 . 2008.
[22] 韩之俊，许前，钟晓芳. 质量管理. 2 版. 北京：科学出版社，2007.
[23] 熊伟. 质量机能展开. 北京：化学工业出版社，2005.
[24] 邵家骏. 质量功能展开. 北京：机械工业出版社，2004.
[25] 韩福荣. 现代质量管理学. 2 版. 北京：机械工业出版社，2007.
[26] 罗伯特 · 卡普兰，大卫 · 诺顿. 战略地图——化无形资产为有形成果. 刘俊勇，孙薇，译. 广州：广东经济出版社，2005.
[27] 孙静，王胜先，杨穆尔. 过程能力分析. 北京：清华大学出版社，2013.
[28] Edgar Dietrich，Alfred Schulze. Measurement Process Qualification. Cincinnati：Hanser Publications，2011.
[29] ISO 9000：2015 Quality Management Systems——Fundamentals and Vocabulary（质量管理体系 基础和术语）.
[30] GB/T 19580—2012《卓越绩效评价准则》.

教学支持说明

建设立体化精品教材，向高校师生提供整体教学解决方案和教学资源，是高等教育出版社“服务教育”的重要方式。为支持相应课程教学，我们专门为本书研发了配套教学课件及相关教学资源，并向采用本书作为教材的教师免费提供。

为保证该课件及相关教学资源仅为教师获得，烦请授课教师清晰填写如下开课证明并拍照后，发送至邮箱：jingguan@pub.hep.cn 或 zengfh@hep.com.cn，也可通过管理类专业教学交流 QQ 群 234904166，进行索取。

咨询电话：010-58581020，**编辑电话**：010-58581771。

证　明

兹证明________________大学________________学院/系第________学年开设的________________课程，采用高等教育出版社出版的《　　　　　　　　》（　　　主编）作为本课程教材，授课教师为________，学生________个班，共________人。授课教师需要与本书配套的课件及相关资源用于教学使用。

授课教师联系电话：________________ E-mail：________________________

学院/系主任：________（签字）

（学院/系办公室盖章）

20____年____月____日